彭城珍藏近代名人手札

朵雲軒

图书在版编目(CIP)数据

彭城珍藏近代名人手札 / 朵云轩编. --上海：中西书局, 2015.4

ISBN 978-7-5475-0829-9

Ⅰ. ①彭… Ⅱ. ①朵… Ⅲ. ①名人—书信集—中国—近现代 Ⅳ. ①K820.5

中国版本图书馆CIP数据核字(2015)第072821号

彭城珍藏近代名人手札

朵云轩 编

策划\朵云轩 **责任编辑**\毛小曼 **装帧设计**\梁业礼

出版\上海世纪出版集团 中西書局 (www.zxpress.com.cn)

地址\上海市打浦路443号荣科大厦17F（200023）

发行\上海世纪出版股份有限公司发行中心

经销\各地 新華書店 **印刷**\上海雅昌艺术印刷有限公司

开本\889×1194毫米 1/16 **印张**\16

版次\2015年4月第1版 2015年4月第1次印刷

书号\ISBN 978-7-5475-0829-9/K·164

定价\128.00元

出版说明

收录在这本集子中的近代名人函札，分为三部分，其一是胡适早年及留学美国时所写的旧体诗词，和写给族叔胡近仁的函件；其二是书法名家谭泽闿的数十封家书；其三是学术、文化界名人及国民党政要写给对日抗战胜利时期担任重庆卫戍总司令的贺元靖(国光)的函件。

从胡适致族叔胡近仁的信中我们可以勾勒出一个青年胡适的大致形象，他后来的种种思想即是在此发端。胡适生活的民国时代，西方文化正全面输入中国，那时民国正经历由旧式古文教育向西式现代教育过渡的时期，一个赴美留学、开眼看世界的中国学子，他看待旧式教育能比传统文士更为高屋建瓴，一针见血地指出其中的问题。尽管他对于旧学有种种微词，信中也不乏旧式的诗词唱和，并且结合了英文诗的作法来创作全新的旧体诗，可见胡适的旧学根基与融会中西的初步尝试。对于这位新文化运动中的风云人物，这些诗词作品令人耳目一新。又有一首祭奠兄长的诗歌，对研究胡适家世颇有价值。在一封二十三页的长信中，他对中西小说作了比较，希望以西方小说的所长补中国小说之短；并且对于中国几部小说有一个排序，对每部小说都有详细的评价。这些都体现了青年胡适白话文学研究的初步成果，字里行间透露出他改良中国文学的迫切愿望，他的《文学改良刍议》或即脱胎于此。这批信札对于研究胡适早年的文学评论、文学创作、家世等皆是难得一见的第一手材料，弥足珍贵。

谭泽闿是谭延闿之弟，他们的书法都承钱南园、翁同龢之绪。台湾大学教授、书法家台静农在为谭泽闿这批书札所写的序文中，认为其书法气息沉厚，直逼松禅老人，足证其书法上的造诣。

这批家书不同于对联、匾额这样的正式作品，却呈现了谭泽闿显而易见的深厚功力，更多的是一份潇洒和自然。信札的内容多为家常话语，身体康病、天气阴晴，甚至米价涨跌。漫读这些信札，我们看到的是一个活生生的、悠游于民国年间的谭泽闿。他曾为身体不适而向家人诉苦，也曾为卖字顺当而欢心开怀，种种细节都不厌其烦地尽数道来，看着甚是有味。民国时期的通信来往远不如现今这般的便利，正所谓见信如晤，写信读信的过程实际上已是在与家人共聚天伦了。他经常会在信中多言几句，只为与家人多叙片刻，而不只是匆匆一见。人们对亲人的依恋，古今想来都是一样的。这可能也是这批信札让人如此心动的另一个原因吧。

写信给贺元靖的人物，涵盖民国时期学术、文化、政治及宗教界各类名人，如新儒家开宗立派的熊十力，所著《新唯识论》援佛入儒，当时经济条件不许可，没有能力出版这部巨著，时任司法院长的居正是熊十力的湖北同乡，致函也是同乡的贺元靖，请他筹资帮助这部巨著出版，这是学术、出版史上的一段鲜为人知的史料。

其他如梁漱溟、章士钊、胡庶华、谢无量、吴敬恒、戴季陶、太虚法师、何应钦、顾祝同、张嘉璈等人的函札中所谈的都具有史料价值。

由此可知，这批珍贵信札的内容可谓涵盖了民国时期的家事国事天下事，今日读来也是风声雨声读书声；它又以朵云现大千世界。我们相信，这一系列信札手迹的出版，对于近代文化和历史的研究具有重要价值，将引起学术界的广泛关注。

编者

二〇一五年三月

目录

胡适手札

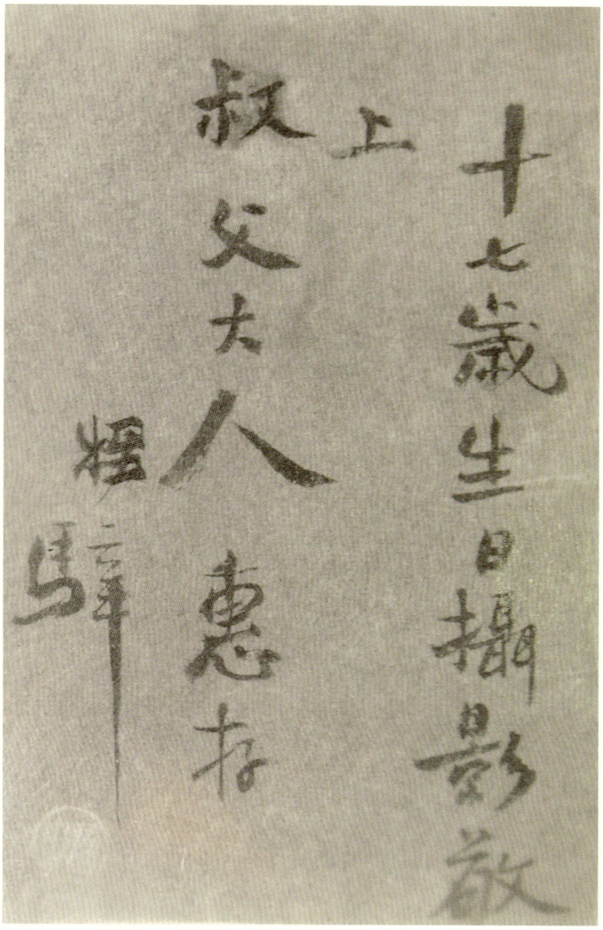

胡适送胡近仁签名照（一）

十七岁生日摄影，敬上叔父大人惠存。

侄骍

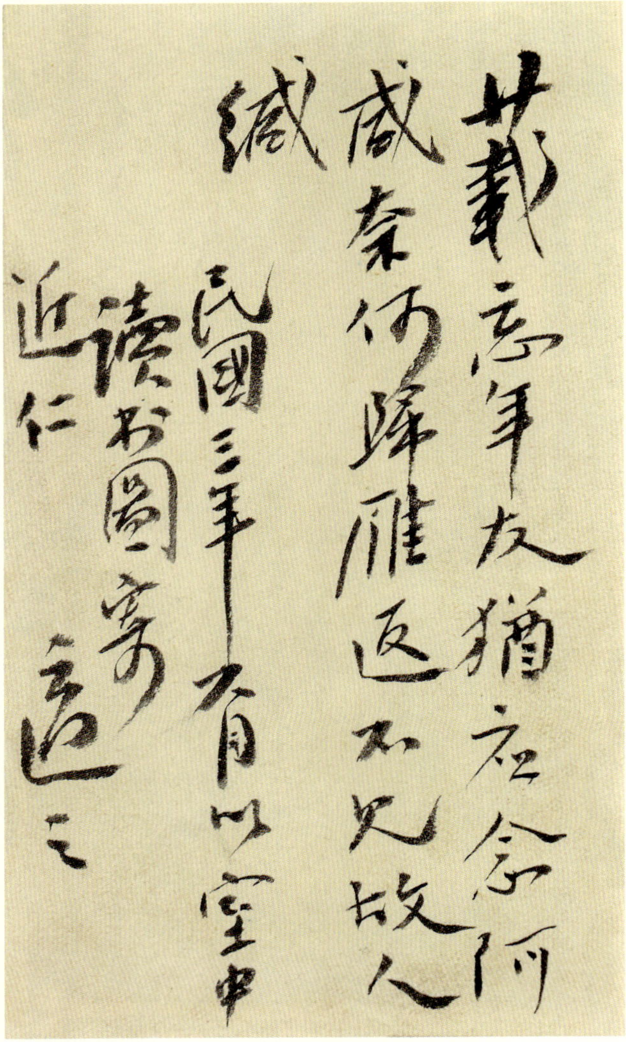

廿載忘年友猶應念阿咸奈何歸雁返不見故人緘
民國三年六月以室中讀書圖寄
近仁
適之

胡适送胡近仁签名照（二）

廿载忘年友，犹应念阿咸。奈何归雁返，不见故人缄。

民国三年六月以室中读书图寄近仁

适之

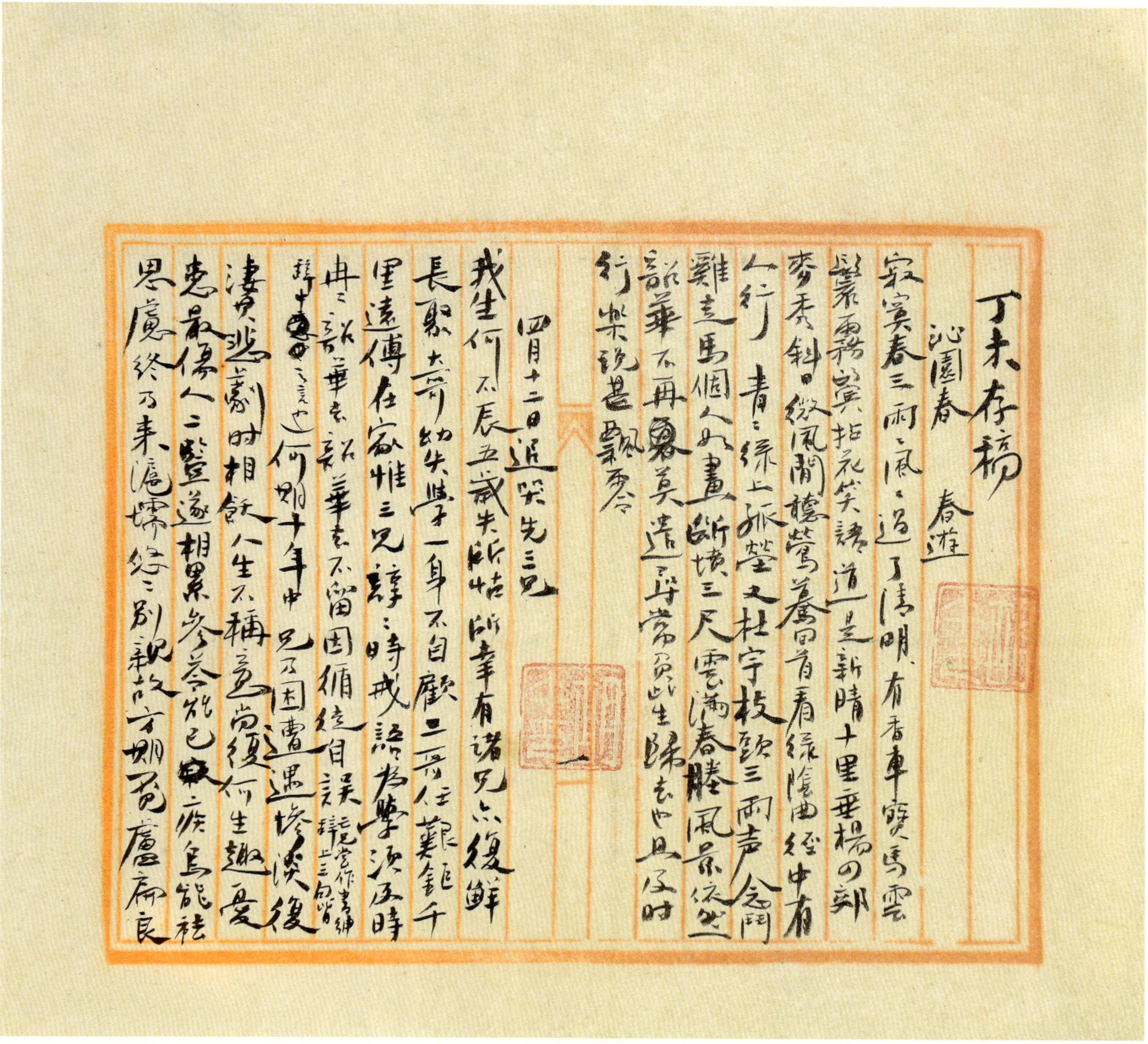

胡适致胡近仁诗词稿（一）

丁未存稿

沁园春•春游

寂寞春三，雨雨风风，过了清明，有香车宝马，云鬟雾鬓，拈花笑语，道是新晴。十里垂杨，四郊麦秀，斜日微风闲听莺。蓦回首，看绿阴曲径，中有人行！青青绿上孤茔，又杜宇枝头三两声。念斗鸡走马，个人如画，断坟三尺，云满春塍，风景依然，韶华不再，莫遣寻常负此生。归去也，且及时行乐，说甚飘零。

四月十二日追哭先三兄

我生何不辰，五岁失所怙。所幸有诸兄，亦复鲜长聚。大哥幼失学，一身不自顾。二哥任艰巨，千里远傅。在家惟三兄，谆谆时戒语。为学须及时，冉冉韶华去，韶华去不留，因循徒自误（亡兄尝作书绅辞，上三句皆辞中之言也）。何期十年中，兄乃困遭遇。惨淡复凄其，悲剧时相饫。人生不称意，尚复何生趣。忧患最伤人，二竖遂相累。参苓能已疾，乌能祛思虑。终乃来沪壖，悠悠别亲故。方期觅卢扁，良

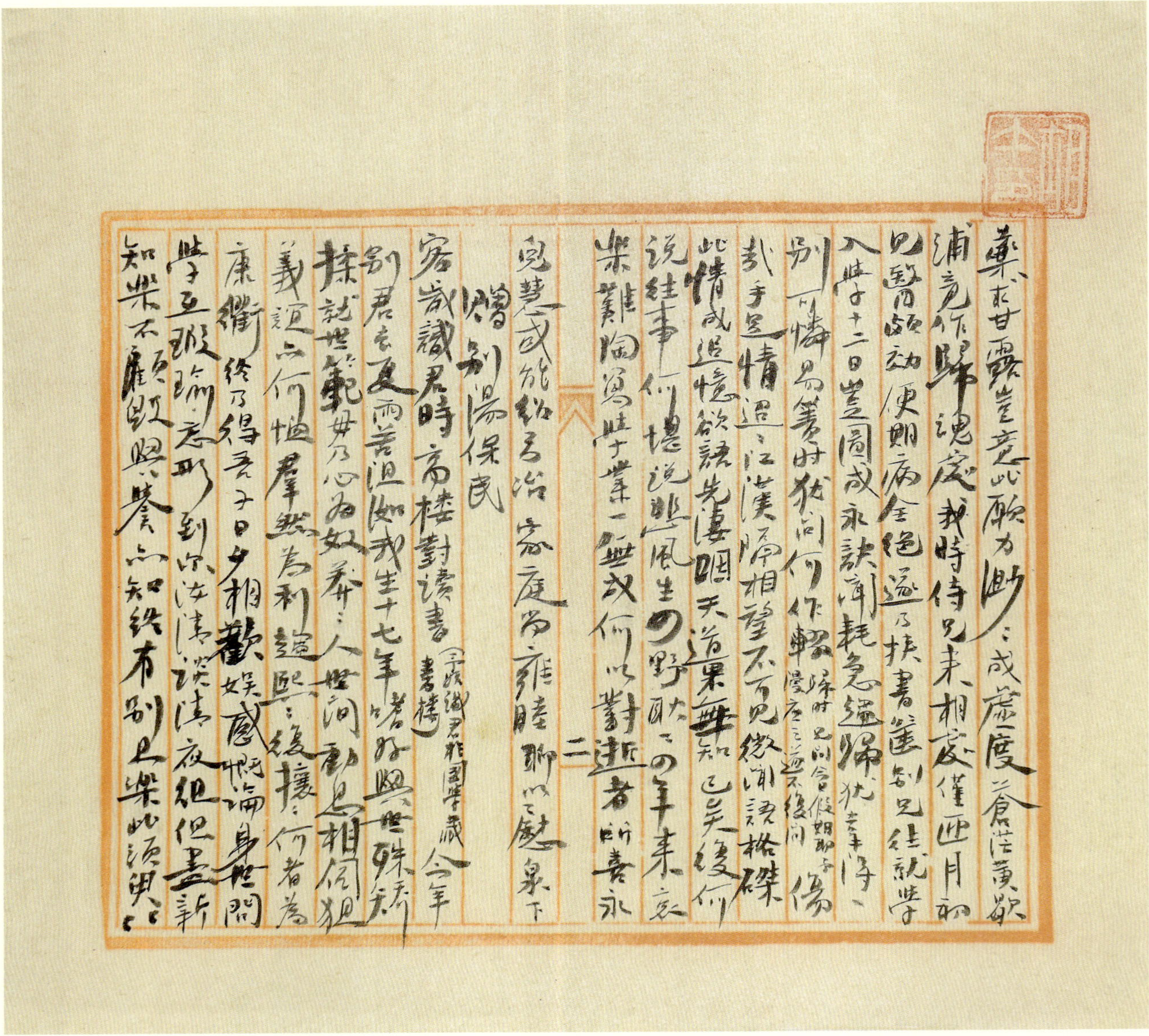

药求甘露。岂意此愿力，渺渺成虚度。苍茫黄歇浦，竟作归魂处。我时侍兄来，相处仅匝月。初见医颇效，便期病全绝。遂乃挟书箧，别兄往就学。入学十二日，岂图成永诀。闻耗急趋归，犹幸得一别。可怜易箦时，犹问何作辍（归时兄问今日假期耶，予漫应之，遂不复问）。伤哉手足情，迢迢江汉隔。相望不可见，微闻语格磔。此情成追忆，欲语先凄咽。天道果无知，已矣复何说。往事何堪说，悲风生四野。耿耿四年来，哀乐难陶写。学业一无成，何以对逝者。所喜永儿慧，或能绍弓冶。家庭尚雍睦，聊以慰泉下。

赠别汤保民

客岁识君时，高楼对读书（予始识君于国学藏书楼）。今年别君去，夏雨苦沮洳。我生十七年，嗜好与世殊。矫揉就世范，毋乃心为奴。莽莽人世间，动息相伺狙。义谊亦何恤，群然为利趋。熙熙复攘攘，何者为康衢。终乃得吾子，日夕相欢娱。感慨论身世，问学互瑕瑜。忘形到尔汝，清谈清夜徂。但尽新知乐，不顾毁与誉。亦知终有别，且乐此须臾。须臾

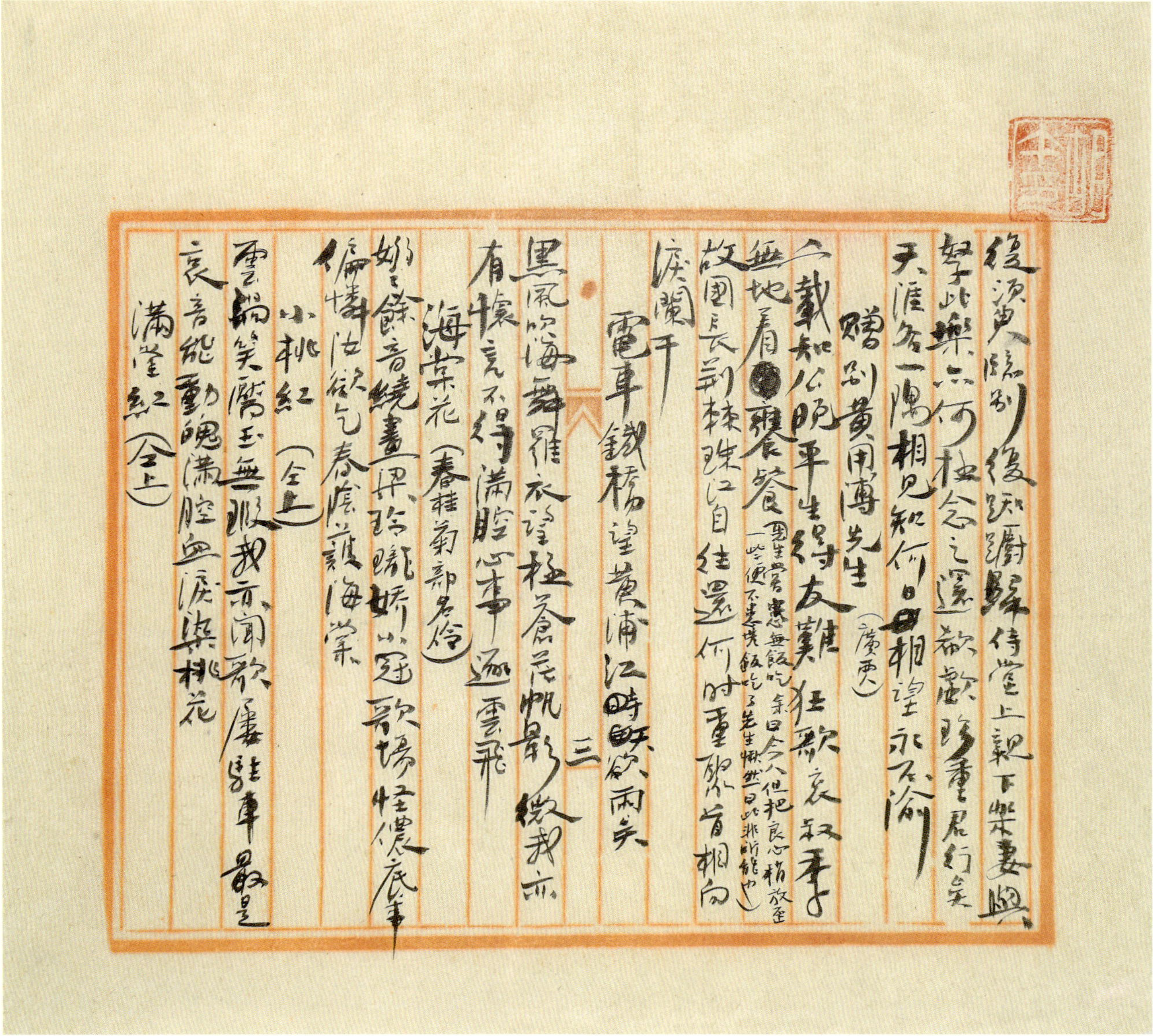

复须臾，临别复踟蹰。归侍堂上亲，下乐妻与孥。此乐亦何极，念之还欷歔。珍重君行矣，天涯各一隅。相见知何日，相望永不渝。

赠别黄用溥先生（广西人）

二载知公晚，平生得友难。狂歌哀叔季，无地看饔餐（先生尝患无饭吃。余曰：今人但把良心稍放歪一些，便不患无饭吃了。先生愀然曰：此非所能也）。故国长荆棘，珠江自往还。何时重聚首，相向泪阑干。

电车铁桥望黄浦江时天欲雨矣

黑风吹海舞罗衣，望极苍茫帆影微。我亦有怀言不得，满腔心事逐云飞。

海棠花（春桂菊部名伶）

嫋嫋余音绕画梁，玲珑娇小冠歌场。怪侬底事偏怜汝，欲乞春阴护海棠。

小桃红（仝上）

云涡笑靥玉无瑕，我亦闻歌屡驻车。最是哀音能动魄，满腔血泪染桃花。

满堂红（仝上）

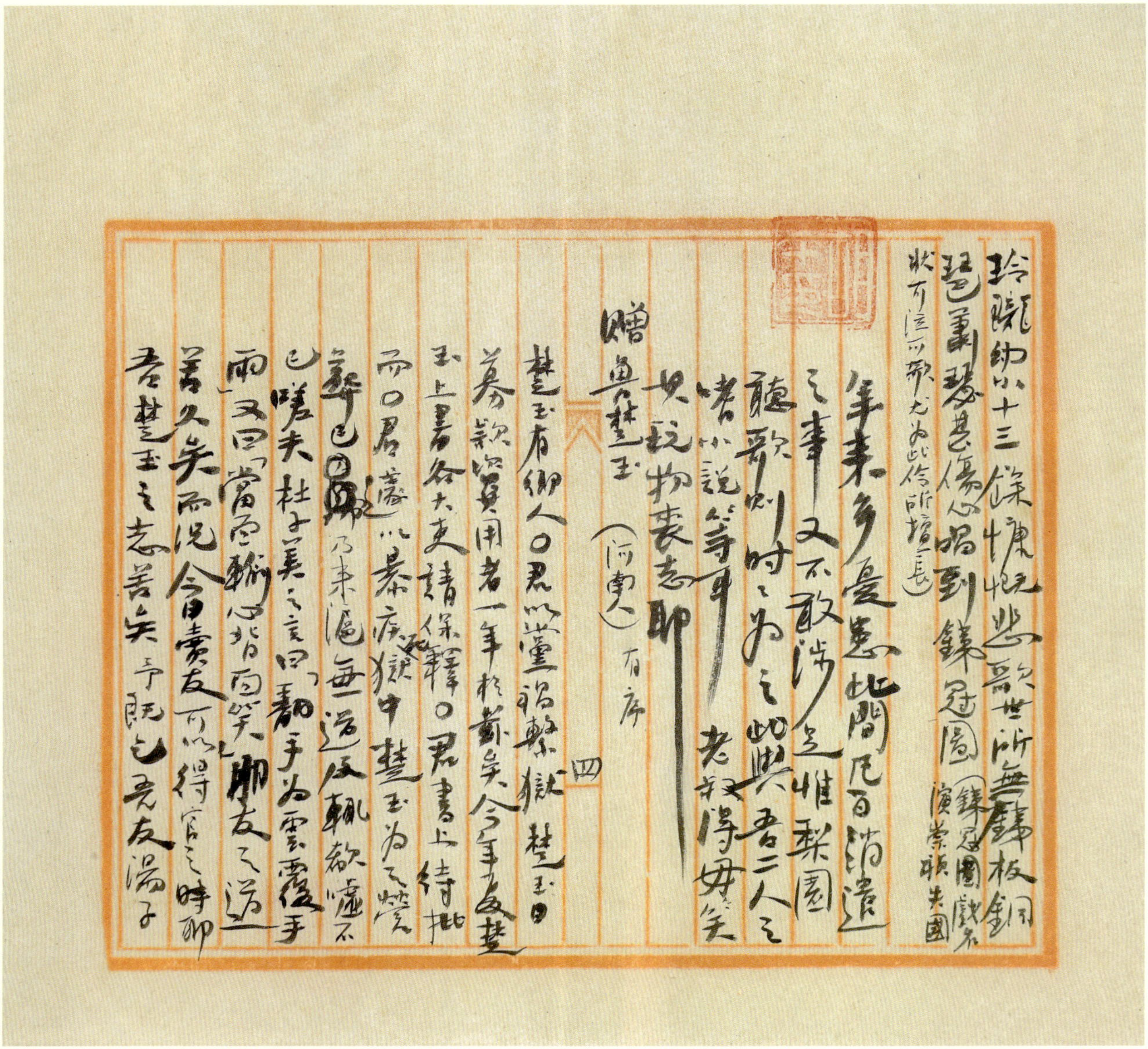

玲珑幼小十三余，慷慨悲歌世所无。铁板铜琶萧瑟甚，伤心唱到铁冠图。（铁冠图，戏名。演崇祯失国状，可泣可歌，尤为此伶所擅长）

（年来多忧患，此间凡有消遣之事，又不敢涉足。惟梨园听歌，则时时为之。此与吾二人之嗜小说等耳，老叔得毋笑其玩物丧志耶。）

赠鲁楚玉（河南人）有序

楚玉有乡人〇君，以党祸系狱，楚玉日募款资用者，一年于兹矣。今年夏，楚玉上书各大吏，请保〇君，书上待批，〇君遂以暴疾死狱中。楚玉为之营葬已，乃来沪，每一道及，辄欷嘘不已。嗟夫！杜子美之言曰"翻手为云覆手为雨"，又曰"当面输心背面笑"。朋友之道苦久矣，而况今日卖友可以得官之时耶。吾楚玉之志苦矣。予既乞吾友汤子

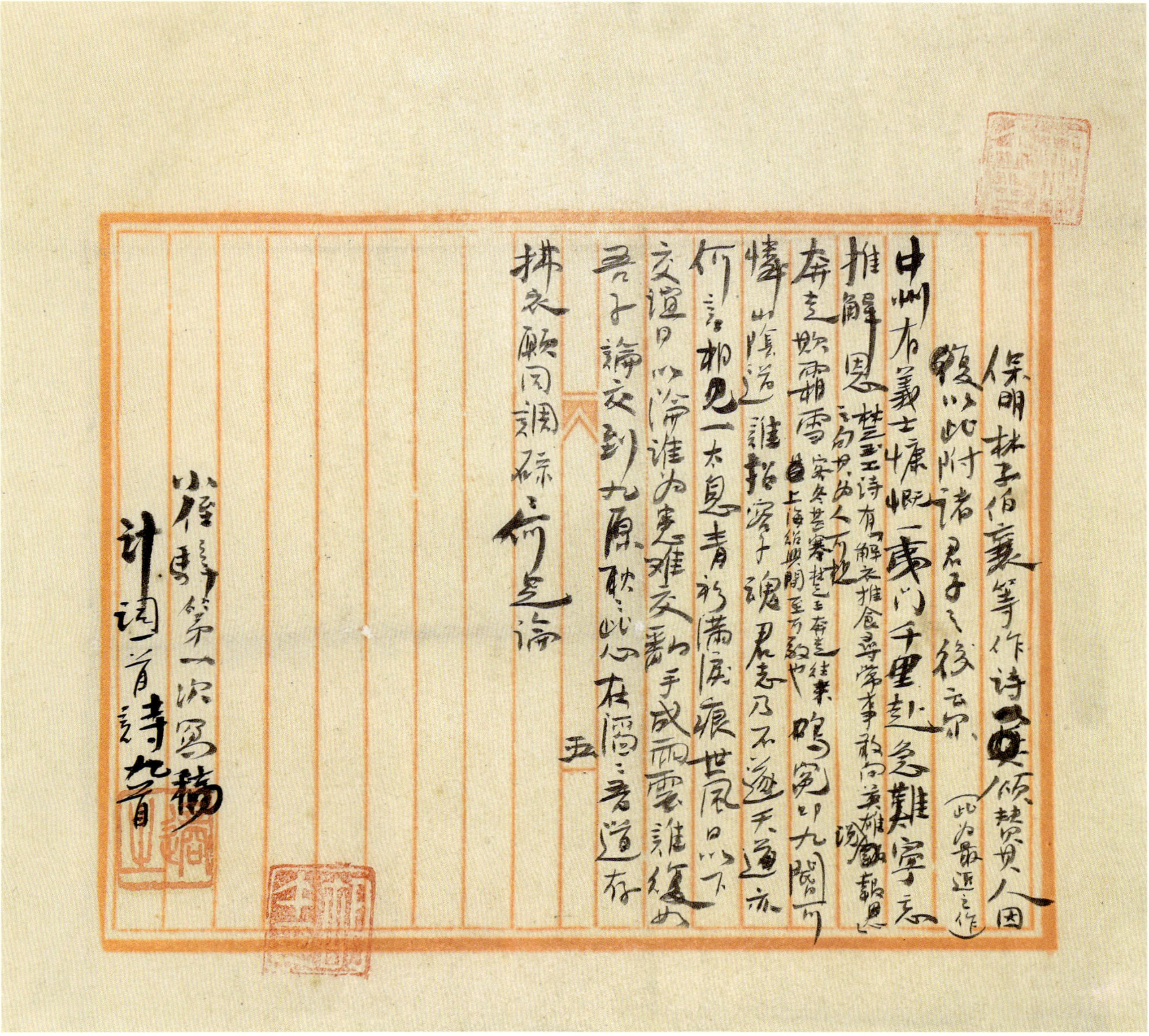

保明、林子伯襄等作诗颂赞其人，因复以此附诸君子之后云尔。（此为最近之作）

中州有义士，慷慨一夷门。千里赴急难，宁忘推解恩（楚玉工诗，有“解衣推食寻常事，敢向英雄说报恩”之句，其为人可想）。奔走欺霜雪（客冬甚寒，楚玉奔走往来上海绍兴间，至可敬也），鸣冤叩九阍。可怜山阴道，谁招客子魂。君志乃不遂，天道亦何言。相见一太息，青衫满泪痕。世风日以下，交谊日以沦。谁为患难交，翻手成雨云。谁复如君子，论交到九原。耿耿此心在，滔滔吾道存。拂衣愿同调，碌碌何足论。

小侄骍第一次写稿。计词一首，诗九首。

（钤印：适之）

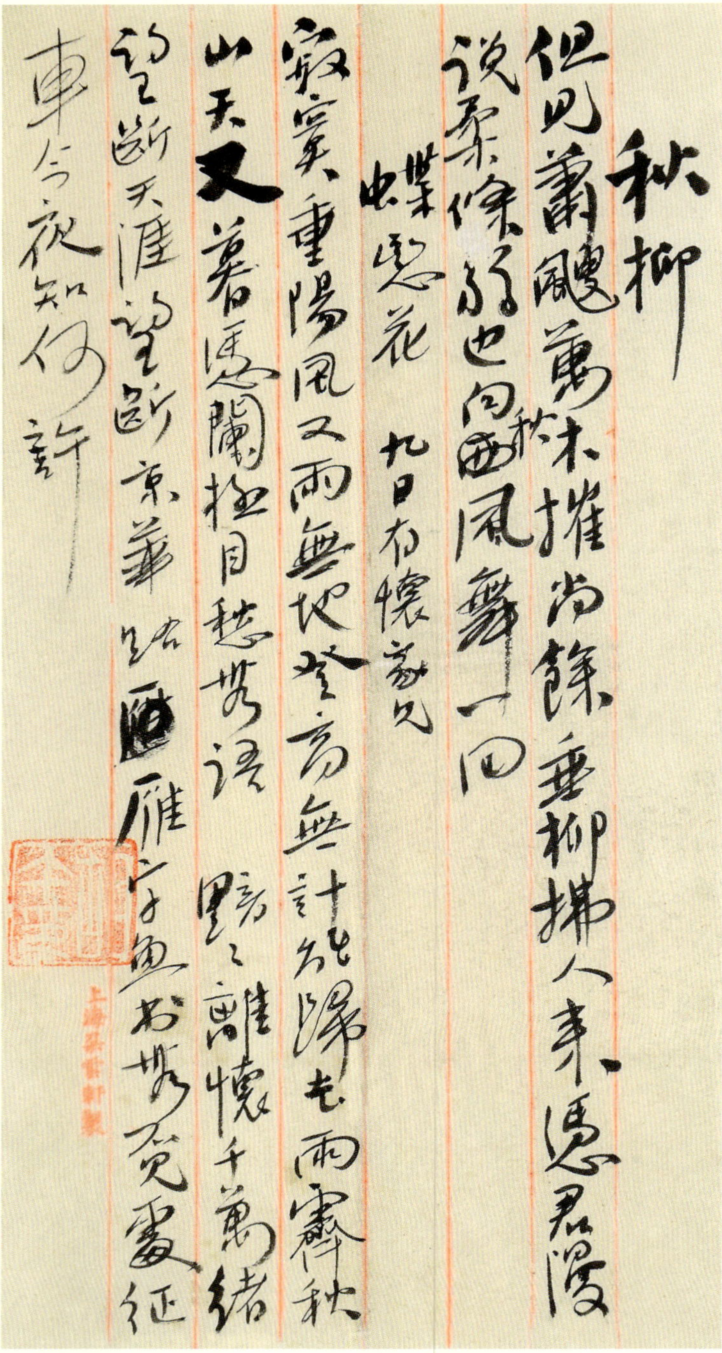

胡适致胡近仁诗词稿（二）

秋柳

但见萧飕万木摧，尚余垂柳拂人来。凭君漫说柔条弱，也向秋风舞一回。

蝶恋花•九日有怀家兄

寂寞重阳风又雨，无地登高，无计能归去。雨霁秋山天又暮，凭栏极目愁无语。黯黯离怀千万绪，望断天涯，望断京华路。雁字鱼书无觅处，征车今夜知何许。

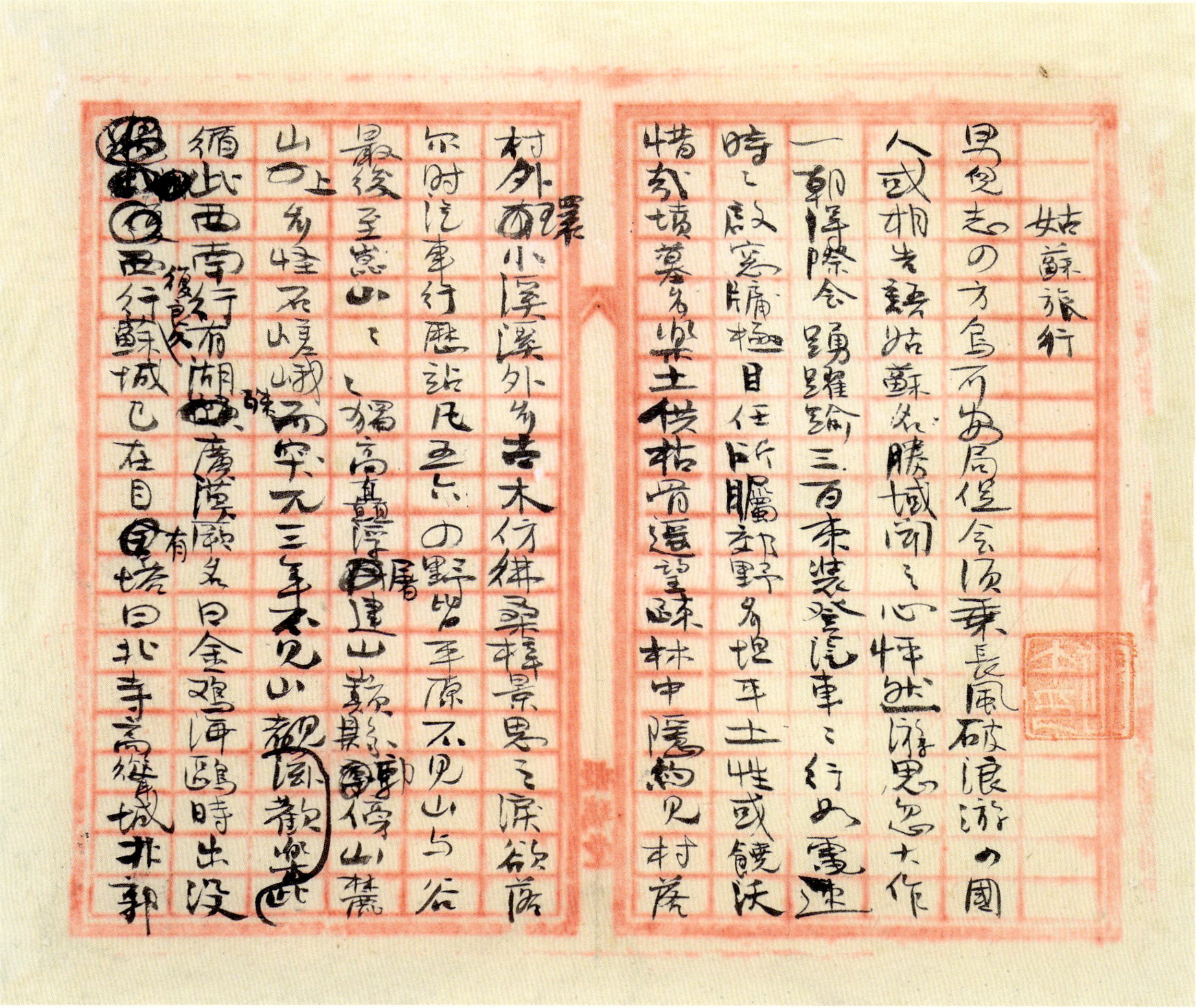

胡适致胡近仁诗稿(三)

姑苏旅行

男儿志四方，乌可安局促。会须乘长风，破浪游四国。人或相告语，姑苏名胜域。闻之心怦然，游思忽大作。一朝得际会，踊跃逾三百。束装登汽车，车行如电速。时时启窗牖，极目任所瞩。郊野多坦平，土性或饶沃。惜哉坟墓多，乐土供枯骨。遥望疏林中，隐约见村落。村外环小溪，溪外多古木。仿佛桑梓景，思之泪欲落。尔时汽车行，历站凡五六。四野皆平原，不见山与谷。最后至崑山，山山独高矗。浮屠建山颠，县郭傍山麓。山上多怪石，嵯峨而突兀。三年不见山，睹此滋欢乐。循此西南行，有湖殊广漠。厥名曰金鸡，海鸥时出没。西行复良久，苏城已在目。有塔曰北寺，高耸城北郭。

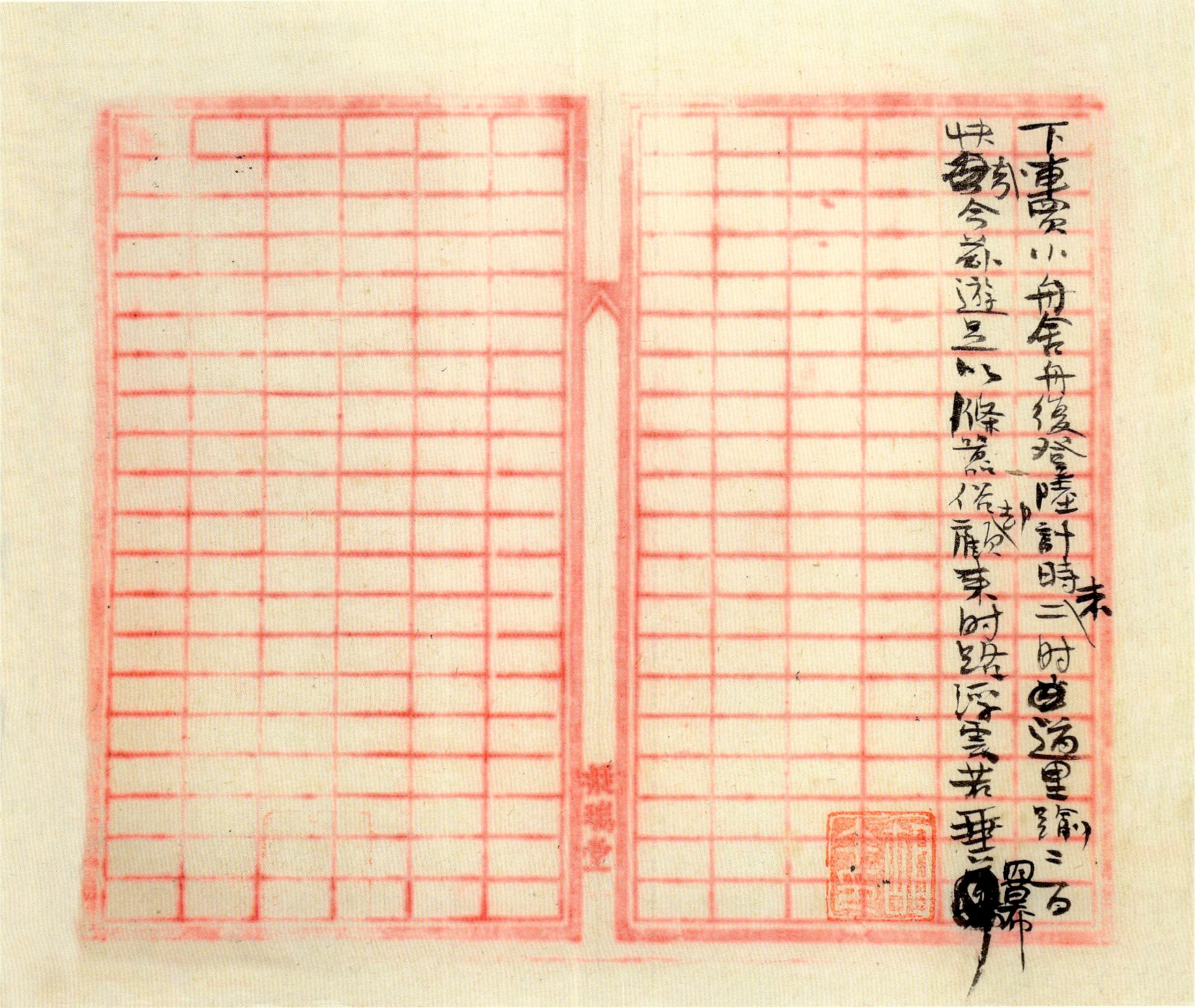

下车买小舟，舍舟复登陆。计时未二时，道里踰二百。快哉今兹游，足以滌嚣俗。却愿来时路，浮云若垂幕。

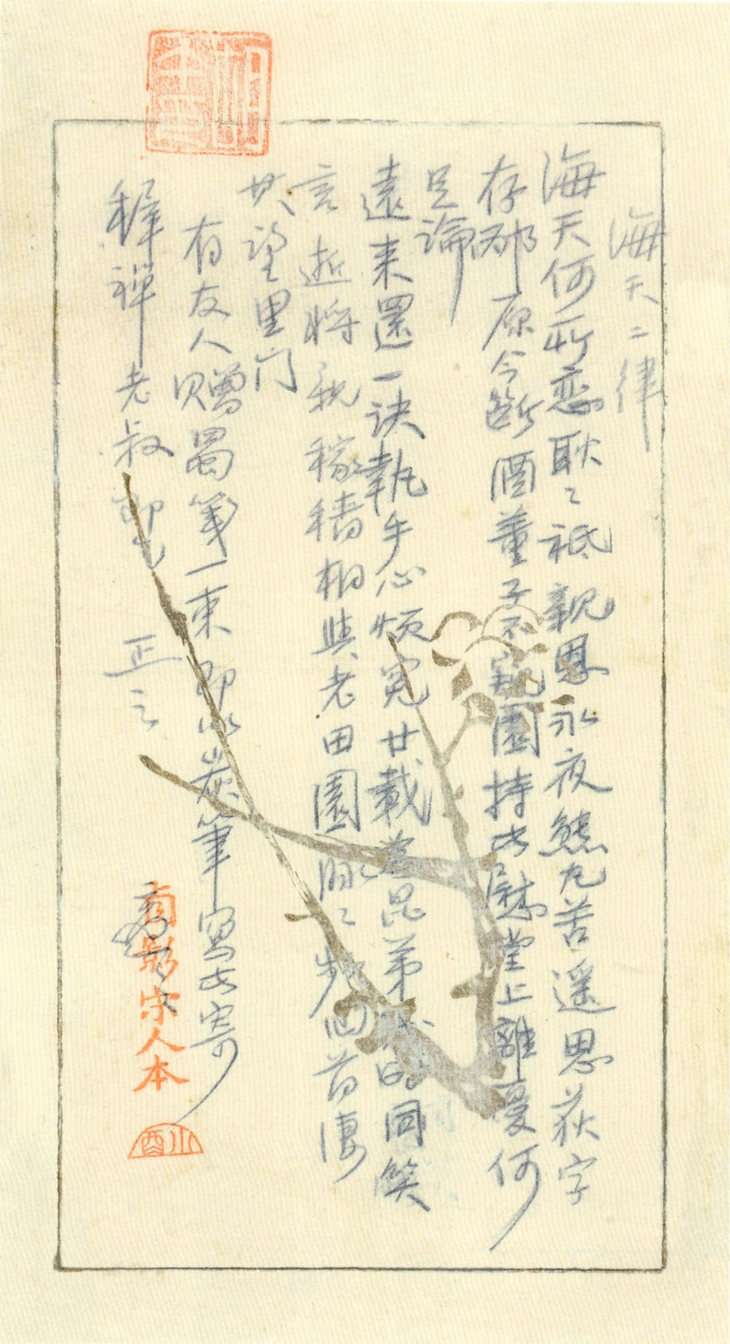
海天二律
海天何所戀，耿耿只親恩。永夜熊丸苦，遙思荻字存。郿原今斷酒，董子不窺園。持此慰堂上，離憂何足論。
遠來還一訣，執手心煩冤。廿載為昆弟，不時同笑言。逝將親稼穡，相與老田園。脈脈頻回首，淒其望里門。
有友人贈蜀箋一束，即以炭筆寫此寄稺禪老叔即乞正之
適

胡适致胡近仁诗词稿（四）

海天二律

海天何所恋，耿耿只亲恩。永夜熊丸苦，遥思荻字存。郿原今断酒，董子不窥园。持此慰堂上，离忧何足论。

远来还一诀，执手心烦冤。廿载为昆弟，不时同笑言。逝将亲稼穑，相与老田园。脉脉频回首，凄其望里门。

有友人赠蜀笺一束，即以炭笔写此寄稺禅老叔即乞正之。

适之

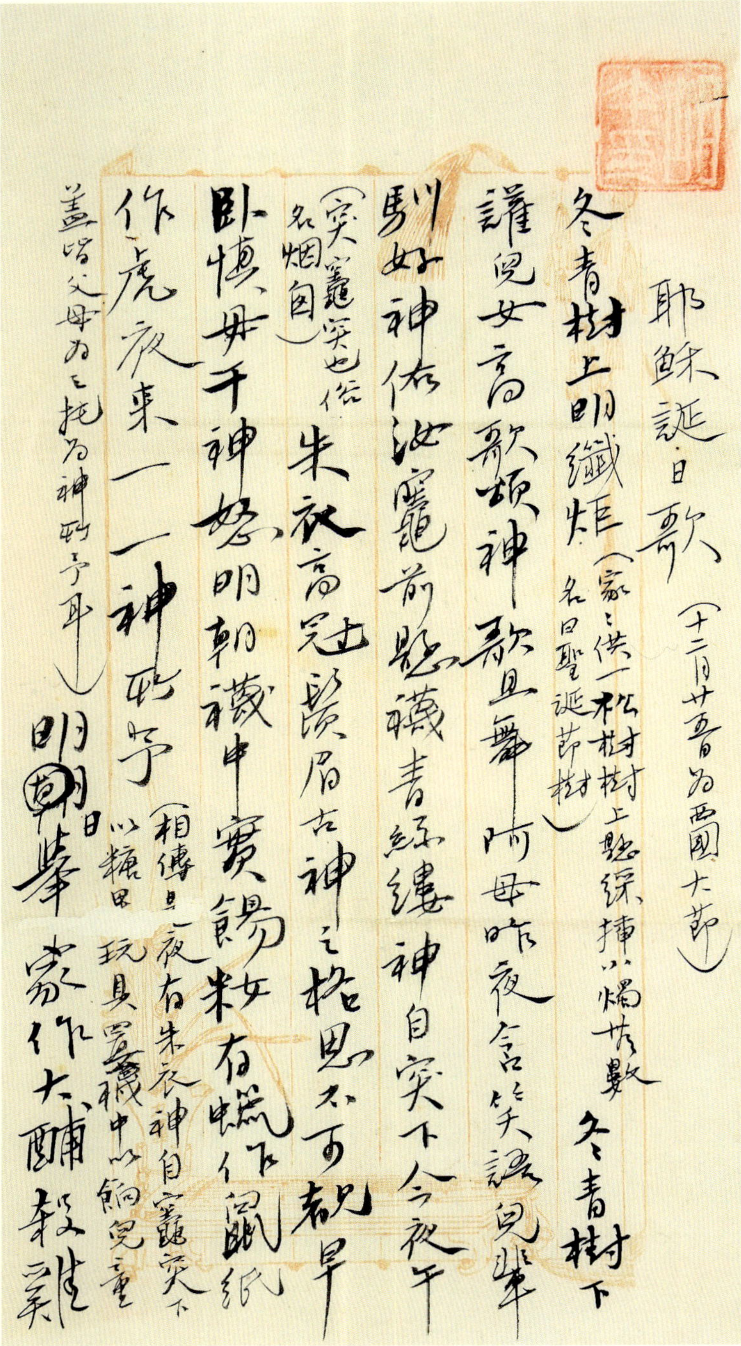
耶穌誕日歌（十二月廿五日為西國大節）
冬青樹上明纖炬（家家供一松樹，樹上懸綵插小燭無數，名曰聖誕節樹），冬青樹下讙兒女。高歌頌神歌且舞，阿母昨夜含笑語。兒輩馴好神佑汝，竈前懸襪青絲縷。神自突下今夜午（突，竈突也，俗名烟囱），朱衣高冠鬚眉古。神之格思不可覩，早卧慎毋干神怒。明朝襪中實餳粒，有蠟作鼠紙作虎。夜來一一神所予（相傳是夜有朱衣神自竈突下，以糖果玩具置襪中以餉兒童，蓋皆父母為之托，為神所予耳），明日舉家作大酺。殺雞

胡适致胡近仁诗稿（五）

耶稣诞日歌（十二月廿五日为西国大节）

冬青树上明纤炬（家家供一松树，树上悬彩插小烛无数，名曰圣诞节树），冬青树下欢儿女。高歌颂神歌且舞，阿母昨夜含笑语。儿辈驯好神佑汝，灶前悬袜青丝缕。神自突下今夜午（突，灶突也，俗名烟囱），朱衣高冠须眉古。神之格思不可覩，早卧慎毋干神怒。明朝袜中实饧粒，有蜡作鼠纸作虎。夜来一一神所予（相传是夜有朱衣神自灶突下，以糖果玩具置袜中以饷儿童，盖皆父母为之托，为神所予耳），明日举家作大酺。杀鸡

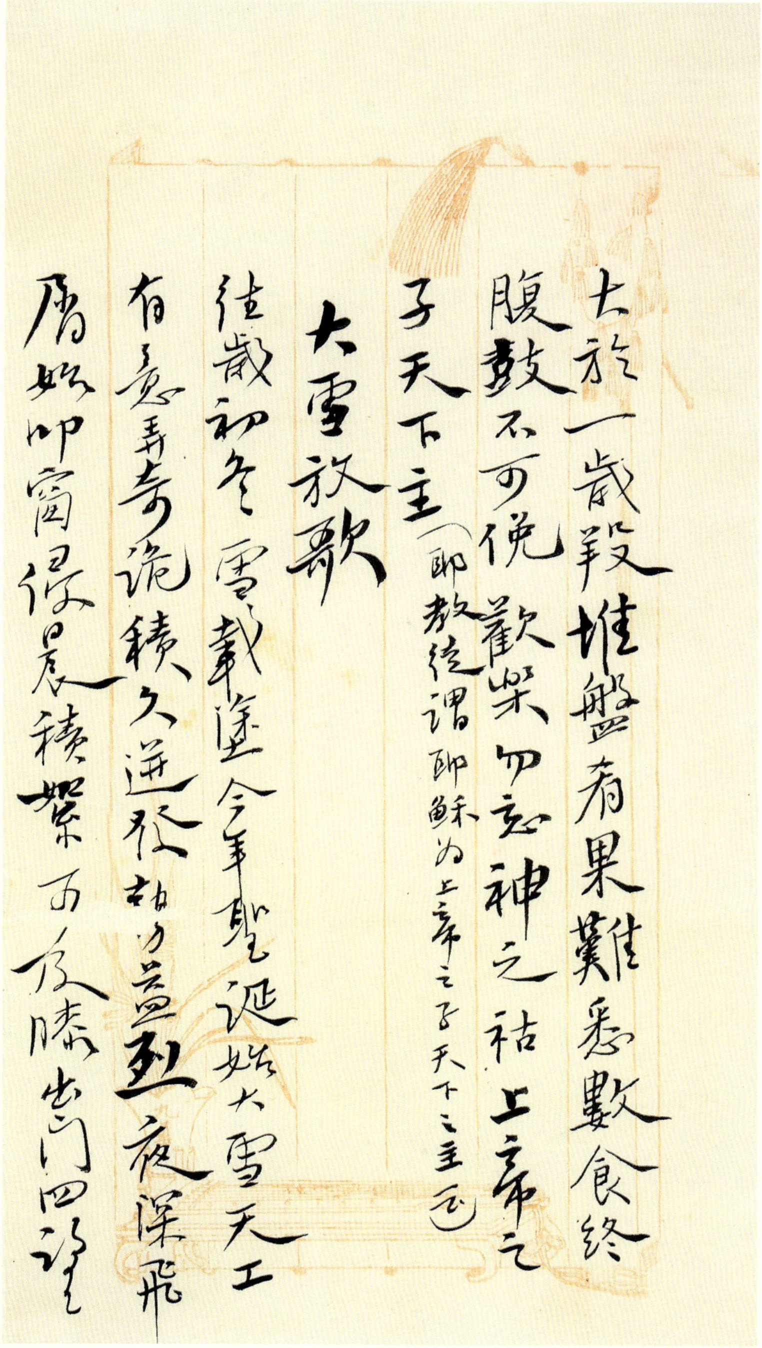
大於一歲殺堆盤肴果難悉數食終
腹鼓不可俛歡樂勿忘神之祜上帝之
子天下主（耶教徒謂耶穌為上帝之子天下之主云）
大雪放歌
往歲初冬雪載塗今年聖誕始大雪天工
有意弄奇詭積久迸發勢益烈夜深飛
屑始叩窗侵晨積絮可及膝出門四望

大于一岁殺，堆盘肴果难悉数。食终腹鼓不可俛，欢乐勿忘神之祜。上帝之子天下主。（耶教徒谓耶稣为上帝之子，天下之主云）

大雪放歌

往岁初冬雪载涂，今年圣诞始大雪。天工有意弄奇诡，积久迸发势益烈。夜深飞屑始叩窗，侵晨积絮可及膝。出门四望

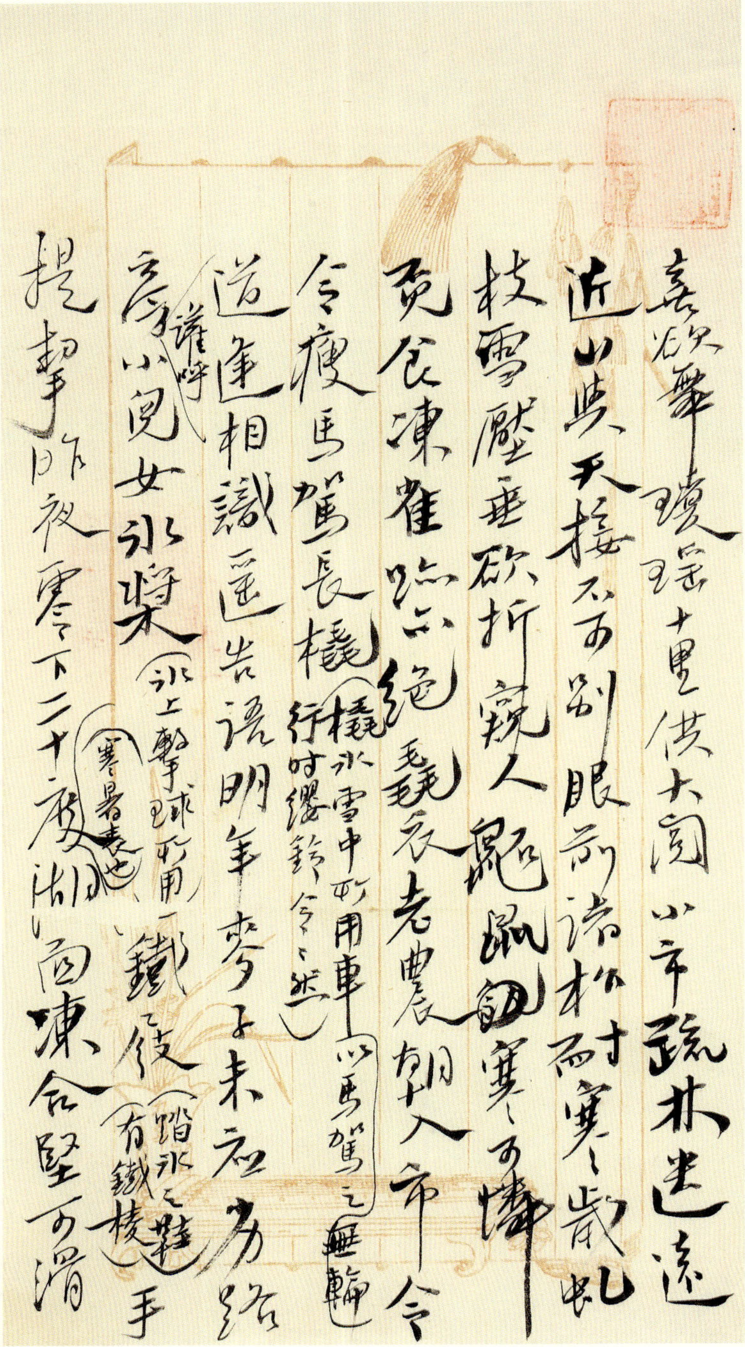

喜欲舞，琼瑶十里供大阅。小市疏林迷远近，山与天接不可别。眼前诸松耐寒岁，虬枝雪压垂欲折。窥人鼯鼠寒可怜，觅食冻雀迹亦绝。毳衣老农朝入市，令令瘦马驾长橇（橇，冰雪中所用车，无轮，以马驾之，行时缨铃令令然）。道逢相识遥告语，明年麦子未应劣。路旁欢呼小儿女，冰桨（冰上击球所用）铁屐（踏冰之鞋，有铁棱）手提挈。昨夜零下二十度（寒暑表也），湖面冻合坚可滑。

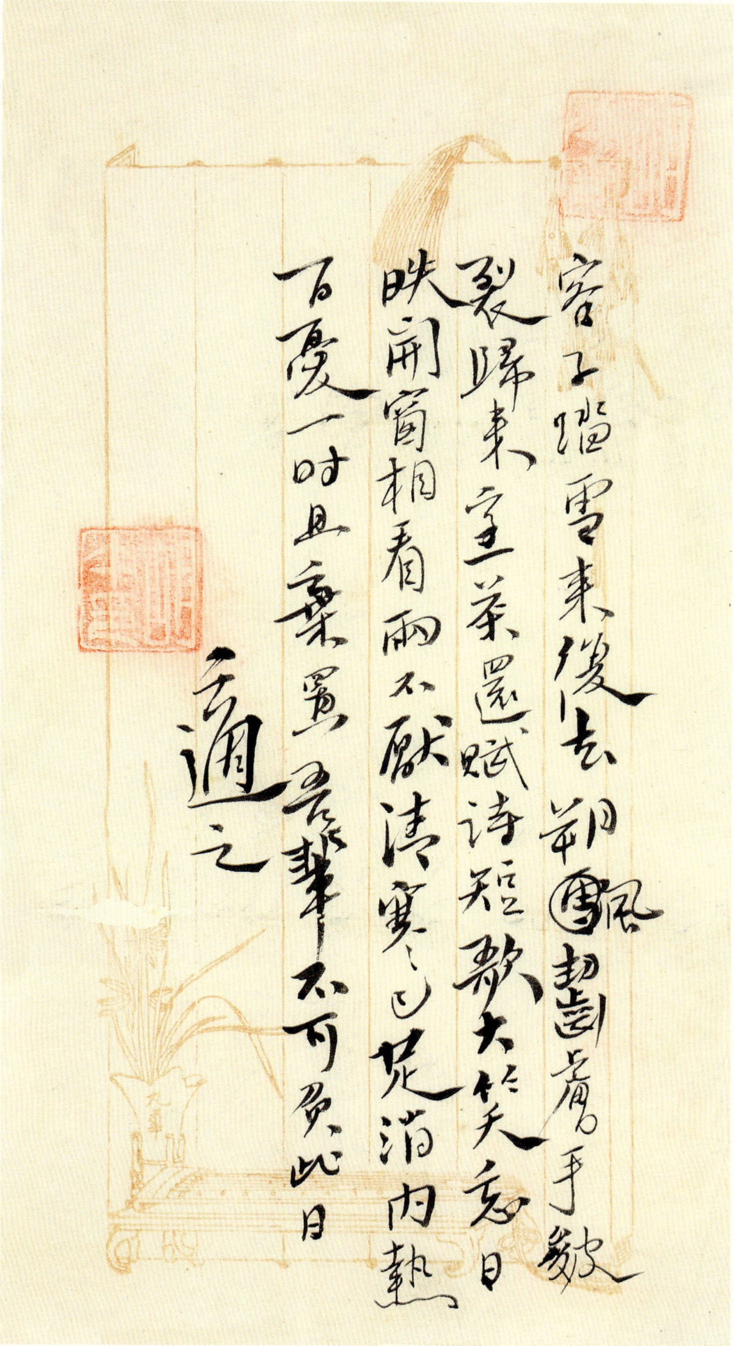
客子蹋雪來復去朔風皓膚手皴
裂歸來烹茶還賦詩短歌大笑忘日
映開窗相看兩不厭清寒已足消內熱
百憂一時且棄置吾輩不可負此日
適之

客子踏雪来复去，朔风啮肤手皴裂。归来烹茶还赋诗，短歌大笑忘日映。开窗相看两不厌，清寒已足消内热。百忧一时且弃置，吾辈不可负此日。

适之

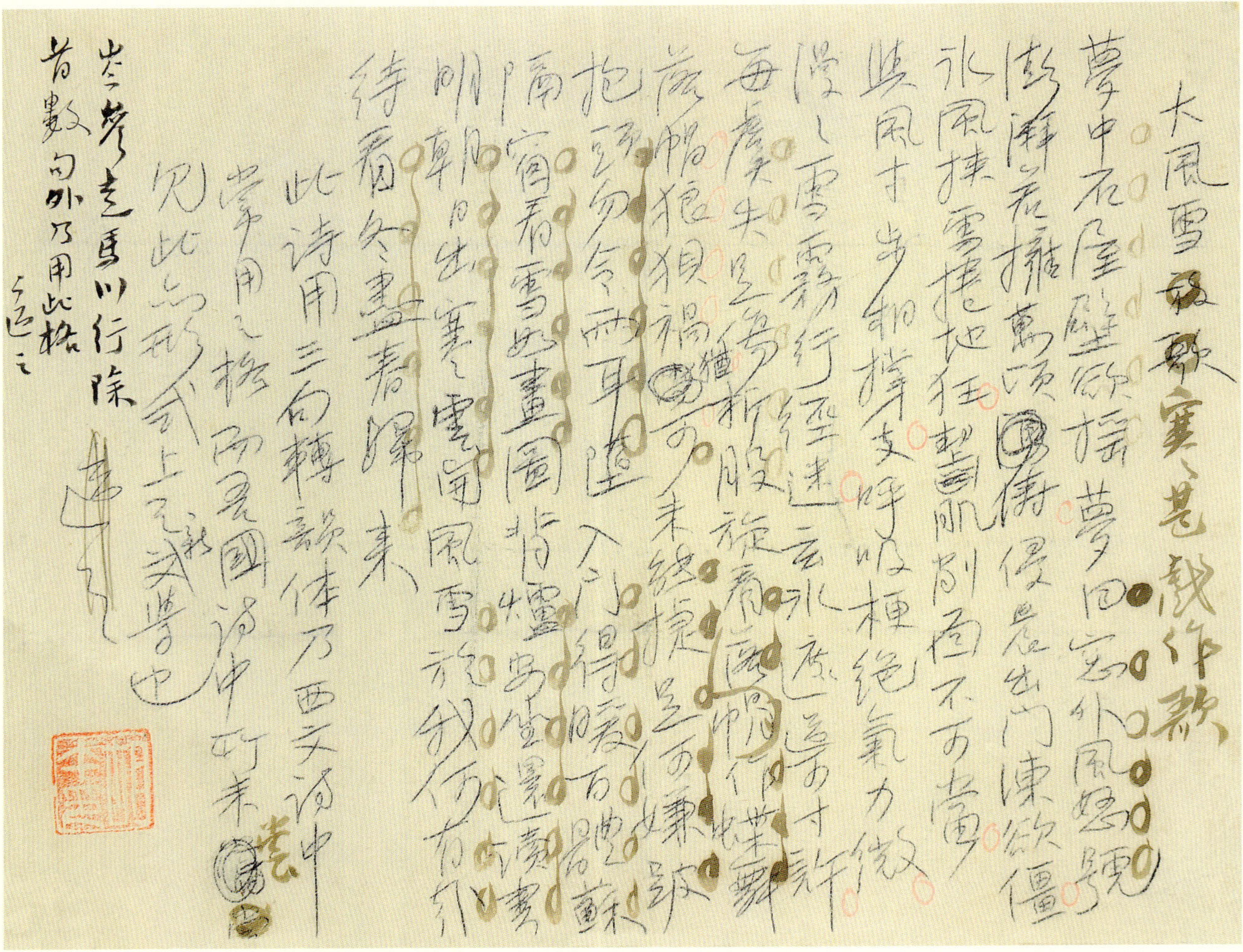

胡适致胡近仁诗稿（六）

大风雪寒甚戏作歌

梦中石屋壁欲摇，梦回窗外风怒号。澎湃若拥万顷涛，侵晨出门冻欲僵。冰风挟雪卷地狂，啮肌削面不可当。与风寸步相撑支，呼吸梗绝气力微。漫漫雪雾行径迷，玄冰遮道可寸许。每虞失足伤折股，旋看帽落作蝶舞。落帽狼狈祸犹可，未能捷足何嫌跛。抱头勿令两耳堕，入门得暖百体苏。隔窗看雪如画图，背炉安坐还读书。明朝日出寒云开，风雪于我何有哉。待看冬尽春归来。

此诗用三句转韵体，乃西文诗中常用之格，而吾国诗中所未尝见此。亦形式上之新文学也。

岑参走马川行，除首数句外，乃用此格。

适之

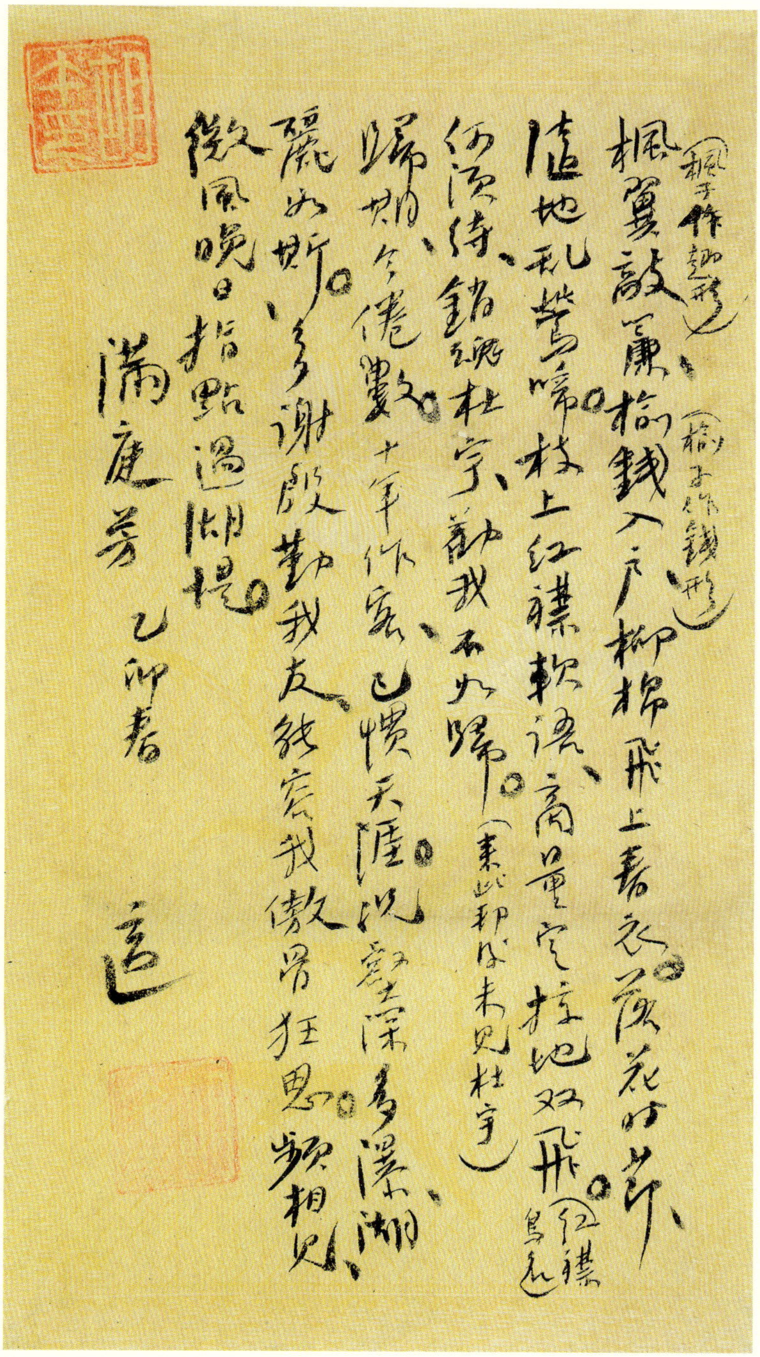

胡适致胡近仁诗稿（七）

枫翼敲簾（枫子作翅形），榆钱入户（榆子作钱形），柳棉飞上春衣。落花时节，随地乱莺啼。枝上红襟软语，商量定掠地双飞（红襟鸟名）。何须待，销魂杜宇，劝我不如归（来此邦后未见杜宇）。归期，今倦数，十年作客，已惯天涯。况壑深多瀑，湖丽如斯。多谢殷勤我友，能容我傲骨狂思。频相见，微风晚日，指点过湖堤。

满庭芳。

乙卯春

适

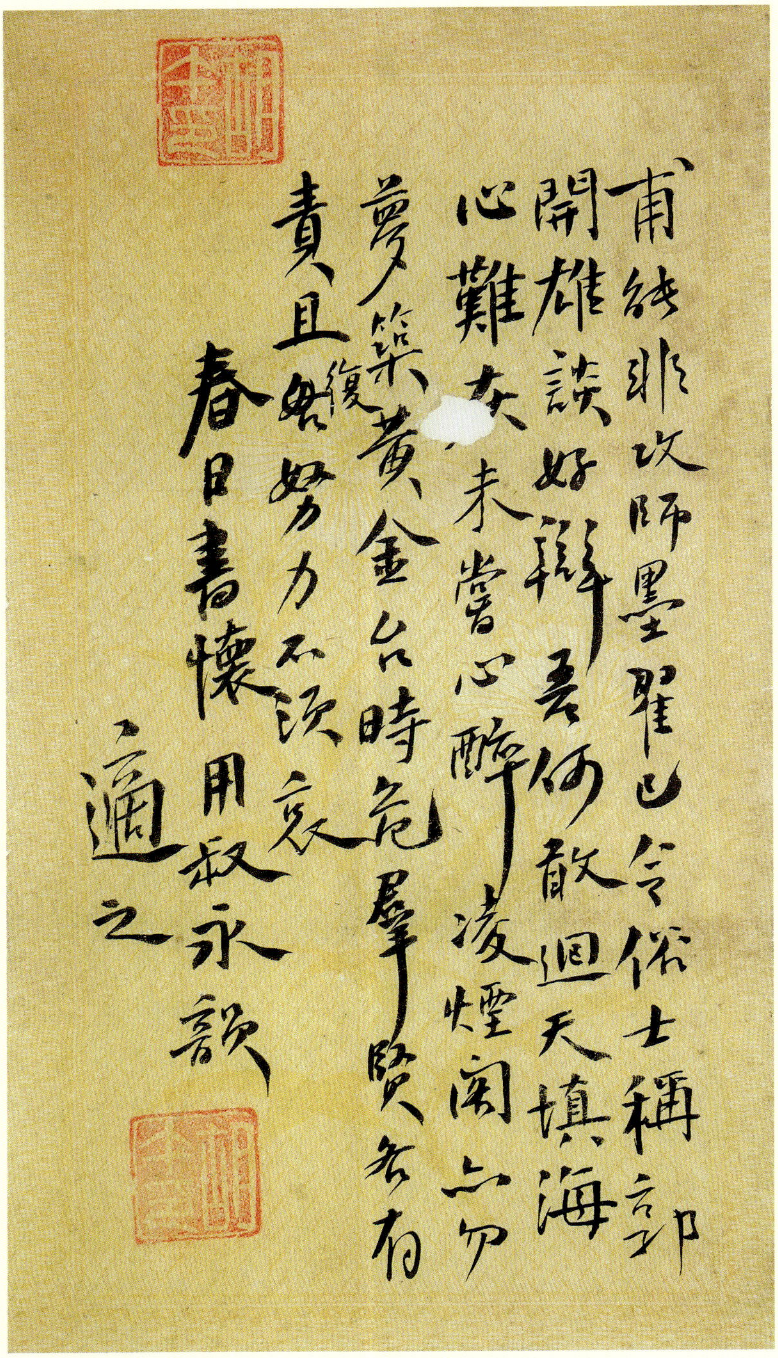

胡适致胡近仁诗稿（八）

甫能非攻师墨翟，已令俗士称郭开。雄谈好辩吾何敢，回天填海心难灰。未尝心醉凌烟阁，亦勿梦筑黄金台。时危群贤各有责，且复努力不须哀。

春日书怀，用叔永韵

适之

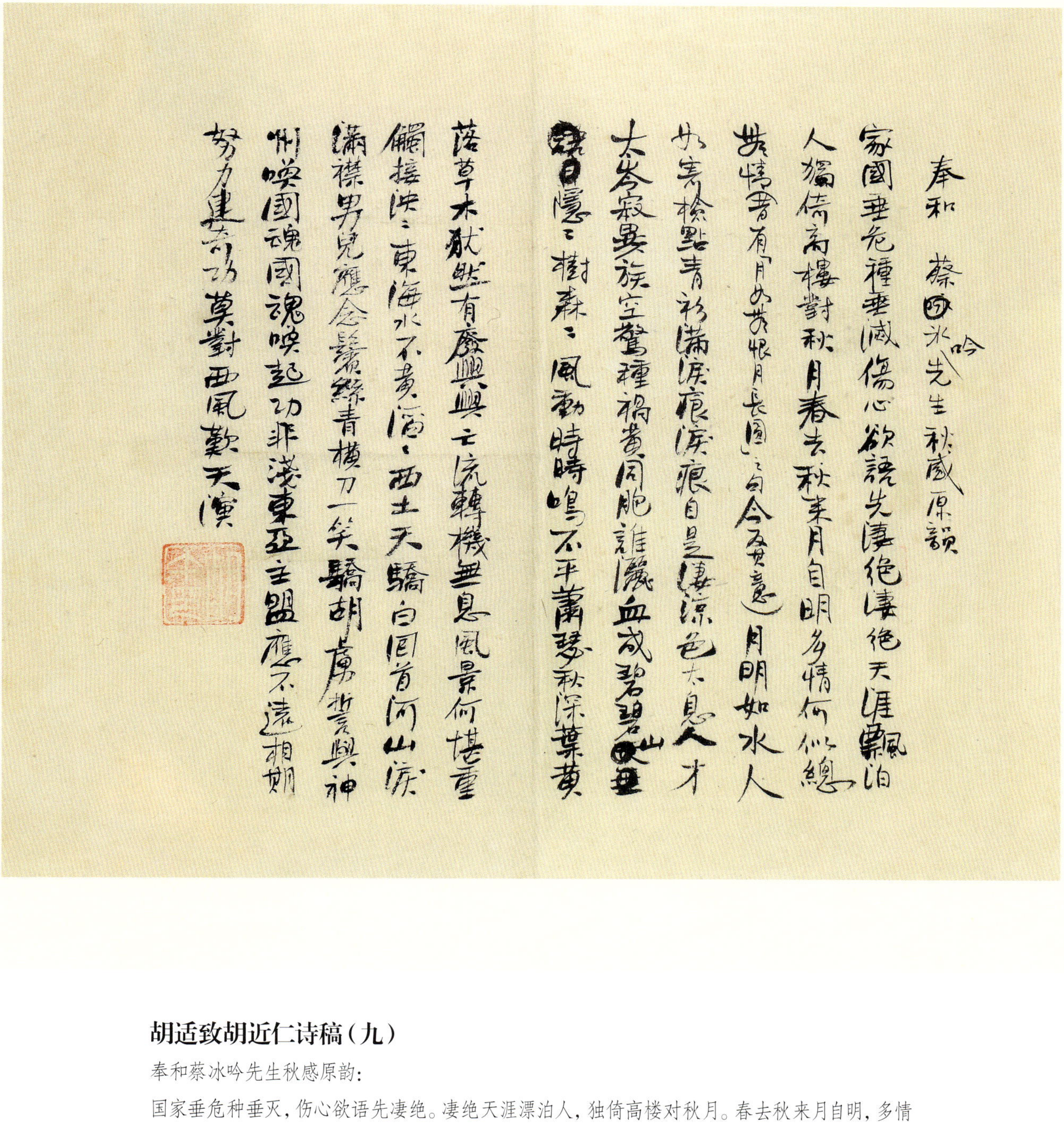
奉和 蔡冰吟先生秋感原韻
家國垂危種垂滅傷心欲語先淒絕淒絕天涯飄泊
人獨倚高樓對秋月春去秋來月自明多情何似總
無情(昔有"月如無恨月長圓"之句今反其意)月明如水人
如寄檢點青衫滿淚痕淚痕自是淒涼色太息人才
太岑寂異族空驚種禍黃同胞誰灑血成碧碧山
隱隱樹森森風動時時鳴不平蕭瑟秋深葉黃
落草木猶然有廢興興亡流轉機無息風景何堪重
觸接泱泱東海水不黃滔滔西土天驕白回首河山淚
滿襟男兒應念鬢絲青橫刀一笑驕胡虜誓與神
州喚國魂國魂喚起功非淺東亞主盟應不遠相期
努力建奇功莫對西風歎天演

胡适致胡近仁诗稿（九）

奉和蔡冰吟先生秋感原韵：

国家垂危种垂灭，伤心欲语先凄绝。凄绝天涯漂泊人，独倚高楼对秋月。春去秋来月自明，多情何似总无情（昔有“月如无恨月长圆”之句，今反其意）。月明如水人如寄，检点青衫满泪痕。泪痕自是凄凉色，太息人才太岑寂。异族空惊种祸黄，同胞谁洒血成碧。碧山隐隐树森森，风动时时鸣不平。萧瑟秋深叶黄落，草木犹然有废兴。兴亡流转机无息，风景何堪重触接。泱泱东海水不黄，滔滔西土天骄白。回首河山泪满襟，男儿应念鬓丝青。横刀一笑骄胡虏，誓与神州唤国魂。国魂唤起功非浅，东亚主盟应不远。相期努力建奇功，莫对西风叹天演。

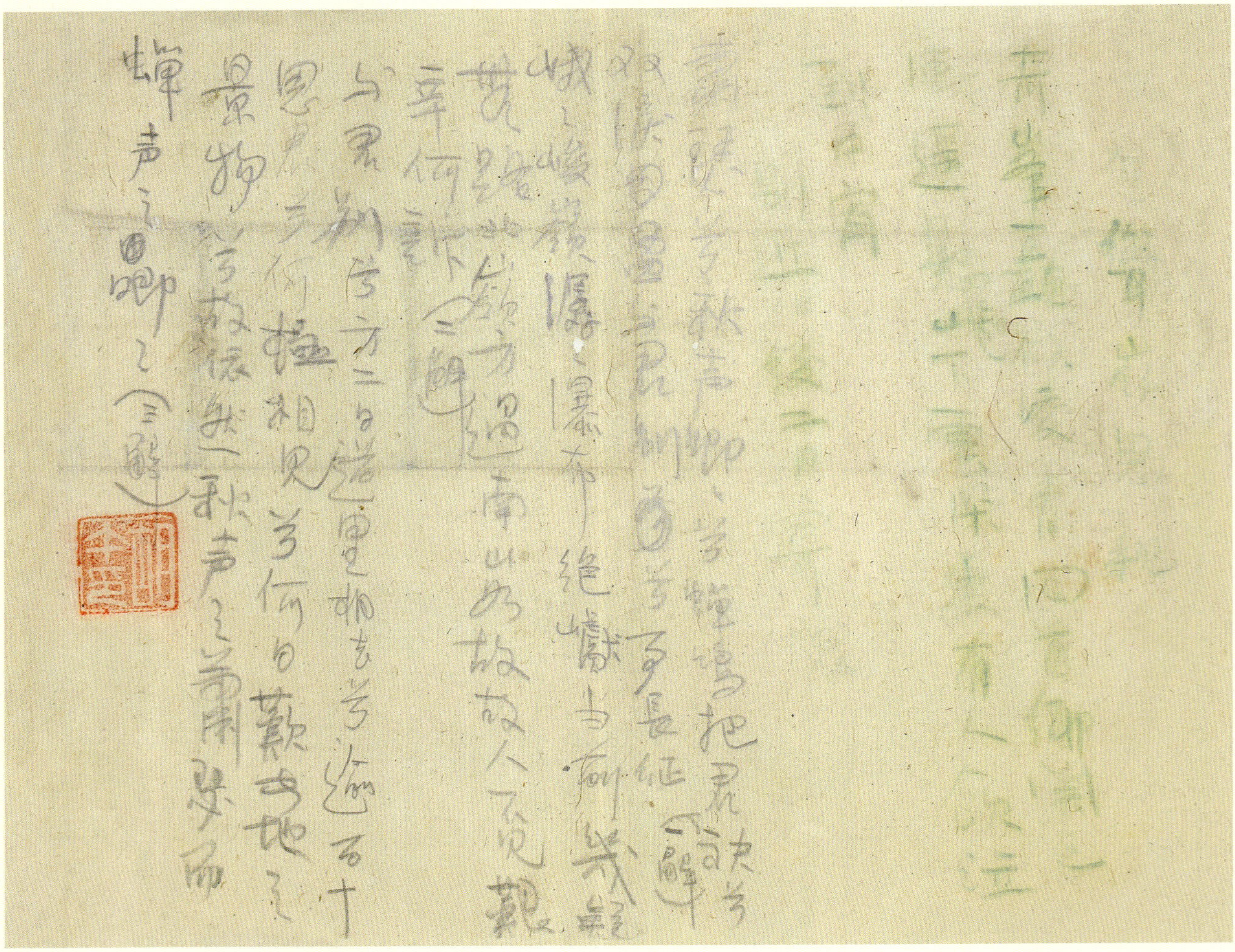

胡适致胡近仁诗稿（十）

（此处不辨）

萧瑟兮秋声，唧唧兮蝉鸣，把君袂兮双泪盈，与君别兮事长征。（一解）

峨峨峻岭，潺潺瀑布，绝巘当前，几疑无路，北岭方过，南山如故。故人不见，艰辛何诉。（二解）

与君别兮方二日，道里想去兮逾百十。思君□何□相见兮何日，叹此地之景物兮故依然，秋声之萧瑟而蝉声之唧唧。（三解）

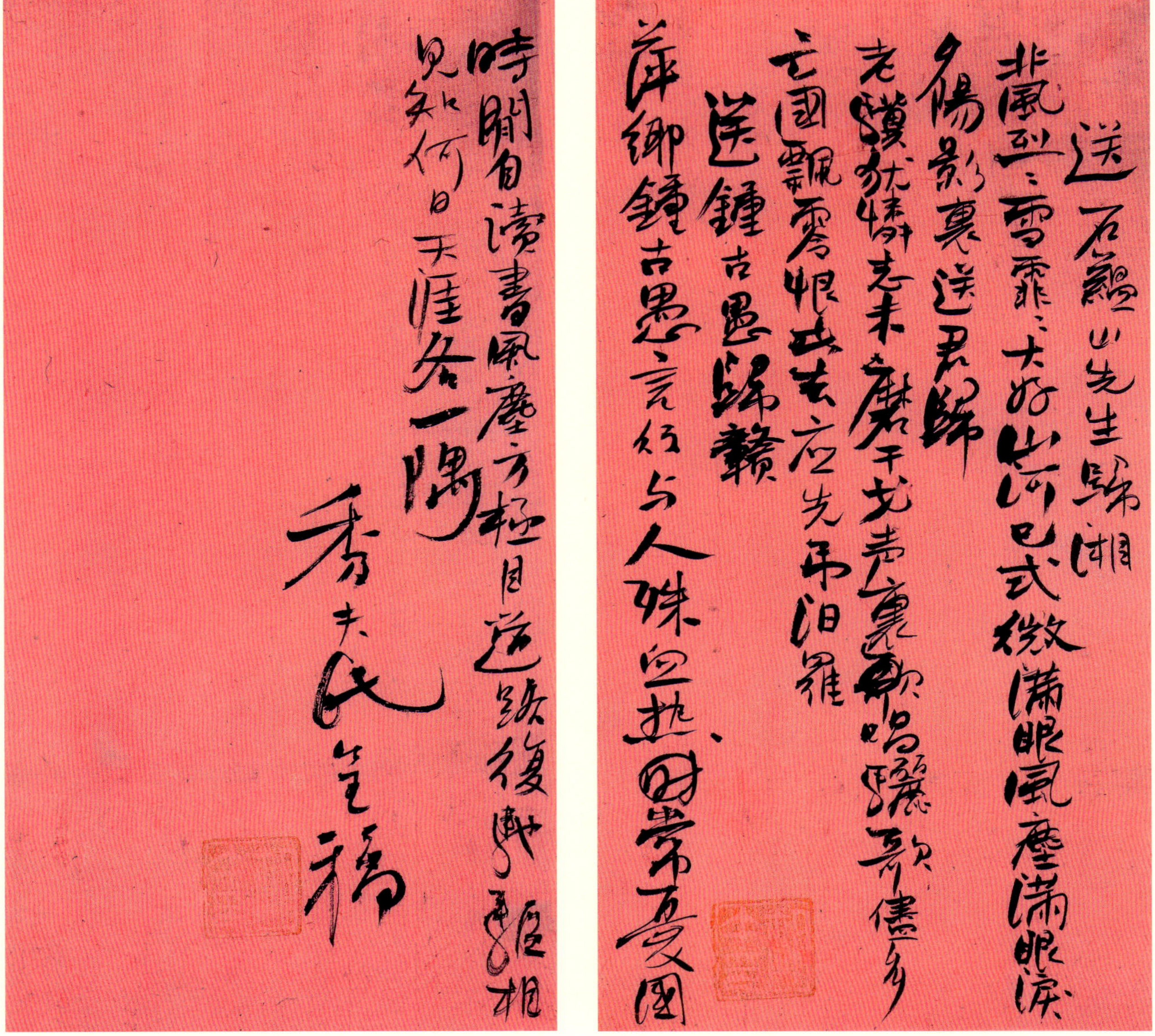

胡适致胡近仁诗稿（十一）

送石蕴山先生归湘

北风烈烈雪霏霏，大好山河已式微。满眼风尘满眼泪，夕阳影里送君归。

老骥犹怜志未磨，干戈声里唱骊歌。尽多亡国飘零恨，此去应先吊汨罗。

送钟古愚归赣

萍乡钟古愚，言行与人殊。血热常忧国，时闲自读书。风尘方极目，道路复驰驱。相见知何日，天涯各一隅。

秀夫氏呈稿

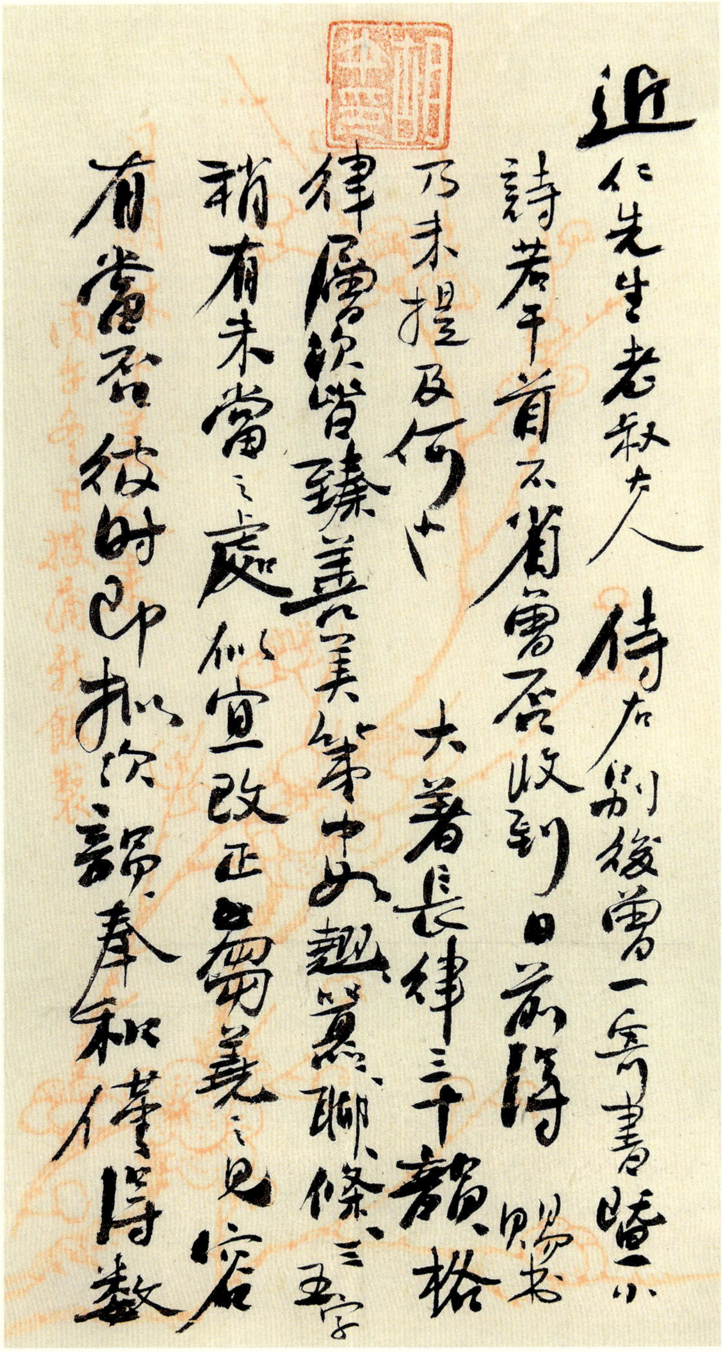
近仁先生老叔大人侍右別後曾一寄書暨小詩若干首不省曾否收到日前得賜書乃未提及何也大著長律三十韻格律層次皆臻善美第中如翅嚣聊條三五字稍有未當之處似宜改正芻蕘之見容有當否彼時即擬次韻奉和僅得數

胡适致胡近仁信札（一）

近仁先生老叔大人侍右：别后曾一寄书暨小诗若干首，不省曾否收到。日前得赐书乃未提及，何也？大著长律三十韵，格律层次皆臻善美，第中如翘、嚣、聊、条三五字稍有未当之处，似宜改正。刍荛之见，容有当否？彼时即拟次韵奉和，仅得数

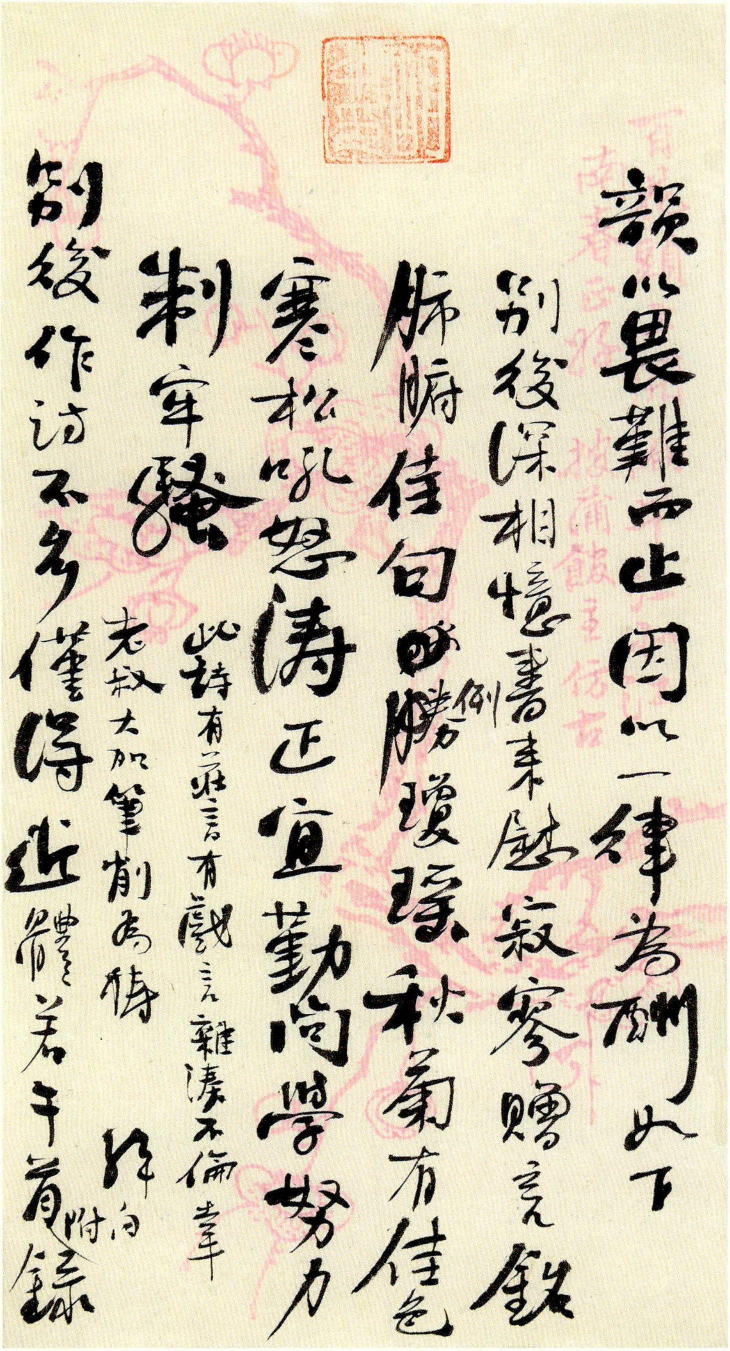
韻以畏難而止因以一律為酬如下
別後深相憶書來慰寂寥贈言銘肺腑佳句例瓊瑤秋菊有佳色寒松吼怒濤正宜勤問學努力制牢騷
此詩有莊言有戲言雜湊不倫幸老叔大加筆削為禱
騂白
別後作詩不多僅得近體若干首附錄

韵，以畏难而止。因以一律为酬，如下：别后深相忆，书来慰寂寥。赠言铭肺腑，佳句例琼瑶。秋菊有佳色，寒松吼怒涛。正宜勤问学，努力制牢骚（此诗有庄言有戏言，杂凑不伦。幸老叔大加笔削为祷）。骍自别后作诗不多，仅得近体若干首。附录

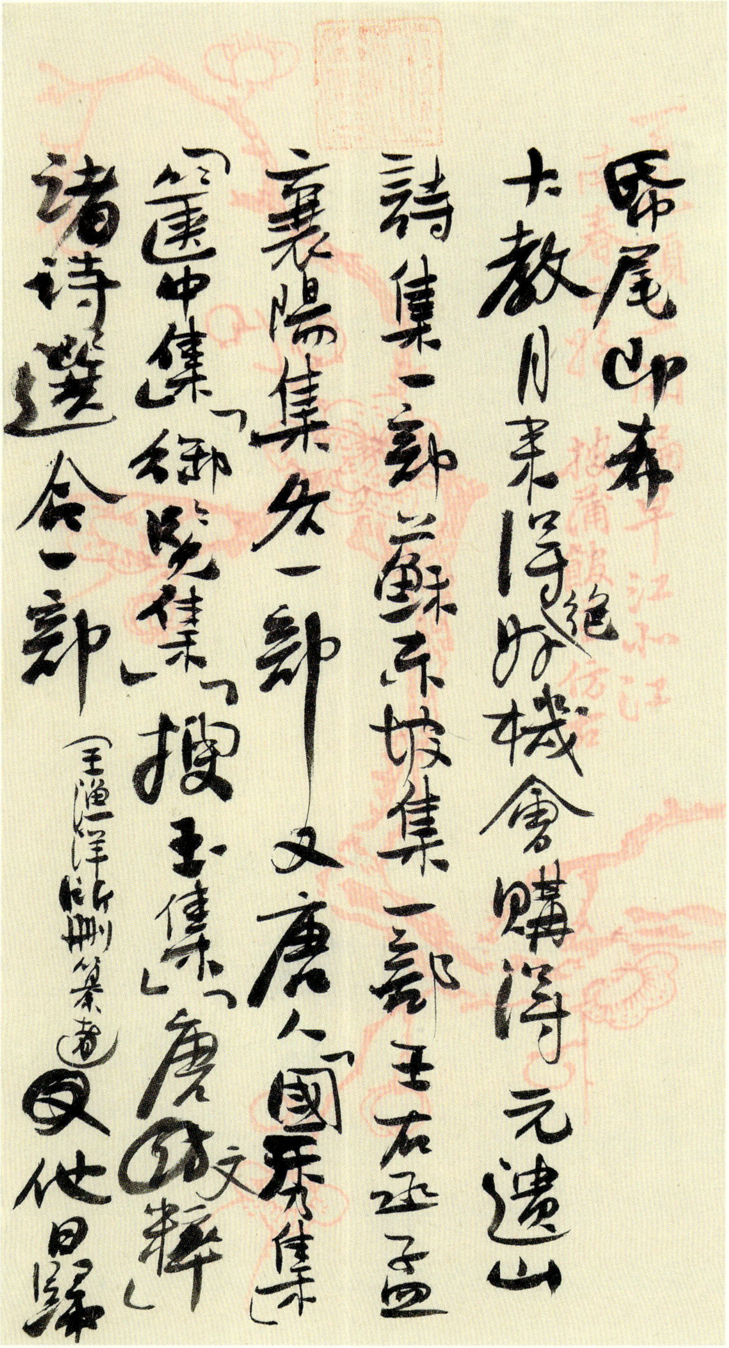
紙尾即希
大教月來得絕好機會購得元遺山
詩集一部蘇東坡集一部王右丞孟
襄陽集各一部又唐人「國秀集」
「篋中集」「御覽集」「搜玉集」「唐文粹」
諸詩選合一部（王漁洋所刪纂者）他日歸

纸尾，即希大教。月来得绝好机会购得元遗山诗集一部，苏东坡集一部，王右丞、孟襄阳集各一部，又唐人《国秀集》、《箧中集》、《御览集》、《搜玉集》、《唐文粹》诸诗选合一部（王渔洋所删纂者）。他日归

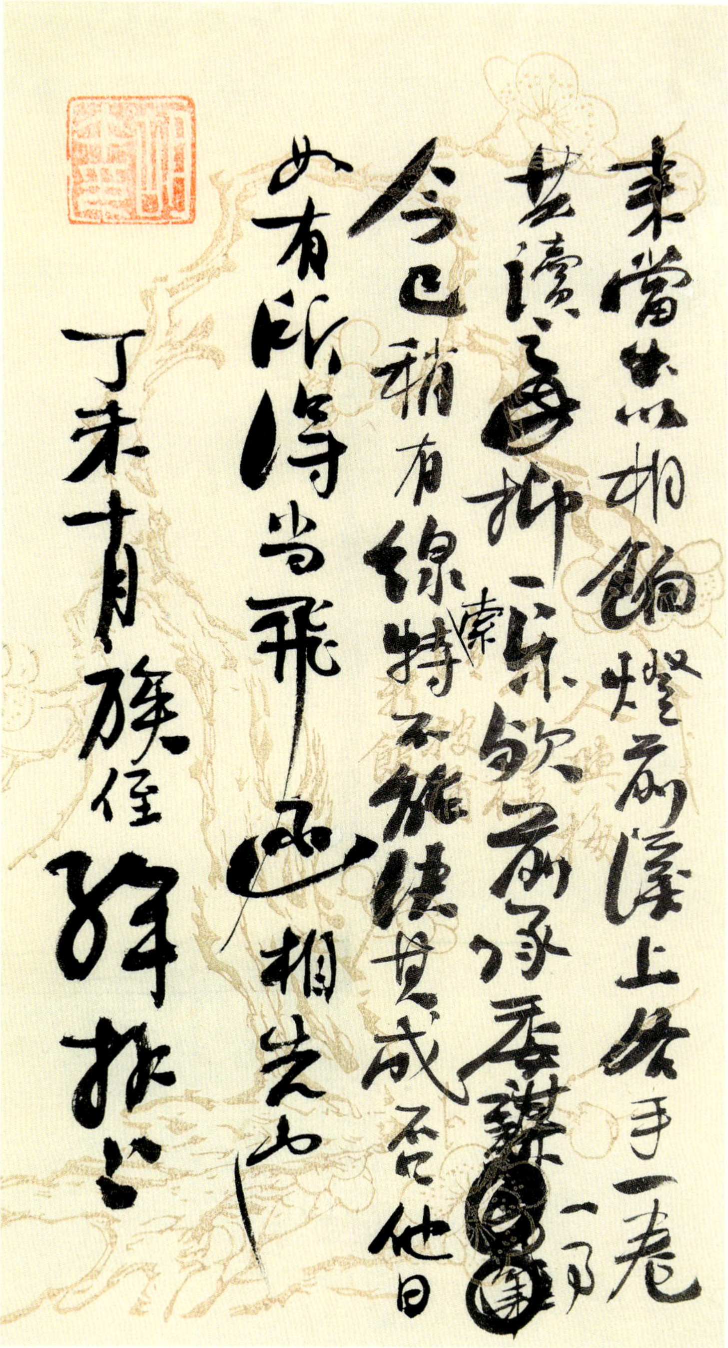

来当出以相饷，灯前溪上各手一卷共读之，抑一乐欤。前承委谋一事，今已稍有线索，特不能决其成否？他日如有所得，当飞函相告也。

丁未十月族侄骍拜上

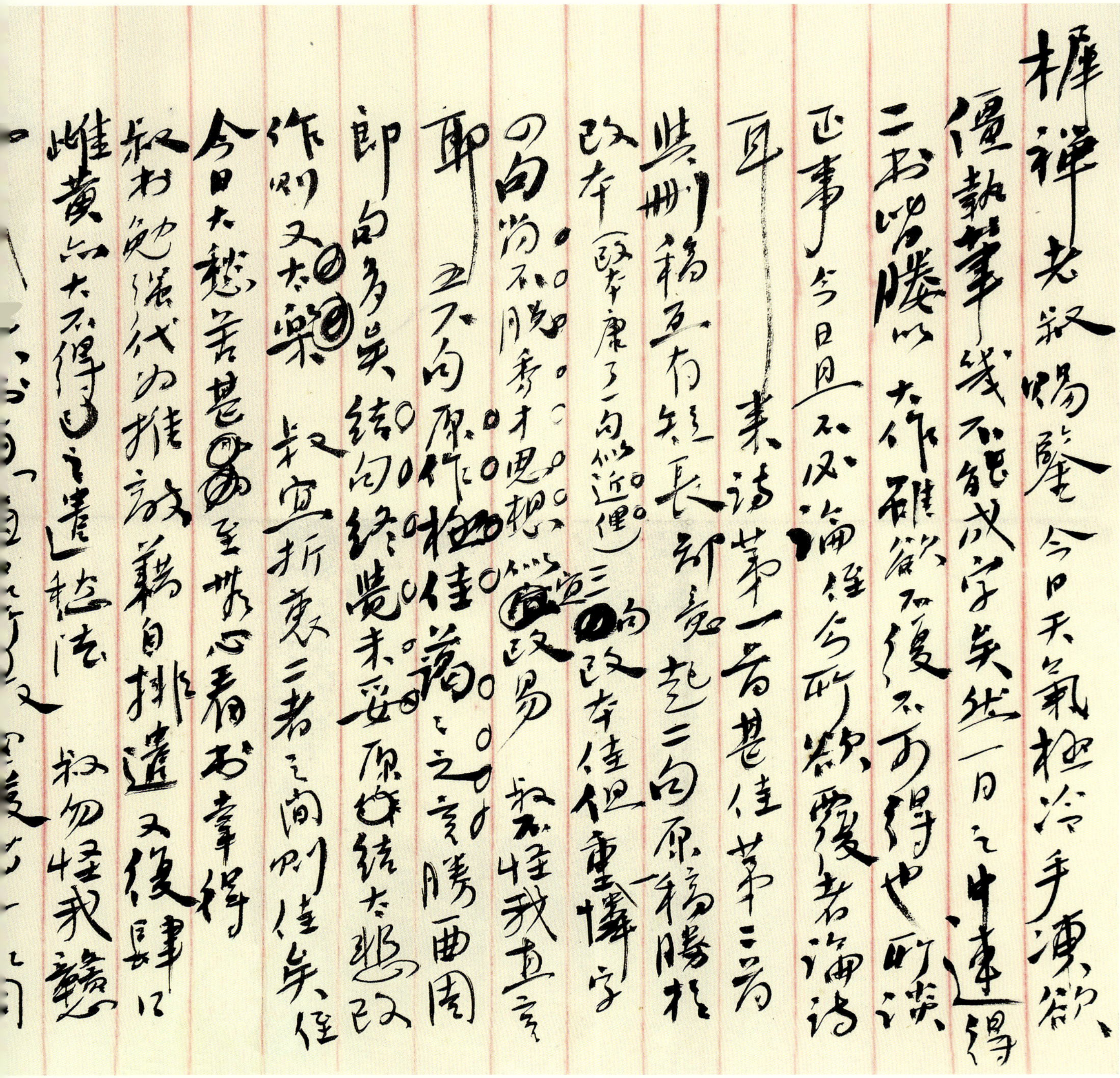

胡适致胡近仁信札（二）

榫禅老叔赐鉴：今日天气极冷，手冻欲僵，执笔几不能成字矣。然一日之中连得二书，皆媵以大作。虽欲不复，不可得也。所谈正事今日且不必论，侄今所欲覆者论诗耳。来诗第一首甚佳，第二首与删稿互有短长，鄙意起二句原稿胜于改本（改本康了一句似近俚）。三句改本佳，但重一怜字。四句尚不脱秀才思想，似宜改易，叔不怪我直言耶。五、六句原作极佳，蔼蔼之言胜一曲周郎句多矣。结句终觉未妥。原结太悲，改作则又太乐，叔宜折衷二者之间则佳矣。侄今日大愁苦甚，至无心看书，幸得叔书，勉强代为推敲，藉自排遣，又复肆口雌黄，亦大不得已之遣愁法。叔勿怪我戆也。来书有“适君所最心爱者”一名词，

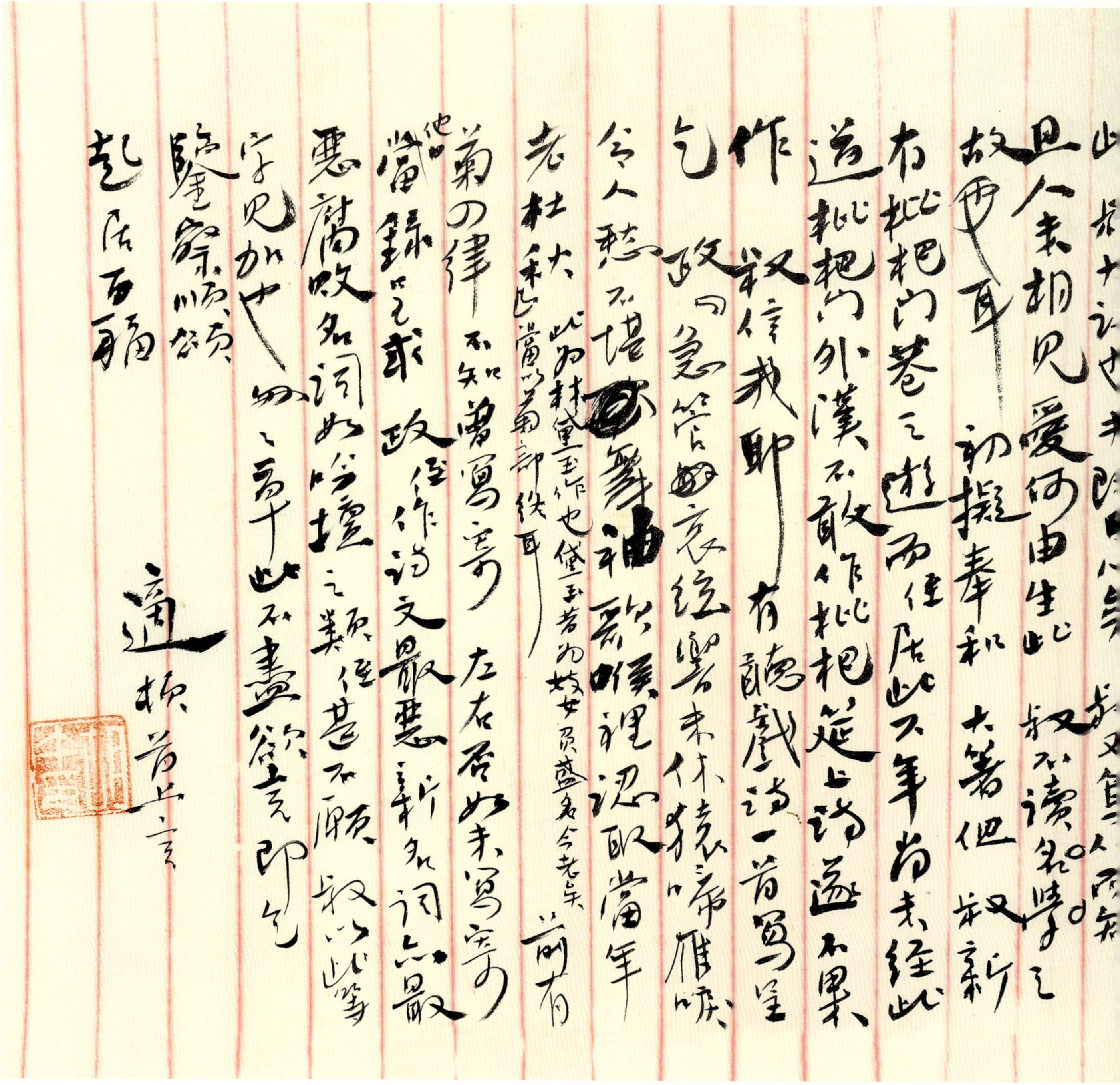

此叔大误也。夫既曰心矣，叔又乌从而知之。且人未相见，爱何由生。此叔不读名学之故耳。初拟奉和大著，但叔新有枇杷门巷之游，而侄居此六年，尚未经此道，枇杷门外汉不敢作枇杷筵上诗，遂不果作，叔信我耶。有听戏诗一首写呈乞政：“急管哀弦响未休，猿啼雁唳令人愁。不堪舞袖歌喉里，认取当年老杜秋”（此为林黛玉作也，黛玉昔为妓女，负盛名，今老矣。当以菊部终耳）。前有菊四律，不知曾写寄左右否。如未写寄，他日当录呈求政。侄作诗文最恶新名词，亦最恶腐败名词，如吟坛之类。侄甚不愿叔以此等字见加也。匆匆草此，不尽欲言，即乞鉴察。顺颂起居百福。

适顿首上言

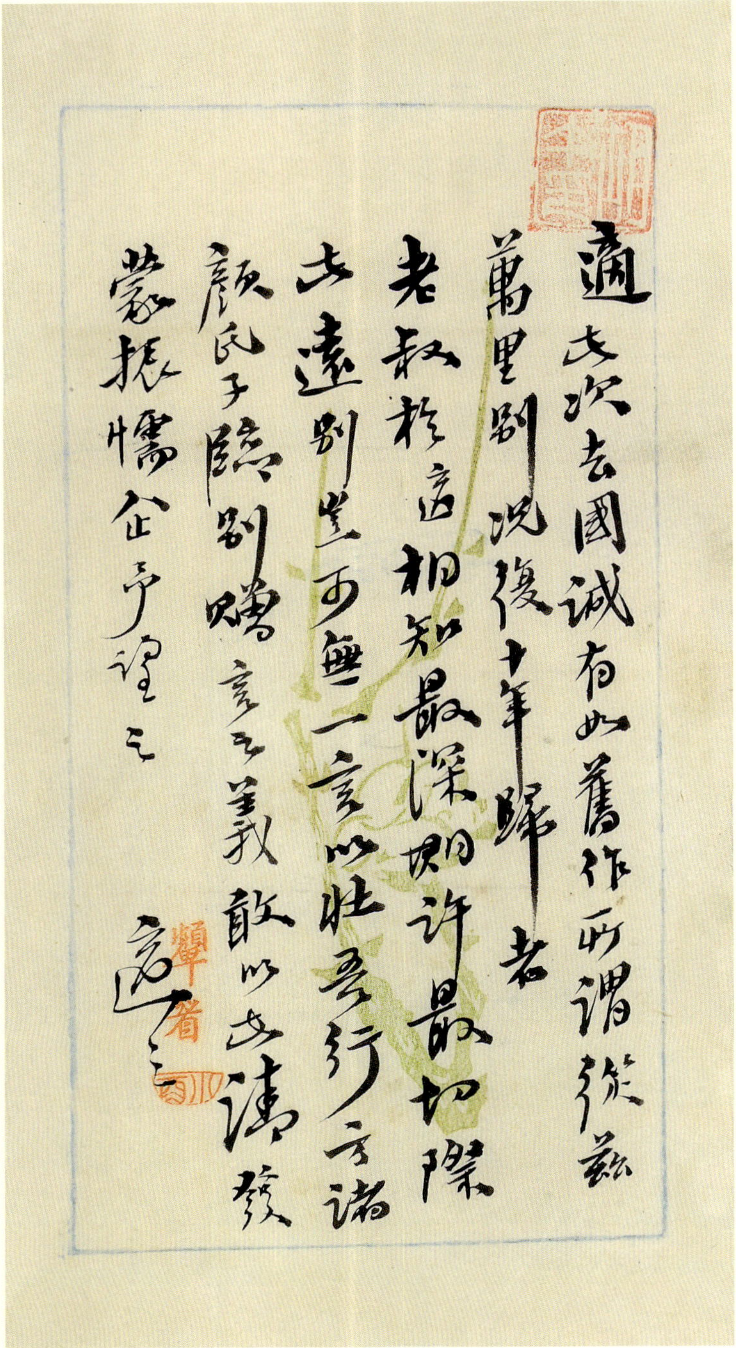

胡适致胡近仁信札（三）

适此次去国，诚有如旧作，所谓“从兹万里别，况复十年归”者。老叔于适相知最深，期许最切。际此远别，岂可无一言以壮吾行。方诸颜氏子临别赠言之义，敢以此请发蒙振懦，企予望之。

适之

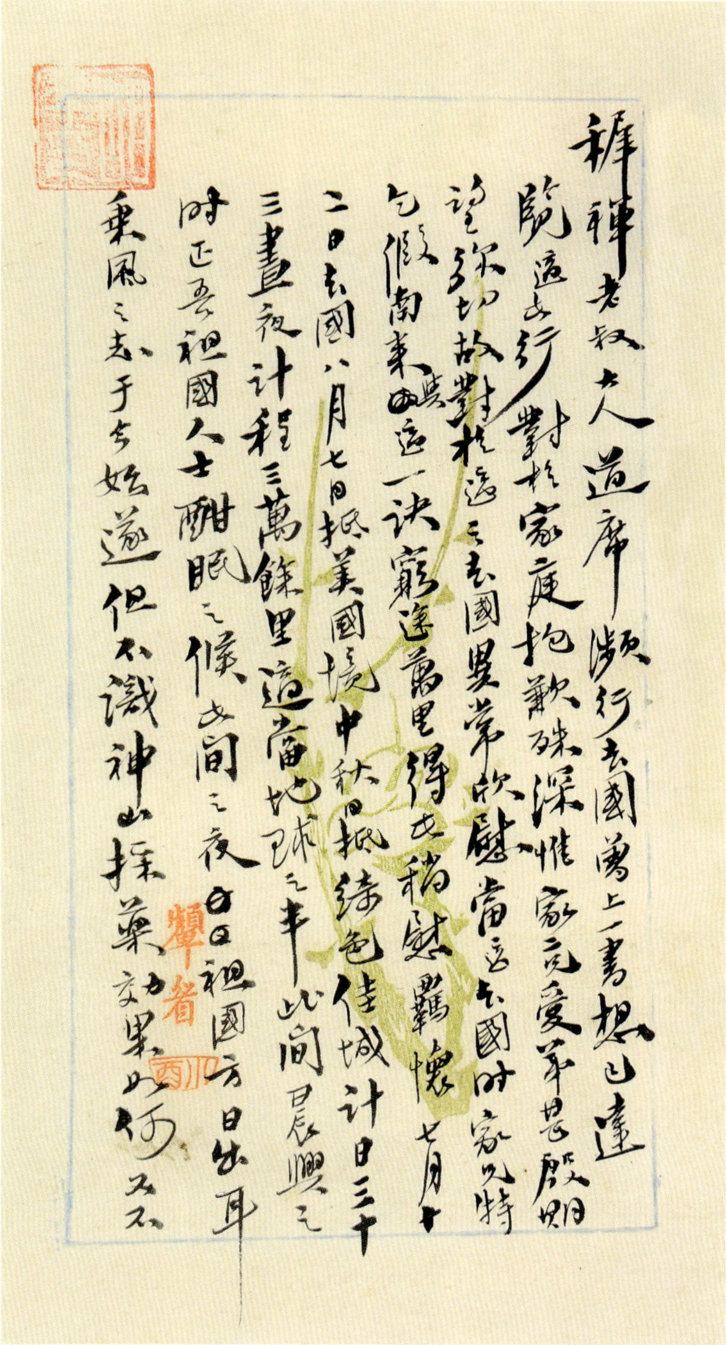

胡适致胡近仁信札（四）

稺禅老叔大人道席：濒行去国，曾上一书，想已达览。适此行对于家庭抱歉殊深，惟家二兄爱弟甚殷，期望弥切，故对于适之去国异常欣慰，当适去国时，家兄特乞假南来与适一诀。穷途万里，得此稍慰羁怀。七月十二日去国，八月七日抵美国境。中秋日抵绮色佳城，计日三十三昼夜，计程三万余里，适当地球之半。此间晨兴之时，正吾祖国人士酣眠之候。此间之夜，祖国方日出耳。乘风之志于今始遂，但不识神山采药效果如何。又不

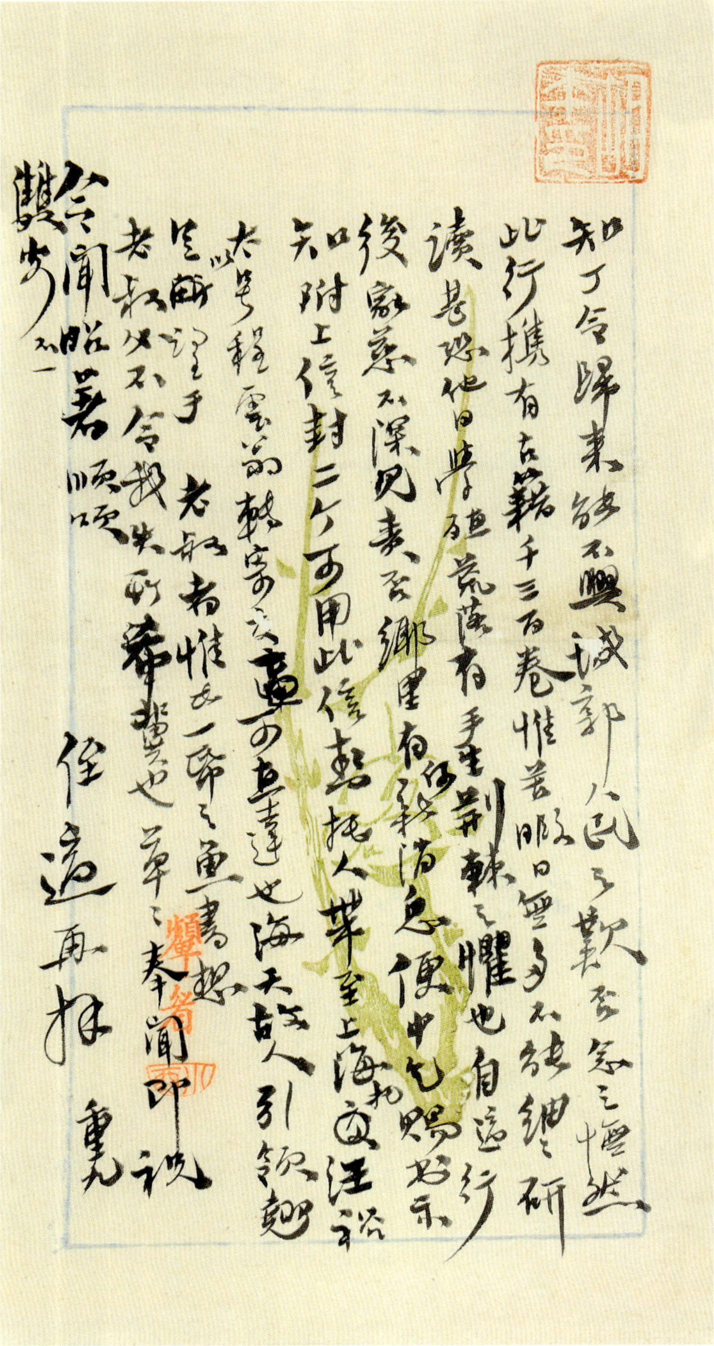

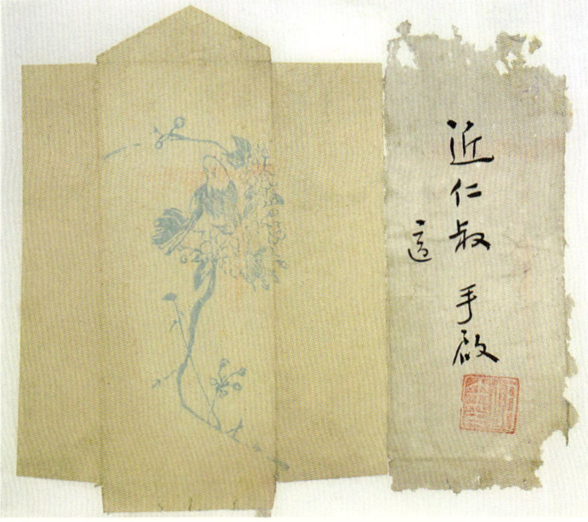

近仁叔手启

适

知丁令归来能不兴城郭人民之叹否，念之怃然。此行携有古籍千三百卷，惟苦暇日无多，不能细细研读，甚恐他日学殖荒落，有手生荆棘之惧也。自适行后，家慈不深见责否，乡里有何新消息，便中乞赐书示知，附上信封二个，可用此信封托人带至上海，托汪裕太号程云翁转寄交适，可直达也。海天故人引领翘足以望于老叔者，惟此一纸之鱼书，想老叔必不令我失所希冀也。草草奉闻，即祝令闻昭著，顺颂双安。不一。

侄适再拜

重九

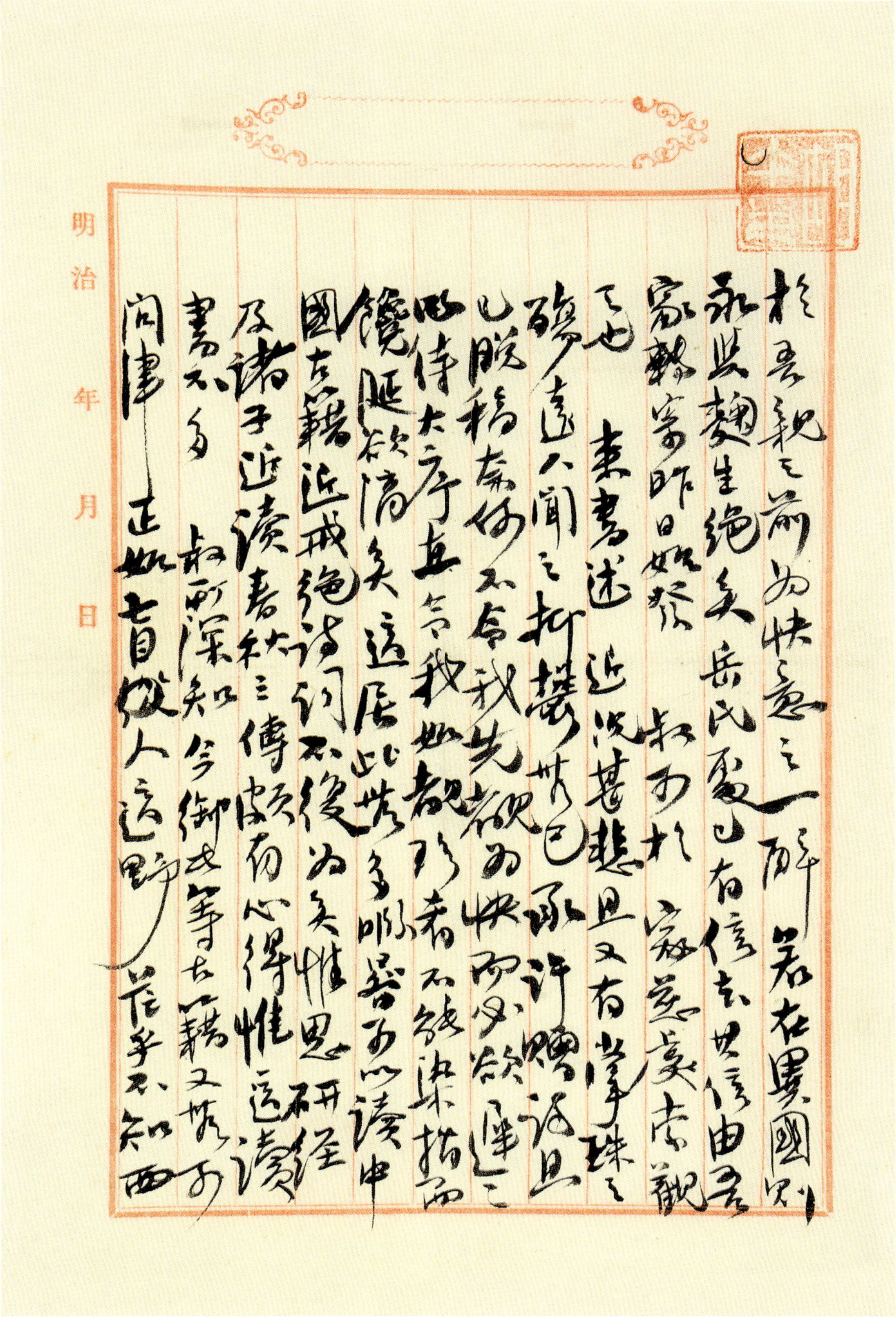

胡适致胡近仁信札（五）

于吾亲之前为快意之一醉，若在异国则永与麴生绝矣。岳氏处已有信去，其信由吾家转寄，昨日始发，叔可于家慈处索观之也。来书述近况甚悲，且又有掌珠之殇，远人闻之抑郁无已。承许赠诗且已脱稿，奈何不令我先睹为快，而必欲迟迟以待大序，直令我如睹珍肴，不能染指而馋涎欲滴矣。适居此无多暇晷，可以读中国古籍，近戒绝诗词不复为矣，惟思研经及诸子。近读春秋三传颇有心得，惟适读书不多，叔所深知，今御此等古籍又无可问津，正如盲人适野，茫乎不知西

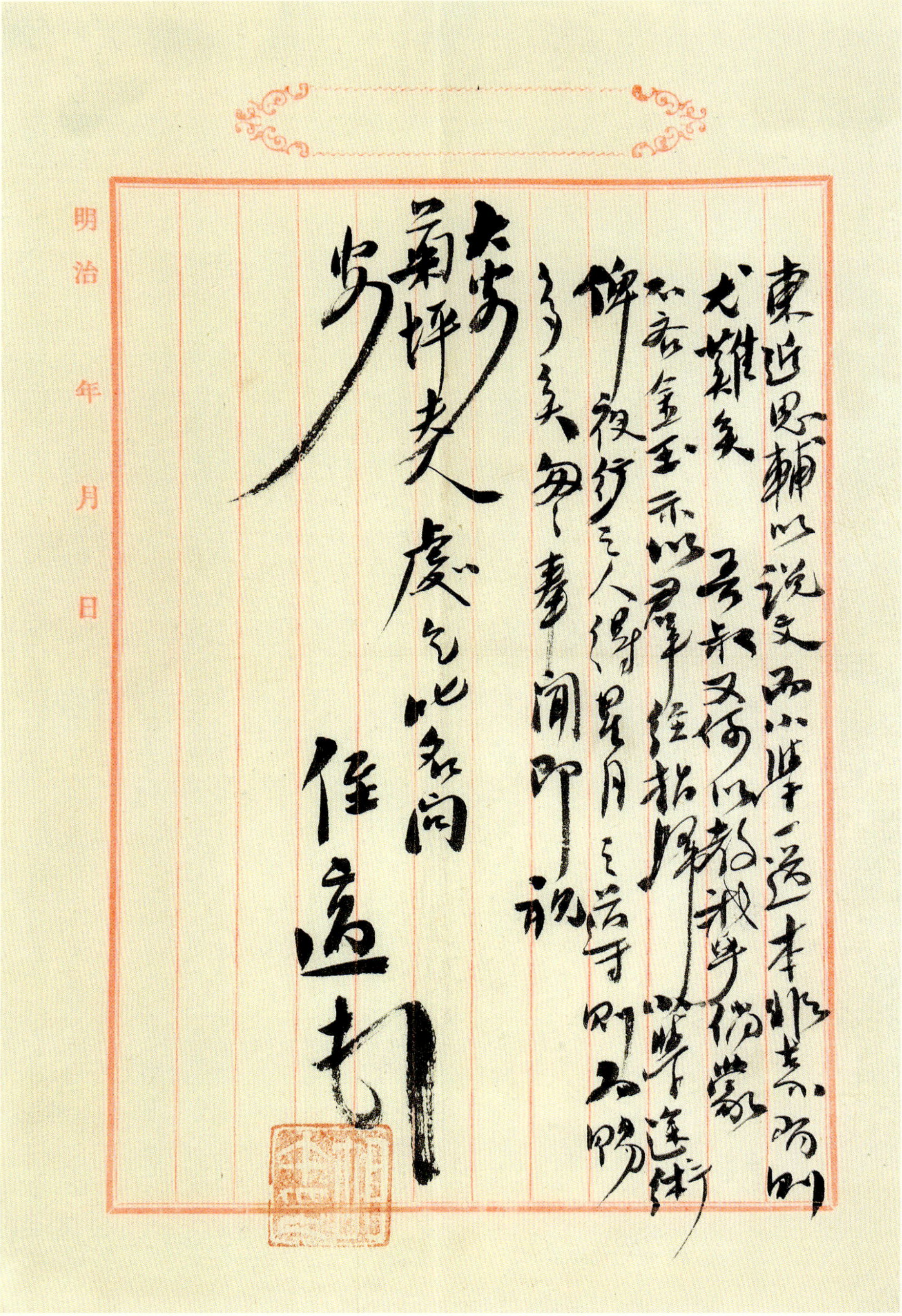
東近思輔以說文而小學一道本非素習則尤難矣吾叔又何以教我乎倘蒙不吝金玉示以群經指歸小學途術俾夜行之人得星月之導則為賜多矣匆匆奉聞即祝大安
菊坪夫人處乞叱名問安
侄適頓首
明治　年　月　日

东。近思辅以《说文》，而小学一道，本非嘉习，则尤难矣，吾叔又何以教我乎？倘蒙不吝金玉，示以群经指归、小学途术，俾夜行之人得星月之导，则为赐多矣！匆匆奉闻，即祝大安。

菊坪夫人处乞叱名问安。

侄适顿首

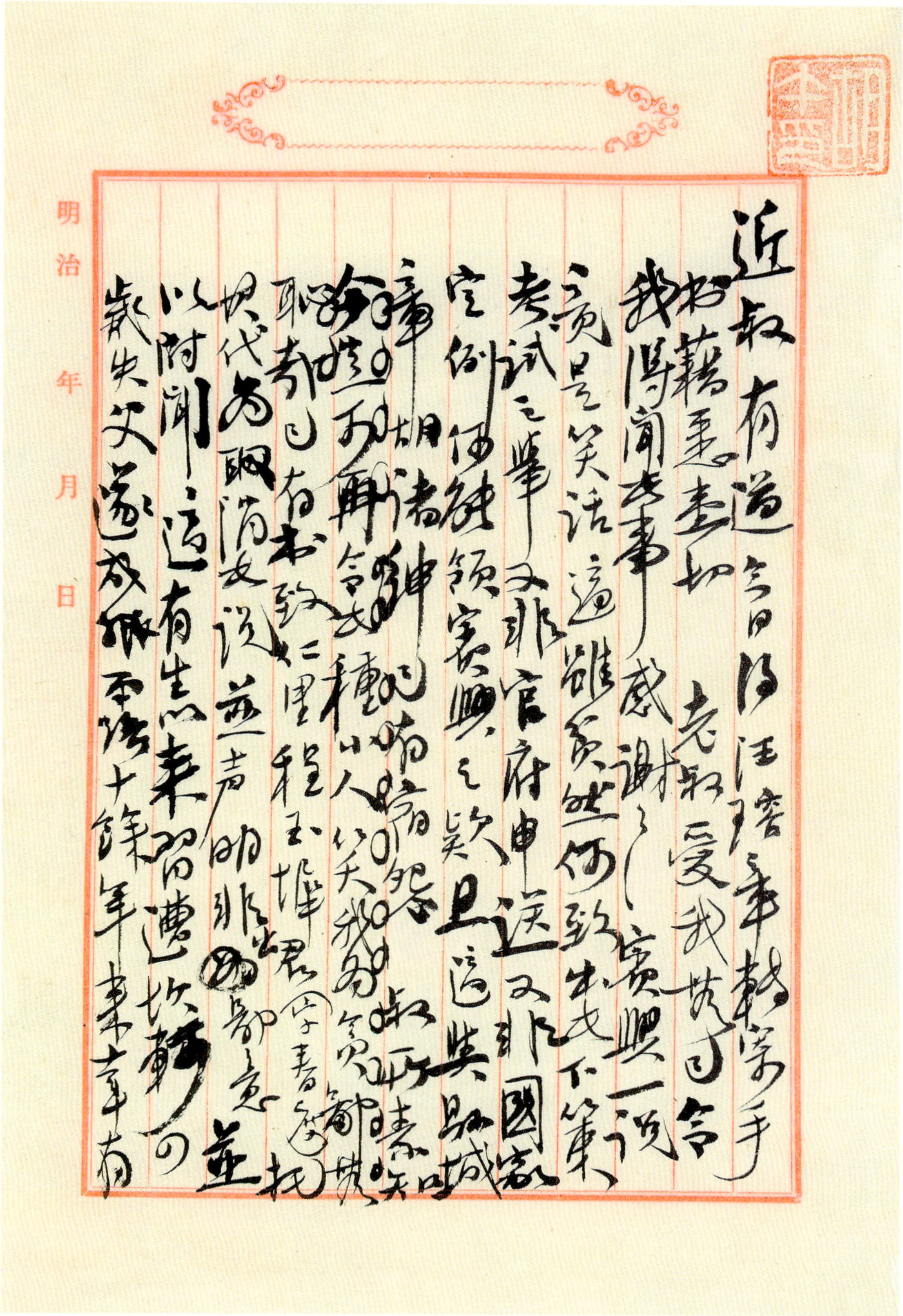

胡适致胡近仁信札（六）

近叔有道：今日得汪瑢章转寄手书，藉悉一切。老叔爱我无已，令我得闻此事，感谢感谢！宾兴一说竟是笑话，适虽贫，然何致出此下策。考试之举又非官府申送，又非国家定例，何能领宾兴之款？且适与县城章、胡诸绅已有宿怨，叔所素知，今岂可再令此种小人笑我为贪鄙无耻哉！已有书致仁里程玉墀君（字春度），托其代为取消此说，并声明非出鄙意。并以附闻，适有生以来习遭坎轲，四岁失父遂成孤露。十余年来幸有

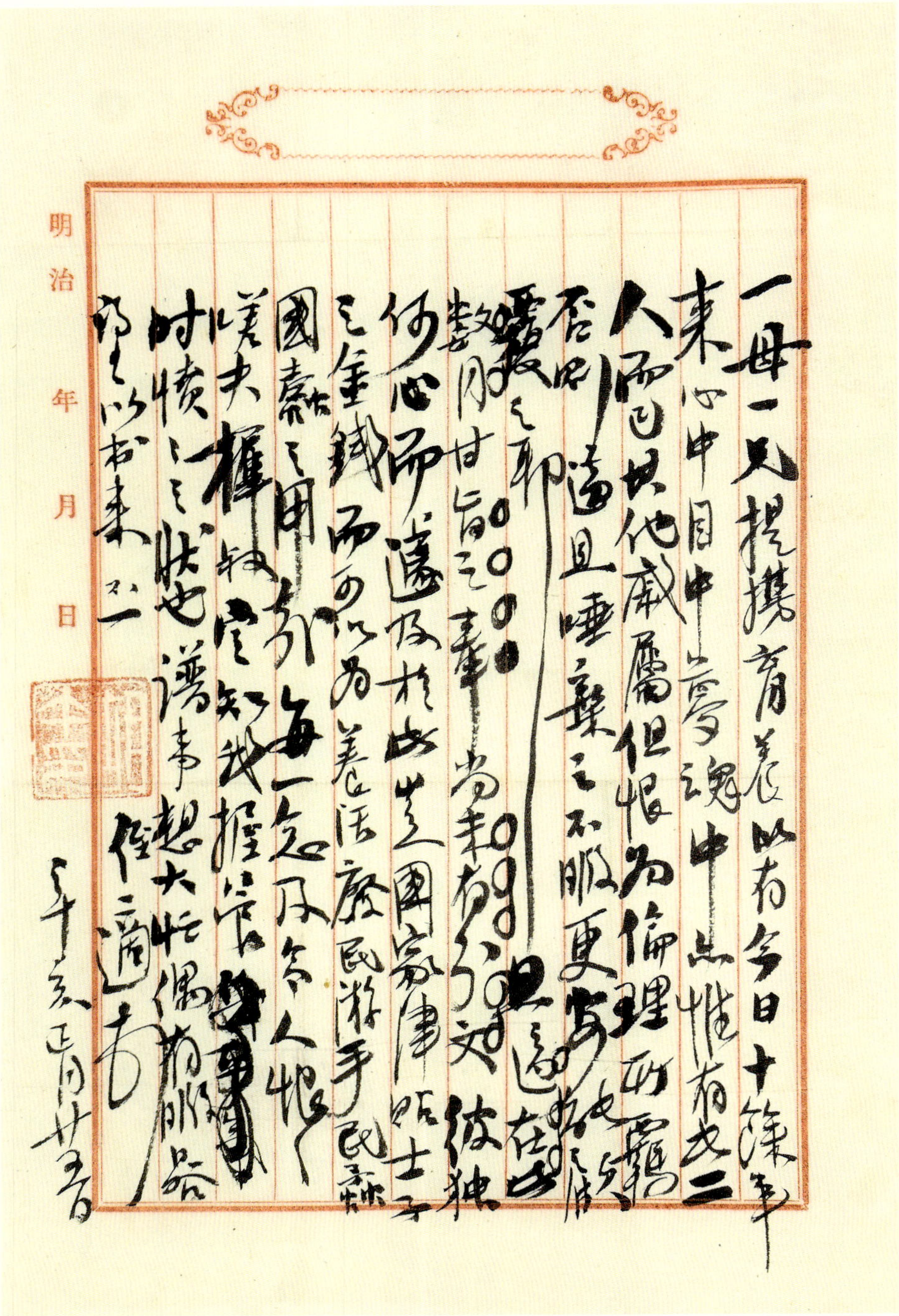

一母一兄提携育养，以有今日，十余年来心中目中梦魂中亦惟有此二人而已。其他戚属但恨为伦理所羁，否则适且唾弃之不暇，更安能顾覆之耶？且适在此数月，甘旨之奉尚未有分文，彼独何心而遽及于此？岂国家津贴士子之金钱而可以为养活废民、游手、民蠹、国蠹之用哉？每一念及，令人恨恨。嗟夫！樨叔定知我握管时愤愤之状也。谱事想大忙，偶有暇晷，望以书来，不一。

侄适顿首

辛亥正月廿五日

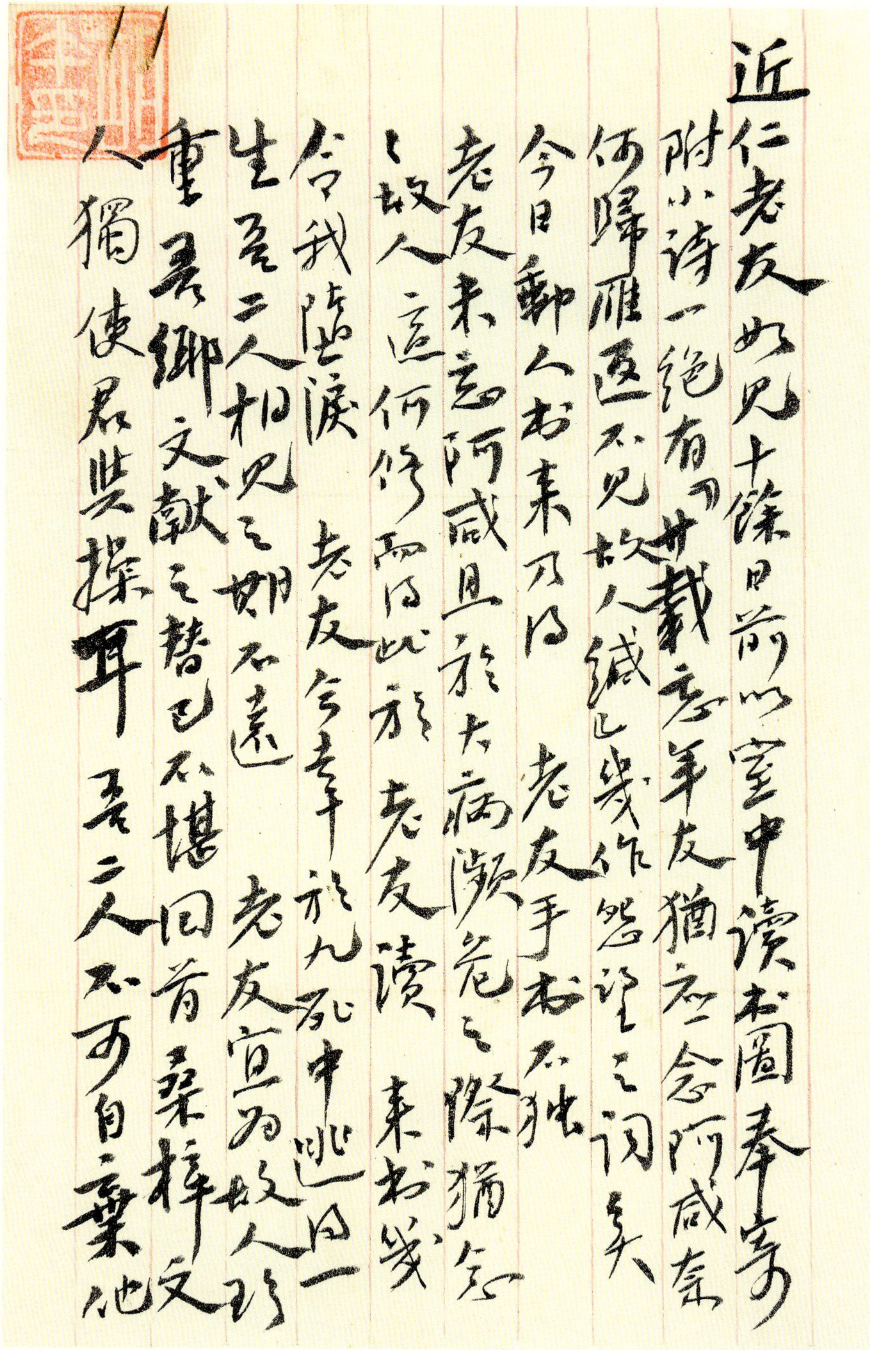
近仁老友如見：十餘日前以室中讀書圖奉寄，附小詩一絕，有"廿載忘年友，猶應念阿咸。奈何歸雁返，不見故人緘。"幾作怨望之詞矣。今日郵人書來，乃得老友手書。不獨老友未忘阿咸，且於大病瀕危之際，猶念念故人。適何修而得此於老友，讀來書幾令我墮淚。老友今幸於九死中逃得一生，吾二人相見之期不遠。老友宜為故人珍重，吾鄉文獻之替已不堪回首，桑梓文人獨"使君與操"耳。吾二人不可自棄，他

胡适致胡近仁信札（七）

近仁老友如见：十余日前以室中读书图奉寄，附小诗一绝，有“廿载忘年友，犹应念阿咸。奈何归雁返，不见故人缄。”几作怨望之词矣。今日邮人书来，乃得老友手书。不独老友未忘阿咸，且于大病濒危之际，犹念念故人。适何修而得此于老友，读来书几令我堕泪。老友今幸于九死中逃得一生，吾二人相见之期不远。老友宜为故人珍重，吾乡文献之替已不堪回首，桑梓文人独“使君与操”耳。吾二人不可自弃，他

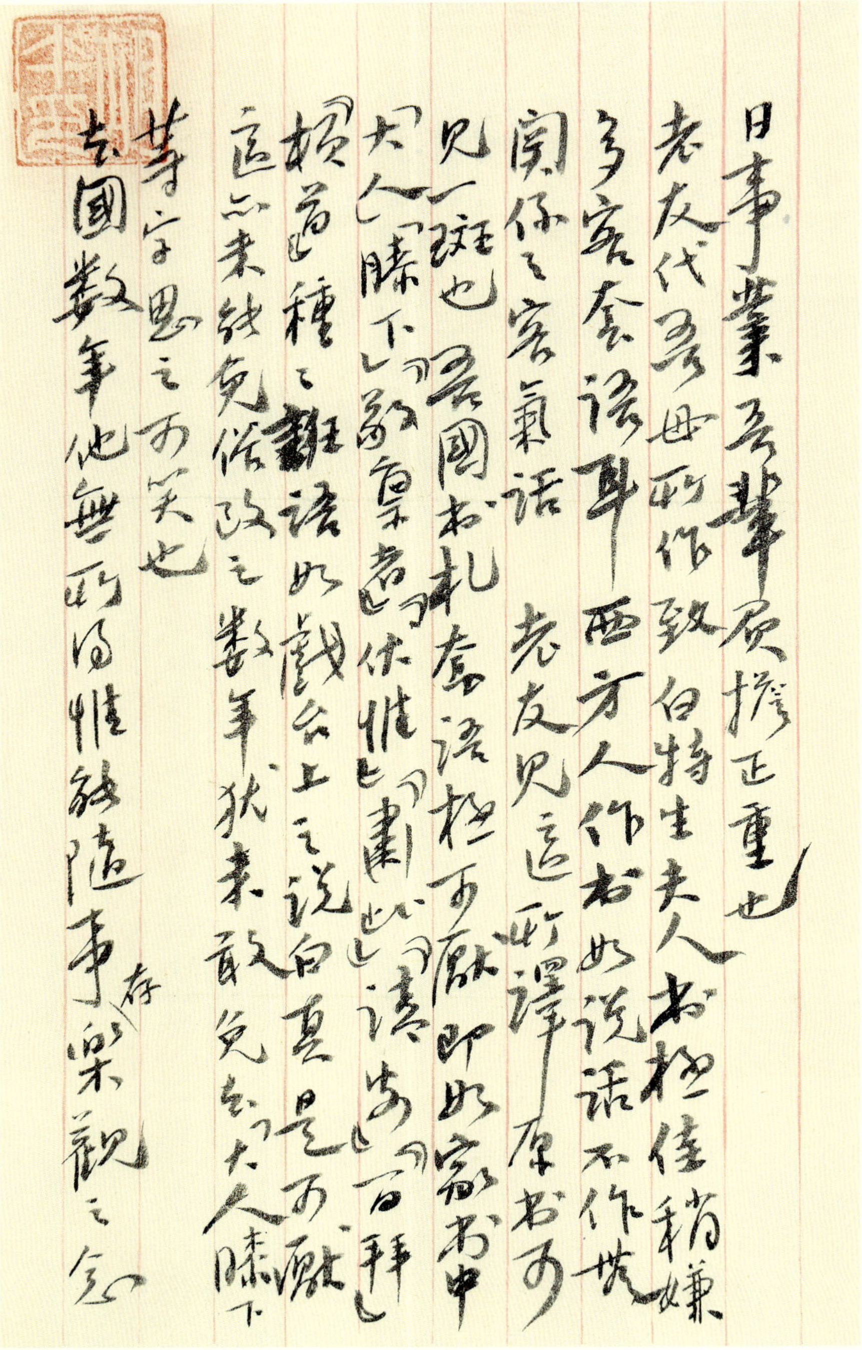
日事業，吾輩負擔正重也。老友代吾母所作致白特生夫人書極佳，稍嫌多客套語耳。西方人作書如說話，不作無關係之客氣話，老友見適所譯原書可見一斑也。吾國書札套語極可厭，即如家書中「大人」「膝下」「敬稟者」「伏惟」「肅此」「請安」「百拜」「頓首」種種諛語，如戲台上之說白，真是可厭。適亦未能免俗，改之數年猶未敢免去大人膝下等字，思之可笑也。去國數年他無所得，惟能隨事存樂觀之念

日事业，吾辈负担正重也。老友代吾母所作致白特生夫人书极佳，稍嫌多客套语耳。西方人作书如说话，不作无关系之客气话，老友见适所译原书可见一斑也。吾国书札套语极可厌，即如家书中“大人”、“膝下”、“敬禀者”、“伏惟”、“肃此”、“请安”、“百拜”、“顿首”种种谀语，如戏台上之说白，真是可厌。适亦未能免俗，改之数年犹未敢免去“大人膝下”等字，思之可笑也。去国数年他无所得，惟能随事存乐观之念，

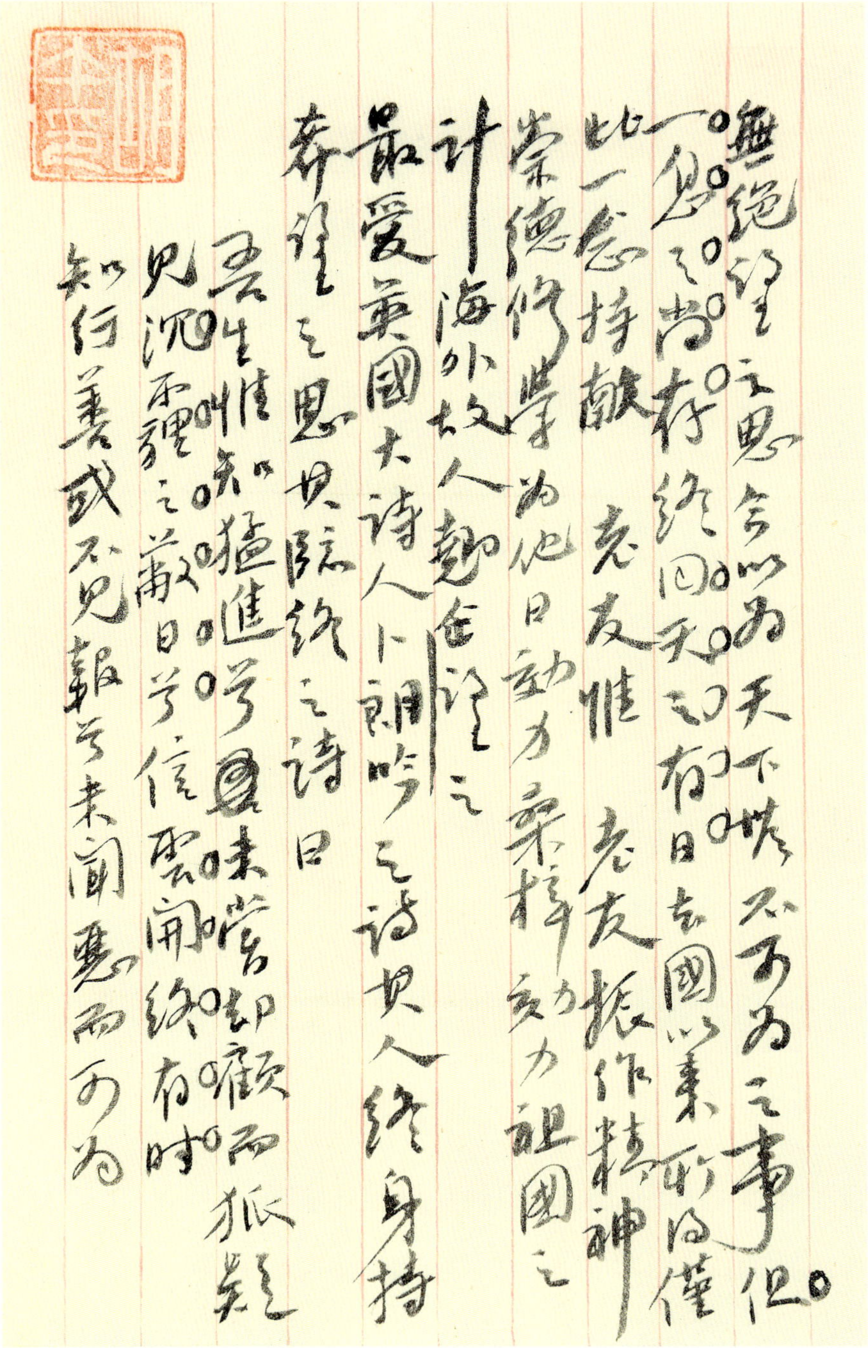
無絕望之思。今以為天下無不可為之事，但一息之尚存，終回天之有日。去國以來，所得僅此一念，持獻老友。惟老友振作精神、崇德修學，為他日効力桑梓、効力祖國之計，海外故人翹企望之。最愛英國大詩人卜朗吟之詩，其人終身持希望之思，其臨終之詩曰：吾生惟知猛進兮，未嘗卻顧而狐疑。見沉霾之蔽日兮，信雲開終有時。知行善或不見報兮，未聞惡而可為

无绝望之思。今以为天下无不可为之事，但一息之尚存，终回天之有日。去国以来，所得仅此一念，持献老友。惟老友振作精神、崇德修学，为他日效力桑梓、效力祖国之计，海外故人翘企望之。最爱英国大诗人卜朗吟之诗，其人终身持希望之思，其临终之诗曰：“吾生惟知猛进兮，未尝却顾而狐疑。见沉霾之蔽日兮，信云开终有时。知行善或不见报兮，未闻恶而可为。

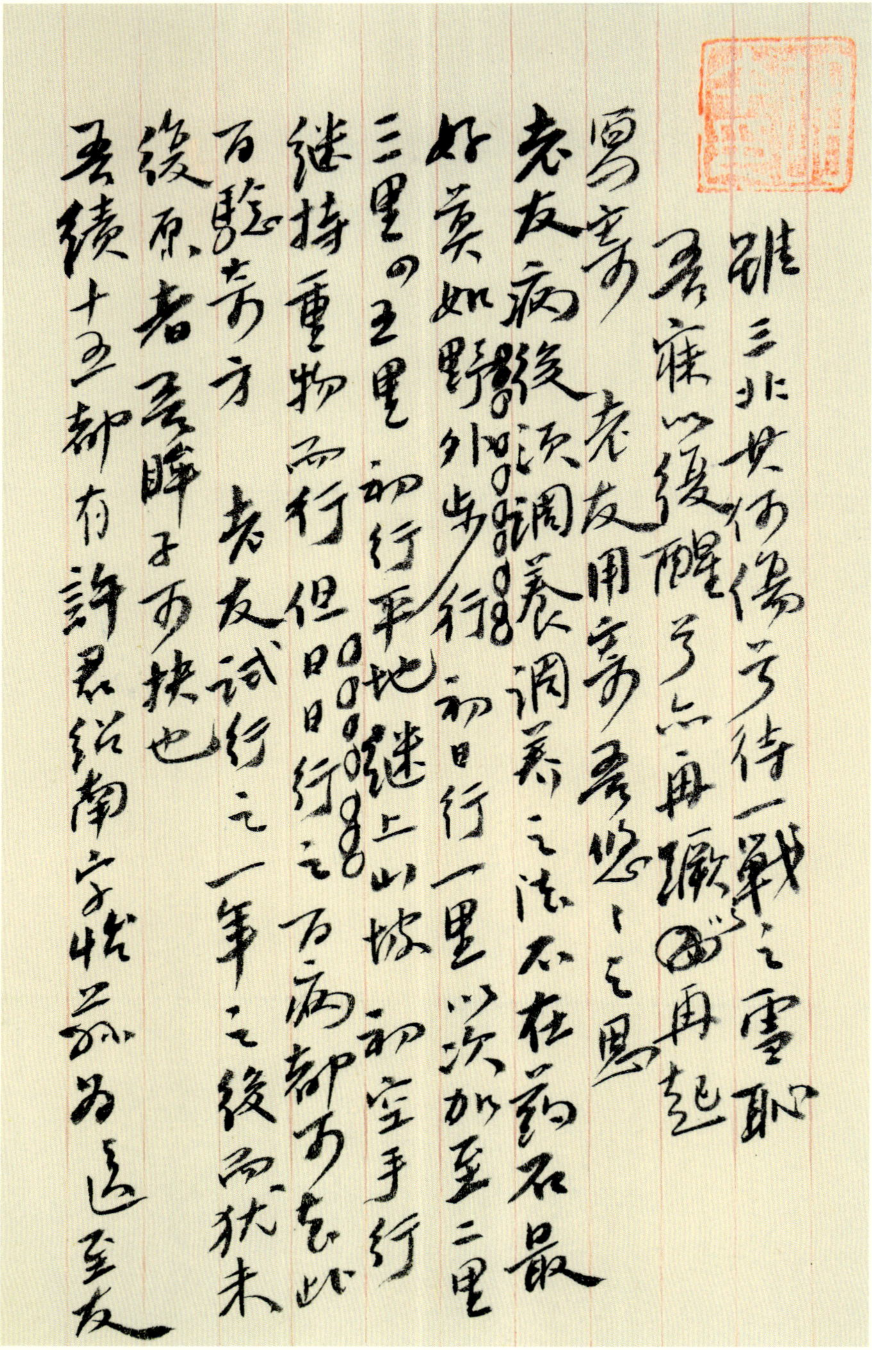
雖三北其何傷兮待一戰之雪恥
吾寐以復醒兮亦再蹶以再起
寫寄老友用寄吾悠悠之思
老友病後須調養調養之法不在藥石最
好莫如野外步行初日行一里以次加至二里
三里四五里初行平地繼上山坡初空手行
繼持重物而行但日日行之百病都可去此
百驗奇方老友試行之一年之後而猶未
復原者吾睥子可抉也
吾績十五都有許君紹南字怡蓀為適至友

虽三北其何伤兮，待一战之雪耻。吾寐以复醒兮，亦再蹶以再起。”写寄老友，用寄吾悠悠之思。老友病后须调养，调养之法不在药石，最好莫如野外步行。初日行一里，以次加至二里、三里、四五里；初行平地，继上山坡；初空手行，继持重物而行。但日日行之，百病都可去。此百验奇方，老友试行之，一年之后而犹未复原者，吾睥子可抉也。吾绩十五都，有许君绍南，字怡荪，为适至友。

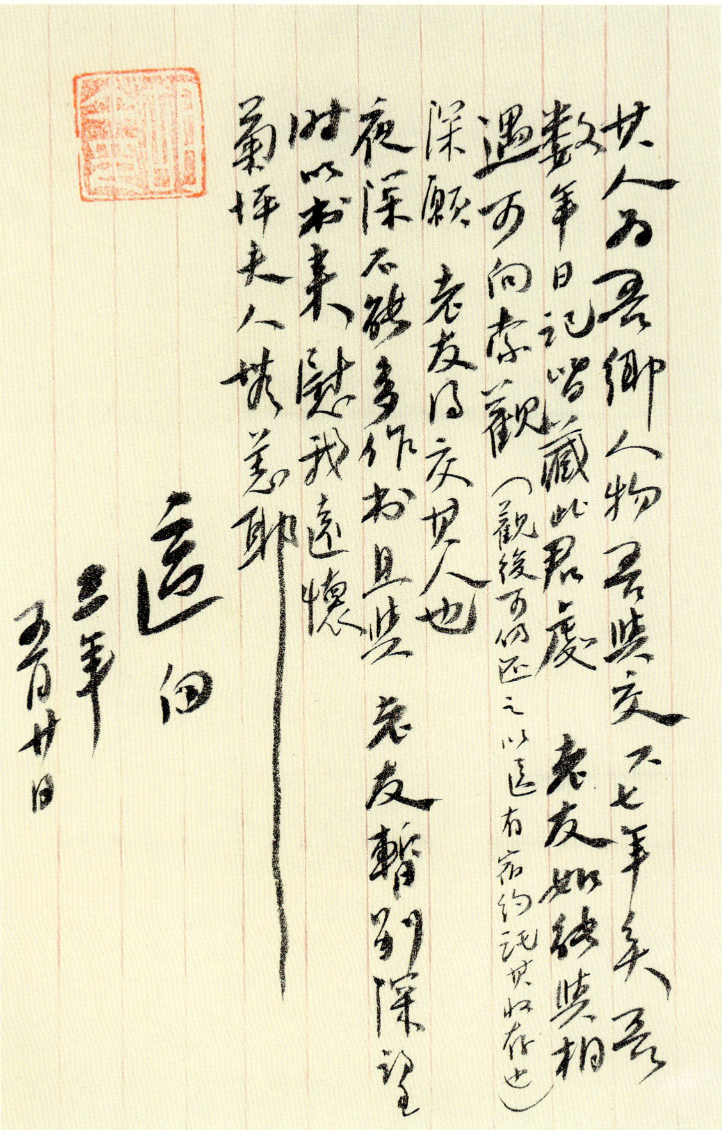

近仁叔启

适

其人为吾乡人物，吾与交六七年矣。吾数年日记皆藏此君处，老友如能与相遇可向索观（观后可仍还之，以适有宿约託其收存也）。深愿老友得交其人也。夜深不能多作书，且与老友暂别，深望时以书来慰我远怀。菊坪夫人无恙耶？

适白

三年五月廿日

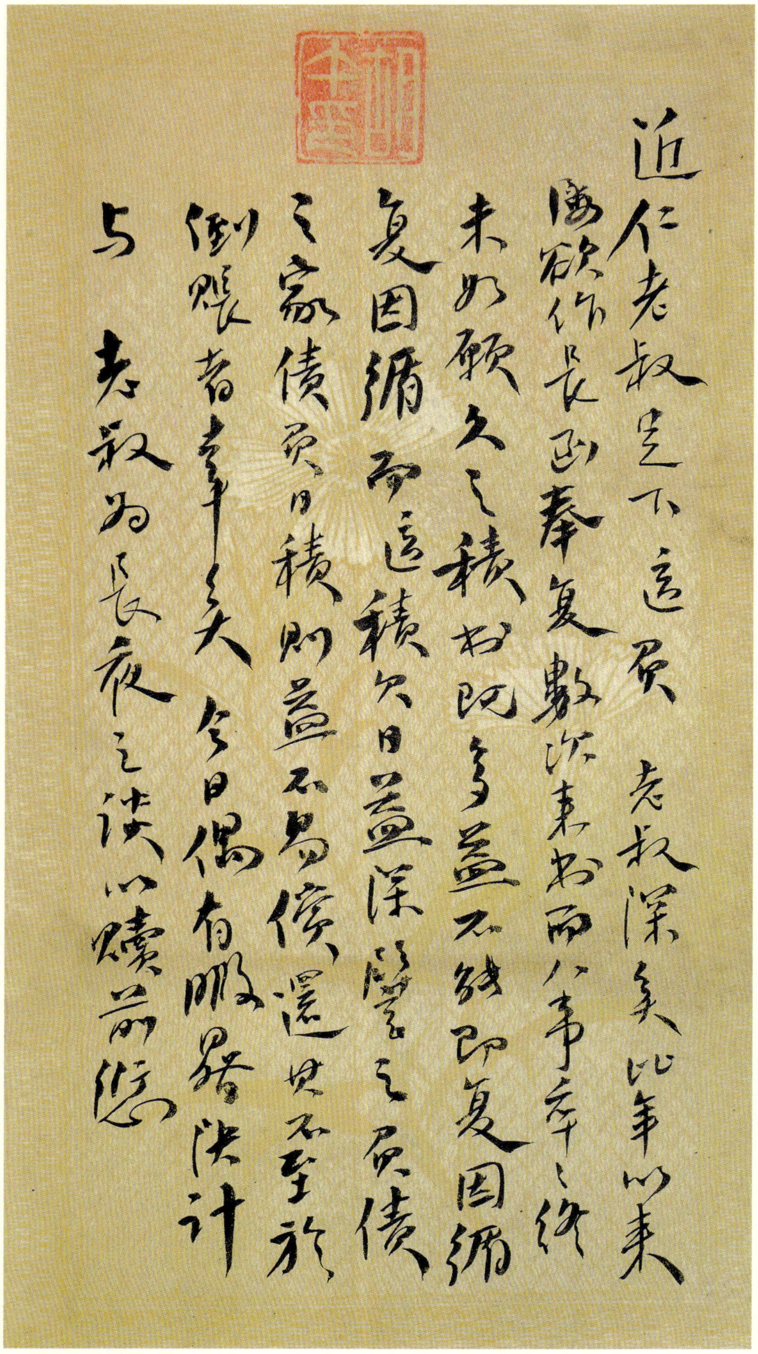
近仁老叔足下：適負老叔深矣。比年以來，屢欲作長函奉復，數次來書，而人事卒卒，終未如願，久之積書既多，益不能即復，因循復因循，而適積欠日益深，譬之負債之家，債負日積，則益不易償還，其不至於倒賬者幸矣，今日偶有暇晷，決計與老叔為長夜之談，以贖前愆

胡适致胡近仁信札（八）

近仁老叔足下：适负老叔深矣。比年以来，屡欲作长函奉复，数次来书，而人事卒卒，终未如愿，久之积书既多，益不能即复，因循复因循，而适积欠日益深，譬之负债之家，债负日积，则益不易偿还，其不至于倒账者幸矣，今日偶有暇晷，决计与老叔为长夜之谈，以赎前愆。

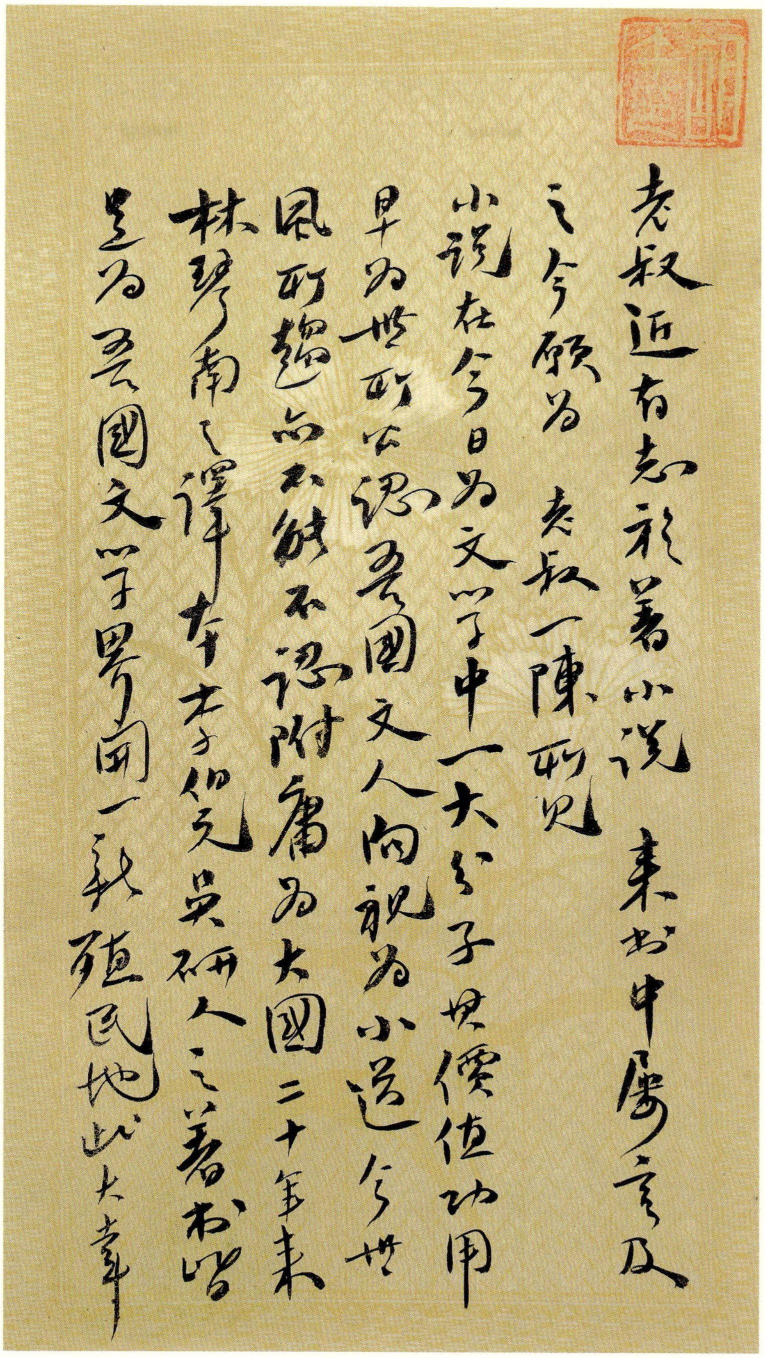
老叔近有志於著小說　來書中屢言及
之今願為　老叔一陳所見
小說在今日為文學中一大分子其價值功用
早為世所公認吾國文人向視為小道今世
風所趨亦不能不認附庸為大國二十年來
林琴南之譯本李伯元吳研人之著書皆
足為吾國文學界開一新殖民地此大幸

老叔近有志于著小说，来书中屡言及之。今愿为老叔一陈所见。小说在今日为文学中一大分子，其价值功用早为世所公认。吾国文人向视为小道，今世风所趋，亦不能不认附庸为大国，二十年来林琴南之译本，李伯元、吴研人之著书皆足为吾国文学界开一新殖民地，此大幸

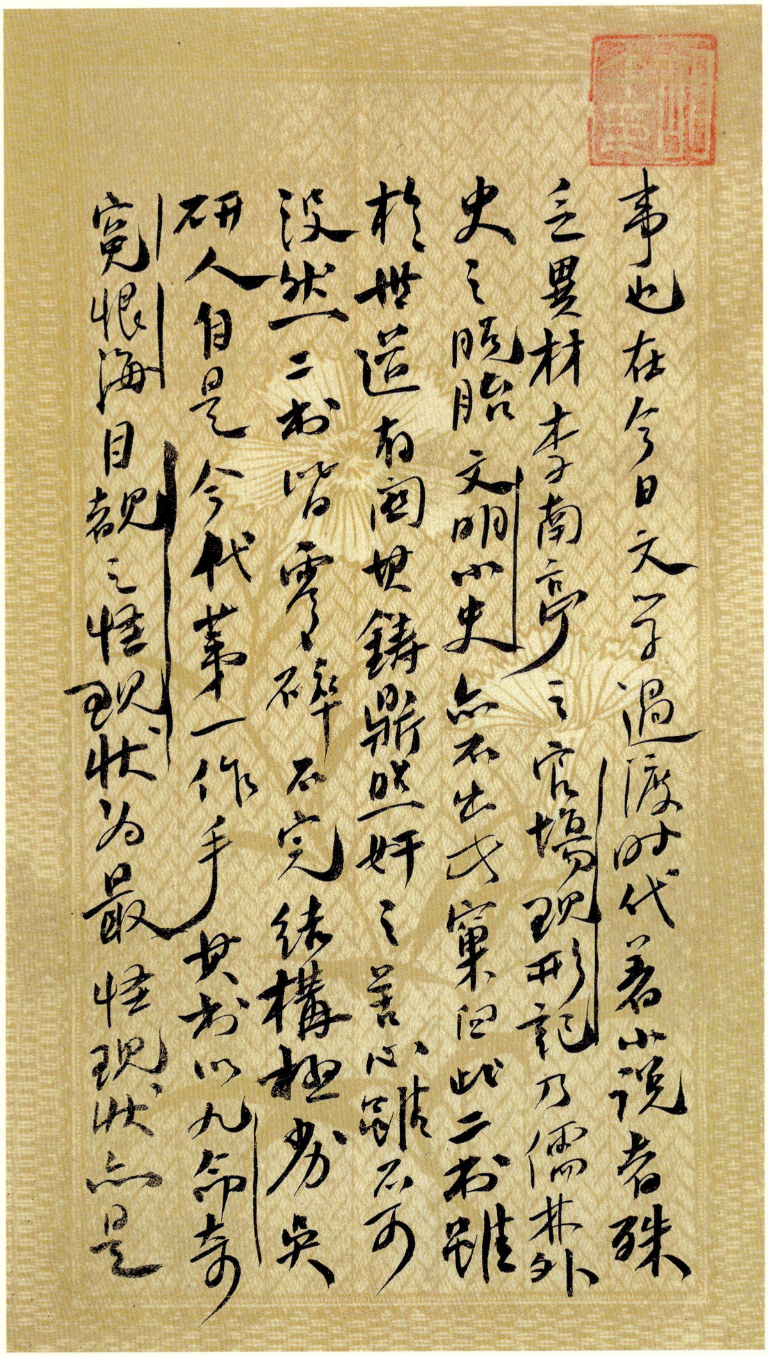

事也，在今日文学过渡时代，著小说者殊乏异才。李南亭之《官场现形记》乃《儒林外史》之脱胎，《文明小史》亦不出此窠臼。此二书虽于世道有关，其铸鼎照奸之苦心虽不可没，然二书皆零碎不完，结构极劣。吴研人自是今代第一作手，其书以《九命奇冤》、《恨海》、《目覩之怪现状》为最，《怪现状》亦是

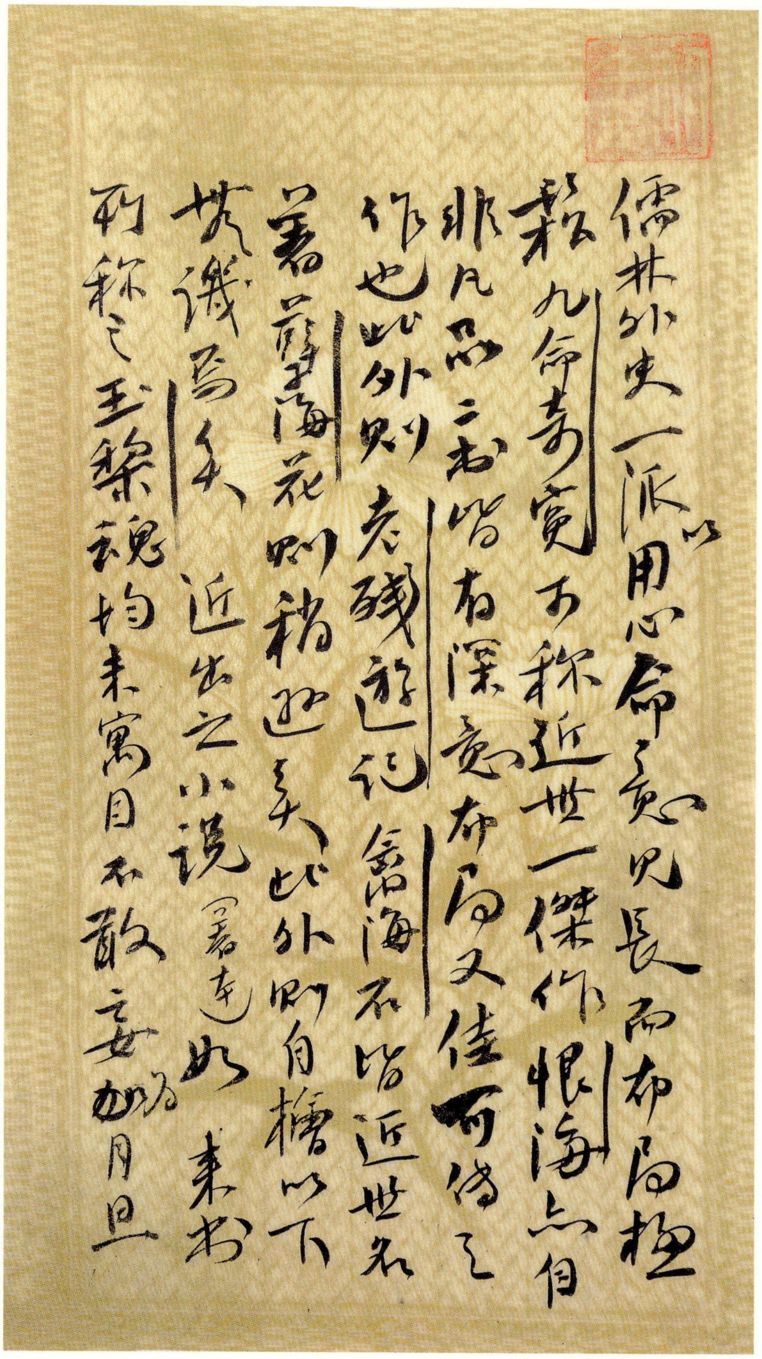
儒林外史一派以用心命意見長而布局極鬆九命奇寃可稱近世一傑作恨海亦自非凡品二書皆有深意布局又佳可傳之作也此外則老殘遊記禽海石皆近世名著孽海花則稍遜矣此外則自檜以下無譏焉矣近出之小說（著本）如來書所稱之玉梨魂均未寓目不敢妄為月旦

《儒林外史》一派，以用心命意见长，而布局极松。《九命奇冤》可称近世一杰作，《恨海》亦自非凡品，二书皆有深意，布局又佳，可传之作也。此外则《老残游记》、《禽海石》皆近世名著，《孽海花》则稍逊矣。此外则自桧以下无讥焉矣。近出之小说（著本）如来书所称之《玉梨魂》均未寓目，不敢妄为月旦。

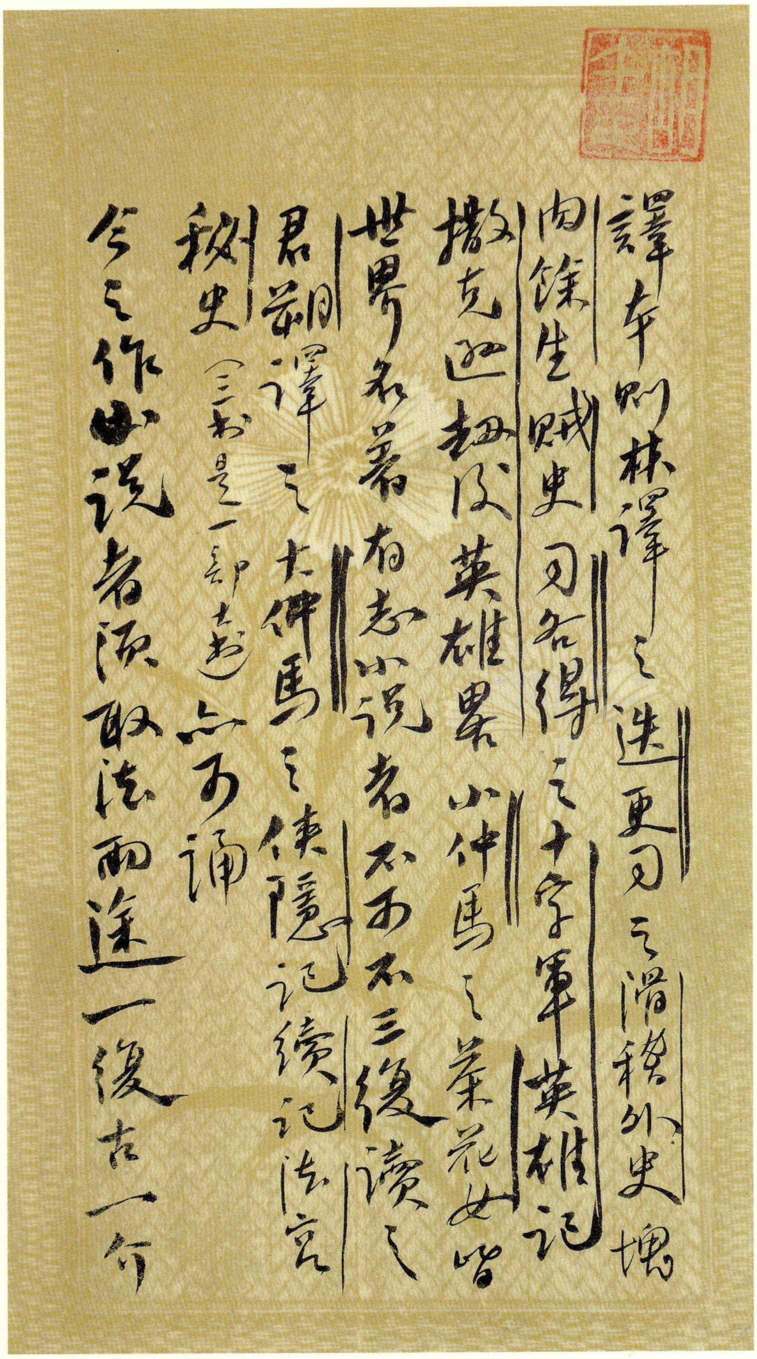
譯本則林譯之迭更司之滑稽外史塊肉餘生賊史司各得之十字軍英雄記撒克遜劫後英雄畧小仲馬之茶花女皆世界名著有志小說者不可不三復讀之君朔譯之大仲馬之俠隱記續記法宮秘史（三书是一部大书）亦可诵今之作小說者須取法兩途一復古一介

译本则林译之迭更司之《滑稽外史》、《块肉余生》、《贼史》，司各得之《十字军英雄记》、《撒克逊劫后英雄略》，小仲马之《茶花女》皆世界名著，有志小说者不可不三复读之。君朔译之大仲马之《侠隐记》、《续记》、《法宫秘史》（三书是一部大书）亦可诵。今之作小说者须取法两途，一复古，一介

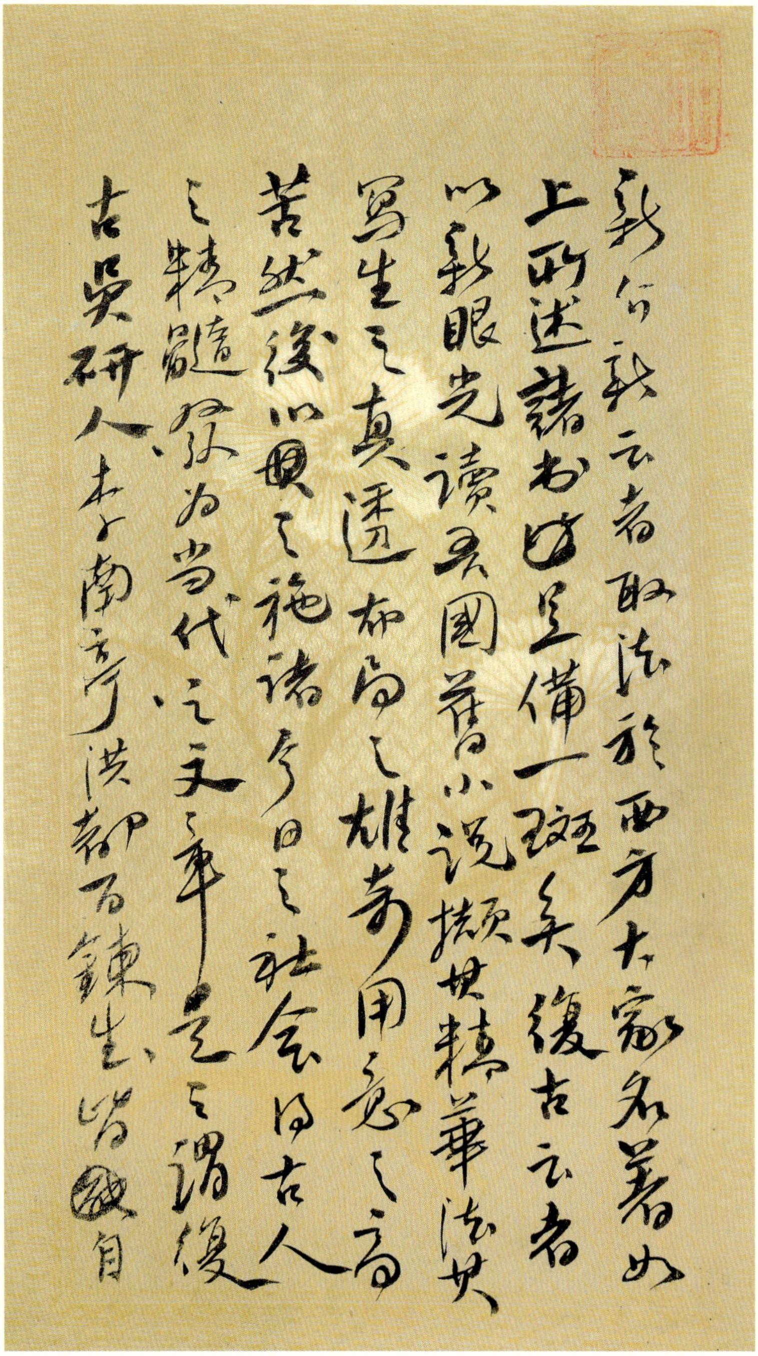

新。介新云者，取法于西方大家名著，如上所述诸书足备一斑矣。复古云者，以新眼光读吾国旧小说，撷其精华，法其写生之真透，布局之雄奇，用意之高苦，然后以之施诸今日之社会，得古人之精髓，发为当代之文章，是之谓复古。吴研人、李南亭、洪都百錬生皆自

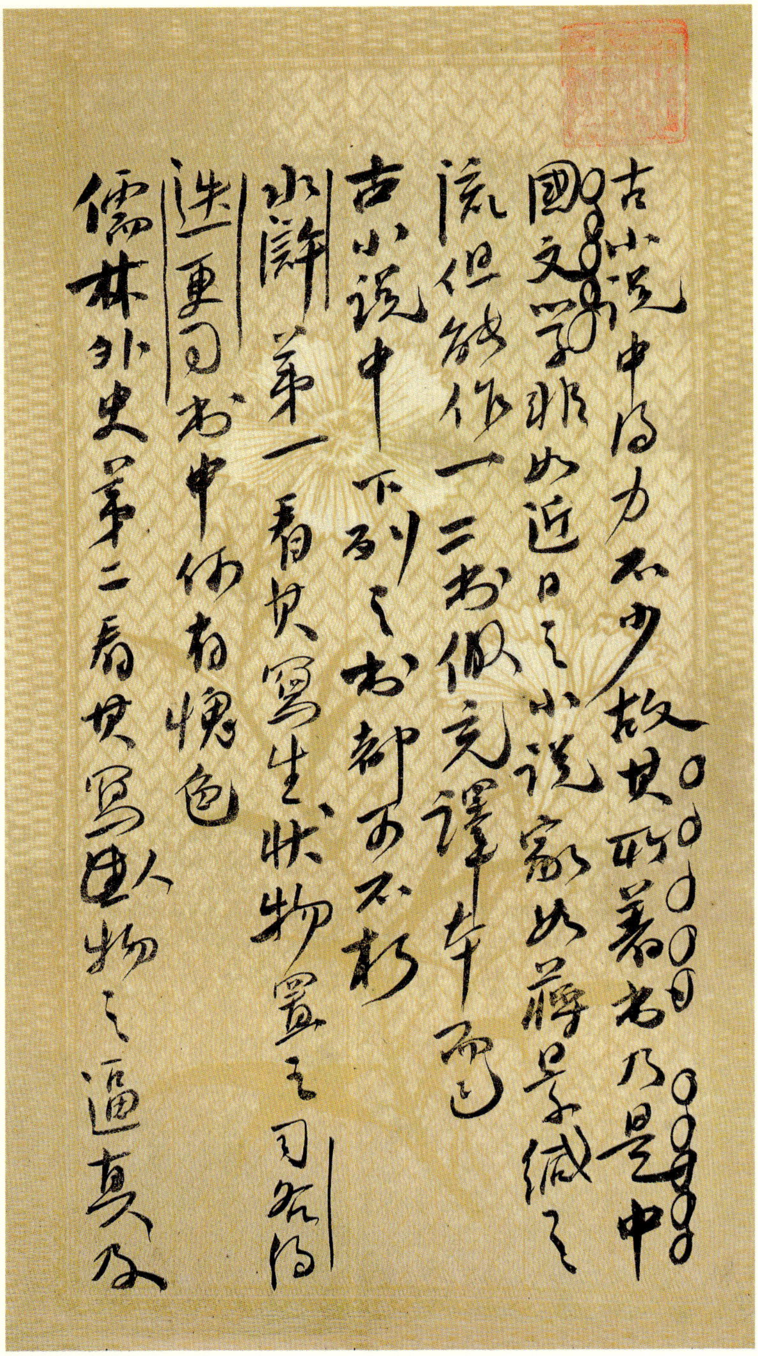
古小說中得力不少故其所著書乃是中
國文學非如近日之小說家如蔣景緘之
流但能作一二書假充譯本而已
古小說中下列之書都可以不朽
水滸第一看其寫生狀物置之司各得
迭更司書中何有愧色
儒林外史第二看其寫人物之逼真及

古小说中得力不少，故其所著书乃是中国文学，非如近日之小说家如蒋景缄之流，但能作一二书假充译本而已。古小说中下列之书都可以不朽：

《水浒》第一。看其写生状物，置之司各得、迭更司书中，何有愧色。

《儒林外史》第二。看其写人物之逼真及

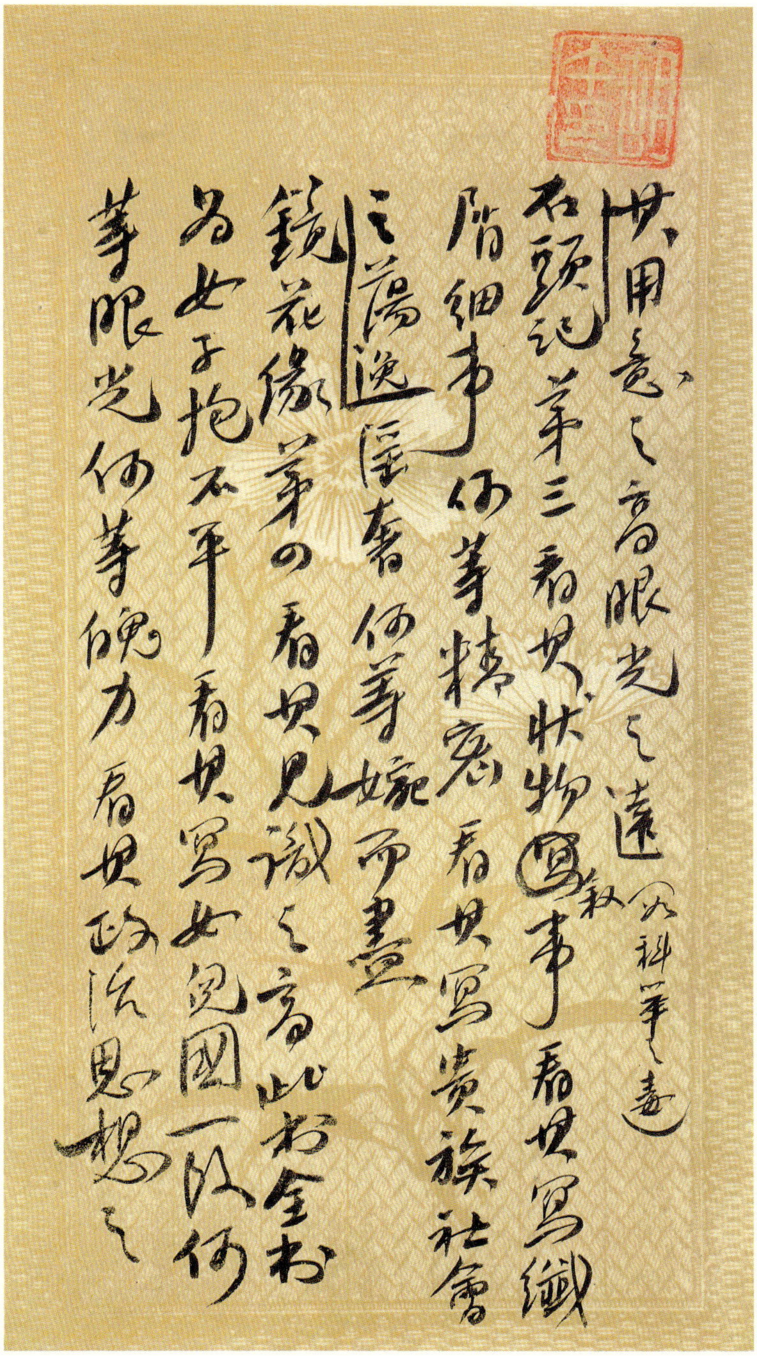

其用意之高，眼光之远（如科举之毒）。

《石头记》第三。看其状物叙事，看其写纤眉细事，何等精密，看其写贵族社会之荡逸淫奢，何等婉而尽。

《镜花缘》第四。看其见识之高，此书全书为女子抱不平，看其写女儿国一段，何等眼光，何等魄力，看其政治思想之

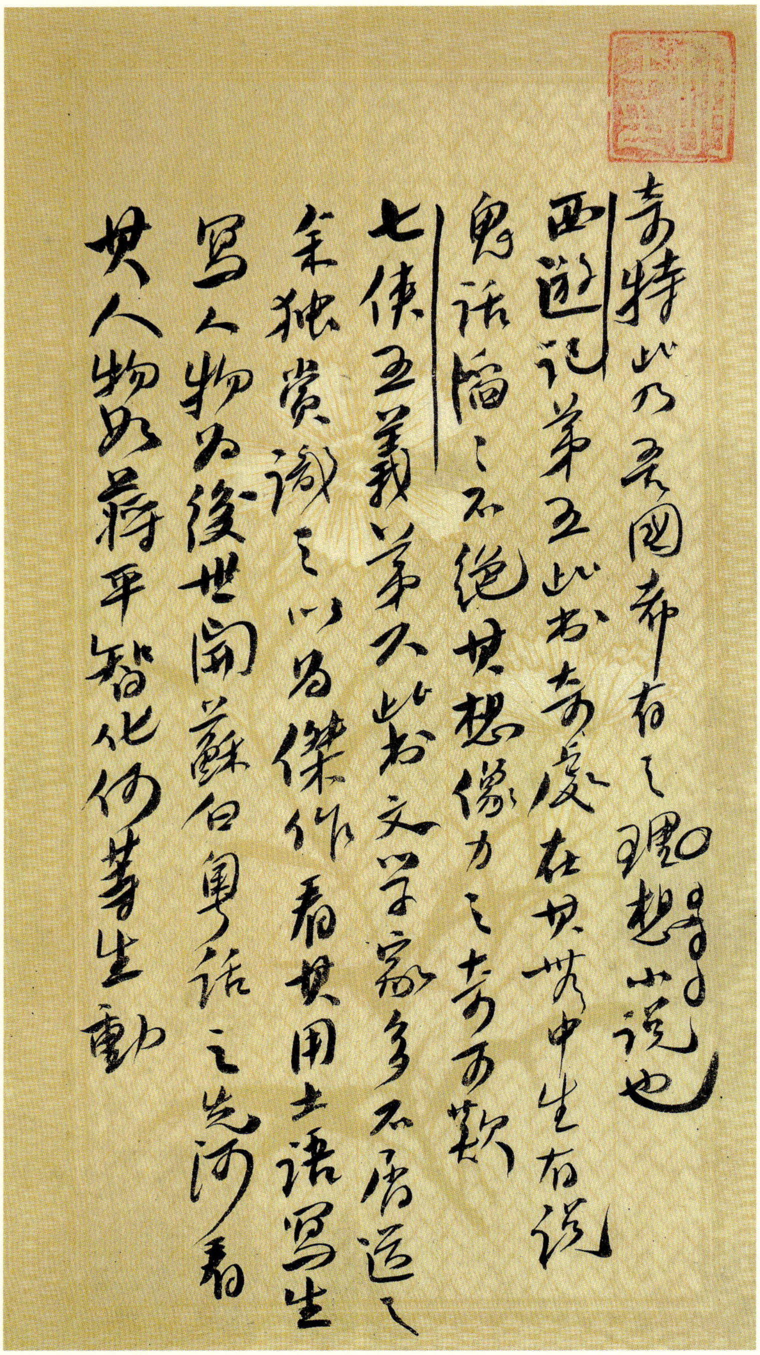
奇特此乃吾國希有之理想小說也
西遊記第五此書奇處在其無中生有說
鬼話滔滔不絕其想像力之奇可歎
七俠五義第六此書文學家多不屑道之
余獨賞識之以為傑作看其用土語寫生
寫人物為後世開蘇白粵話之先河看
其人物如蔣平智化何等生動

奇特，此乃吾国希有之理想小说也。

《西游记》第五。此书奇处在其无中生有，说鬼话滔滔不绝，其想象力之奇可叹。

《七侠五义》第六。此书文学家多不屑道之，余独赏识之，以为杰作，看其用土语写生、写人物，为后世开苏白、粤话之先河，看其人物如蒋平、智化，何等生动。

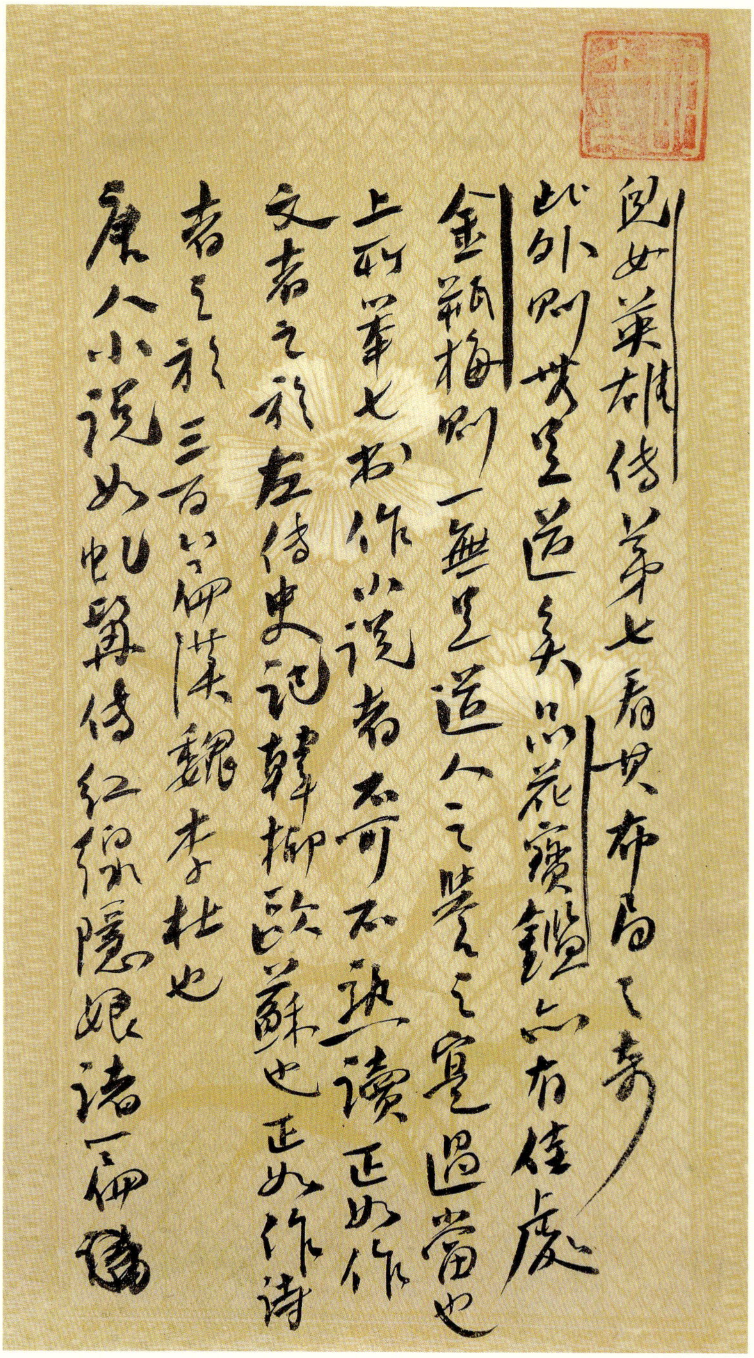
兒女英雄傳第七看其布局之奇此外則無足道矣品花寶鑑亦有佳處金瓶梅則一無足道人之譽之實過當也上所舉七書作小說者不可不熟讀正如作文者之於左傳史記韓柳歐蘇也正如作詩者之於三百篇漢魏李杜也唐人小說如虬髯傳紅線隱娘諸篇

《儿女英雄传》第七。看其布局之奇。此外则无足道矣。《品花宝鉴》亦有佳处，《金瓶梅》则一无足道，人之誉之实过当也。上所举七书，作小说者不可不熟读，正如作文者之于《左传》、《史记》、韩、柳、欧、苏也，正如作诗者之于三百篇、汉、魏、李、杜也。唐人小说如《虬髯传》、《红线》、《隐娘》诸篇

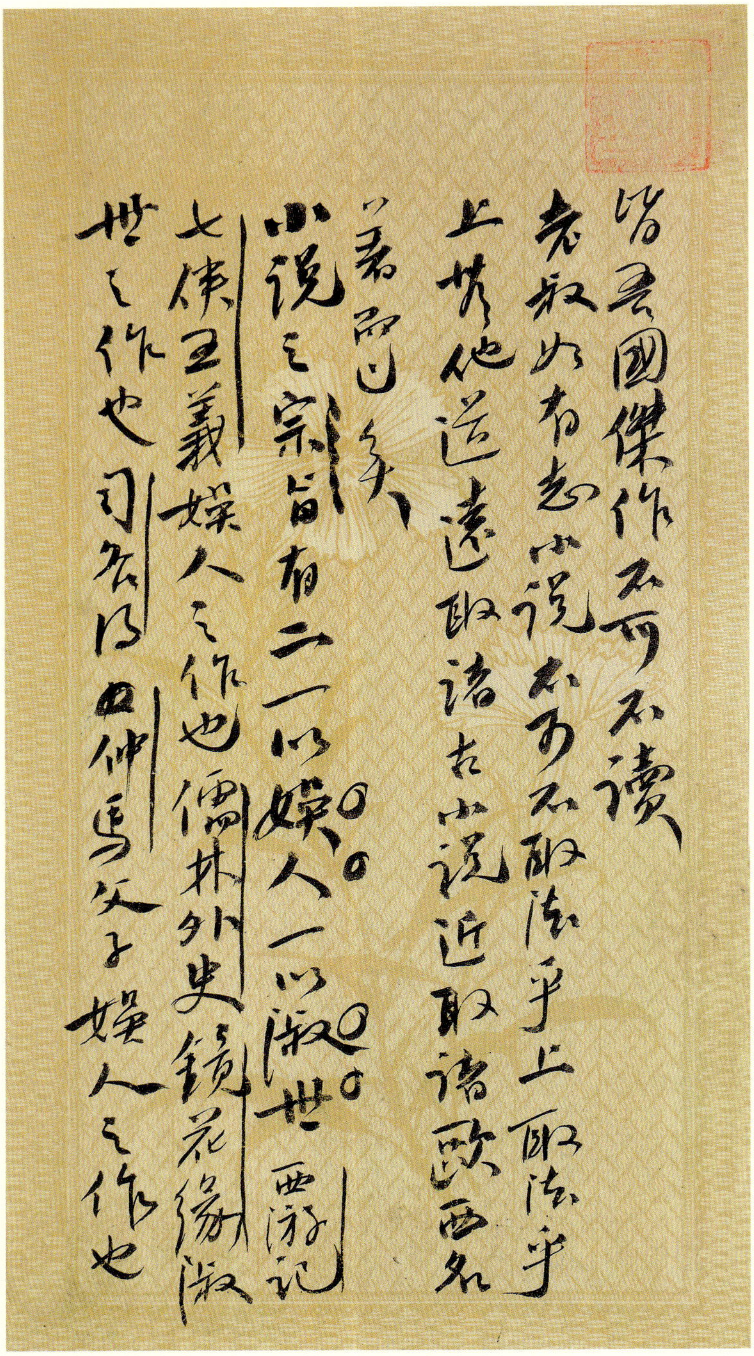

皆吾国杰作，不可不读。

老叔如有志小说，不可不取法乎上，取法乎上无他道，远取诸古小说，近取诸欧西名著而已矣。

小说之宗旨有二，一以娱人，一以淑世。《西游记》、《七侠五义》娱人之作也，《儒林外史》、《镜花缘》淑世之作也。司各得、仲马父子娱人之作也，

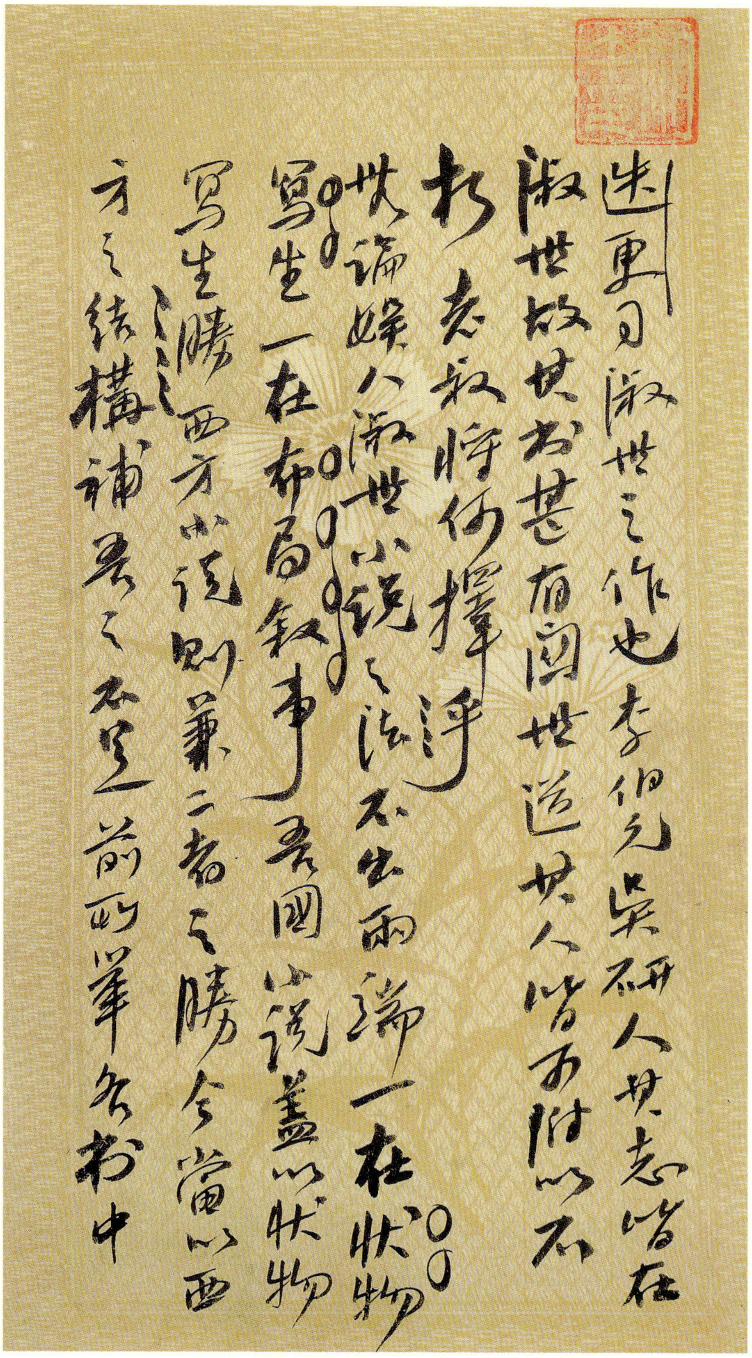

迭更司淑世之作也。李伯元、吴研人其志皆在淑世，故其书甚有关世道，其人皆可附以不朽。老叔将何择乎？

无论娱人淑世，小说之法不出两端，一在状物写生，一在布局叙事，吾国小说盖以状物写生胜，西方小说则兼二者之胜，今当以西方之结构补吾之不足。前所举各书中

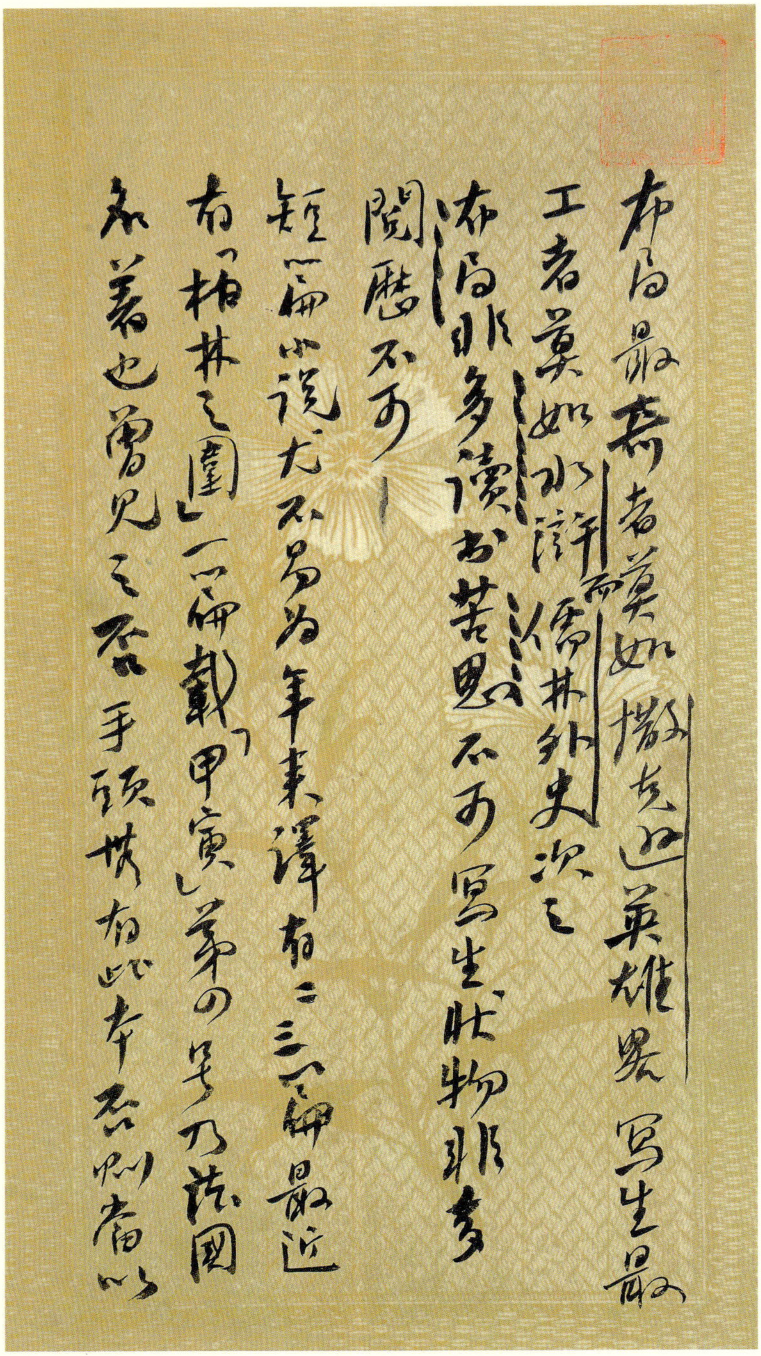

布局最奇者，莫如《撒克逊英雄略》，写生最工者莫如《水浒》，而《儒林外史》次之。

布局非多读书苦思不可，写生状物非多阅历不可。

短篇小说尤不易为，年来译有二三篇，最近有《柏林之围》一篇，载《甲寅》第四号，乃法国名著也，曾见之否？手头无有此本，否则当以

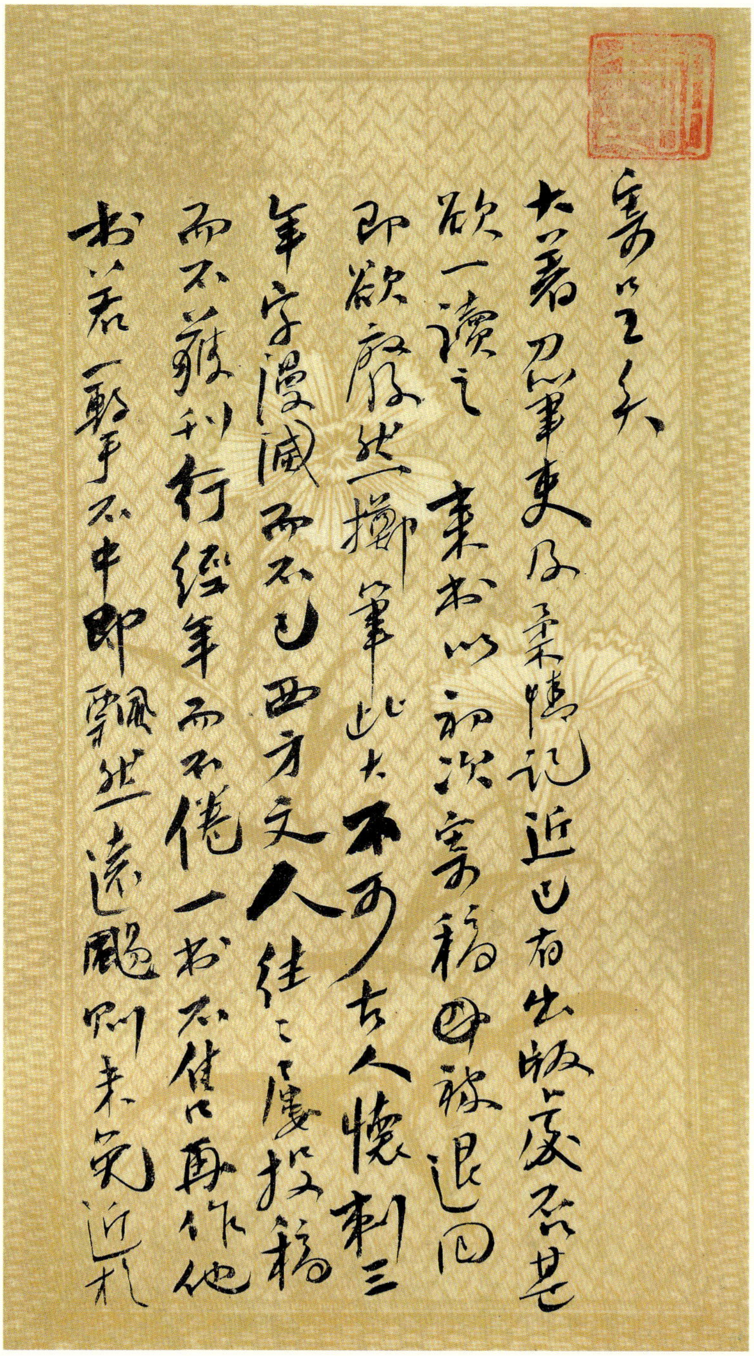

寄呈矣。

大著《刀笔吏》及《柔情记》近已有出版处否？甚欲一读之。来书以初次寄稿被退回，即欲废然掷笔，此大不可。古人怀刺三年字漫灭而不已，西方文人往往屡投稿而不获刊行，经年而不倦，一书不售，再作他书。若一击不中，即飘然远飏，则未免近于

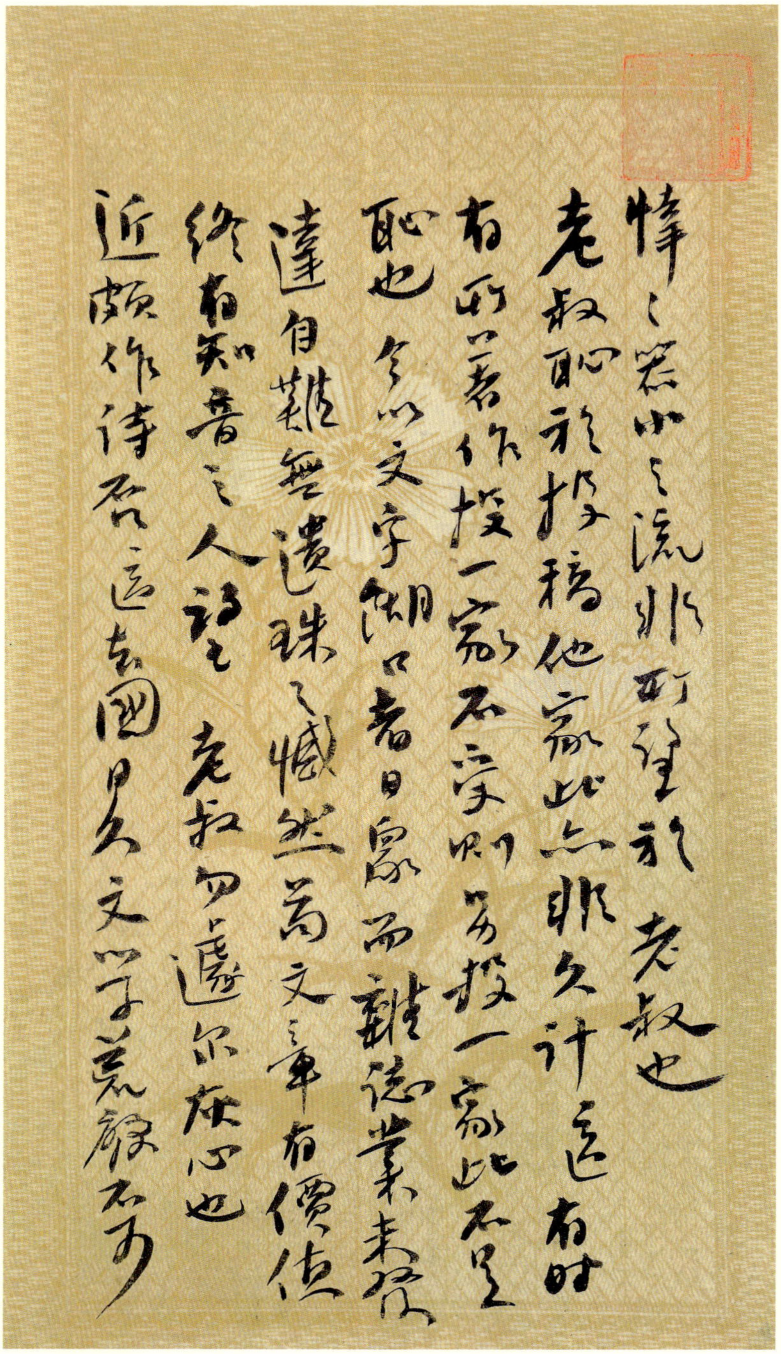

悻悻器小之流，非所望于老叔也。

老叔耻于投稿他家，此亦非久计。适有时有所著作，投一家不受，则另投一家，此不足耻也。今以文字餬口者日众，而杂志业未发达，自难无遗珠之憾，然若文章有价值，终有知音之人，望老叔勿遽尔灰心也。

近颇作诗否？适去国日久，文学荒废不可

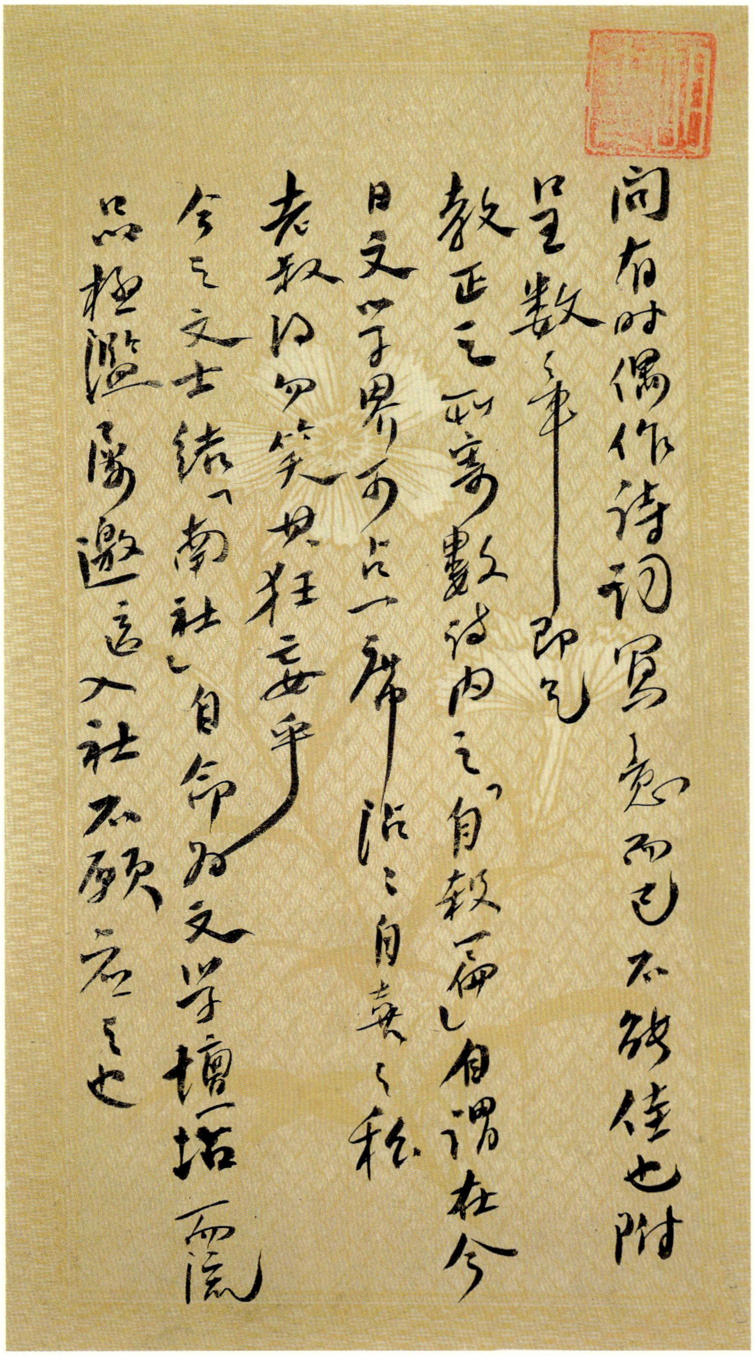
问有时偶作诗词写意而已不能佳也附
呈数章即乞
教正之所寄數诗内之自杀篇自谓在今
日文学界可占一席沾沾自喜之私
老叔得勿笑其狂妄乎
今之文士结南社自命为文学坛坫而流
品极滥屡邀适入社不愿应之也

问，有时偶作诗词，写意而已，不能佳也。附呈数章，即乞教正之。所寄数诗内之“自杀篇”自谓在今日文学界可占一席，沾沾自喜之私，老叔得勿笑其狂妄乎。

今之文士结“南社”，自命为文学坛坫，而流品极滥，屡邀适入社，不愿应之也。

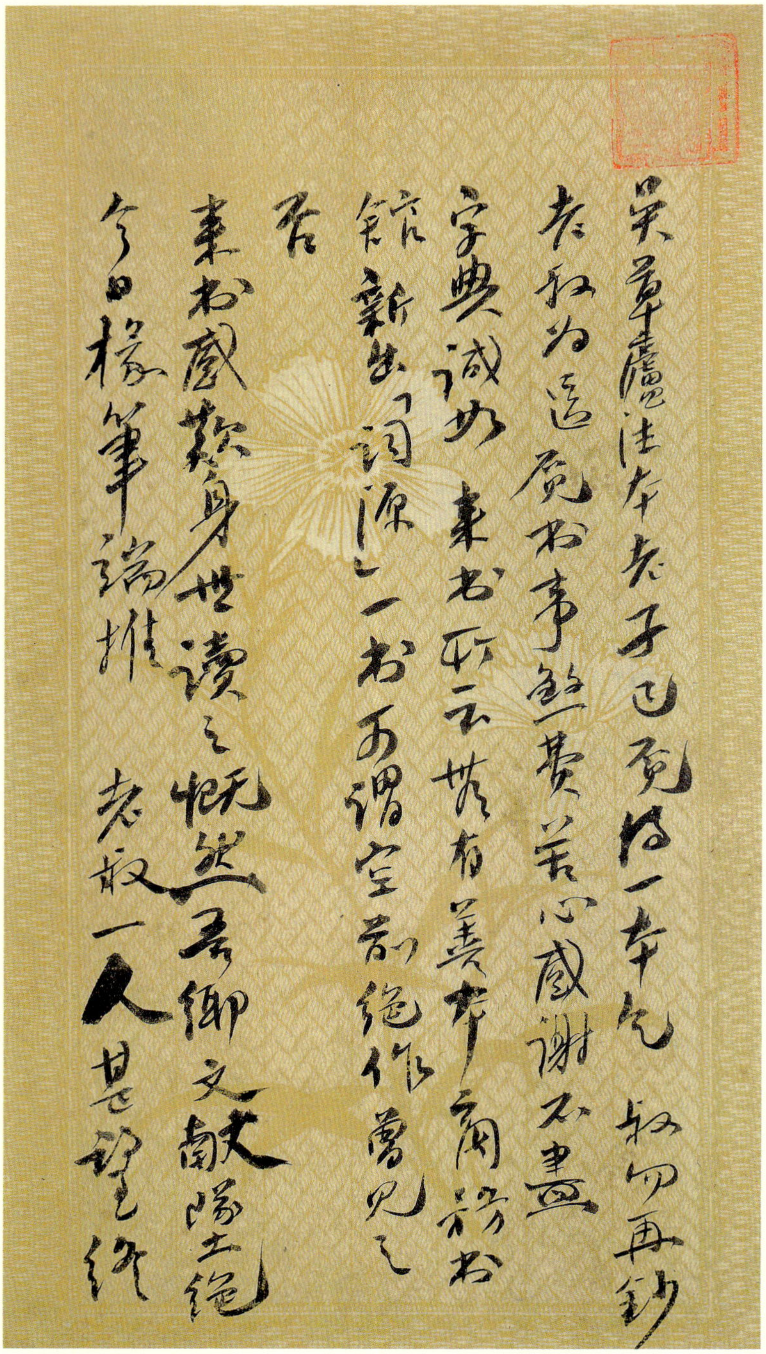

吴草庐注本《老子》已觅得一本,乞叔勿再钞,老叔为适觅书事煞费苦心,感谢不尽。字典诚如来书所云,无有善本。商务书馆新出《词源》一书,可谓空前绝作,曾见之否?

来书感叹身世,读之慨然。吾乡文献坠绝,今日椽笔端推老叔一人,甚望终

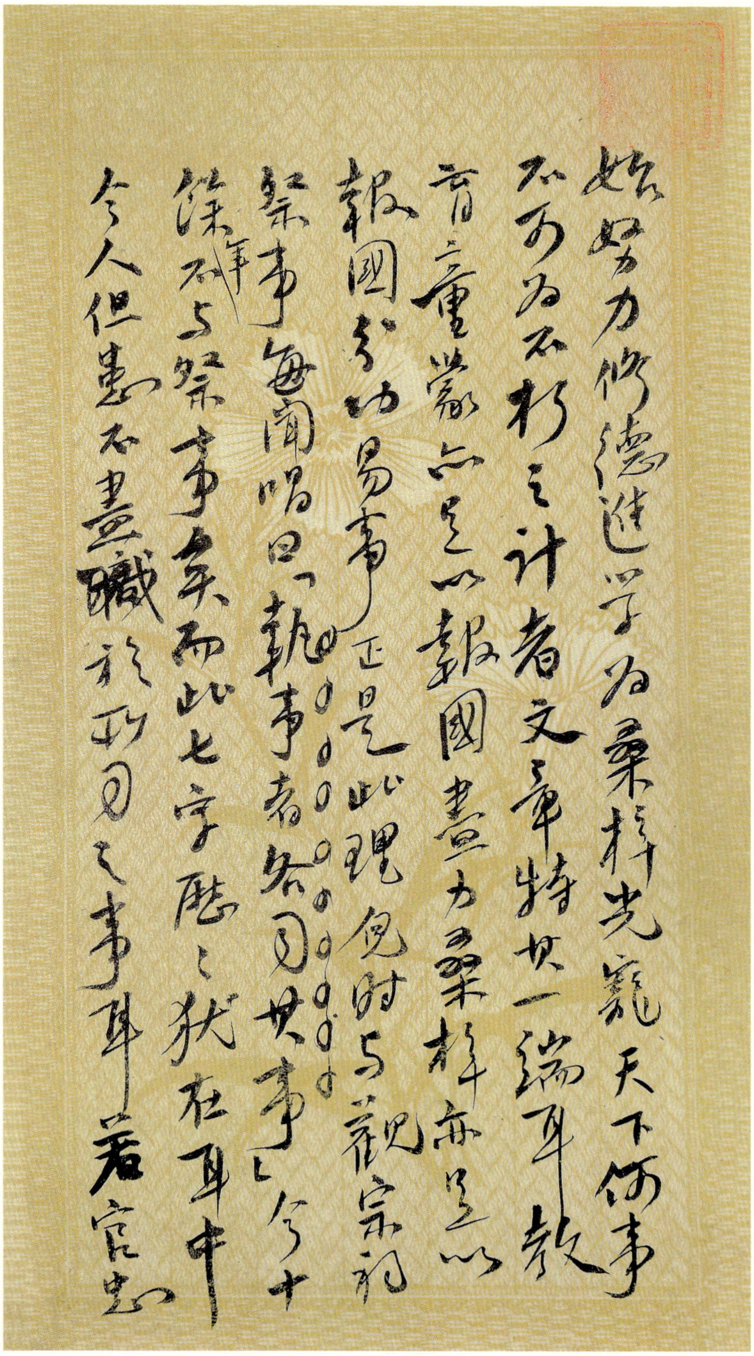

始努力修德进学，为桑梓光宠。天下何事不可为，不朽之计者，文章特其一端耳。教育童蒙亦足以报国，尽力桑梓亦足以报国，分功易事，正是此理。儿时与观宗祠祭事，每闻唱曰：“执事者各司其事。”今十余年不与祭事矣，而此七字历历犹在耳中。今人但患不尽职于所司之事耳。若官忠

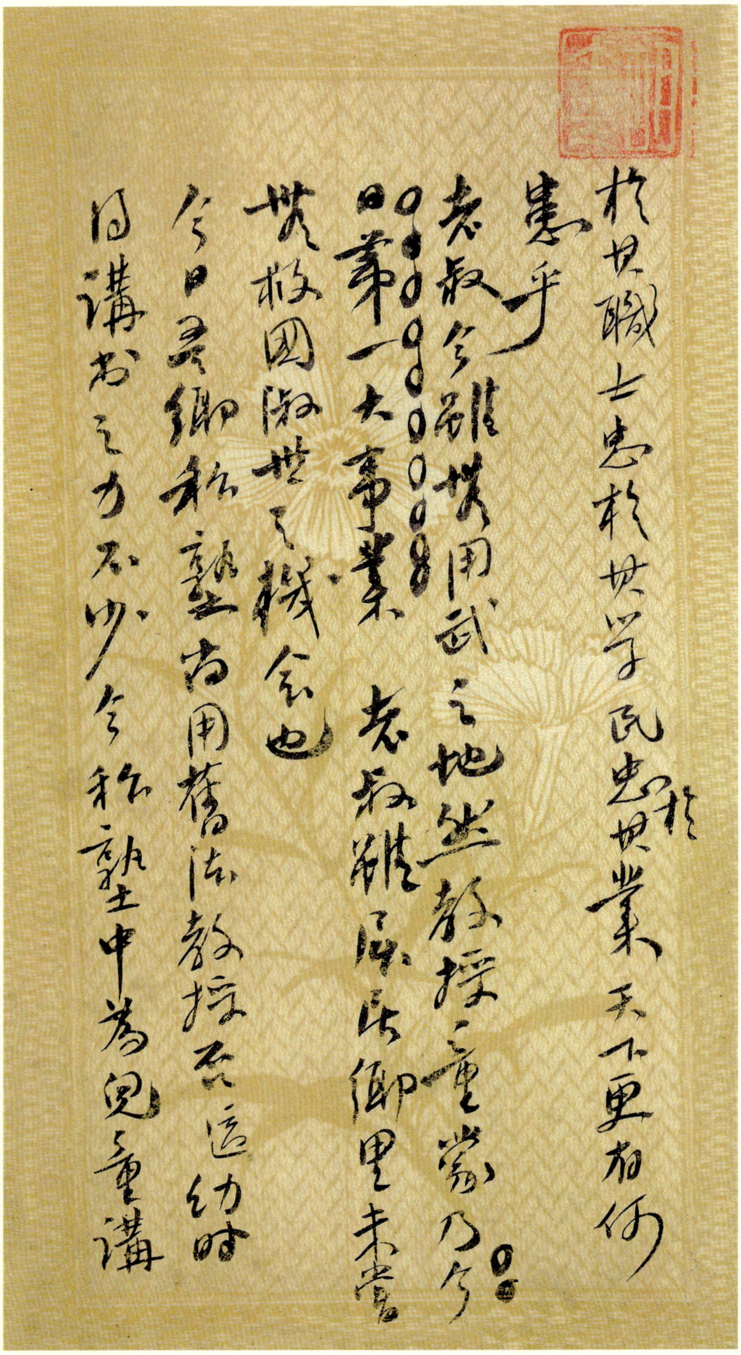
於其職士忠於其學民忠於其業天下更有何
患乎
老叔今雖無用武之地然教授童蒙乃今
日第一大事業 老叔雖屈居鄉里未嘗
無救國淑世之機會也
今日吾鄉私塾尚用舊法教授否適幼時
得講書之力不少今私塾中為兒童講

于其职，士忠于其学，民忠于其业，天下更有何患乎？

老叔今虽无用武之地，然教授童蒙乃今第一大事业。老叔虽屈居乡里，未尝无救国淑世之机会也。

今日吾乡私塾尚用旧法教授否？适幼时得讲书之力不少，今私塾中为儿童讲

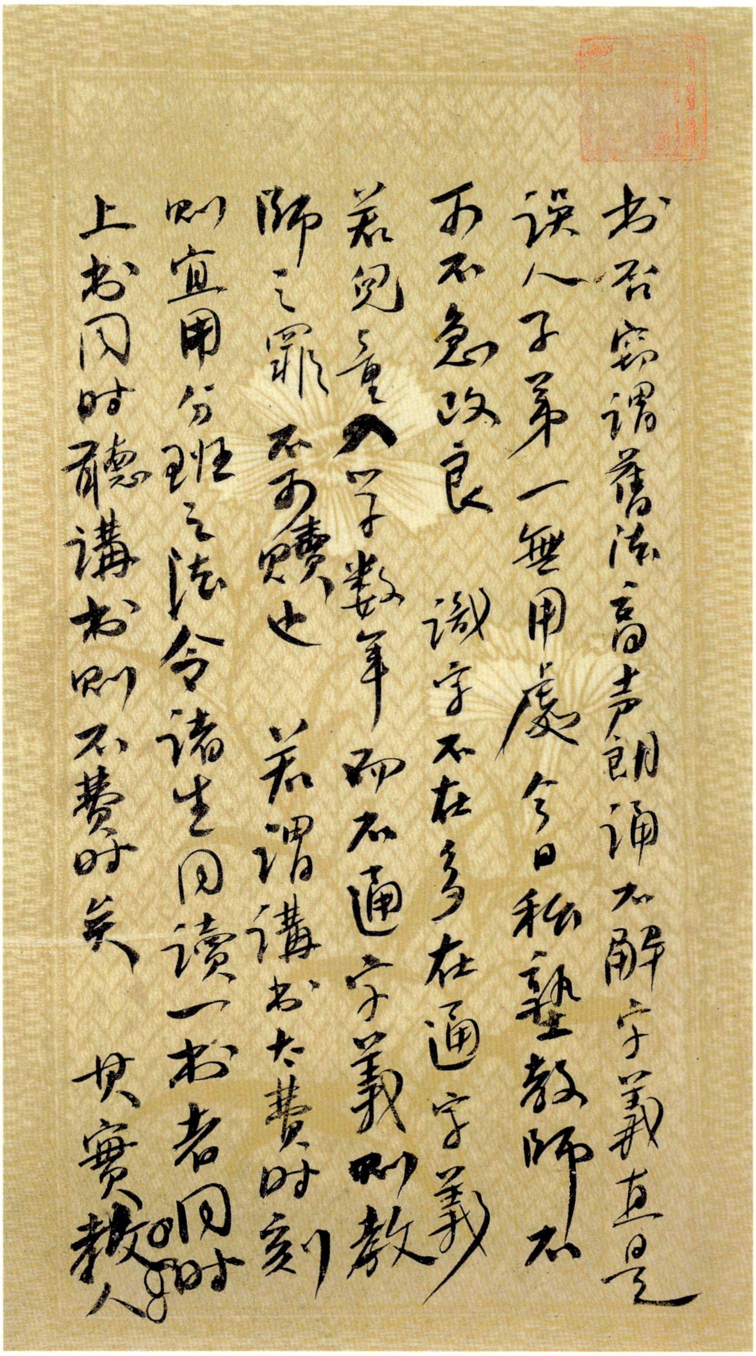

书否？窃谓旧法高声朗诵，不解字义，直是误人子弟，一无用处，今日私塾教师不可不急改良。识字不在多，在通字义，若儿童入学数年而不通字义，则教师之罪不可赎也。若谓讲书太费时刻，则宜用分班之法，令诸生同读一书者，同时上书，同时听讲书，则不费时矣。其实教人

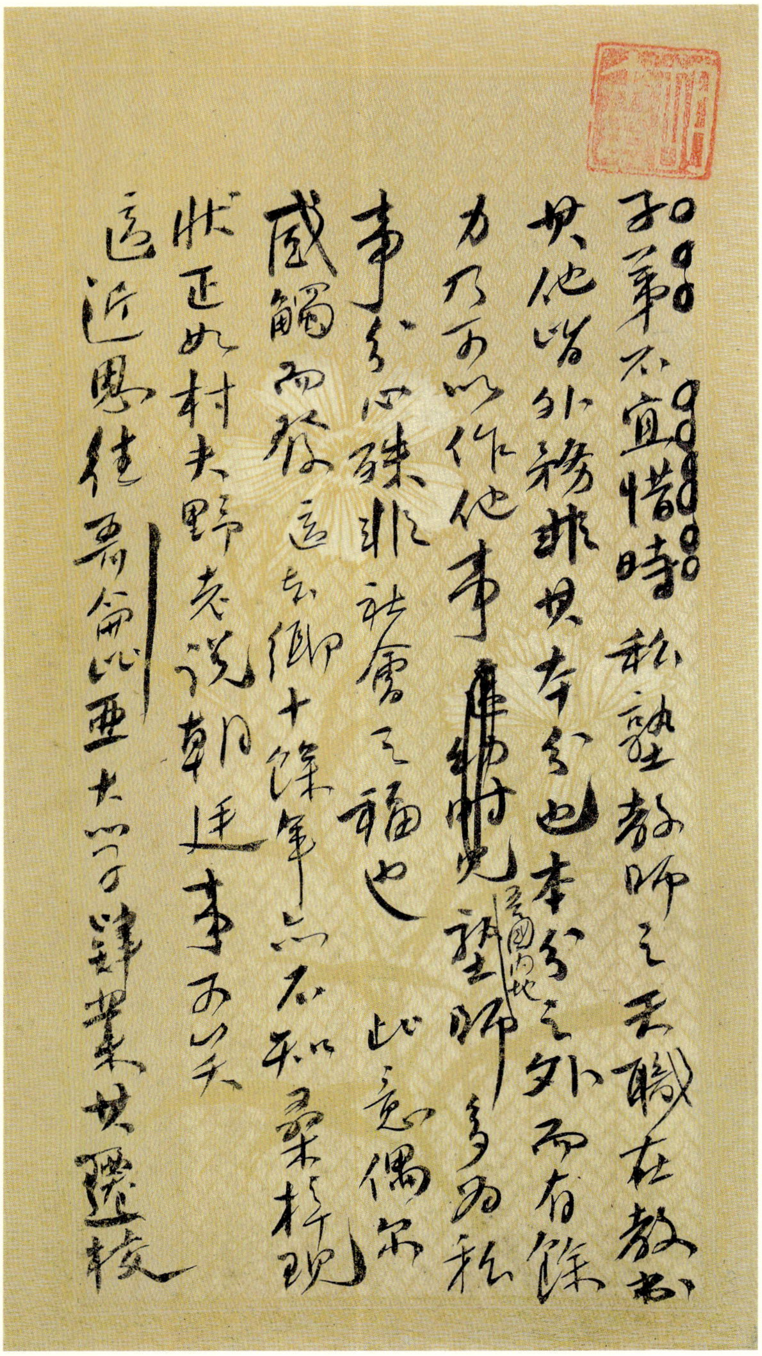

子弟，不宜惜时。私塾教师之天职在教书，其他皆外务，非其本分也。本分之外而有余力乃可以作他事，吾国内地塾师多为私事分心，殊非社会之福也。此意偶尔感触而发，适去乡十余年，亦不知桑梓现状，正如村夫野老说朝廷事，可笑。

适近思往哥仑比亚大学肄业，其迁校

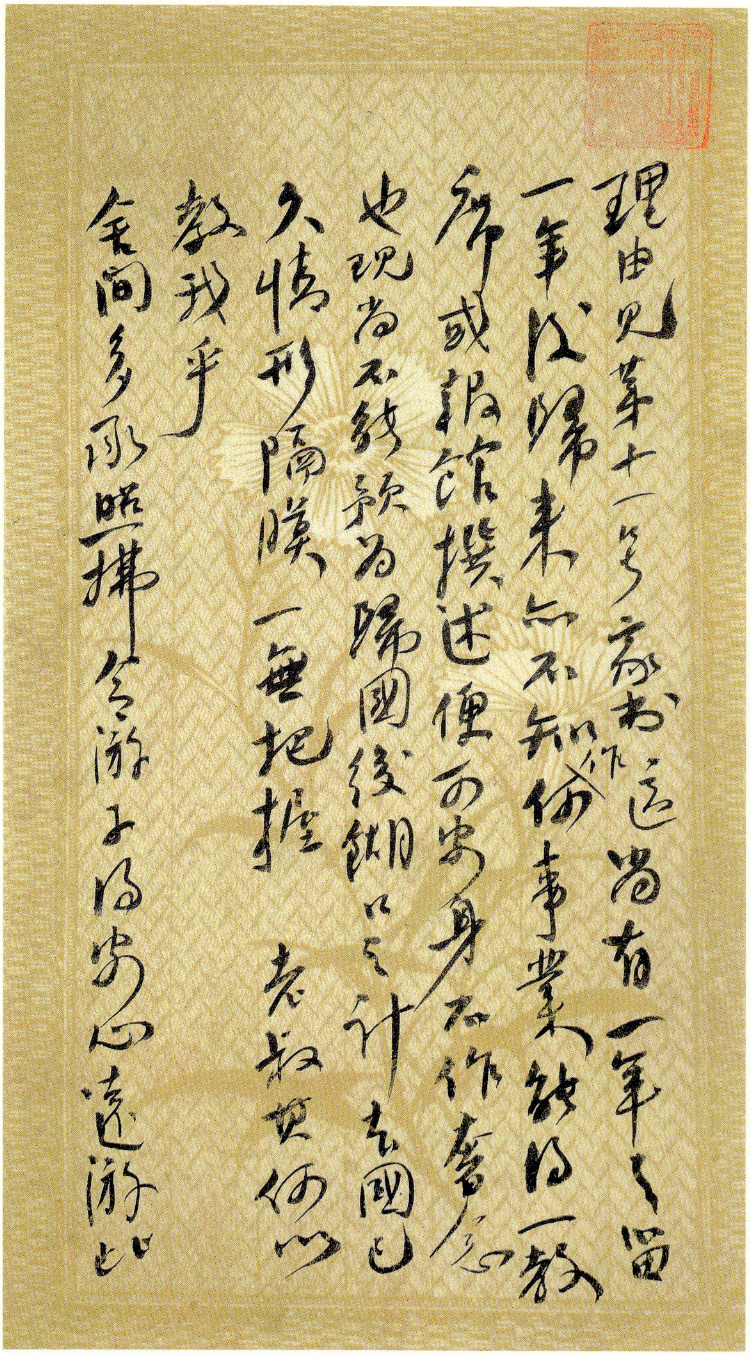

理由见第十一号家书。适尚有一年之留，一年后归来亦不知作何事业，能得一教席或报馆撰述便可安身，不作奢念也。现尚不能预为归国后餬口之计，去国已久，情形隔膜，一无把握，老叔其何以教我乎。舍间多承照拂，令游子得安心远游，此

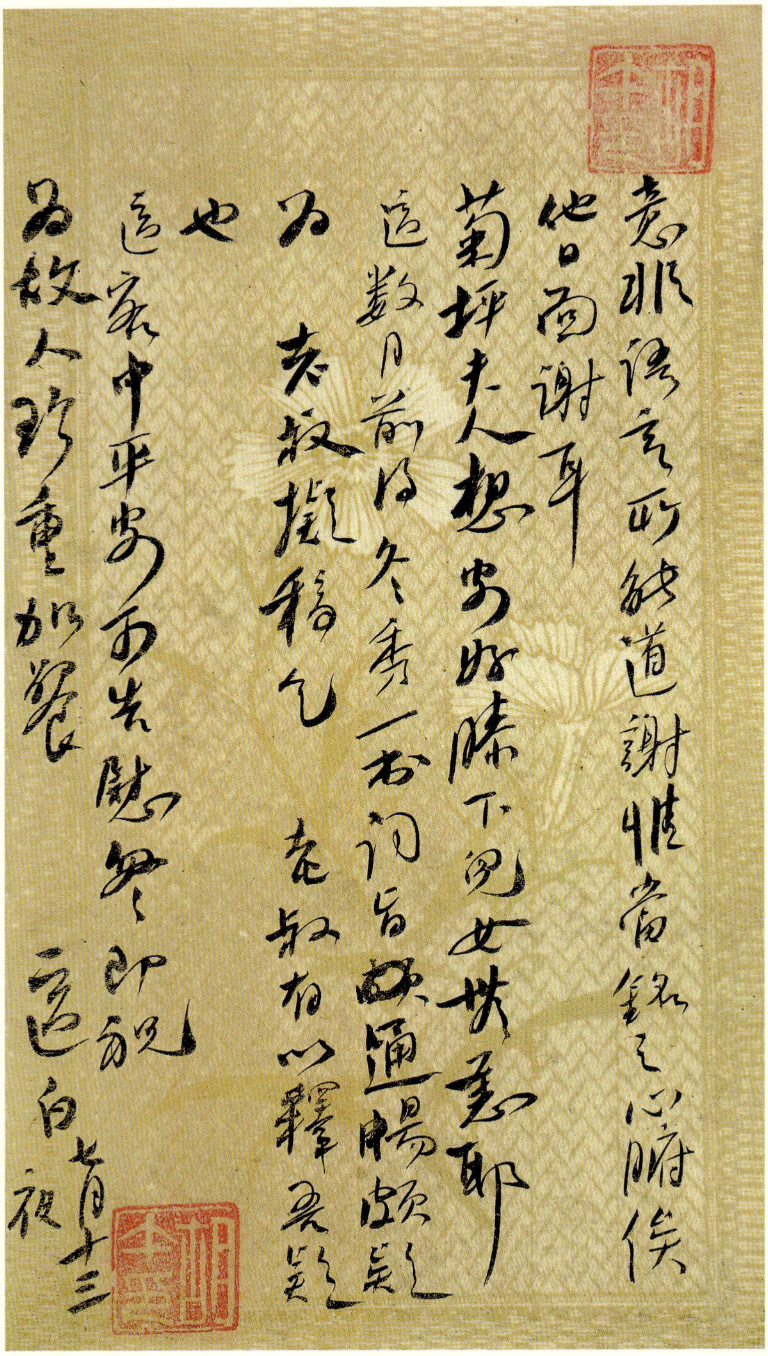

意非语言所能道谢，惟当铭之心腑，俟他日面谢耳。

菊坪夫人想安好，膝下儿女无恙耶。适数月前得冬秀一书，词旨通畅，颇疑为老叔拟稿，乞老叔有以释吾疑也。

适客中平安，可告慰。匆匆即祝为故人珍重加餐。

适白

七月十三夜

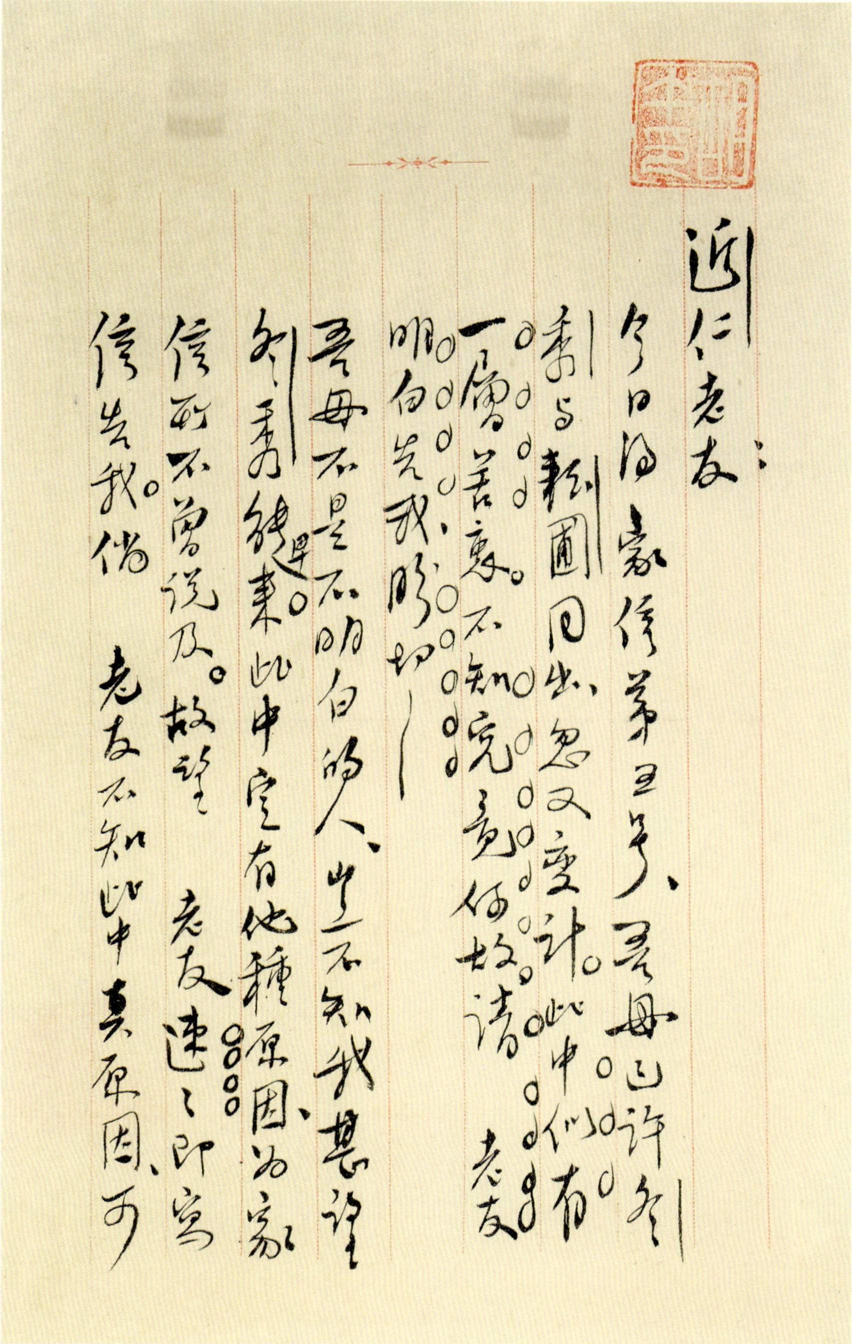

胡适致胡近仁信札(九)

近仁老友:

今日得家信第五号,吾母已许冬秀与耘圃同出,忽又变计。此中似有一层苦衷,不知究竟何故,请老友明白告我,盼切盼切。吾母不是不明白的人,岂不知我甚望冬秀能早来。此中定有他种原因,为家信所不曾说及。故望老友速速即写信告我。倘老友不知此中真原因,可

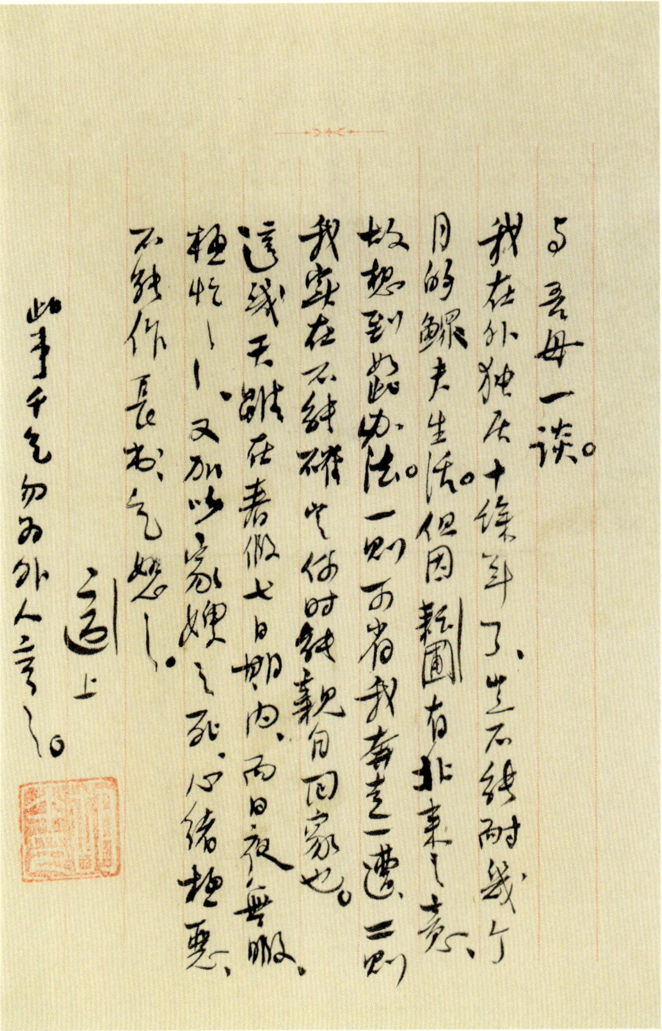

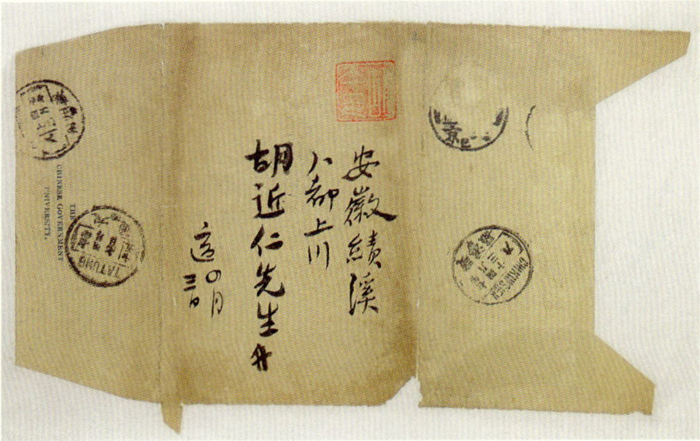

安徽绩溪八都上川
胡近仁先生升
适
四月三日

与吾母一谈。我在外独居十余年了，岂不能耐几个月的鳏夫生活。但因耘圃有北来之意，故想到如此办法。一则可省我奔走一遭，二则我实在不能确定何时能亲自回家也。这几天虽在春假七日期内，而日夜无暇，极忙极忙。又加以家嫂之死，心绪极恶，不能作长书，乞恕之。

适上

此事千乞勿为外人言之。

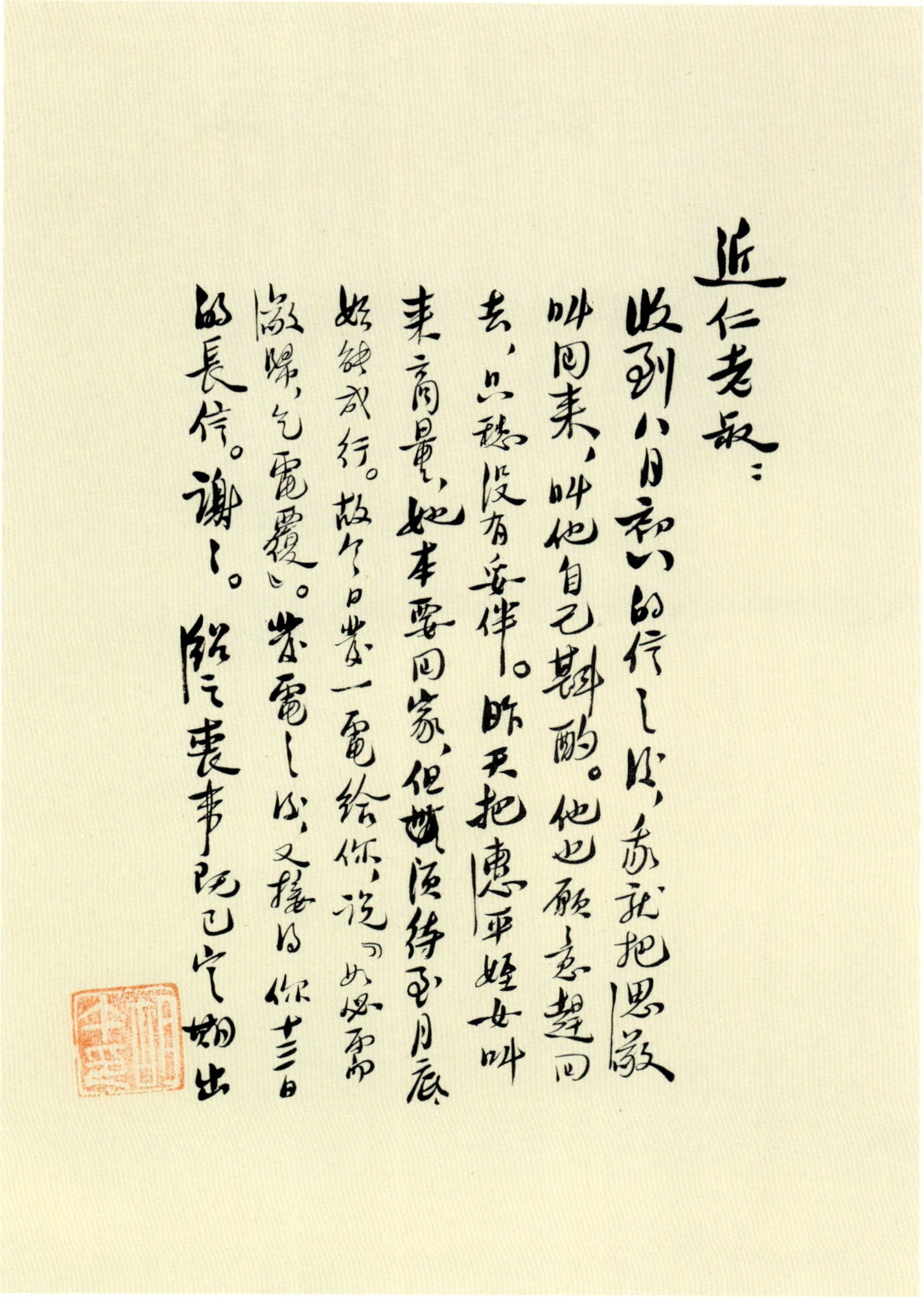
近仁老叔：
收到八月初八的信之后，我就把思敬
叫回来，叫他自己斟酌。他也願意赶回
去，只愁没有妥伴。昨天把惠平姪女叫
来商量，她本要回家，但須待至月底
始能成行。故今日发一電给你，说「如必需
敬歸，乞電覆」。发電之后，又接得你十三日
的長信。謝謝。紹之喪事既已定期出

胡适致胡近仁信札（十）

近仁老叔：收到八月初八的信之后，我就把思敬叫回来，叫他自己斟酌。他也愿意赶回去，只愁没有妥伴。昨天把惠平侄女叫来商量，她本要回家，但须待至月底始能成行。故今日发一电给你，说"如必需敬归，乞电覆"。发电之后，又接得你十三日的长信。谢谢。绍之丧事，既已定期出

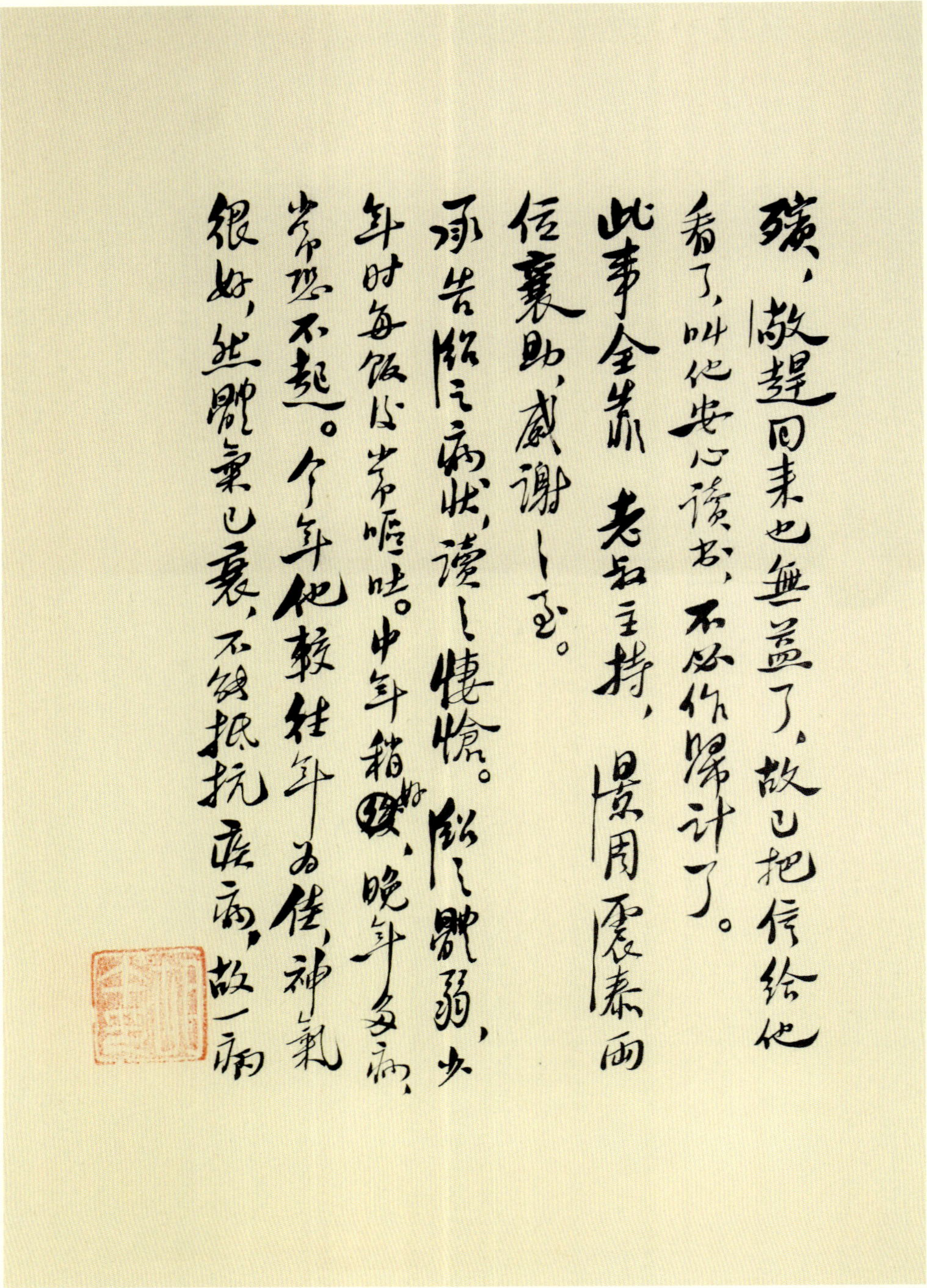

殡，敬赶回来也无益了，故已把信给他看了，叫他安心读书，不必作归计了。此事全靠老叔主持，景周、震泰两位襄助，感谢之至。承告绍之病状，读之悽怆。绍之体弱，少年时每饭后常呕吐。中年稍好，晚年多病，常恐不起。今年他较往年为佳，神气很好，然体气已衰，不能抵抗疾病，故一病

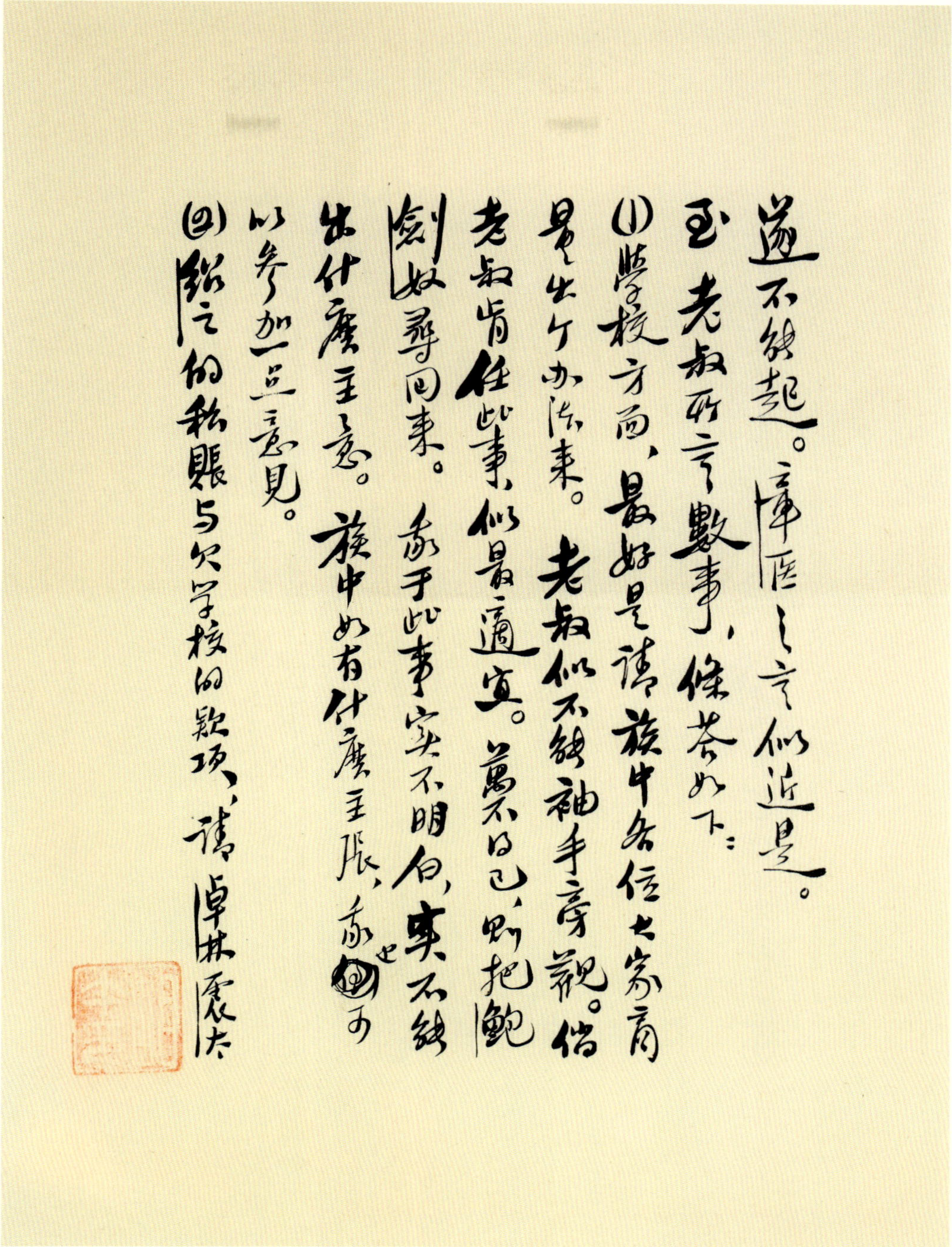

遂不能起。章医之言似近是。至老叔所言数事，条答如下：(1)学校方面，最好是请族中各位大家商量出个办法来。老叔似不能袖手旁观。倘老叔肯任此事，似最适宜。万不得已，则把鲍剑奴寻回来。我于此事实不明白，实不能出什么主意。族中如有什么主张，我也可以参加一点意见。(2)绍之的私账与欠学校的款项，请卓林、震太

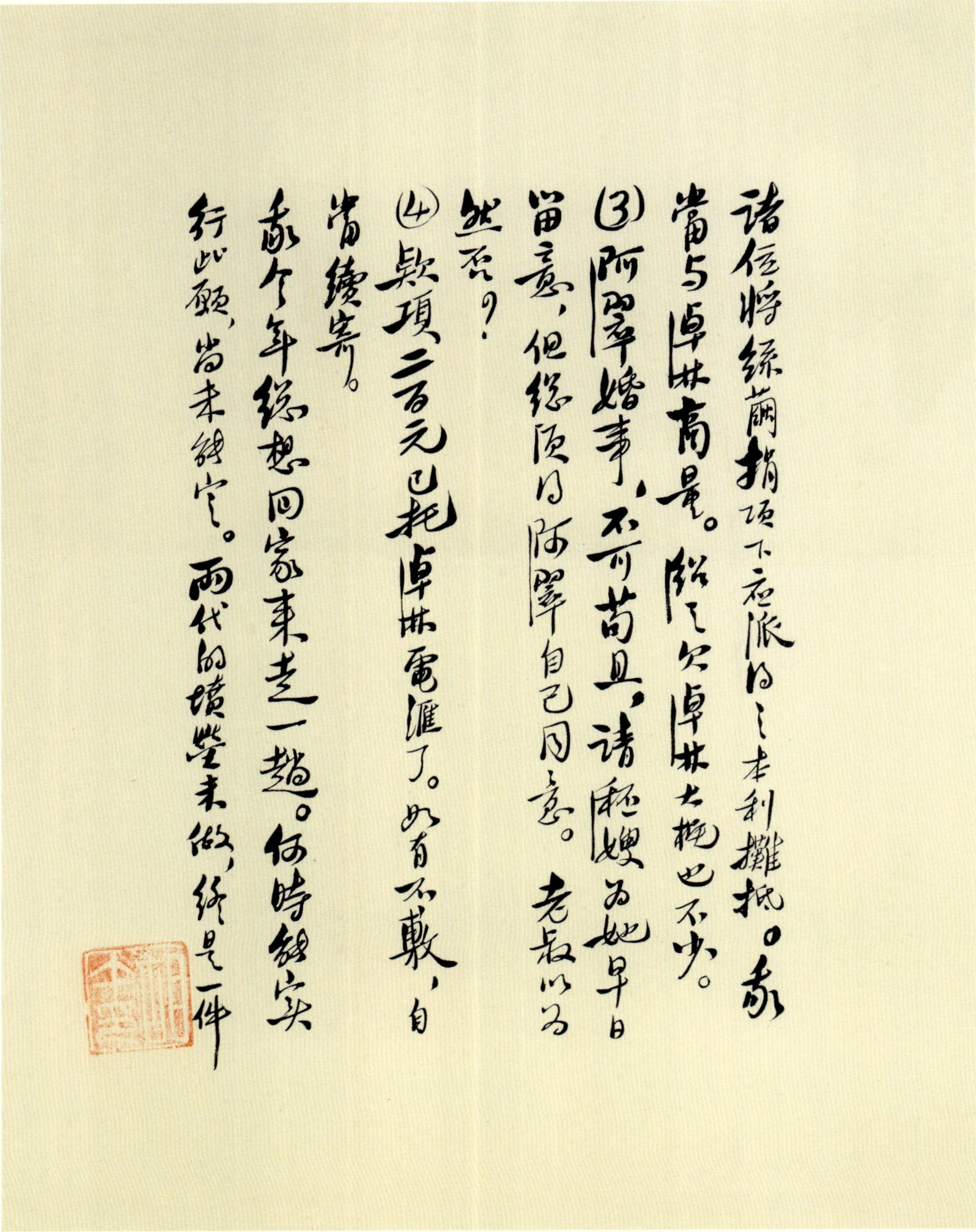

诸位将丝茧捐项下应派得之本利摊抵。我当与卓林商量。绍之欠卓林大抵也不少。(3)阿翠婚事，不可苟且，请秠嫂为她早日留意，但总须得阿翠自己同意。老叔以为然否？(4)款项二百元已托卓林电汇了。如有不敷，自当续寄。我今年总想回家来走一趟。何时能实行此愿，尚未能定。两代的坟茔未做，终是一件

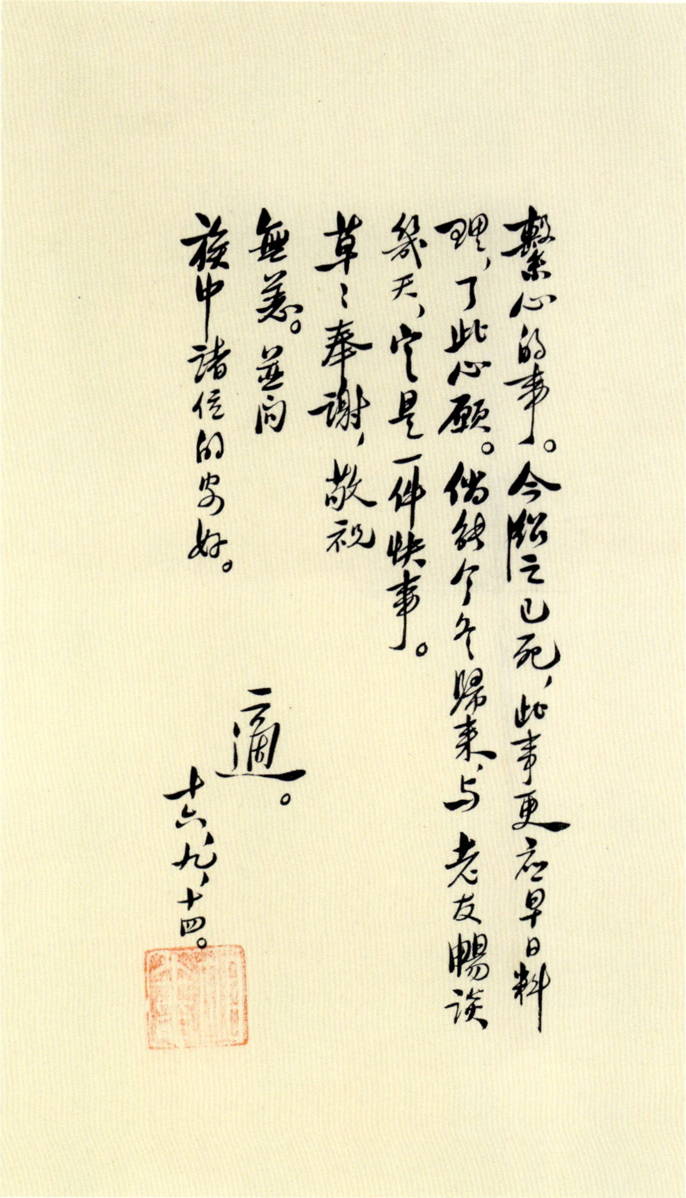

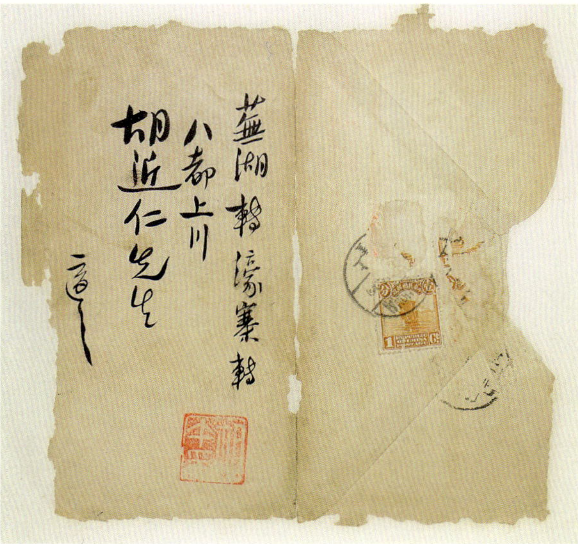

芜湖转濠寨转八都上川
胡近仁先生
适之

系心的事。今绍之已死，此事更应早日料理，了此心愿。倘能今冬归来，与老友畅谈几天，定是一件快事。草草奉谢，敬祝无恙。并向族中诸位的安好。

适

十六、九、十四

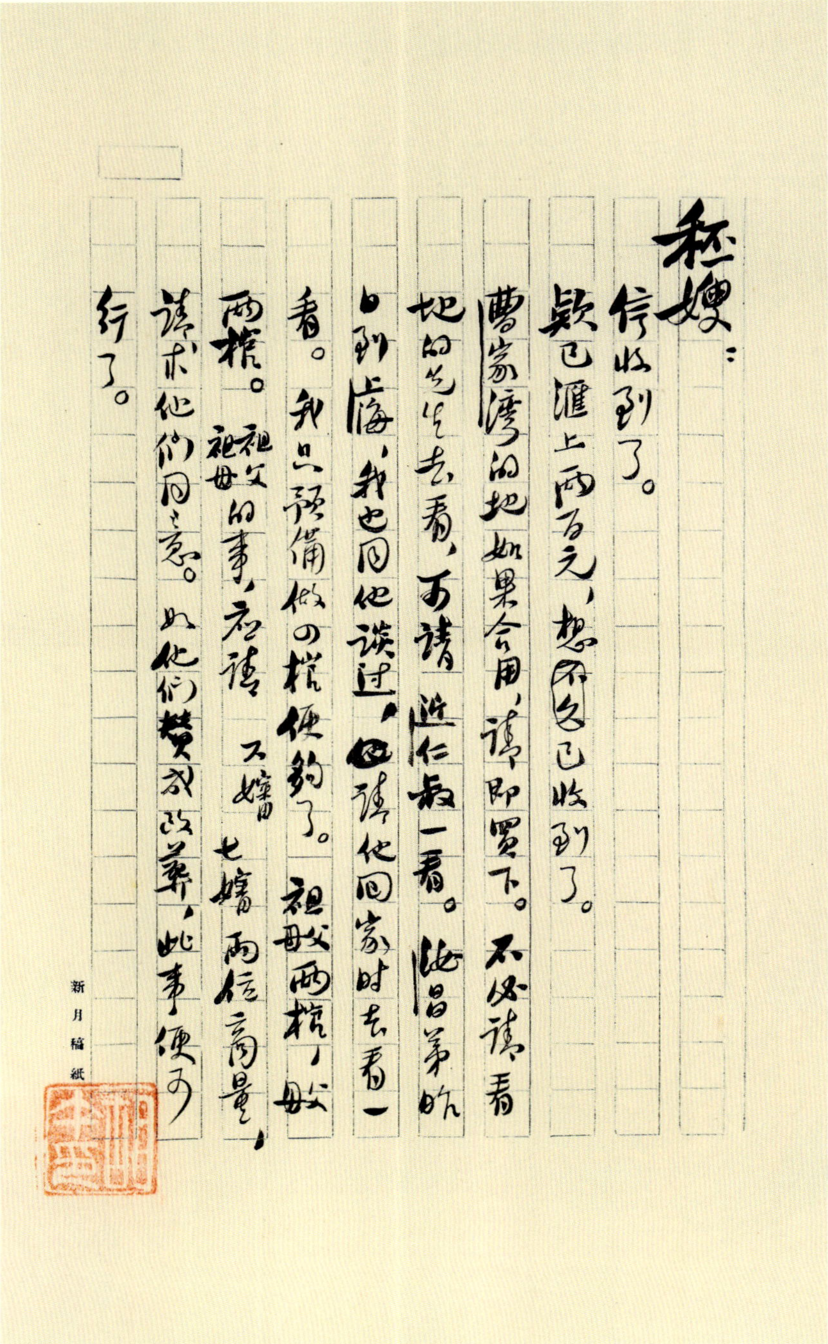

胡适致秠嫂信札（十一）

秠嫂：

信收到了。

款已汇上两百元，想已收到了。

曹家湾的地如果合用，请即买下。不必请看地的先生去看，可请近仁叔一看。汝昌弟昨日到上海，我也同他谈过，请他回家时去看一看。我只预备做四棺便够了。祖父母两棺，父母两棺。祖父祖母的事情，应请六婶七婶两位商量，请求他们同意。如他们赞成改葬，此事便可行了。

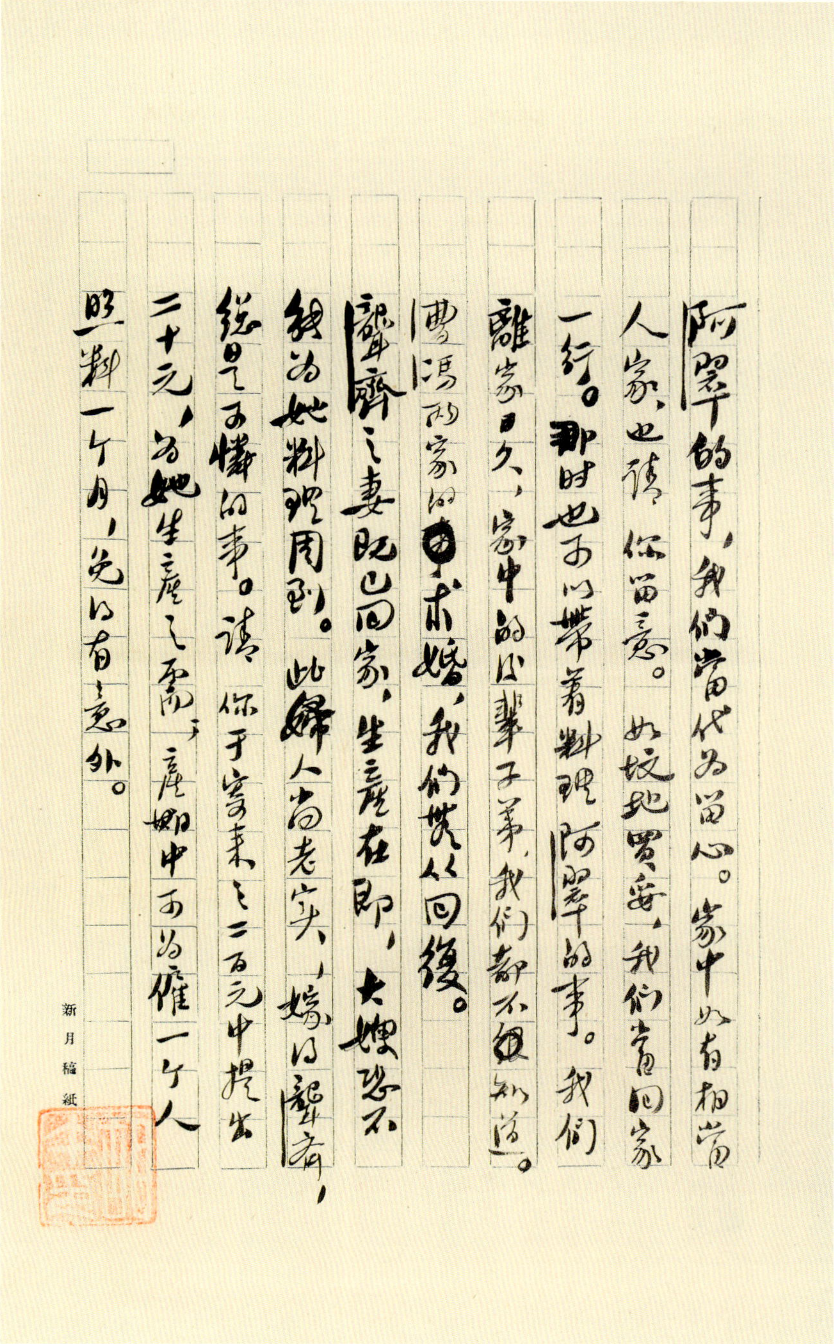

阿翠的事，我们当代为留心。家中如有相当人家，也请你留意。如坟地买妥，我们当回家一行。那时也可以带着料理阿翠的事。我们离家日久，家中的后辈子弟，我们都不知道。曹、冯两家的求婚，我们无从回复。聋齐之妻既已回家，生产在即，大嫂恐不能为她料理周到。此妇人尚老实，嫁得聋齐，总是可怜的事。请你于寄来之二百元中提出二十元，为她生产之需，产期中可为雇一个人照料一个月，免得有意外。

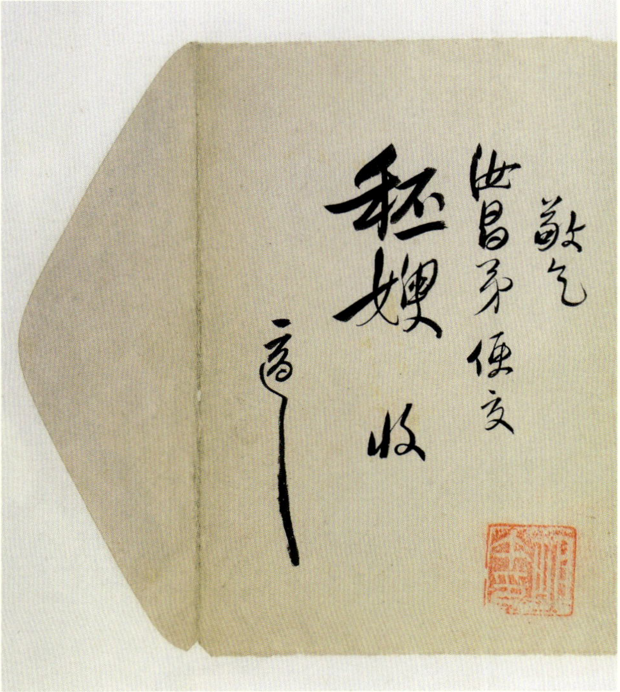

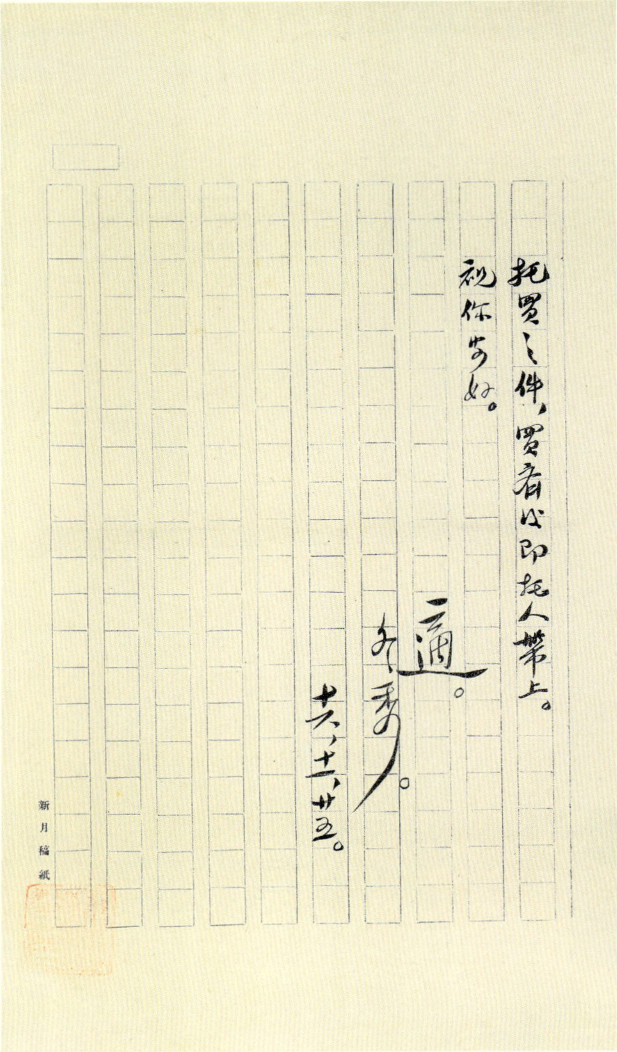

敬乞
汝昌弟便交秠嫂收
适

托买之件，买齐后即托人带上。祝你安好。
适
冬秀
十六，十一，廿五

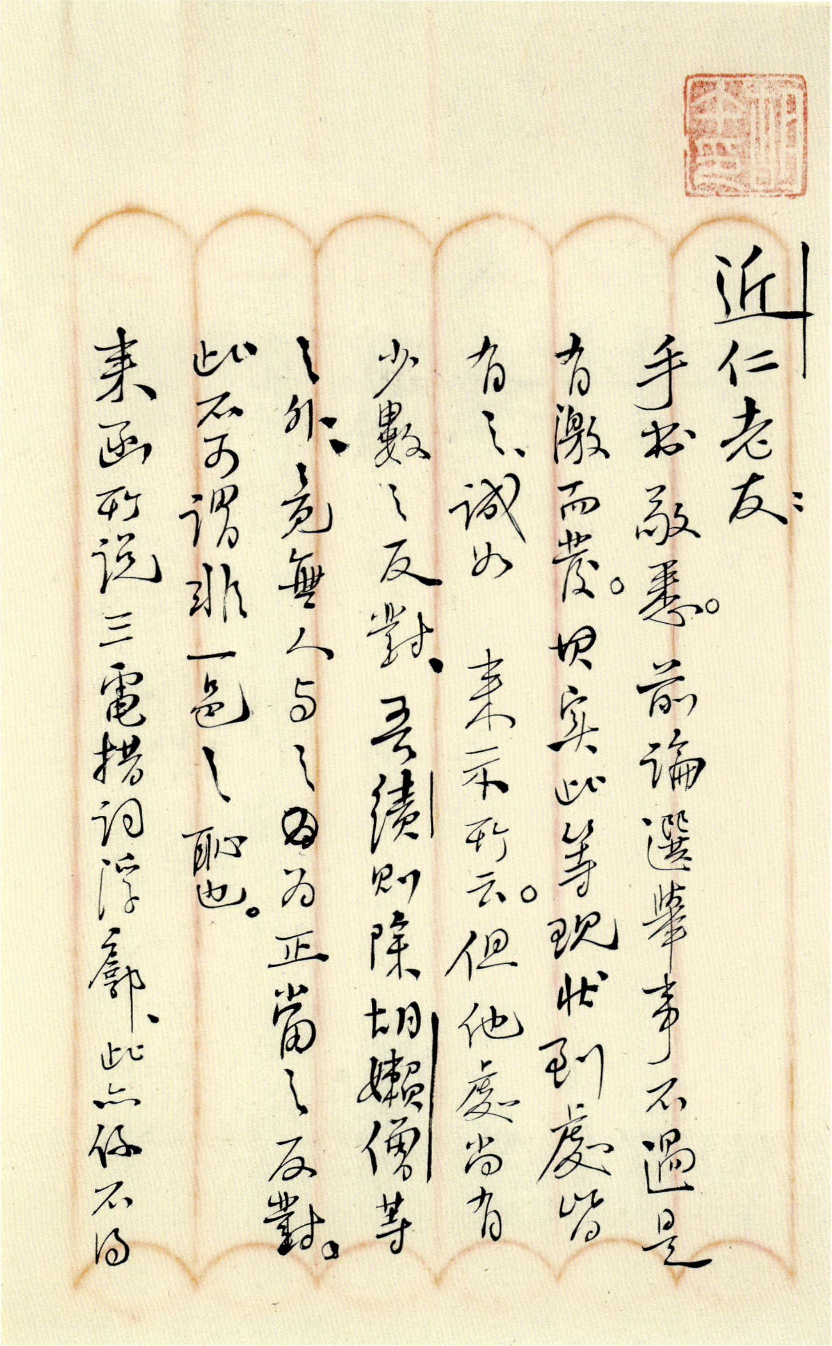
近仁老友：
手書敬悉。前論選舉事不過是有激而發。其實此等現狀到處皆有之，誠如來示所云。但他處尚有少數之反對，吾績則除胡嬾僧等之外，竟無人與之為正當之反對。此不可謂非一邑之恥也。
來函所說三電措詞浮廓，此亦係不得

胡适致胡近仁信札（十二）

近仁老友：

手书敬悉。前论选举事不过是有激而发。其实此等现状到处皆有之，诚如来示所云。但他处尚有少数之反对，吾绩则除胡嬾僧等之外，竟无人与之为正当之反对。此不可谓非一邑之耻也。

来函所说三电措辞浮廓，此亦系不得

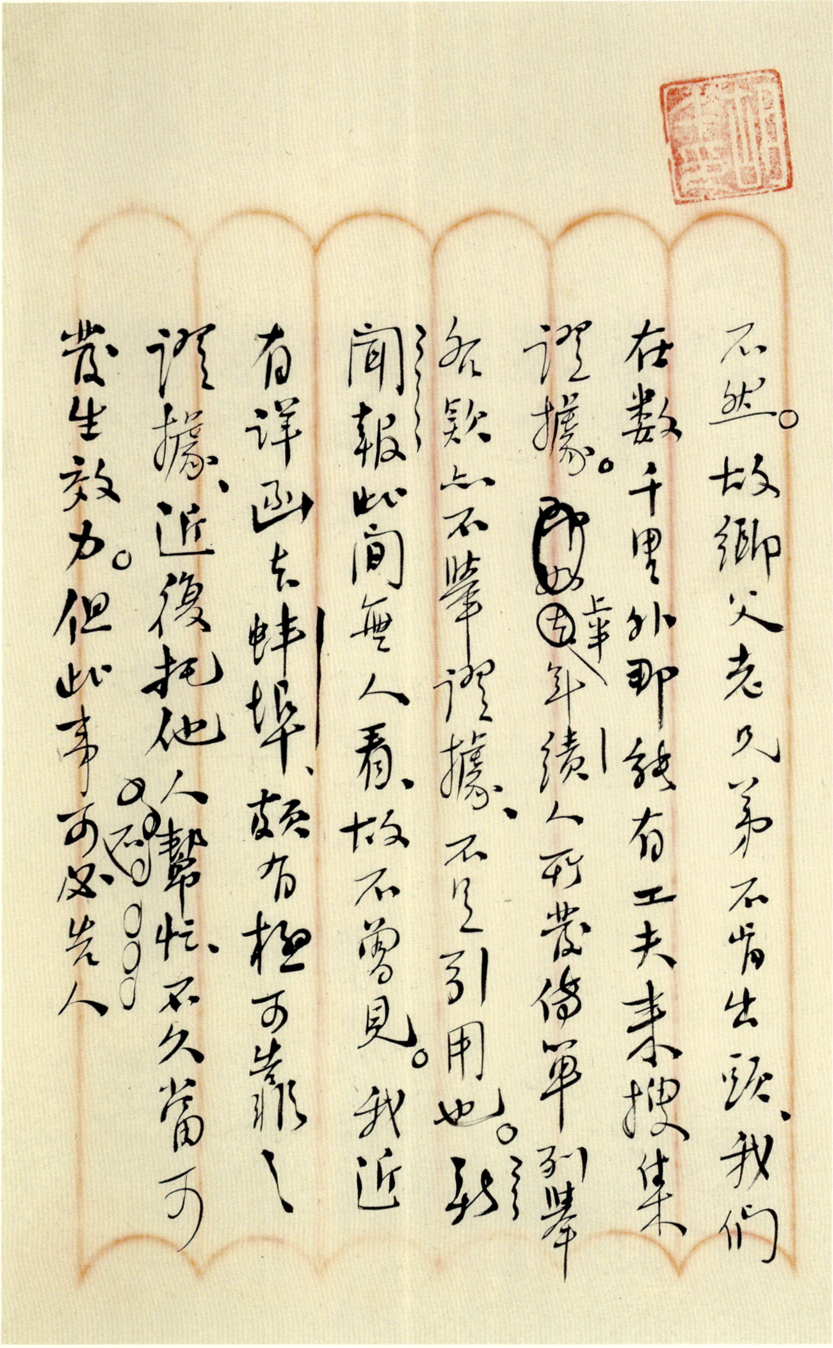
不然。故鄉父老兄弟不肯出頭，我們在數千里外，那能有工夫來搜集證據。上半年績人所發傳單，列舉各款亦不舉證據，不足引用也。新聞報此間無人看，故不曾見。我近有詳函去蚌埠，頗有極可靠之證據，近復托他人幫忙，不久當可發生效力。但此事可不必告人

不然。故乡父老兄弟不肯出头，我们在数千里外，那能有功夫来搜集证据。上半年绩人所发传单，列举各款亦不举证据，不足引用也。《新闻报》此间无人看，故不曾见。我近有详函去蚌埠，颇有极可靠之证据，近复托他人帮忙，不久当可发生效力。但此事可不必告人。

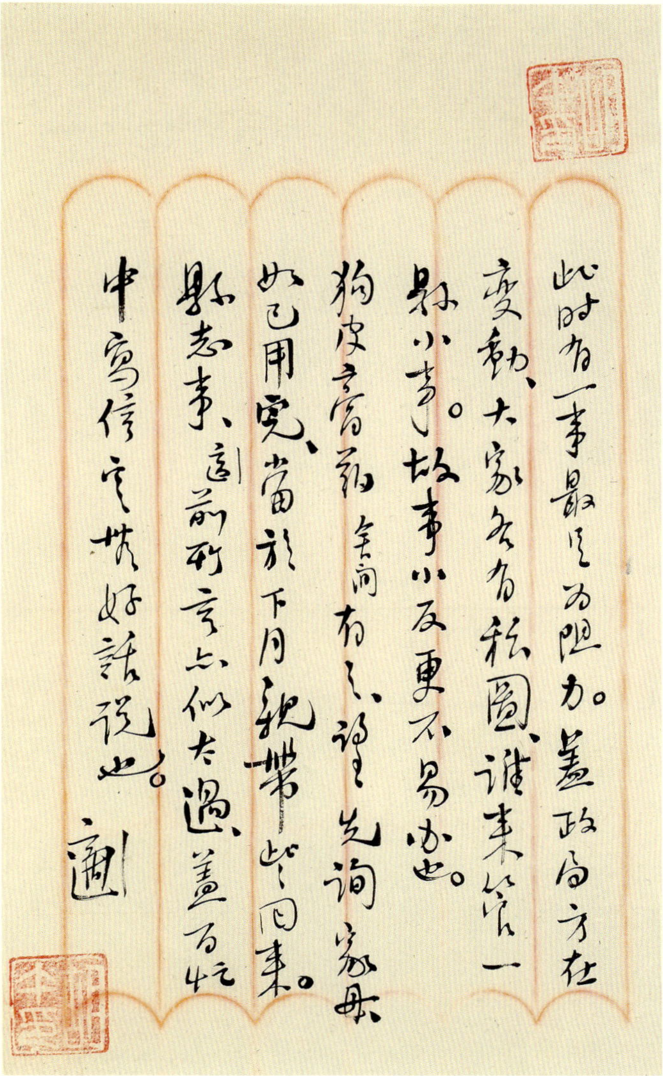
此時有一事最足為阻力。蓋政局方在變動，大家各有私圖，誰來管一縣小事。故事小反更不易辦也。狗皮膏藥舍間有之，望先詢家母，如已用完，當於下月親帶些回來。縣志事，適前所言亦似太過，蓋百忙中寫信定無好話說也。
適

Anhui　Chine
安徽绩溪县
八都上川
胡近仁先生收
适之寄

此时有一事最足为阻力。盖政局方在变动，大家各有私图，谁来管一县小事。故事小反更不易办也。狗皮膏药舍间有之，望先询家母，如已用完，当于下月亲带些回来。县志事，适前所言亦似太过，盖百忙中写信定无好话说也。

适

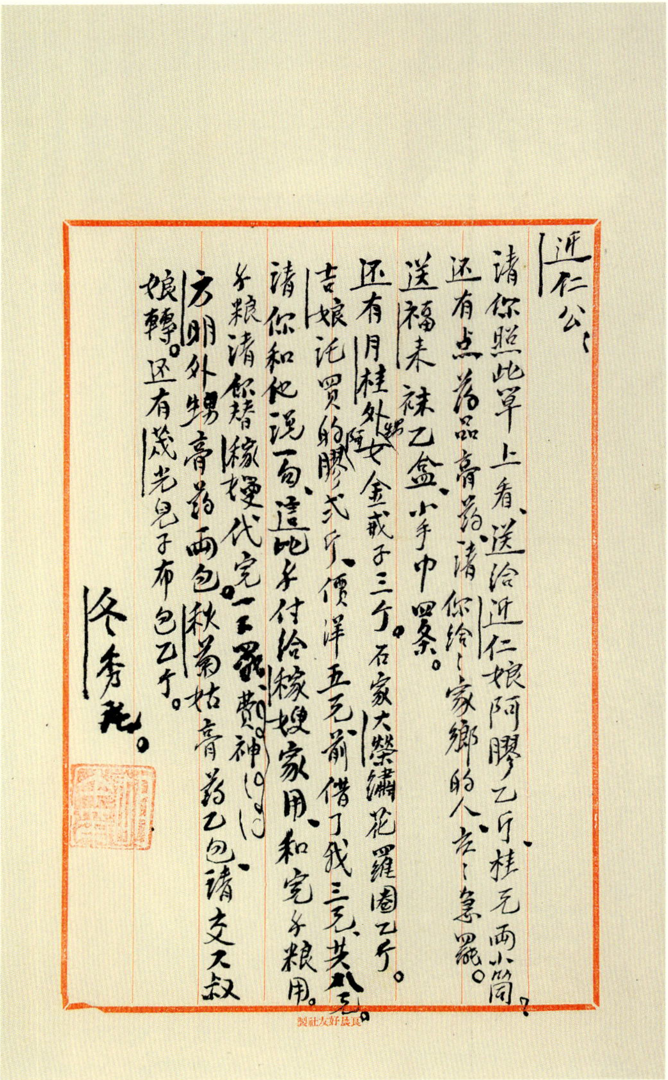

近仁公：

請你照此單上看，送給近仁娘阿膠乙斤、桂元兩小筒，还有点藥品膏藥，請你給給家鄉的人，應應急罷。送福來袜乙盒，小手巾四条。

还有月桂外甥女金戒子三个。石家大榮繡花羅圈乙个。吉娘託買的阿膠貳斤，價洋五元，前借了我三元，共八元。請你和他說一句，這比分付給稼嫂家用，和完分粮用。分粮請你替稼嫂代完一下罷，費神。方明外甥膏药兩包。秋菊姑膏药乙包，請交六叔娘轉。还有茂光兒子布包乙个。

冬秀託。

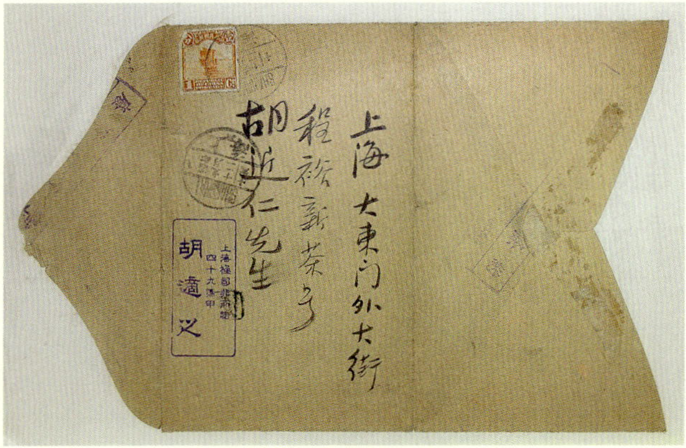

上海大东门外大街程裕新茶号
胡近仁先生

附：江冬秀致胡近仁信札

近仁公：

请你照此单上看，送给近仁娘阿胶乙斤，桂元两小筒，还有点药品膏药，请你给给家乡的人，应应急罢。送福来袜乙盒，小手巾四条。

还有月桂外甥女金戒子三个。石家大荣绣花罗圈乙个。吉娘託买的阿胶贰斤，价洋五元，前借了我三元，共八元。请你和他说一句，这比分付给稼嫂家用，和完分粮用。分粮请你替稼嫂代完一下罢，费神。方明外甥膏药两包。秋菊姑膏药乙包，请交六叔娘转。还有茂光儿子布包乙个。

冬秀託。

谭泽闿家书

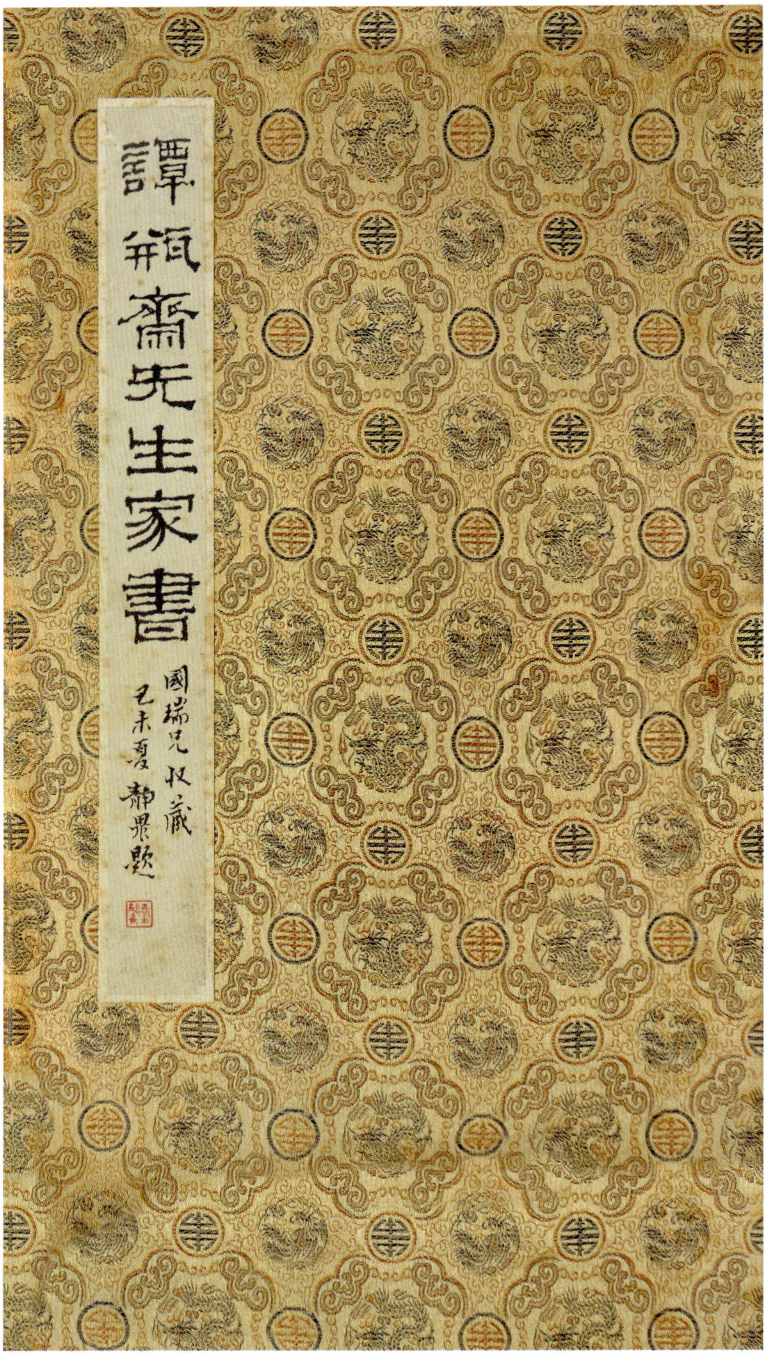

谭瓶斋先生家书

国瑞兄收藏。己未夏静农题。

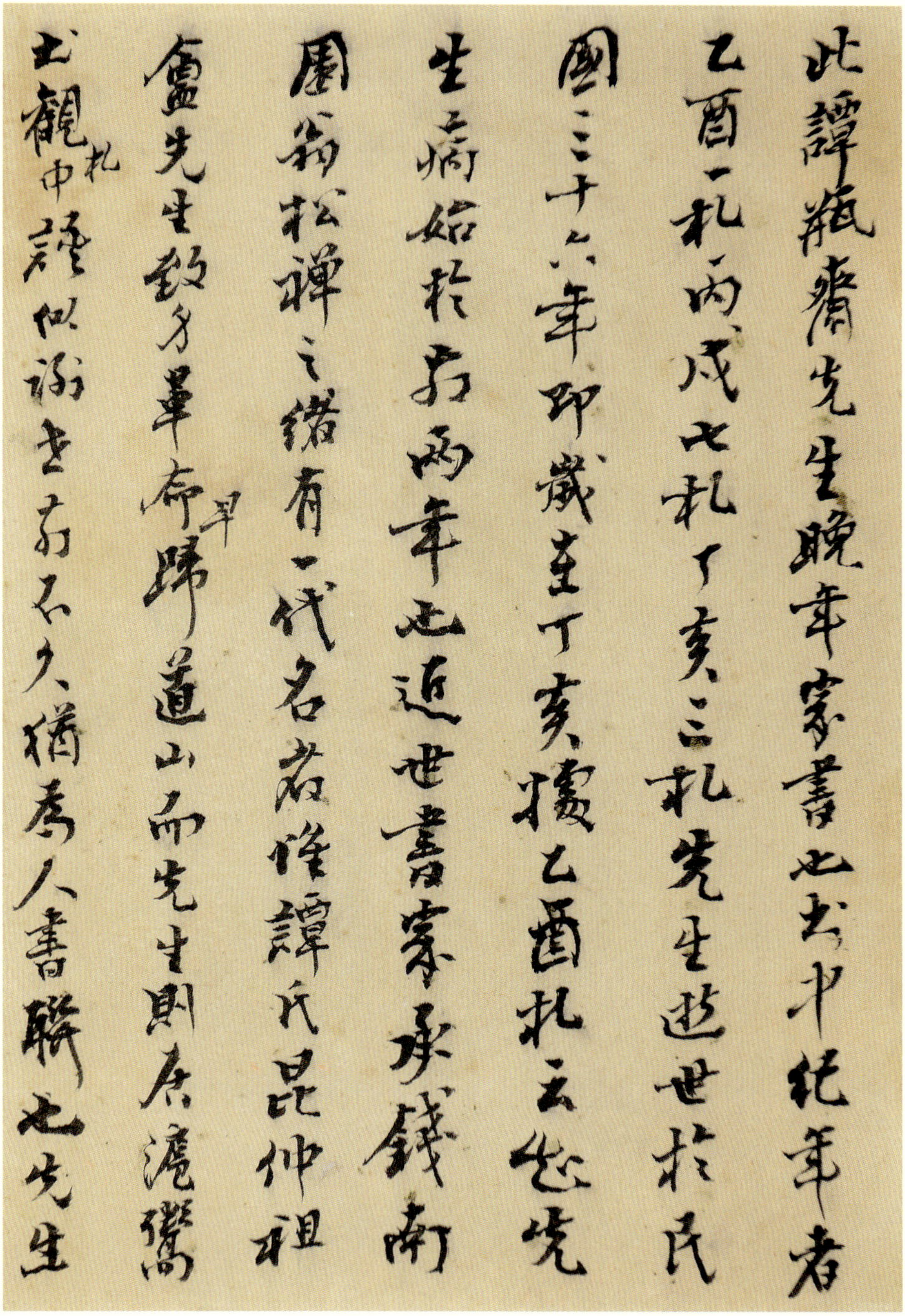
此譚瓶齋先生晚年家書也書中紀年者乙酉一札丙戌七札丁亥三札先生逝世於民國三十六年即歲在丁亥據乙酉札云知先生病始於前兩年也近世書家承錢南園翁松禪之緒有一代名者惟譚氏昆仲祖盦先生致身革命早歸道山而先生則居滬鬻書觀札中語似謝世前不久猶為人書聯也先生

此谭瓶斋先生晚年家书也。书中纪年者乙酉一札、丙戌七札、丁亥三札。先生逝世于民国三十六年，即岁在丁亥。据乙酉札云，知先生病始于前两年也。近世书家承钱南园、翁松禅之绪，有一代名者惟谭氏昆仲。祖盦先生致身革命，早归道山，而先生则居沪鬻书。观札中语，似谢世前不久犹为人书联也。先生

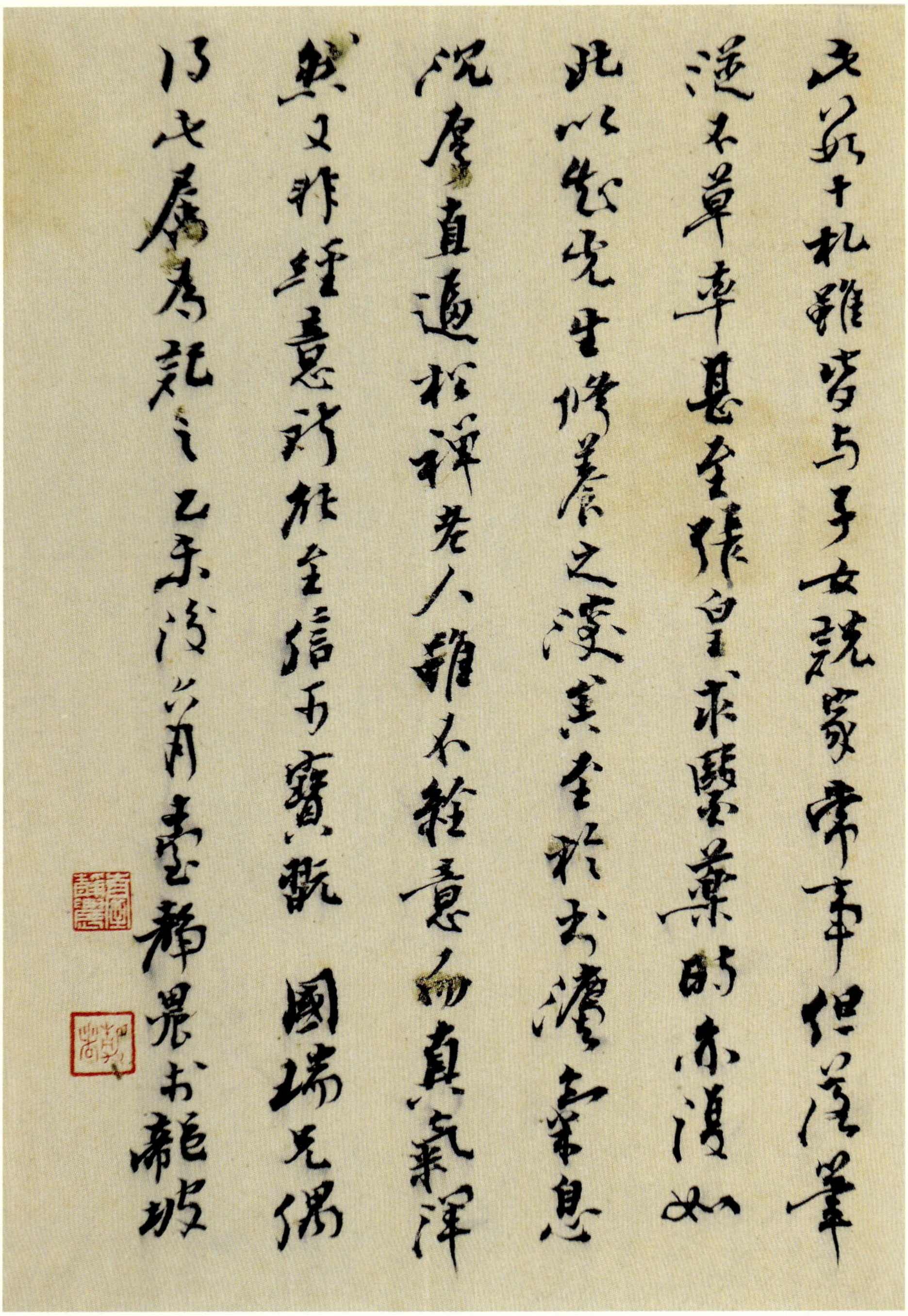

此数十札虽皆与子女说家常事，但落笔从不草率，甚至张皇求医药时亦复如此。以知先生修养之深矣。至于书法气息沉厚直逼松禅老人，虽不经意而真气浑然，又非经意所能至，信可宝玩。国瑞兄偶得此，属为记之。

乙未后六月台静农于龙坡

（钤印：台静农、静者）

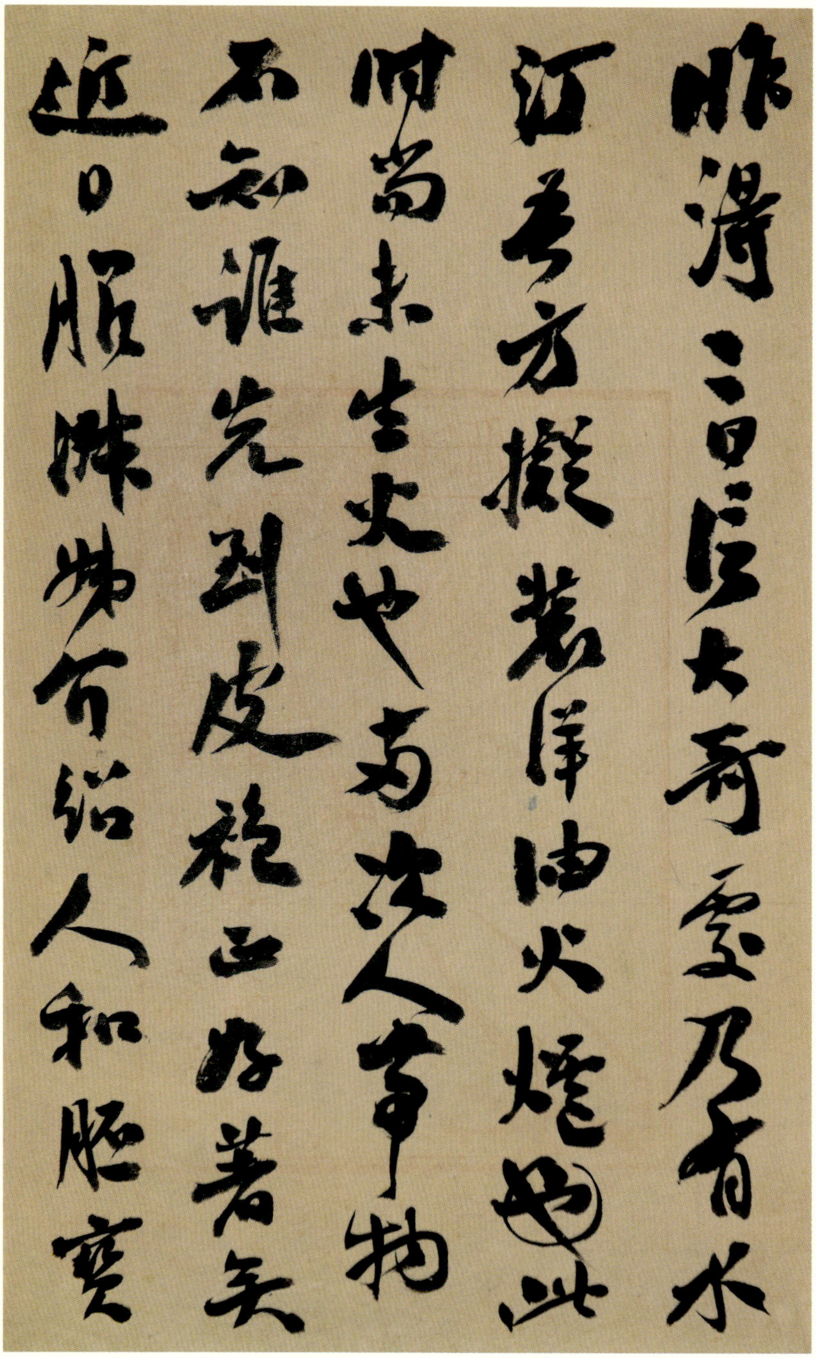

1-1

昨得二日信。大哥处乃有水汀。吾方拟装洋油火炉，此时尚未生火也。两次人带物，不知谁先到，皮袍正好著矣。近日服淑姊介绍人和胚宝，

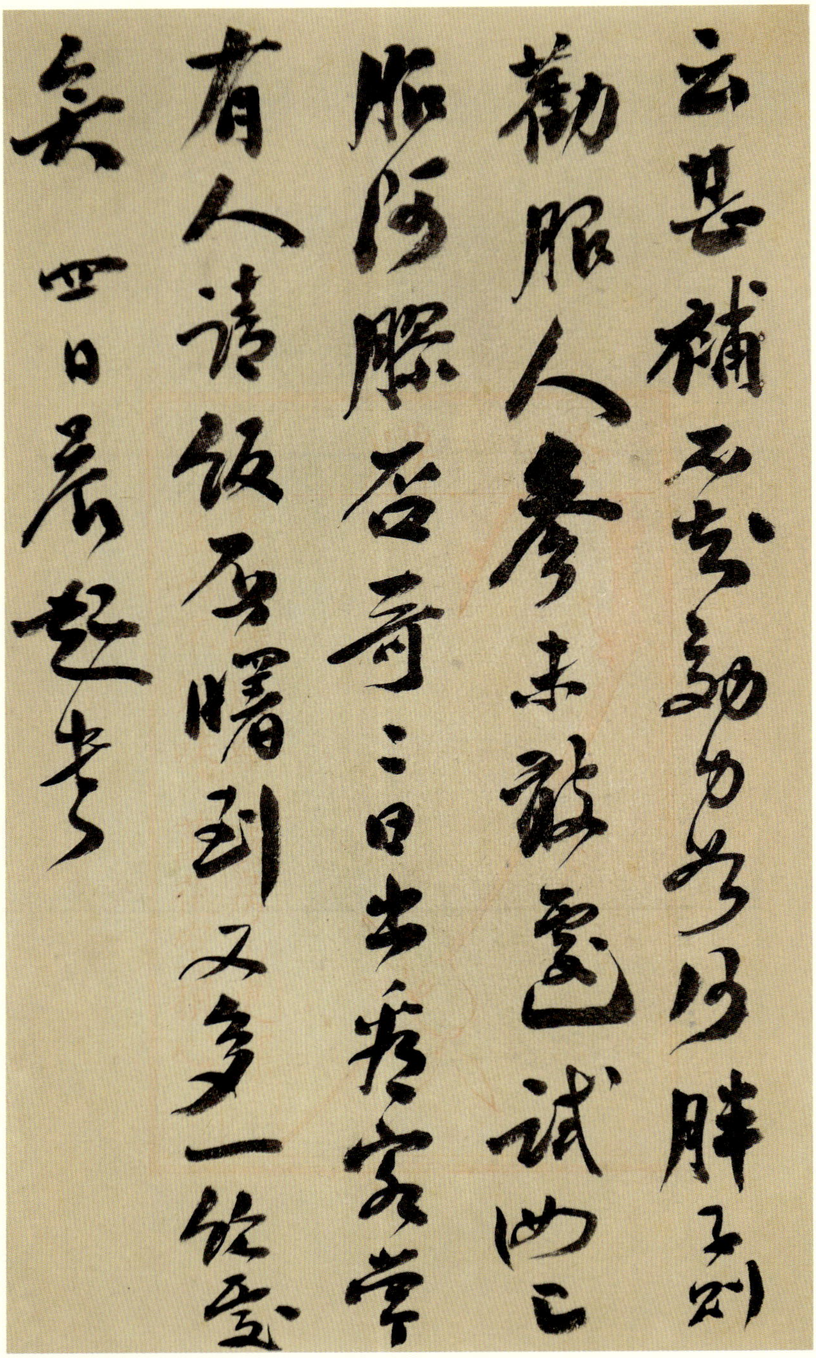

1-2

云甚补，不知效力如何。胖子则劝服人参，未敢遽试。汝已服阿胶否？哥哥日出看客，常有人请饭否？曙到又多一饮处矣。

四日晨起书。

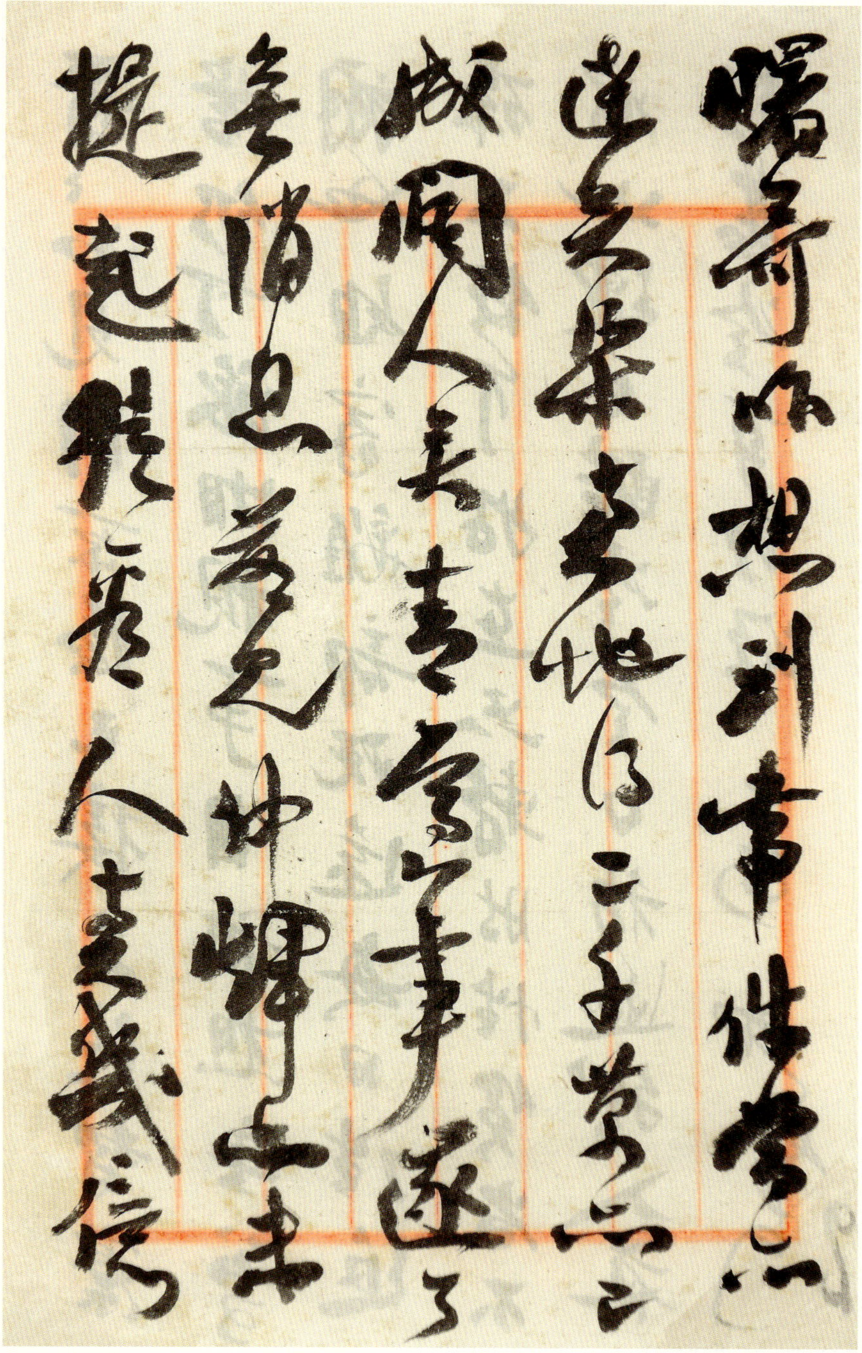

2-1

曙哥昨想到，带件当亦达矣。渠卖地得二千万，亦已成阔人矣。青岛事遂了无消息，数见仲辉亦未提起。徒看人卖几亿

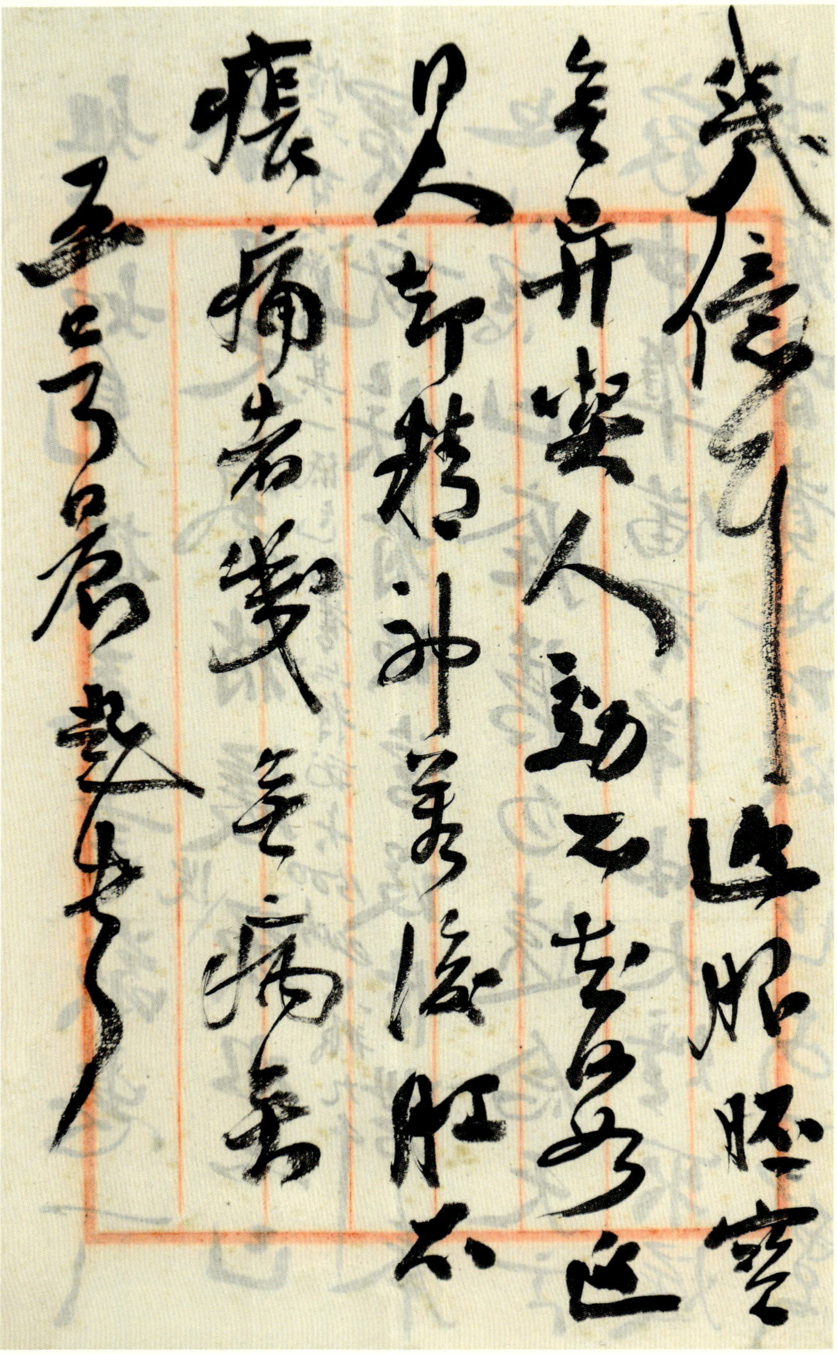

2–2

几亿耳。近服胚宝，无异吃人，效不知何如。近日人却精神。若后肛不痕痛者，几无病矣。

五号晨起书

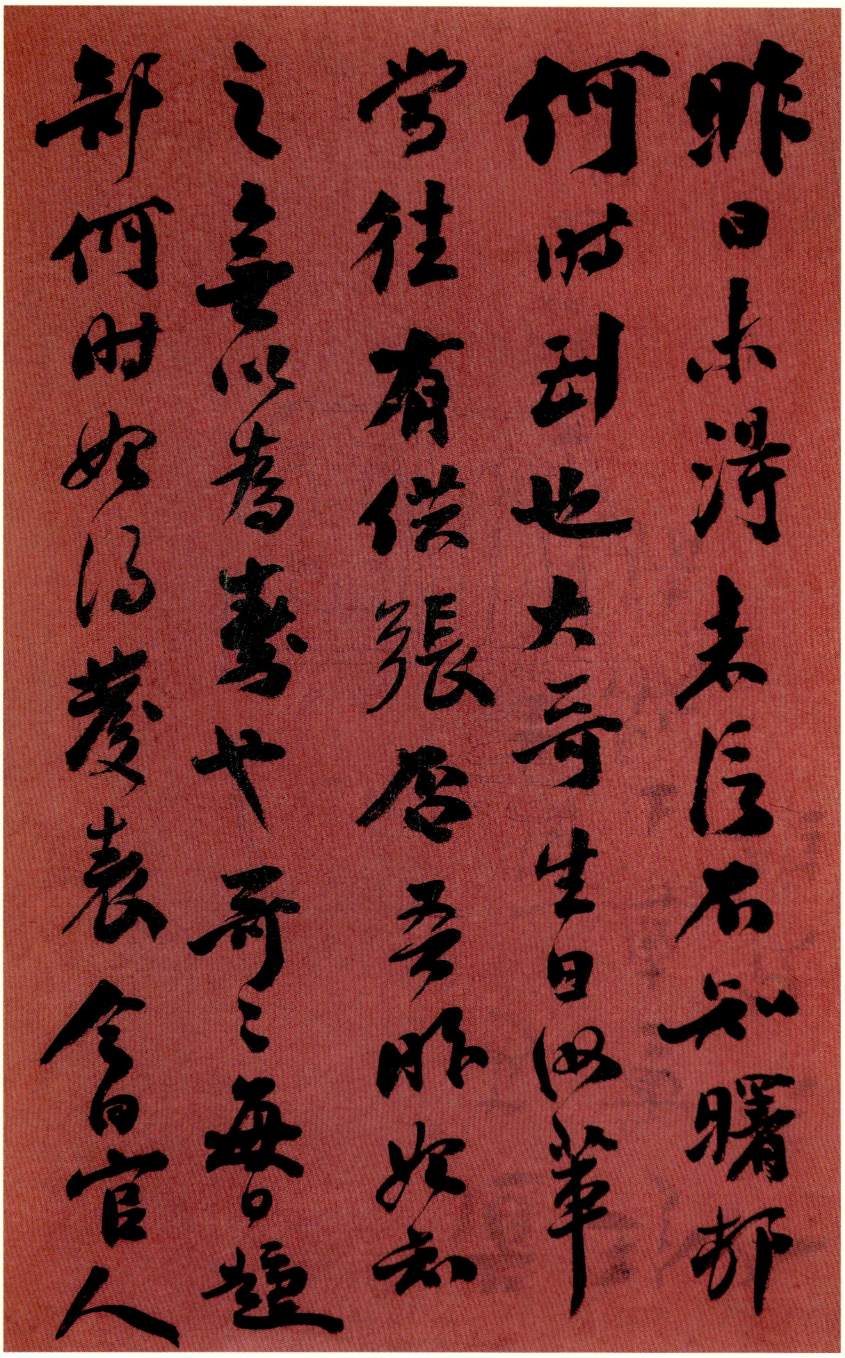

3–1

昨日未得来信，不知曙郇何时到也。大哥生日，汝辈当往。有供张否？吾昨始知之，无以为寿也。哥哥每日趋部，何时始得发表。今日官人

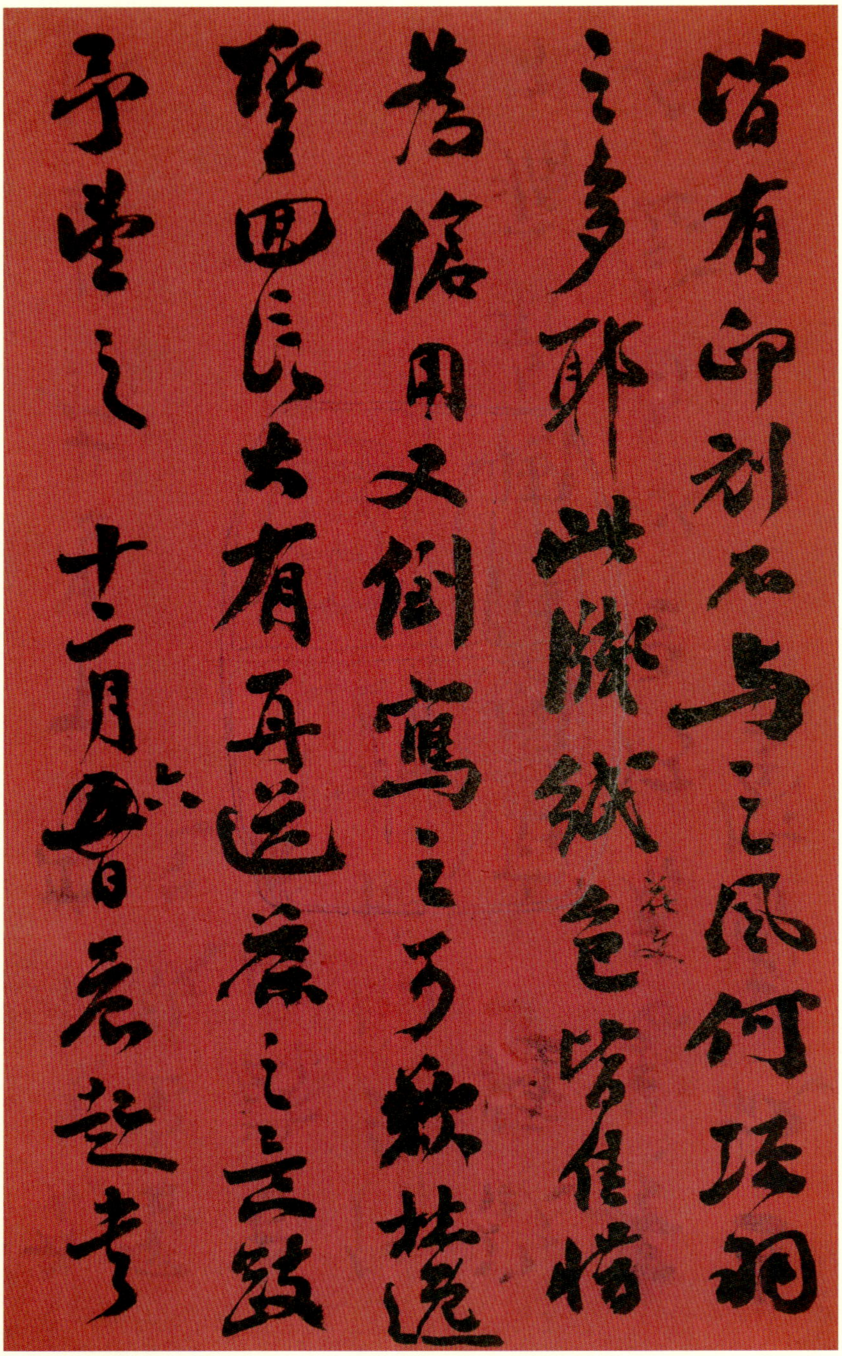

3-2

皆有印刓不与之风，何项羽之多耶？此牋纸色（花文）皆佳。惜为伧用，又倒写之，可叹。林逸圣回信大有再送茶之意，跂予望之。

十二月六日晨起书

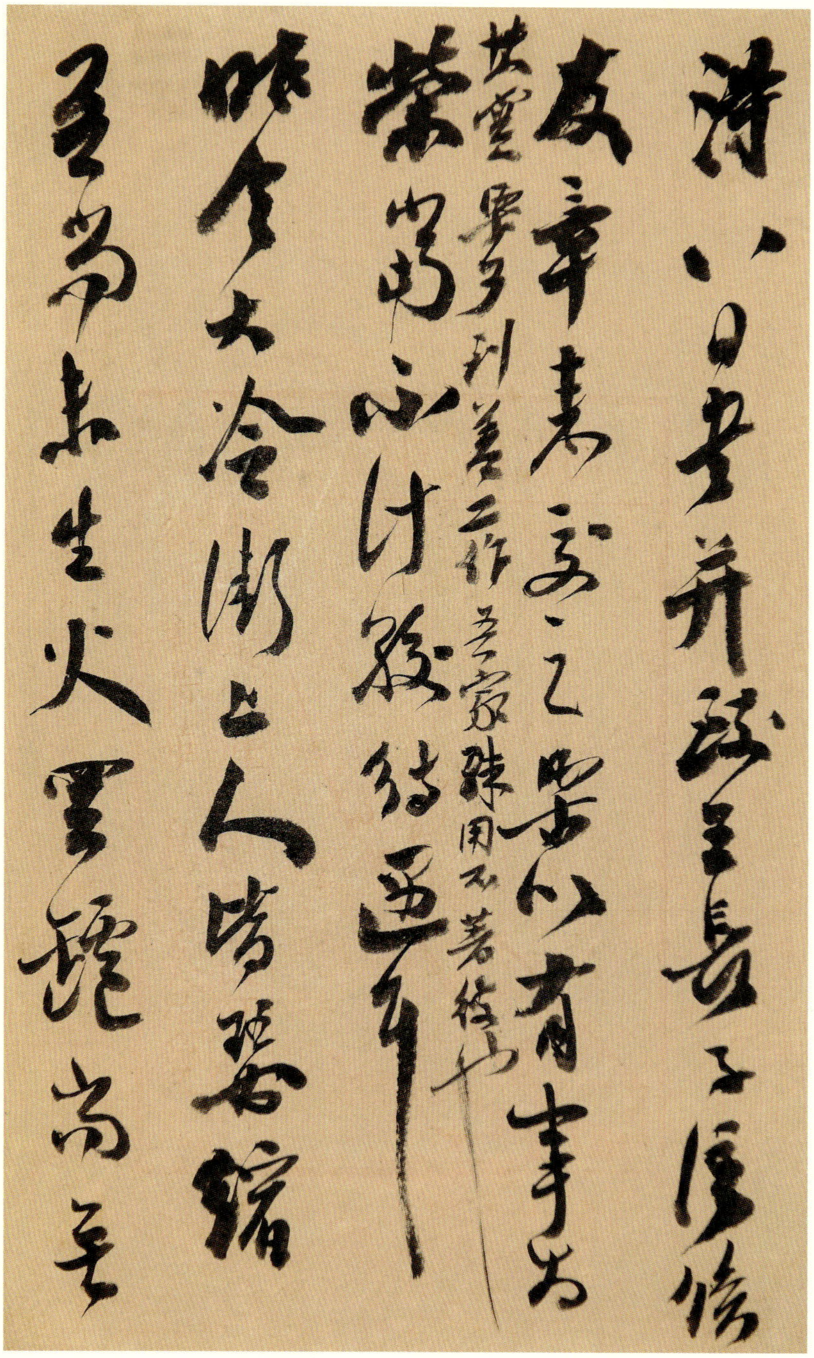

4-1

得八日书并致王长子信，俟友章来交之。渠以有事为荣（其实渠可到差工作。吾家殊用不著彼也），当不计较待遇耳。昨今大冷，街上人皆瑟缩。吾尚未生火，买鑪尚无

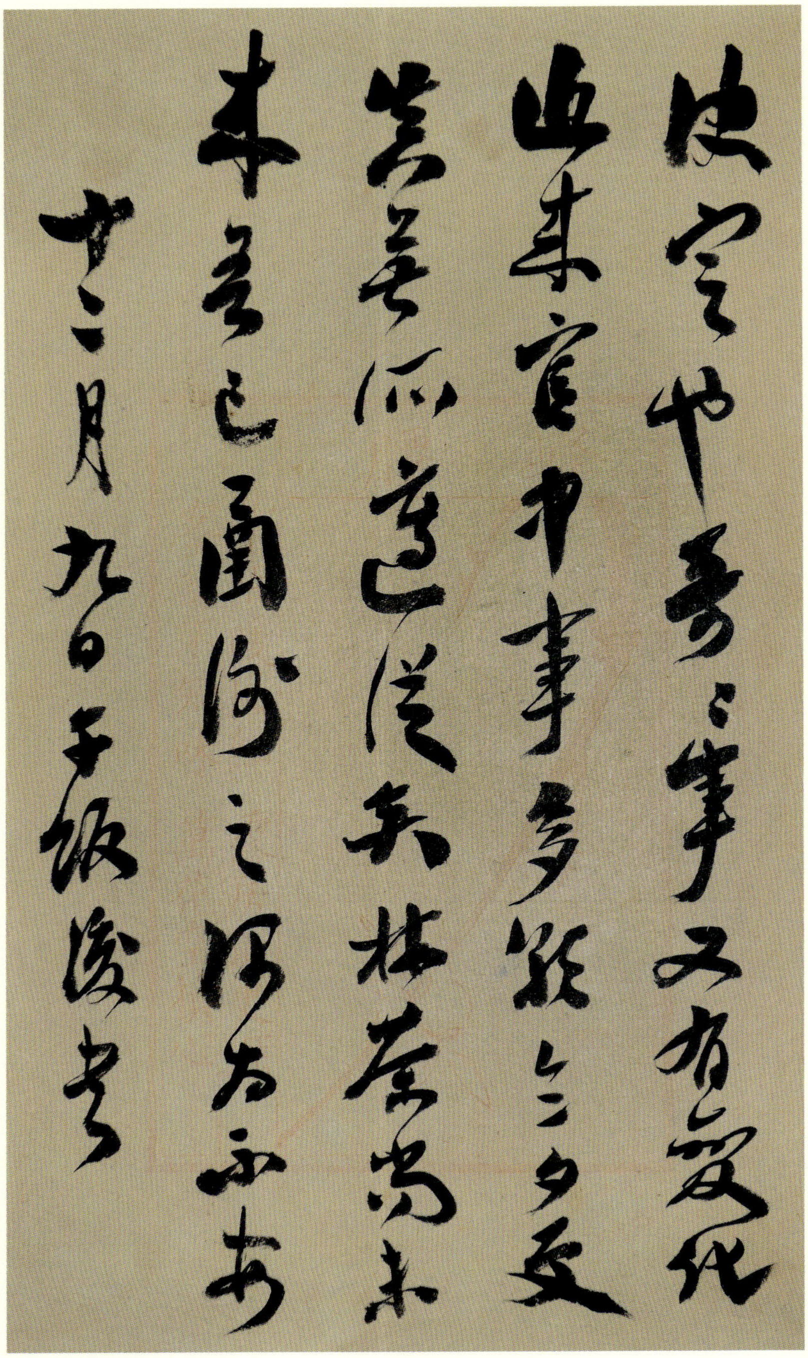

4-2

决定也。哥哥事又有变化。近来官中事多，朝令夕更，真无所适从矣。林茶尚未来，吾已函谢之，深为不安。

十二月九日午饭后书

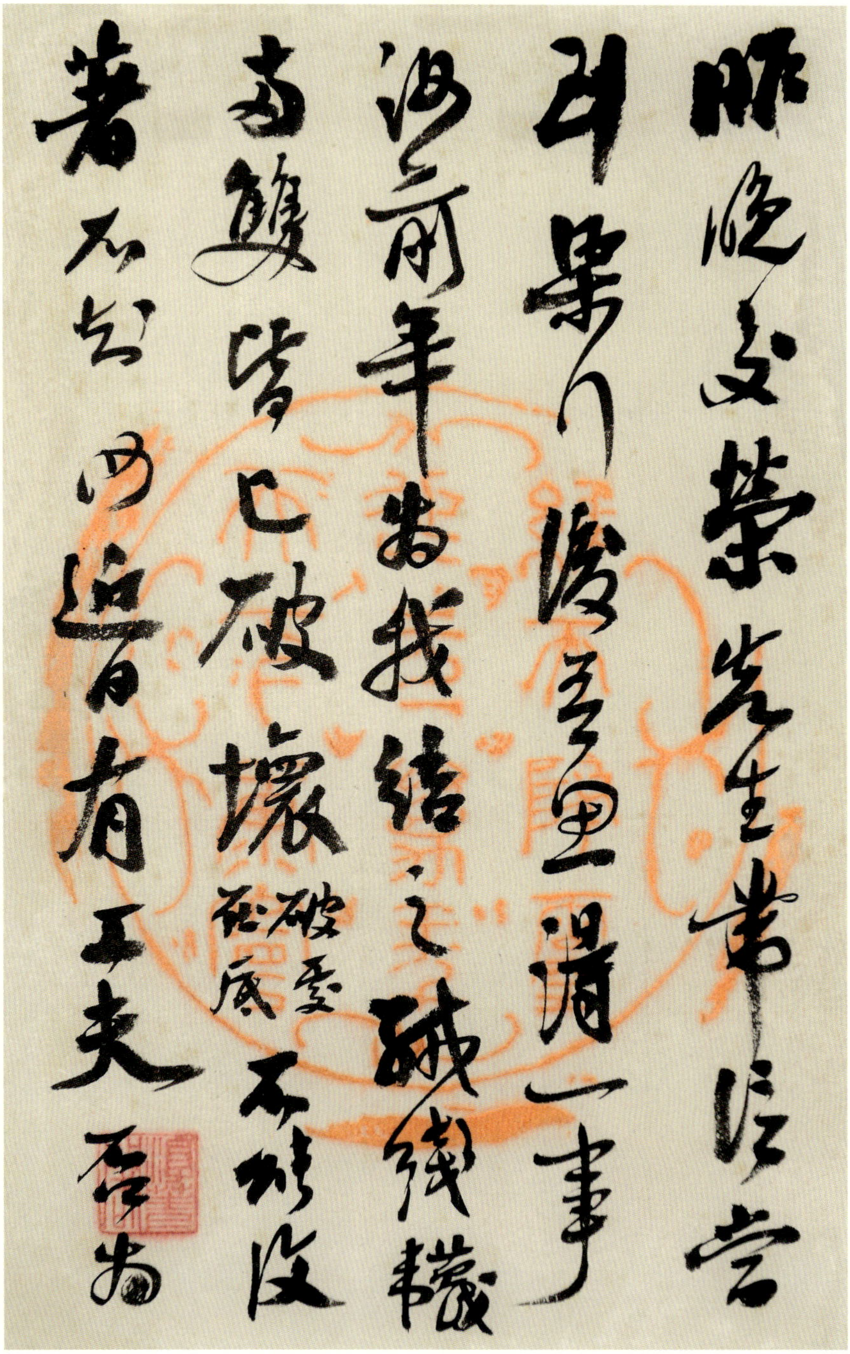

5-1

昨晚交荣先生带信当到。渠行后，吾思得一事。汝前年为我结之绒线袜两双皆已破坏（破处在底），不能复著。不知汝近日有工夫否？为

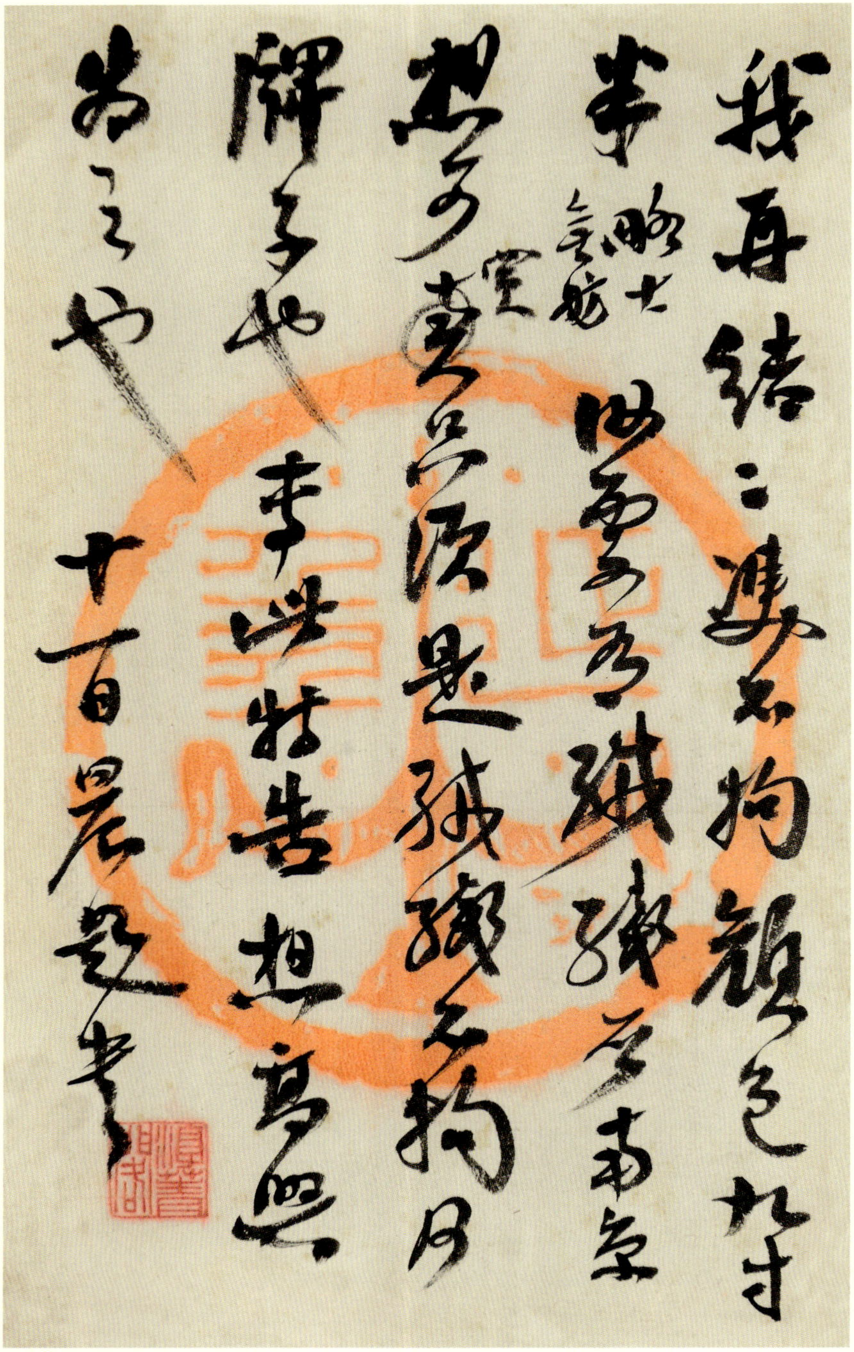

5-2

我再结二双。不拘颜色，九寸半（略大无妨）。汝处有绒线否？南京想可买。只须是绒线，不拘何牌子也。专此特告。想高兴为之也。

十一日晨起书

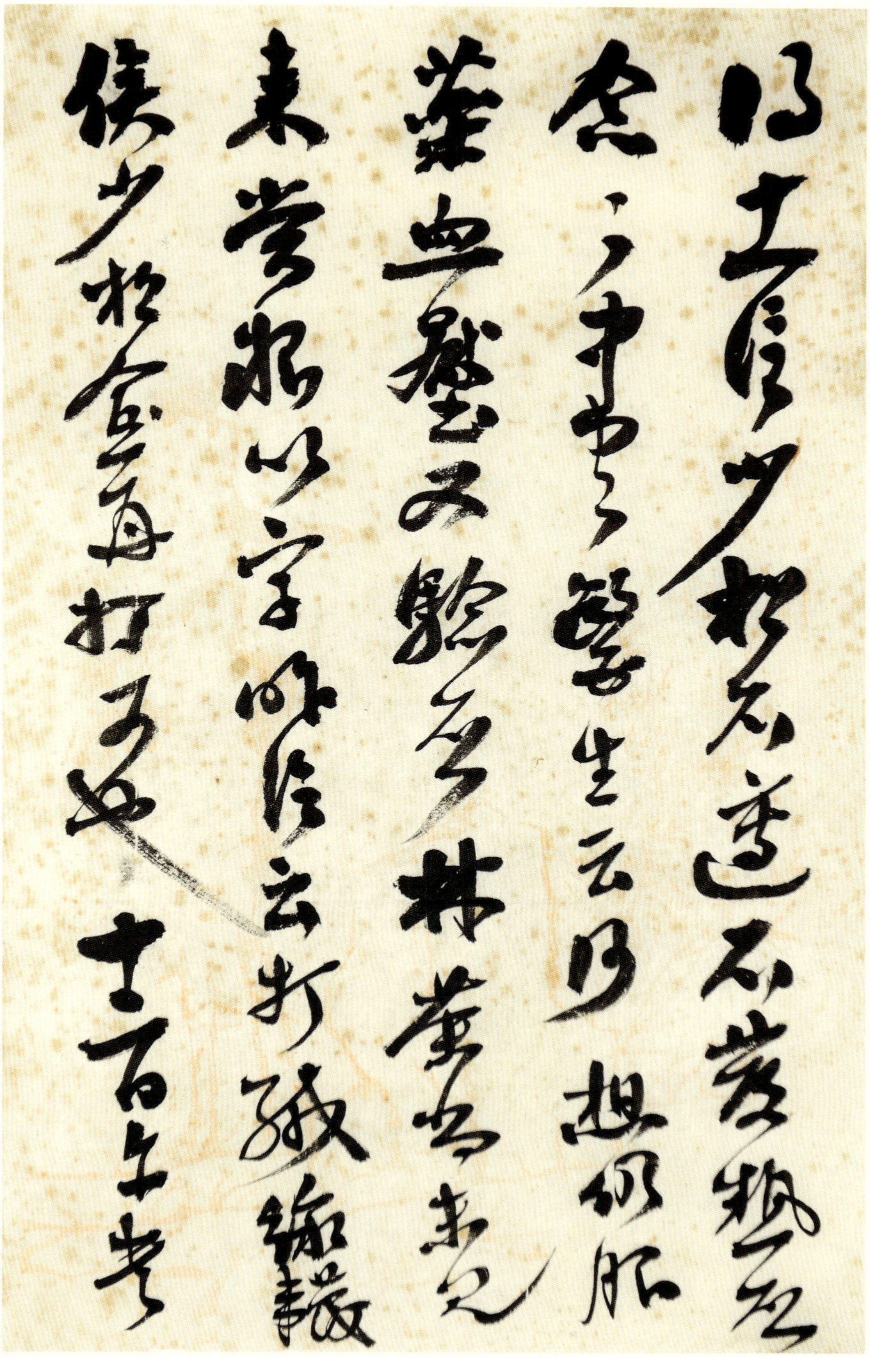

6

得十一信，少松不适。不发热否？念念。中□医生云何？想仍服药。血压又验否？林茶尚未见来，尝报以字。昨信云打绒线袜，俟少松愈再打可也。

十二日午书

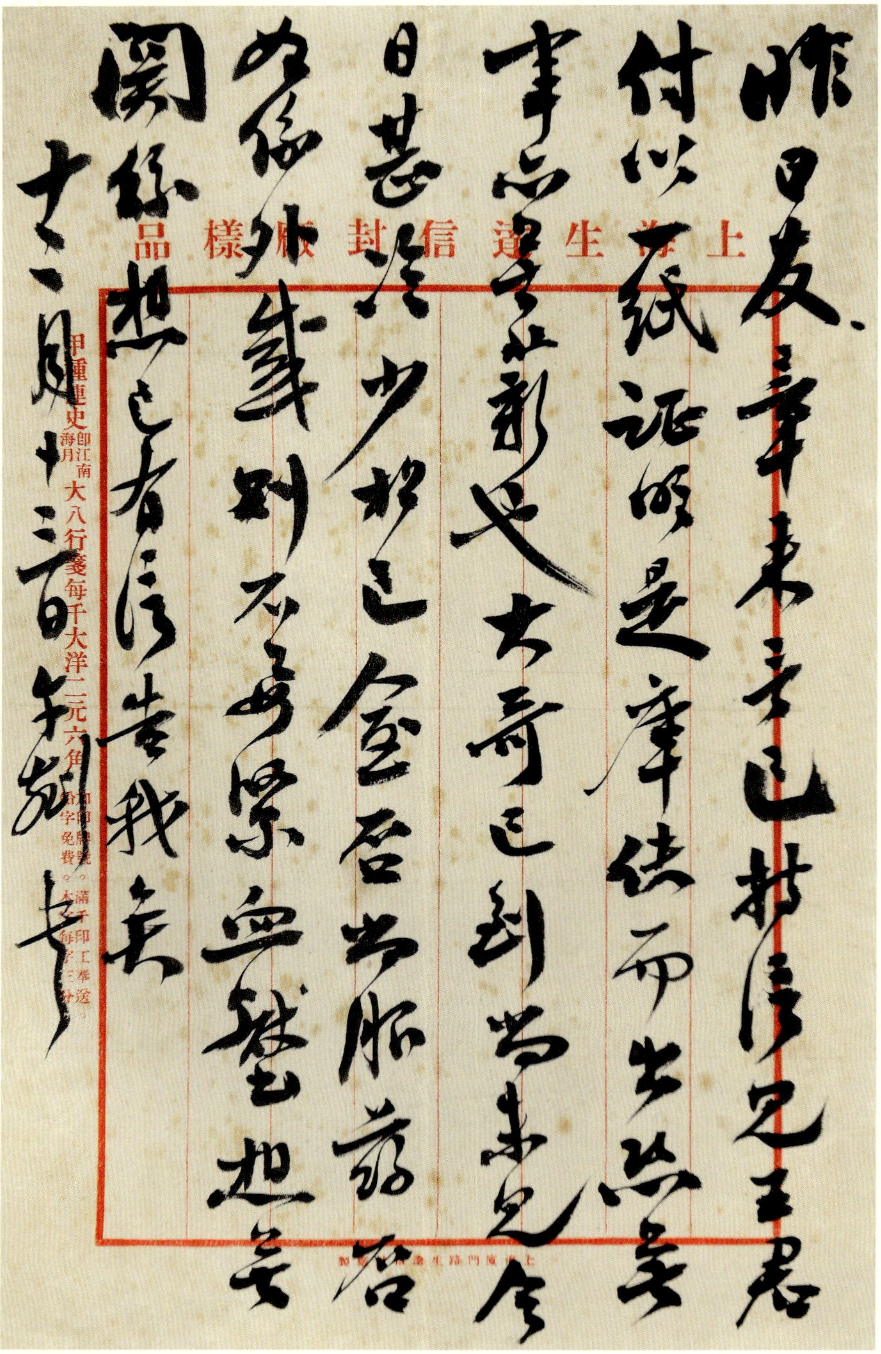

7

昨日友章来，言已持信见王君。付以一纸，证明是库伕而出，恐无事亦无薪也。大哥已到，尚未见。今日甚冷。少松已愈否？尚服药否？如系外感则不要紧。血压想无关系。想已有信告我矣。

十二月十三日午刻书

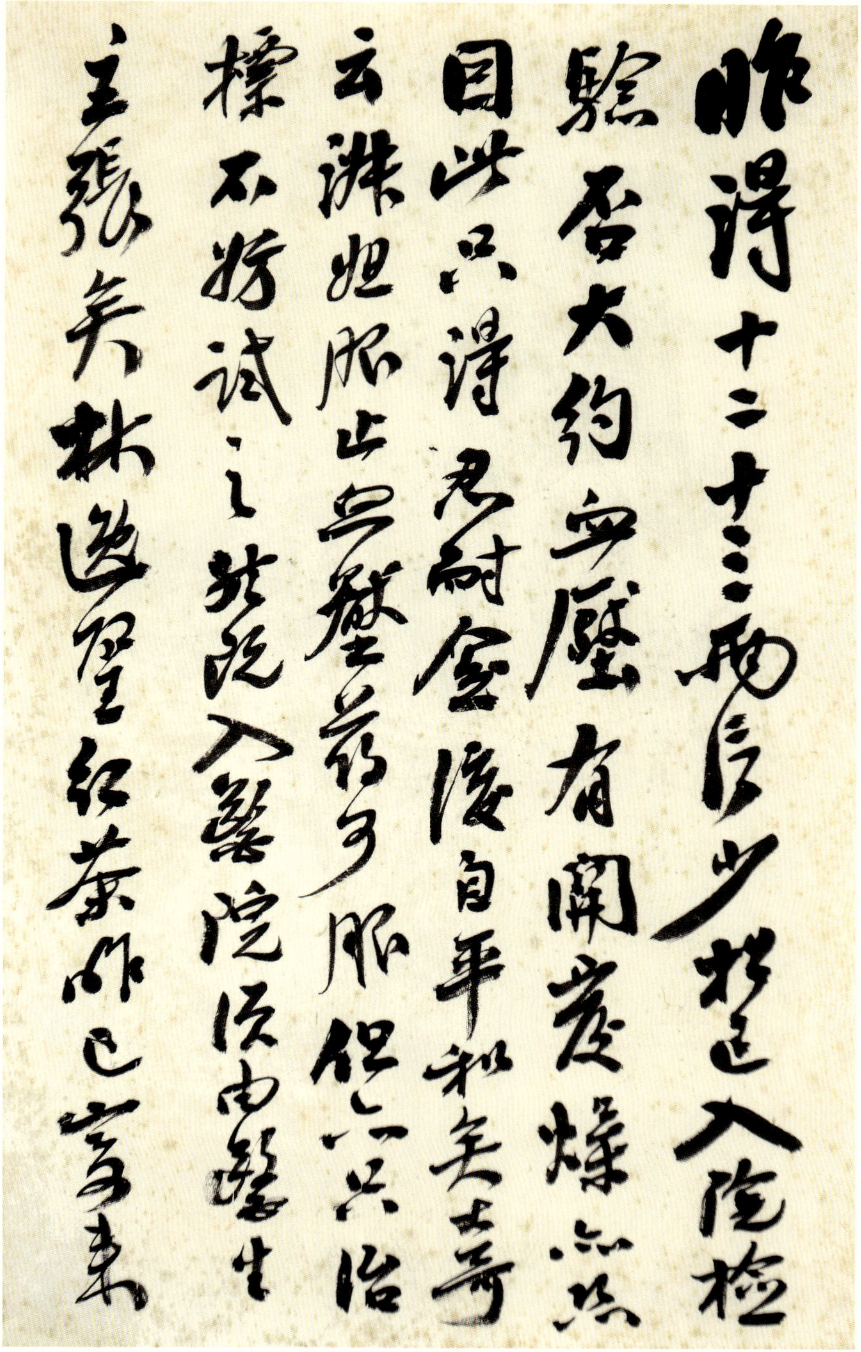

8-1

昨得十二、十三两信。少松已入院检验否？大约血压有关发燥，亦恐因此只得忍耐，愈后自平和矣。大哥云淑姐服止血压药，可服，但亦只治标，不妨试之。然既入医院，须由医生主张矣。林逸圣红茶昨已寄来

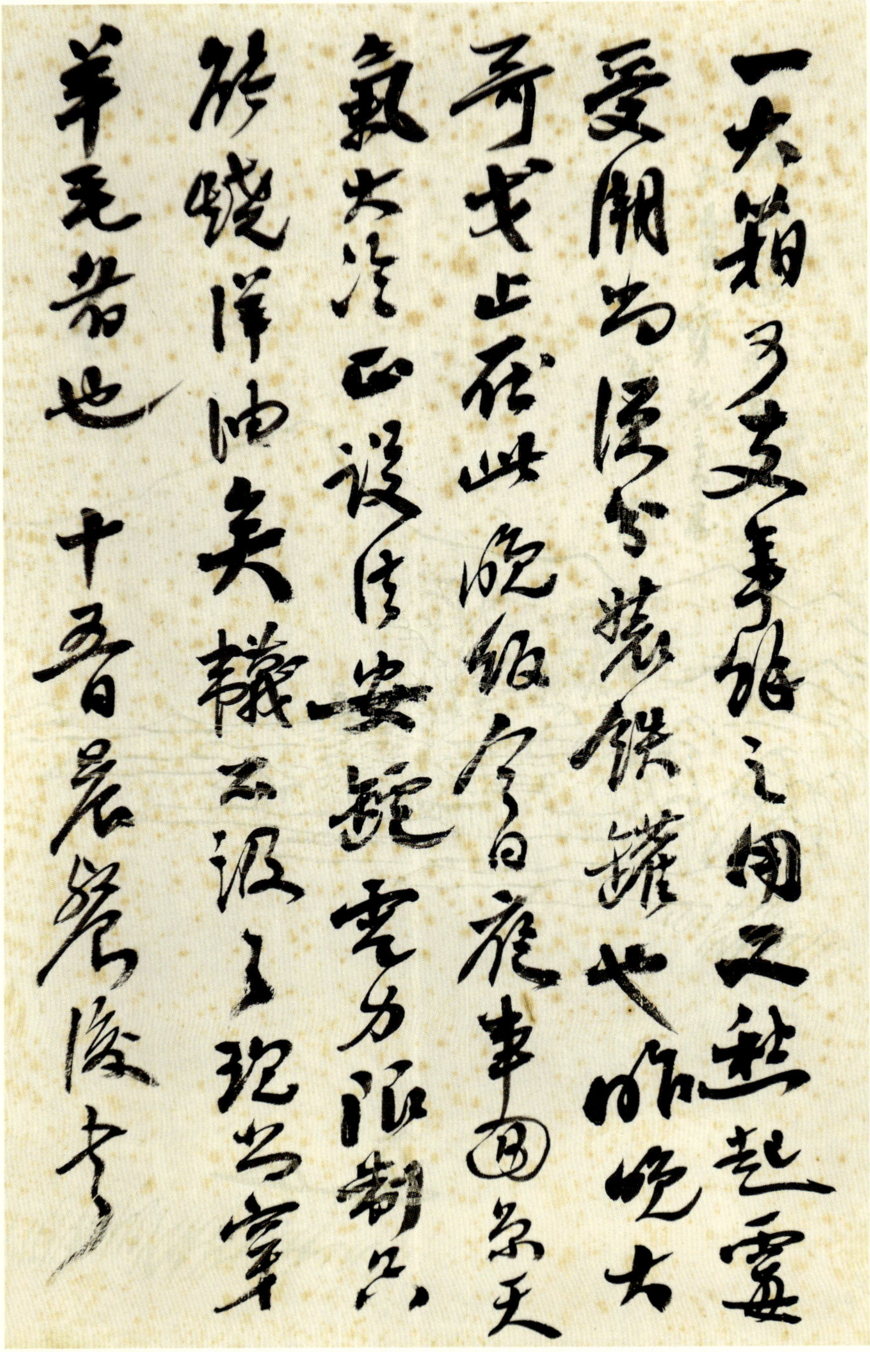

8-2

一大箱，可支年馀之用，又愁起霉受潮，尚须分装铁罐也。昨晚大哥戈止在此晚饭，今日夜车回京。天气大冷，正设法安罏。电力限制，只能烧洋油矣。袜不敨了，现尚穿羊毛者也。

十五日晨餐后

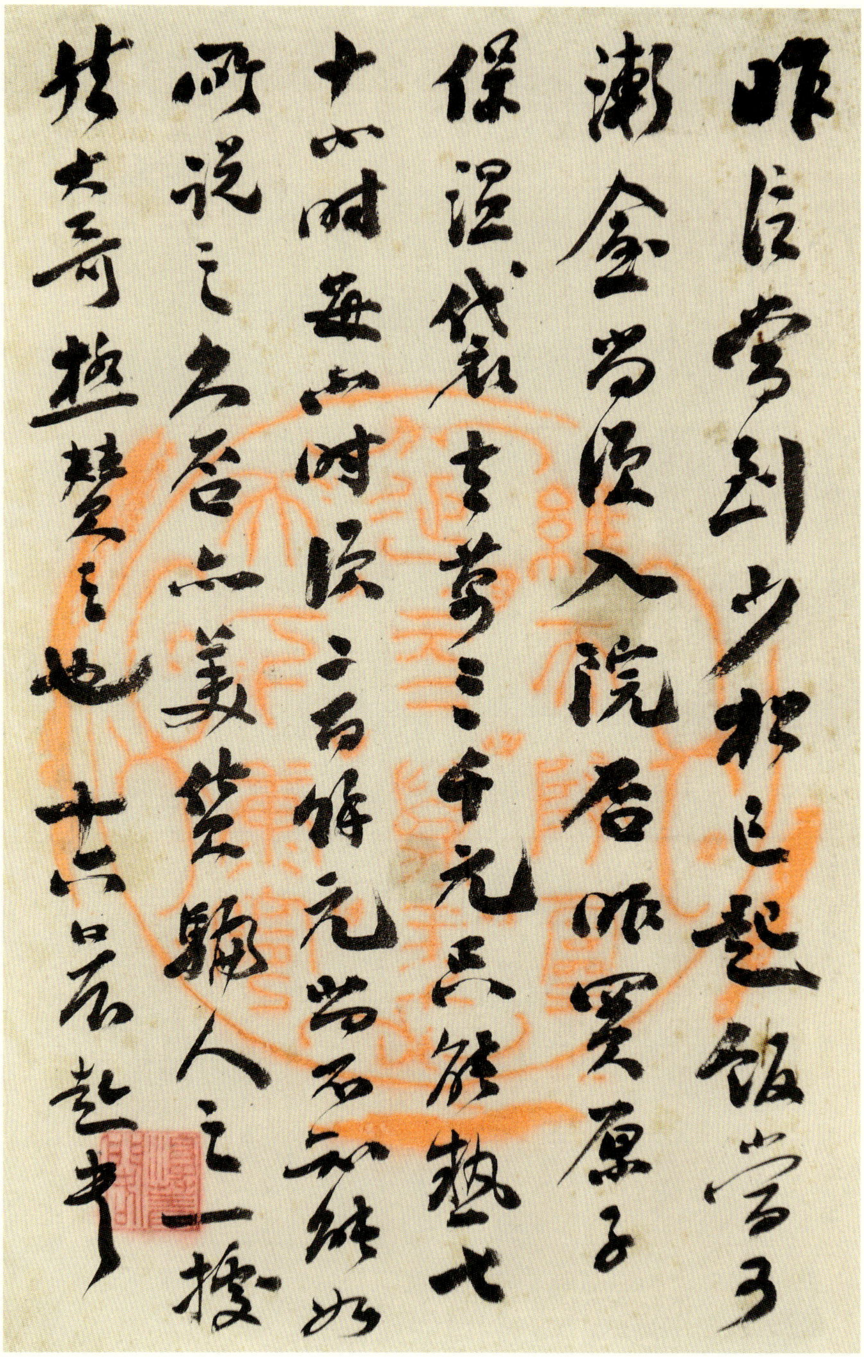

9

昨信当到。少松已起饭，当可渐愈，尚须入院否？昨买原子保温袋去万三千元，只能热七十小时，每小时须两百馀元，尚不知能如所说之久否，亦美货骗人之一据。然大哥极赞之也。

十六晨起书

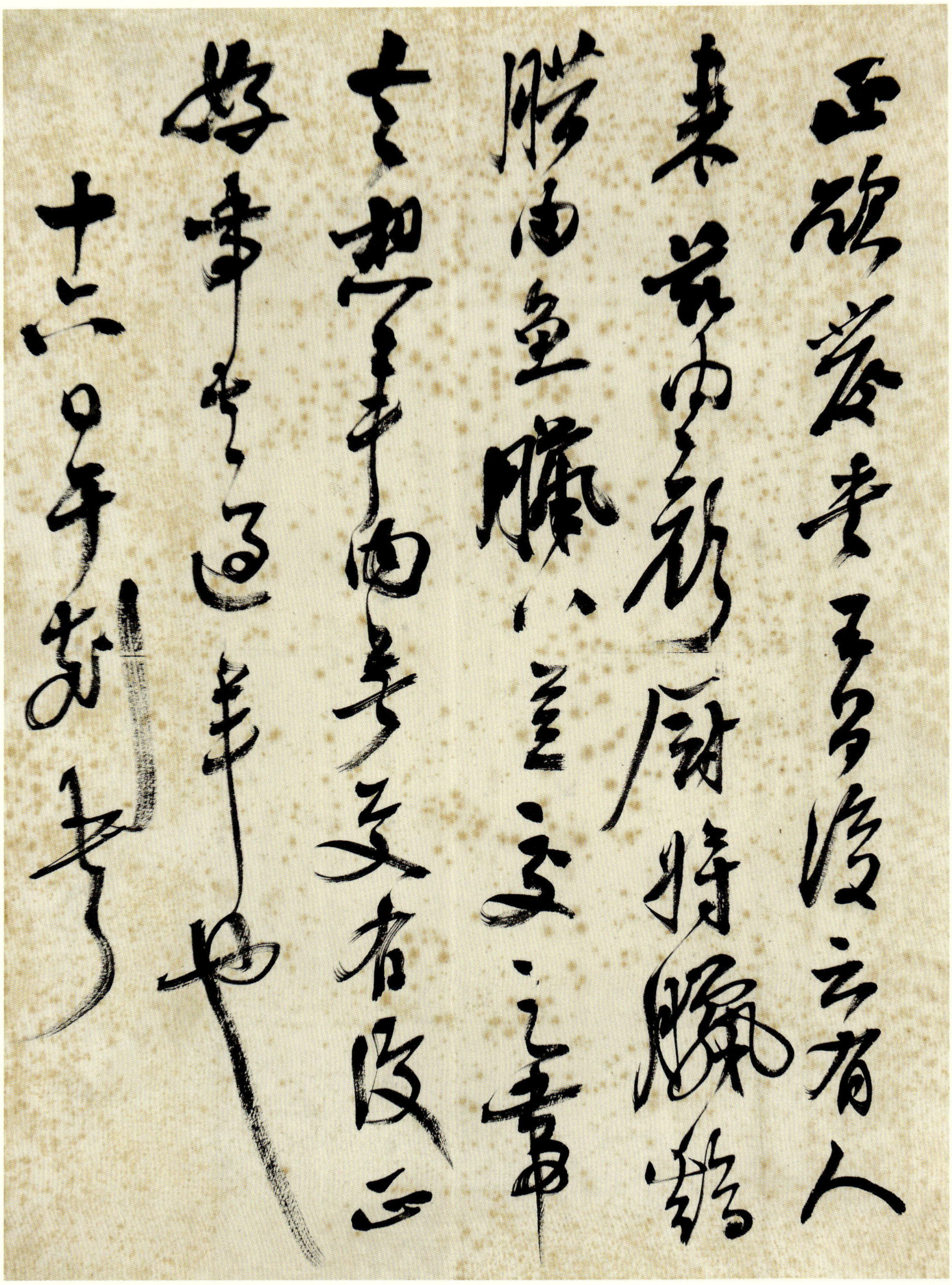

10

正欲发书。王昌俊云有人来。兹由颜厨将腊鸡、腊肉鱼、腊八羔交之带去。想年内无更有便，正好带去过年也。

十六日午刻书

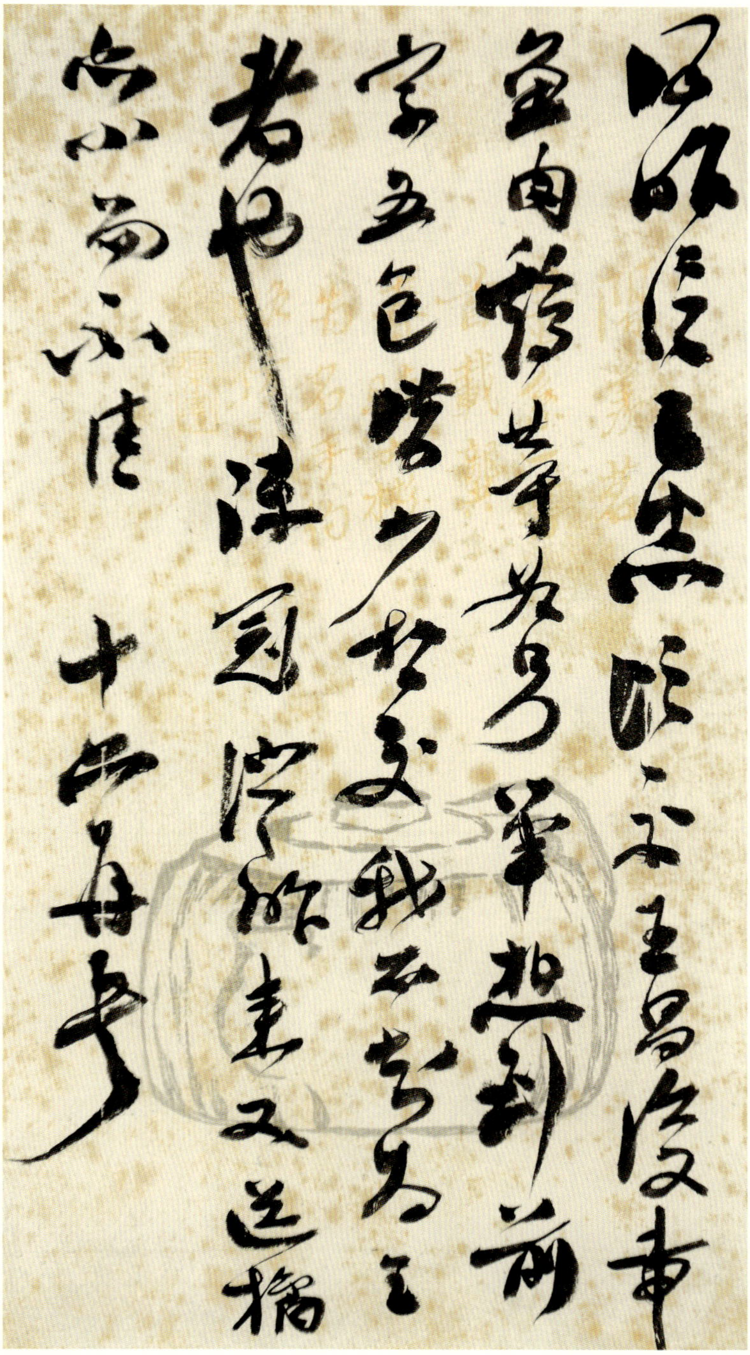

11

得昨信，已悉。顷交王昌俊带鱼肉鸡等如另笔。想到。前字五包，皆少松交我，不知为王者也。

陈冠澄昨来又送橘，亦小而不佳。

十六再书

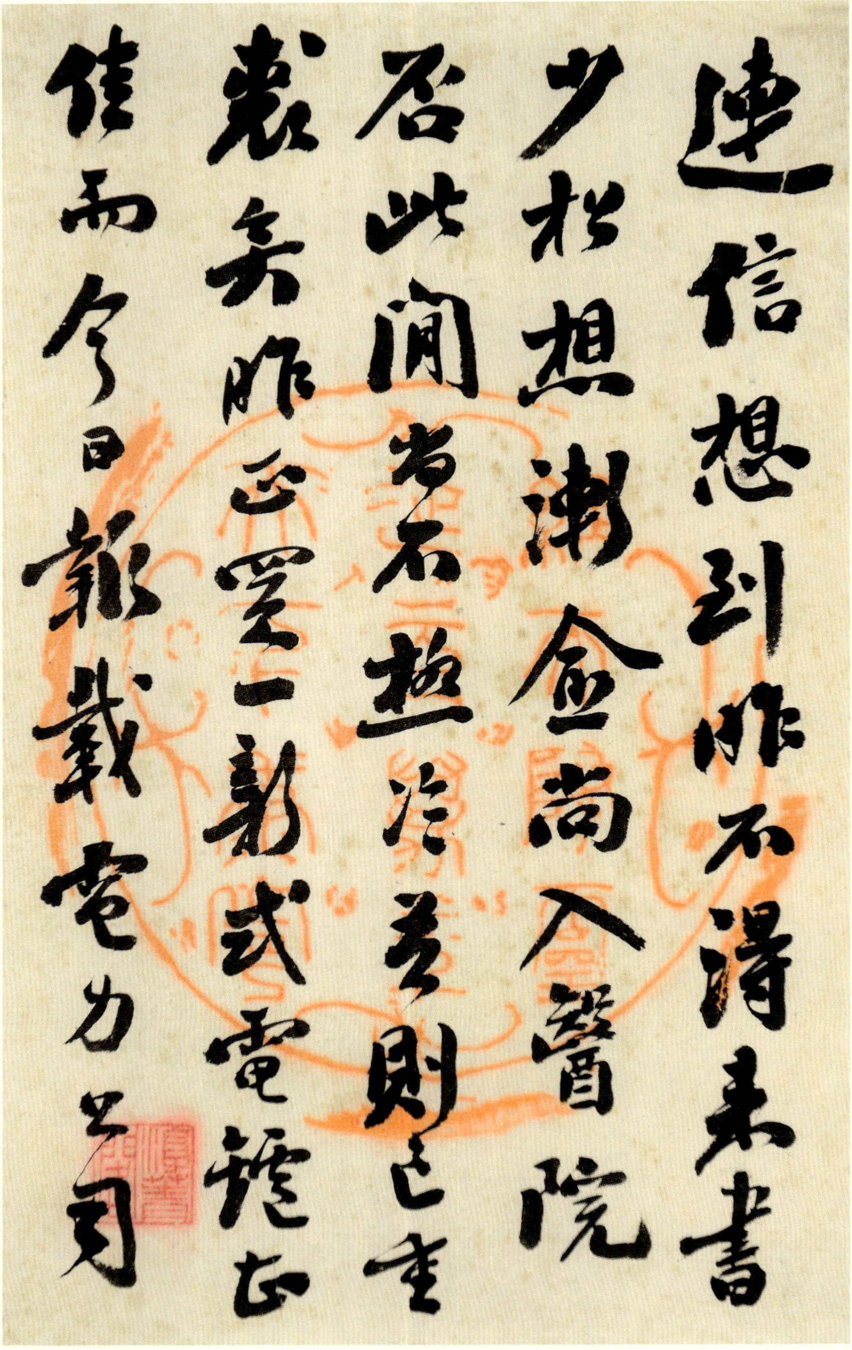

連信想到昨不得來書
少松想漸愈尚入醫院
否此間尚不極冷吾則已重
裘矣昨正買一新式電鑪甚
佳而今日報載電力公司

12-1

连信想到。昨不得来书。少松想渐愈，尚入医院否？此间尚不极冷，吾则已重裘矣。昨正买一新式电鑪，甚佳。而今日报载电力公司

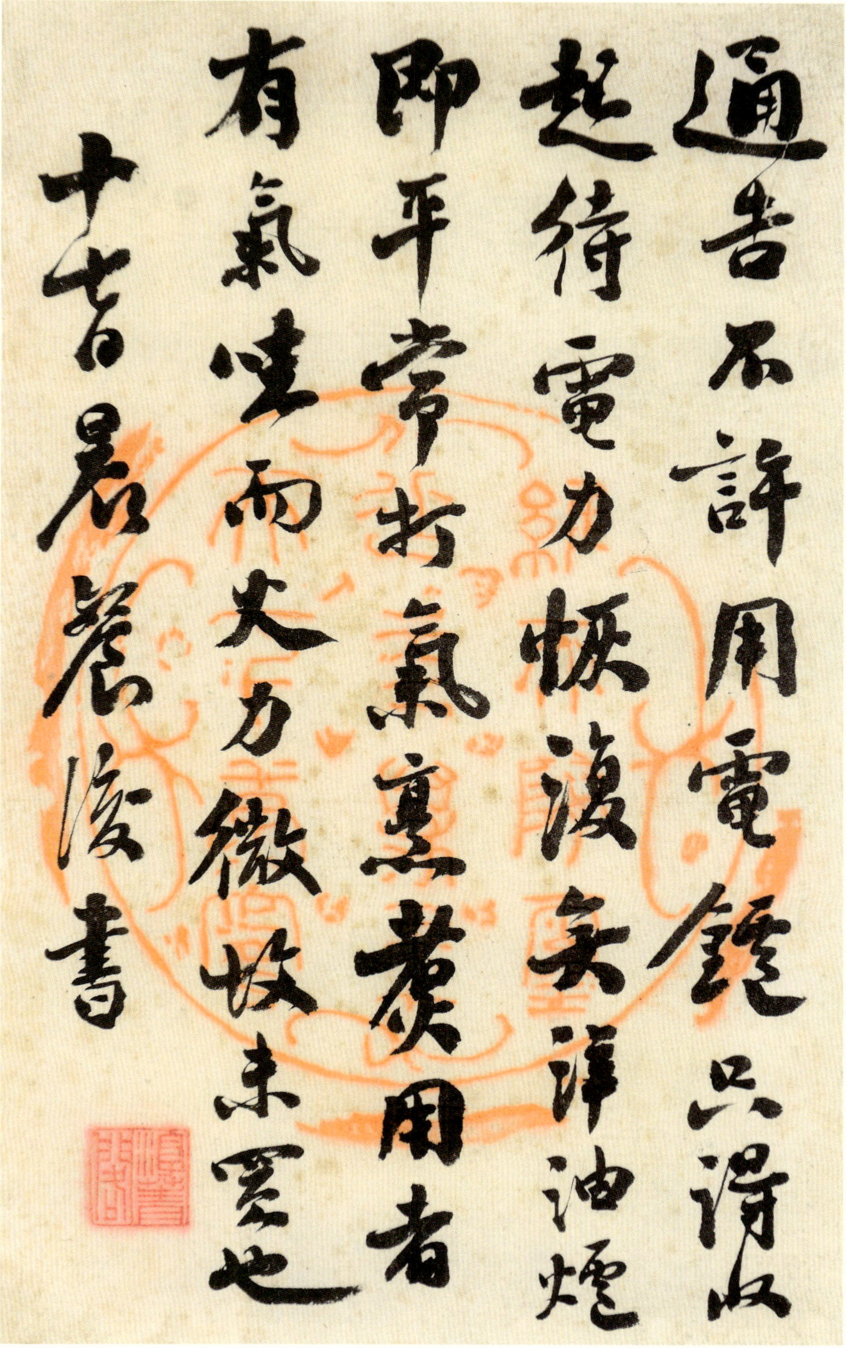
通告不許用電鑪只得收起待電力恢復矣洋油爐即平常打氣烹煮用者有氣味而火力微故未買也
十七日晨餐後書

12-2

通告不许用电鑪，只得收起待电力恢复矣。洋油炉即平常打气烹煮用者，有气味而火力微，故未买也。

十七日晨餐后书

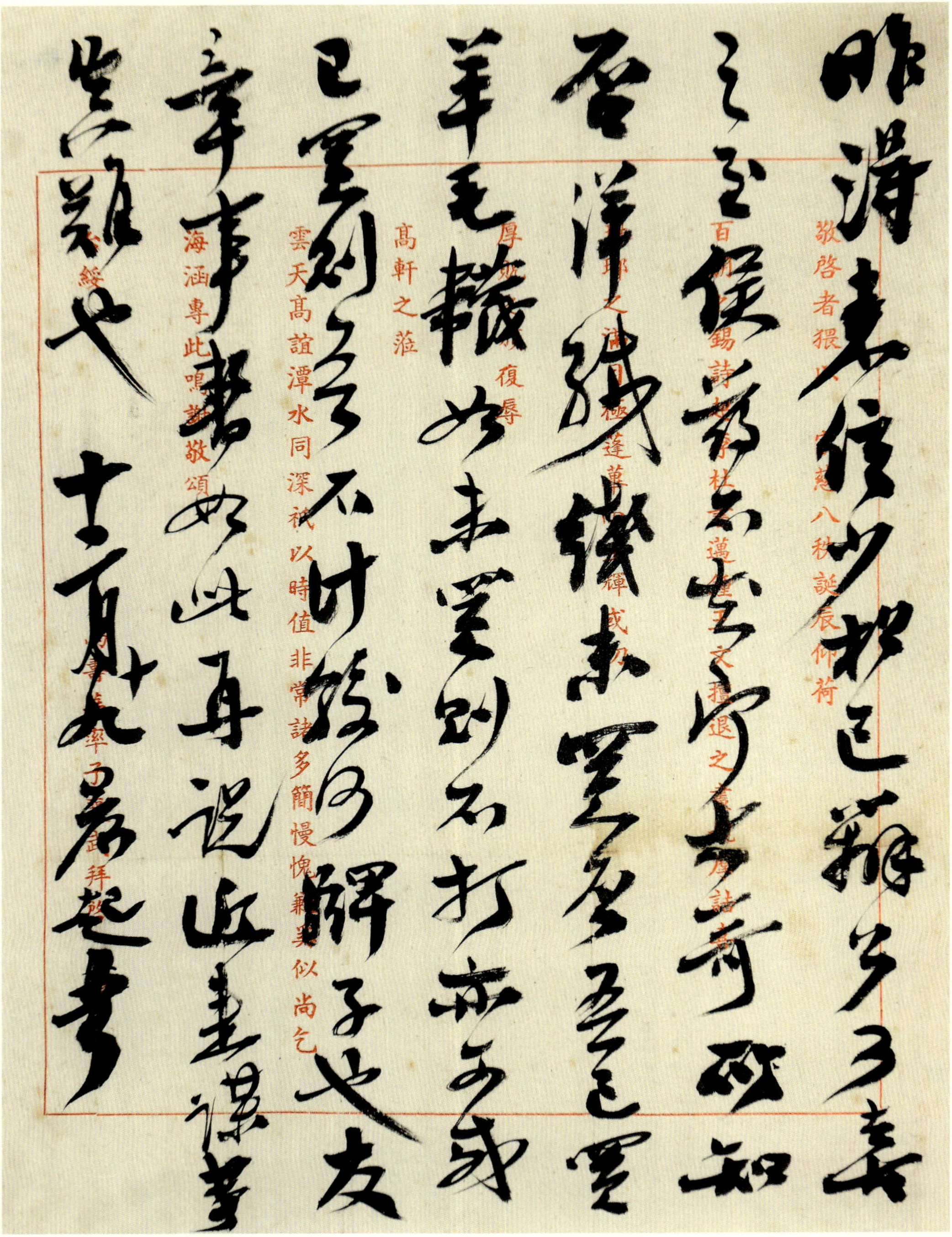

13

昨得来信，少松已办公，可喜之至。侯药不知即大哥所知否。洋绒线未买否？吾已买羊毛袜，如未买则不打亦可。或已买则吾不计较何牌子也。友章事暂如此再说。近来谋事真难也。

十二月十九晨起书

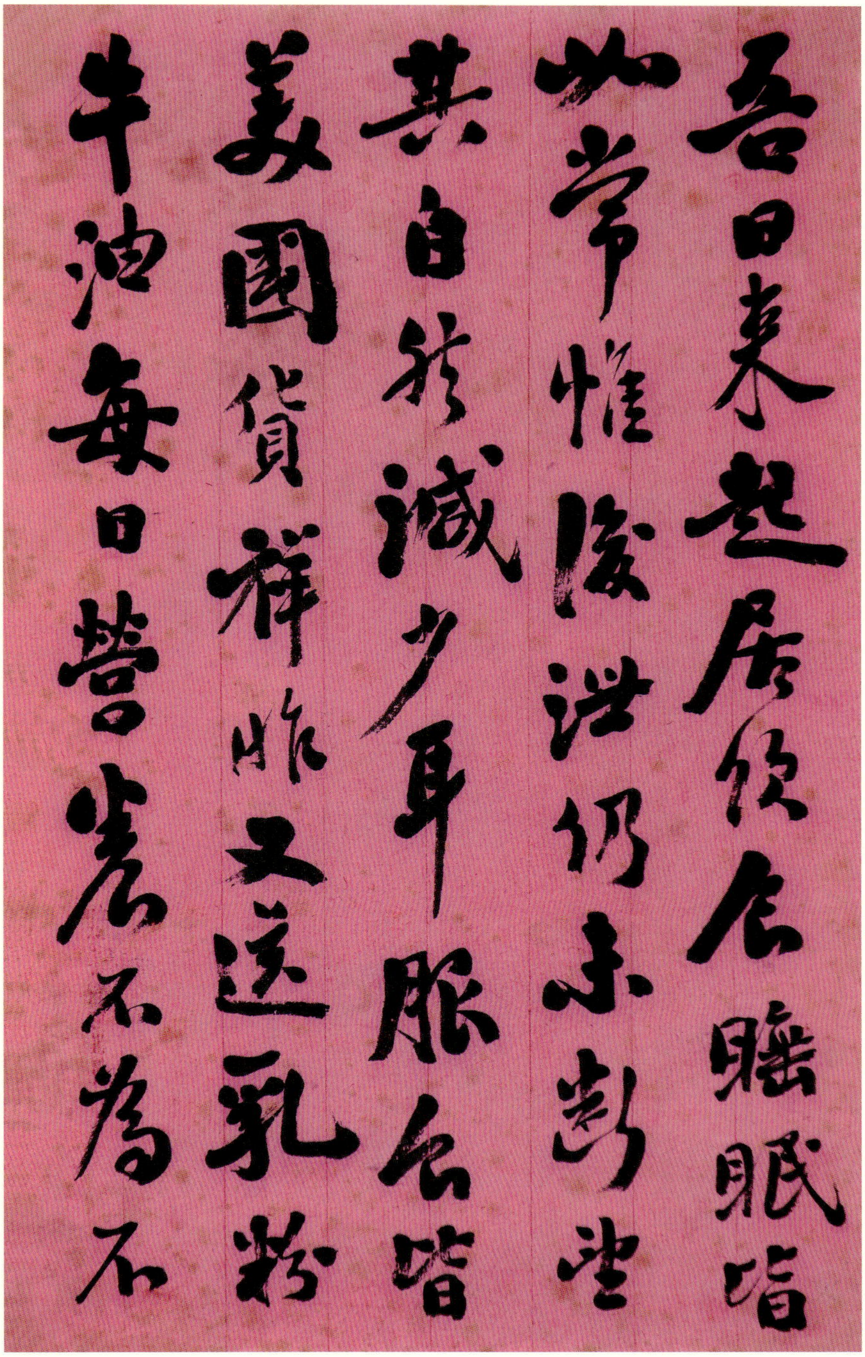
吾日來起居飲食睡眠皆
如常惟後泄仍未斷望
其自然減少耳服食皆
美國貨祥昨又送乳粉
牛油每日營養不為不

14-1

吾日来起居饮食睡眠皆如常，惟后泄仍未断，望其自然减少耳。服食皆美国货。祥昨又送乳粉、牛油，每日营养不为不

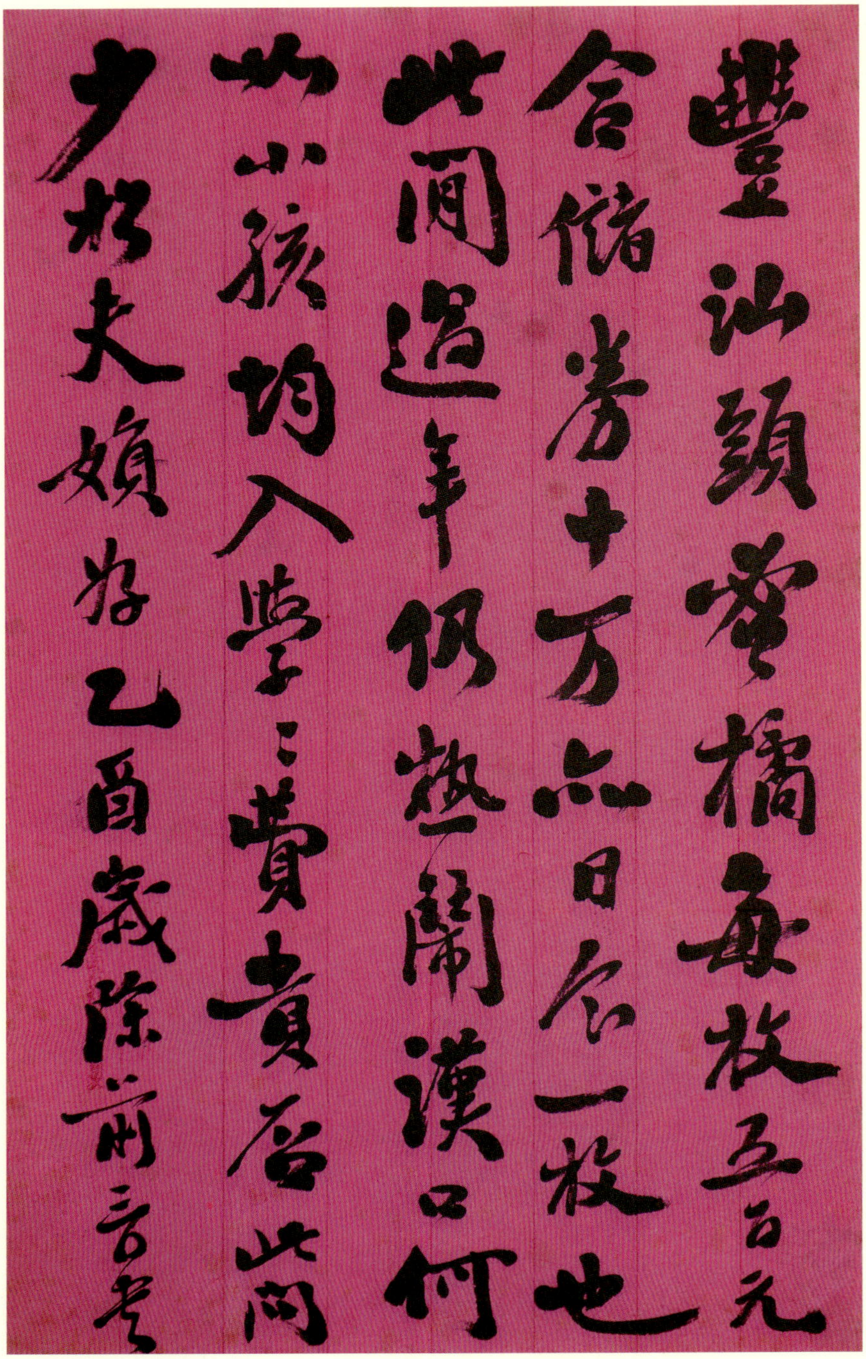

14-2

丰。汕头蜜橘每枚五百元，合储券十万，亦日食一枚也。此间过年仍热闹，汉口何如？小孩均入学，学费贵否？此间少松夫妇好。

乙酉岁除前三日书

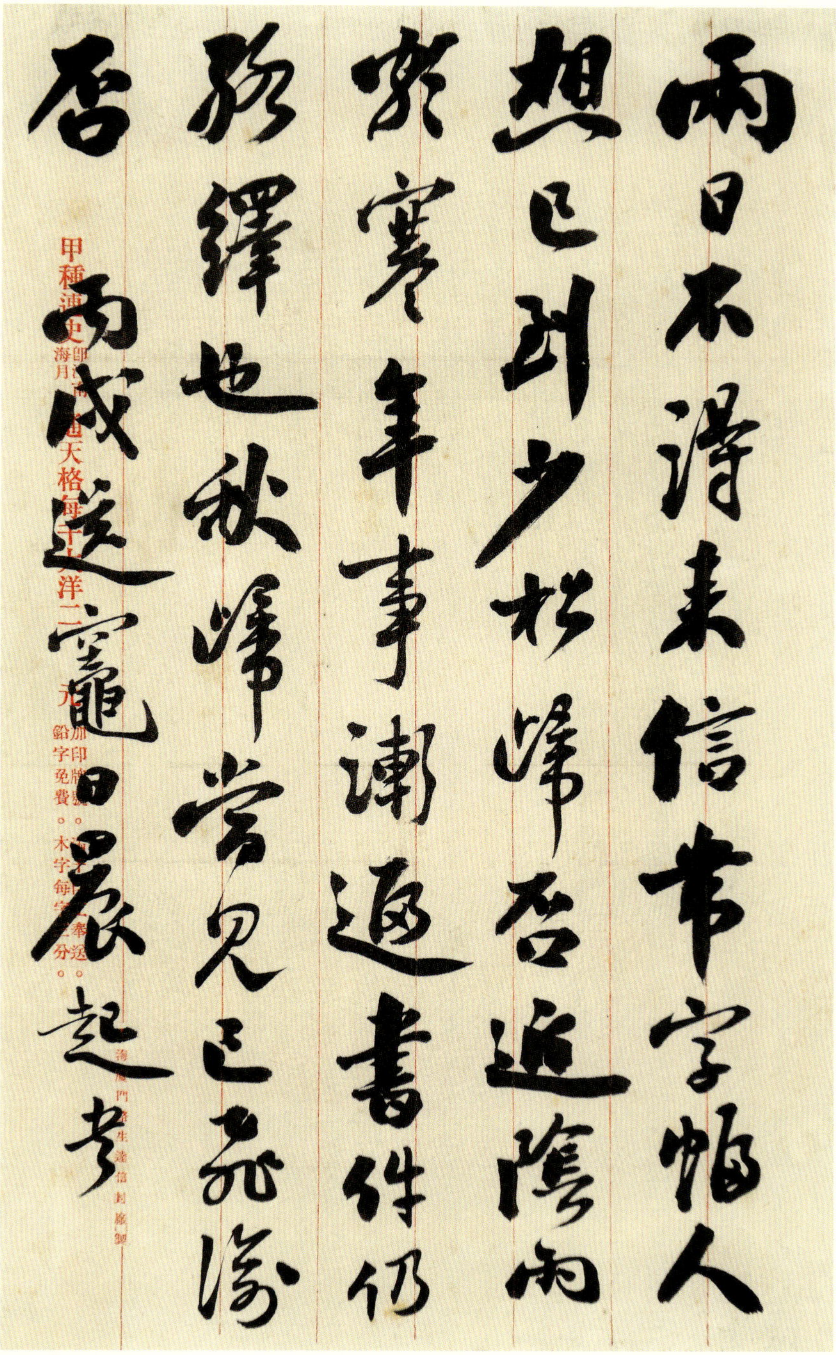

15

两日不得来信。带字幅人想已到。少松归否。近阴雨颇寒。年事渐逼，书件仍络绎也。秋归当见，已飞渝否？

丙戌送灶日晨起书

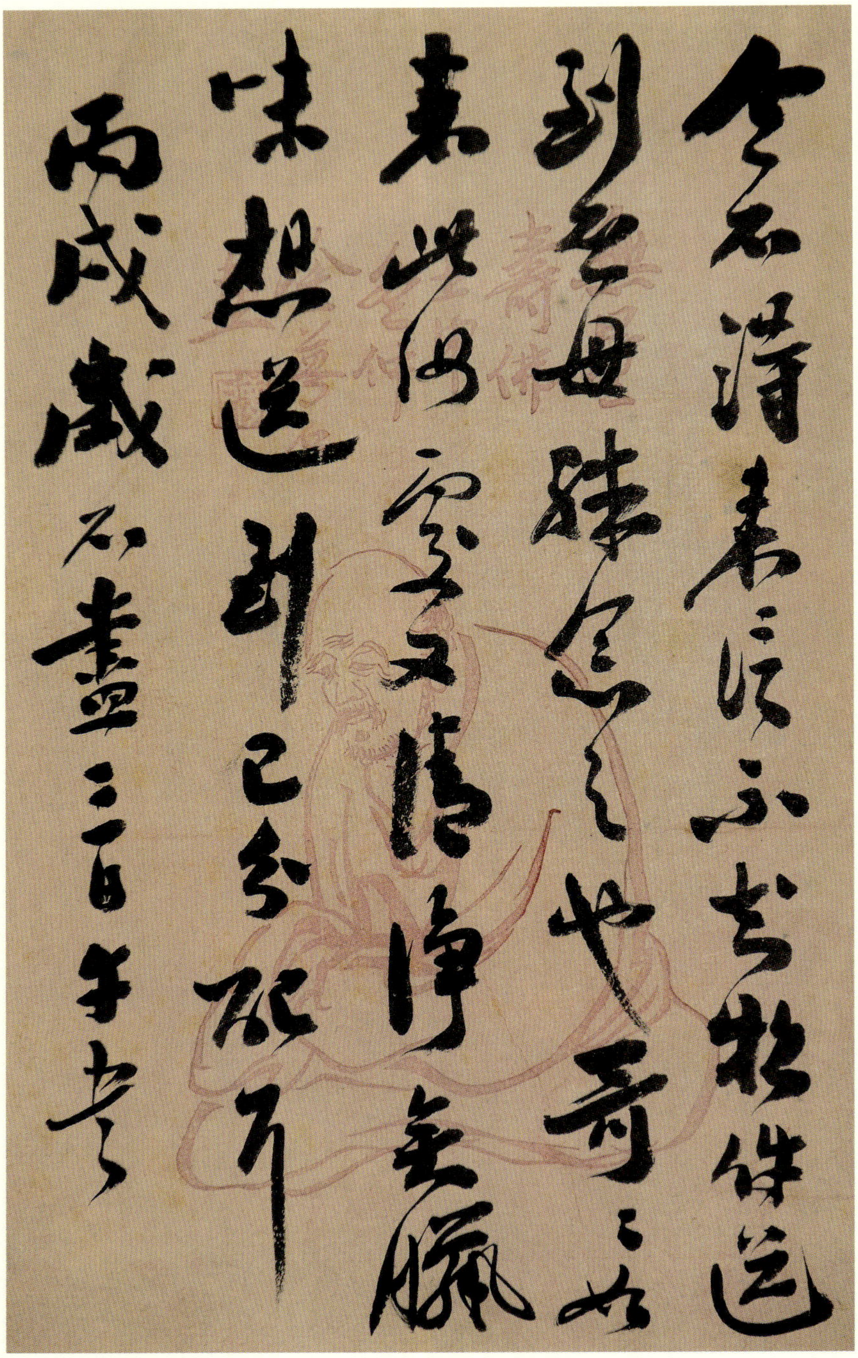

16

今不得来信。不知松件送到否，母殊念之也。哥哥如来此，汝处又清净矣。腊味想送到已分配耳。

丙戌岁不尽三日午书

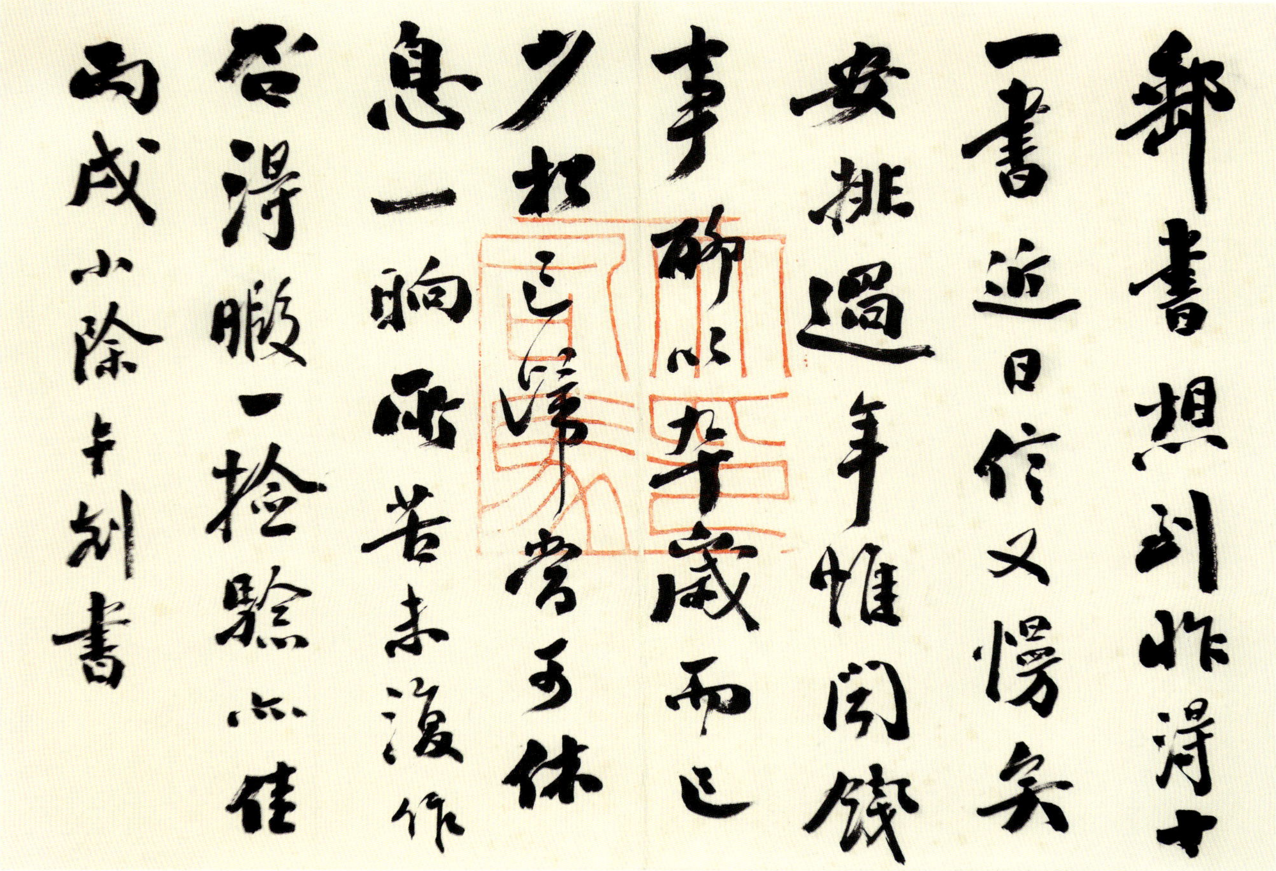
郵書想到昨得十
一書近日信又慢矣
安排過年惟聞錢
事聊以卒歲而已
少松已歸當可休
息一晌所苦未復作
否得暇一檢驗亦佳
丙戌小除午刻書

17

邮书想到。昨得十一书。近日信又慢矣。安排过年惟闻钱事，聊以卒岁而已。少松已归，当可休息一晌，所苦未复作否。得暇一检验亦佳。

丙戌小除午刻书

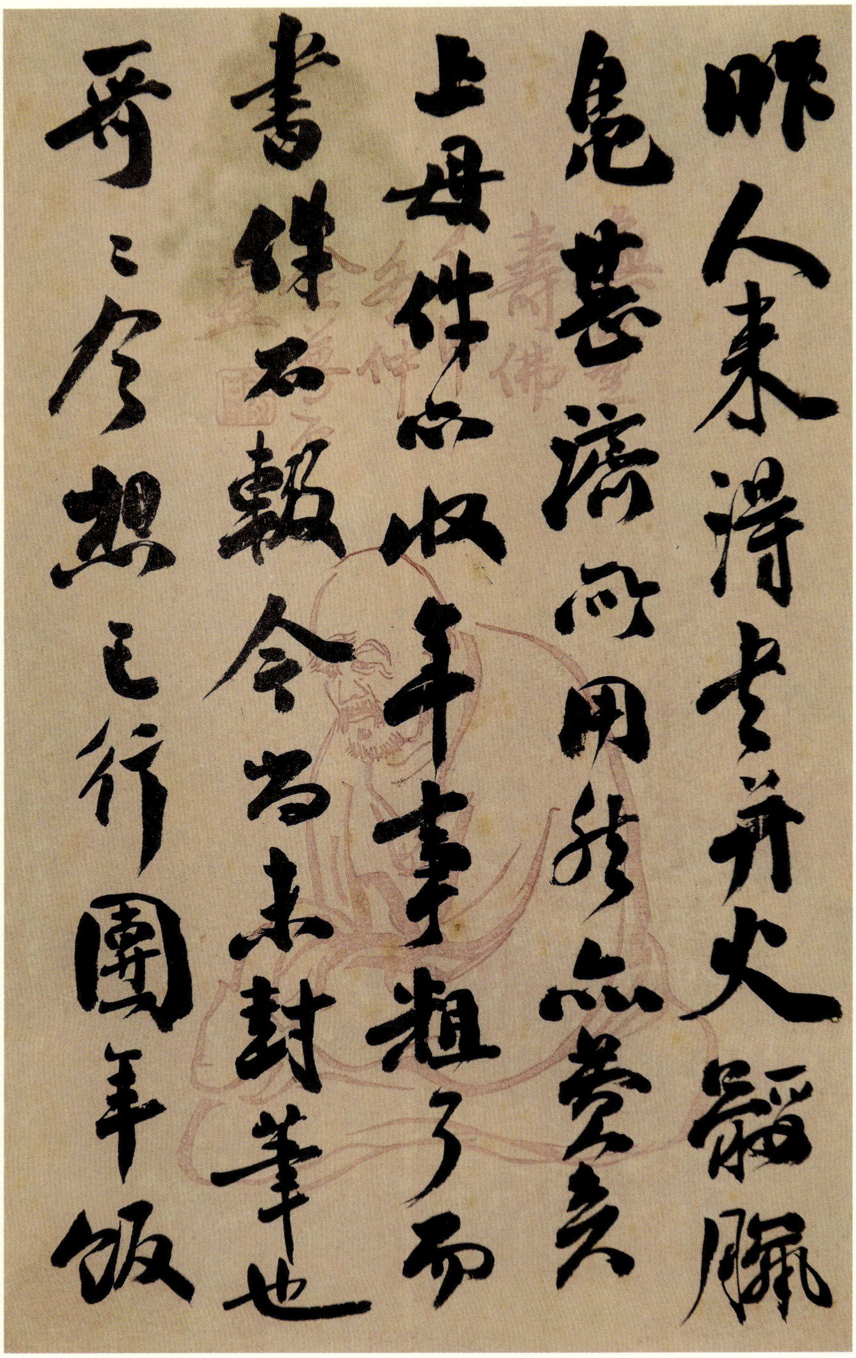

18-1

昨人来得书，并火骽腊皂甚济所用，然亦费矣。上母件亦收。年事粗了而书件不辍，今尚未封笔也。哥哥今想已行，团年饭

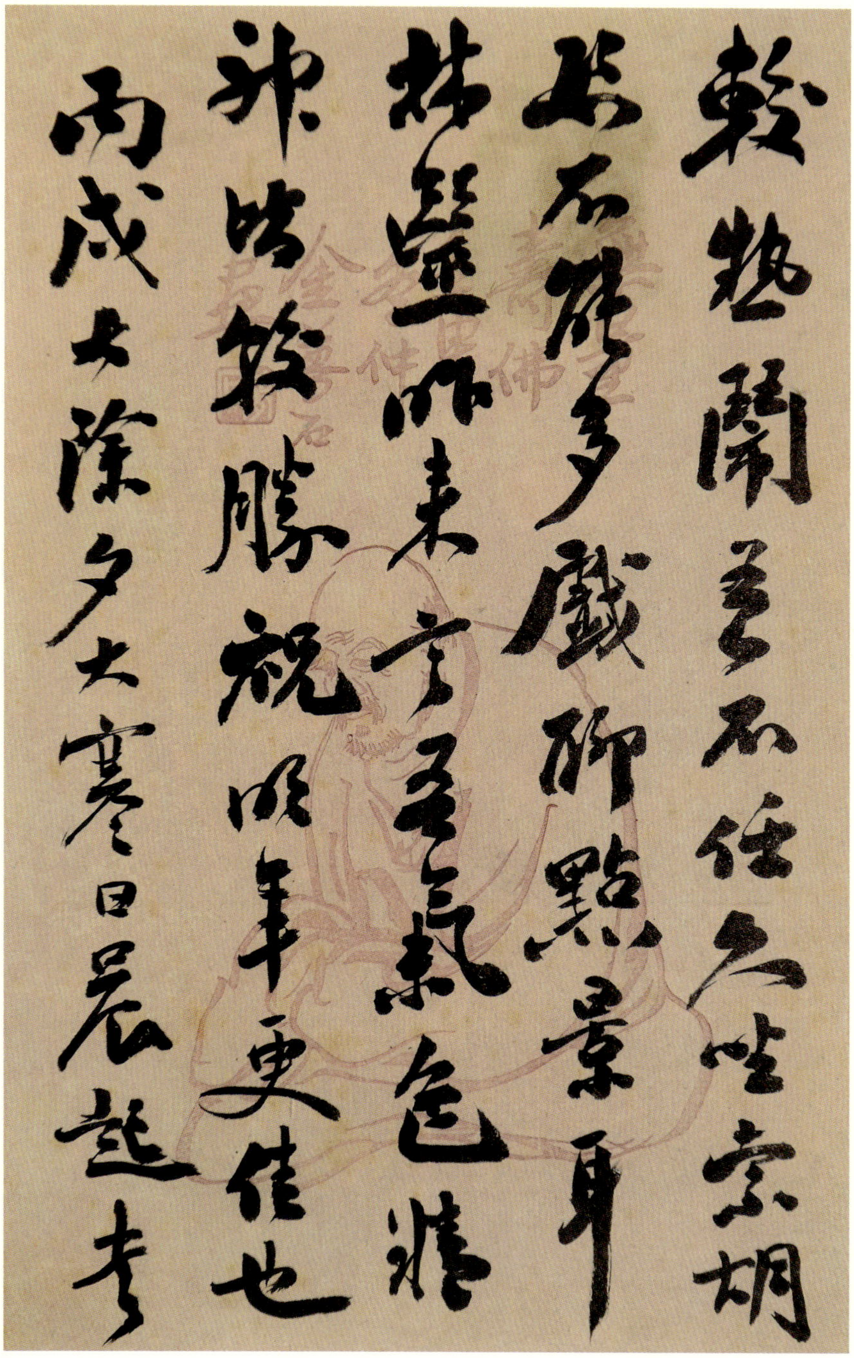

18-2

较热闹。吾不任久坐，索胡恐不能多戏，聊点景耳。林医昨来，言吾气色精神皆较胜，祝明年更佳也。

丙戌大除夕大寒日晨起书

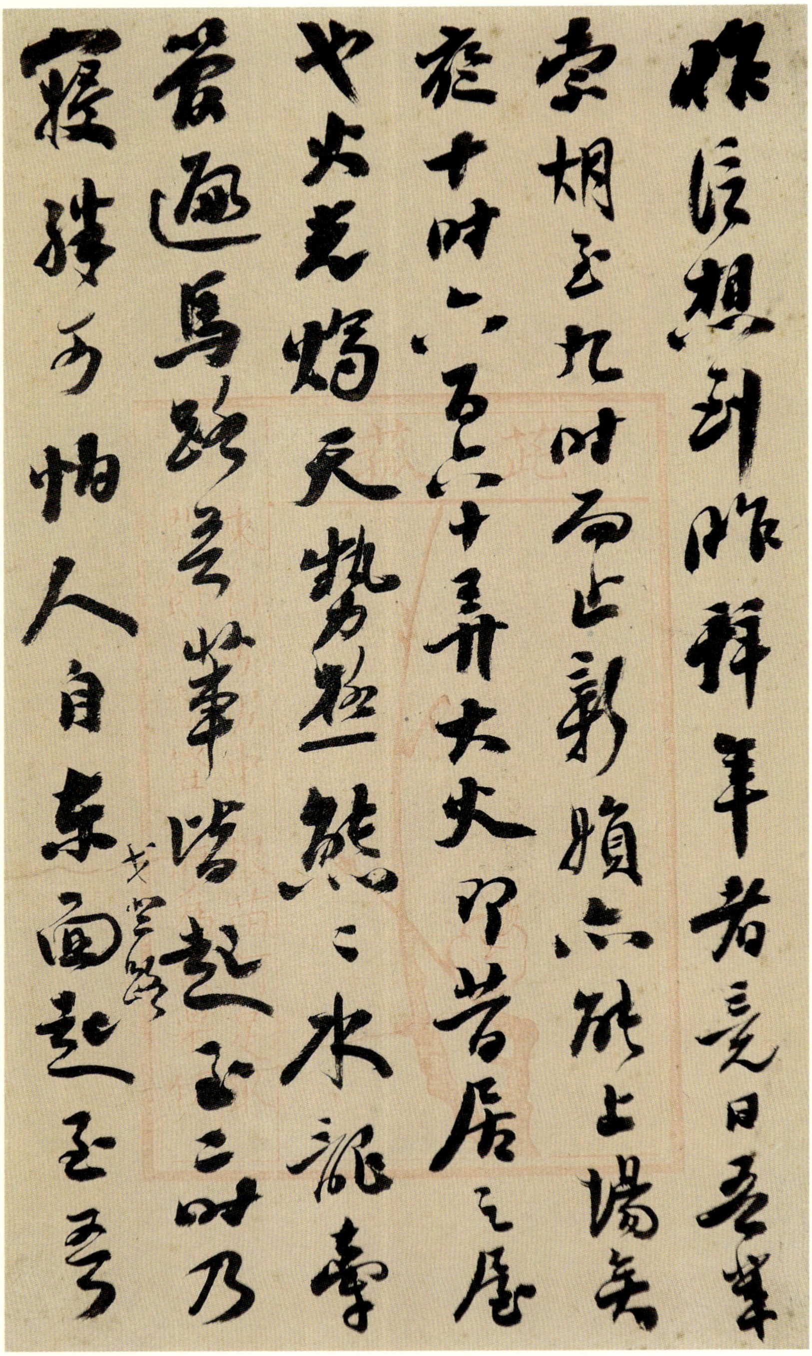

19-1

昨信想到。昨拜年者竟日。吾辈索胡至九时而止，新妇亦能上场矣。夜十时，六百六十弄大火，即昔居之屋也。火光烛天，势极熊熊。水龙牵管遍马路。吾辈皆起，至二时乃寝。殊可怕人。自东面（戈登路）起至吾

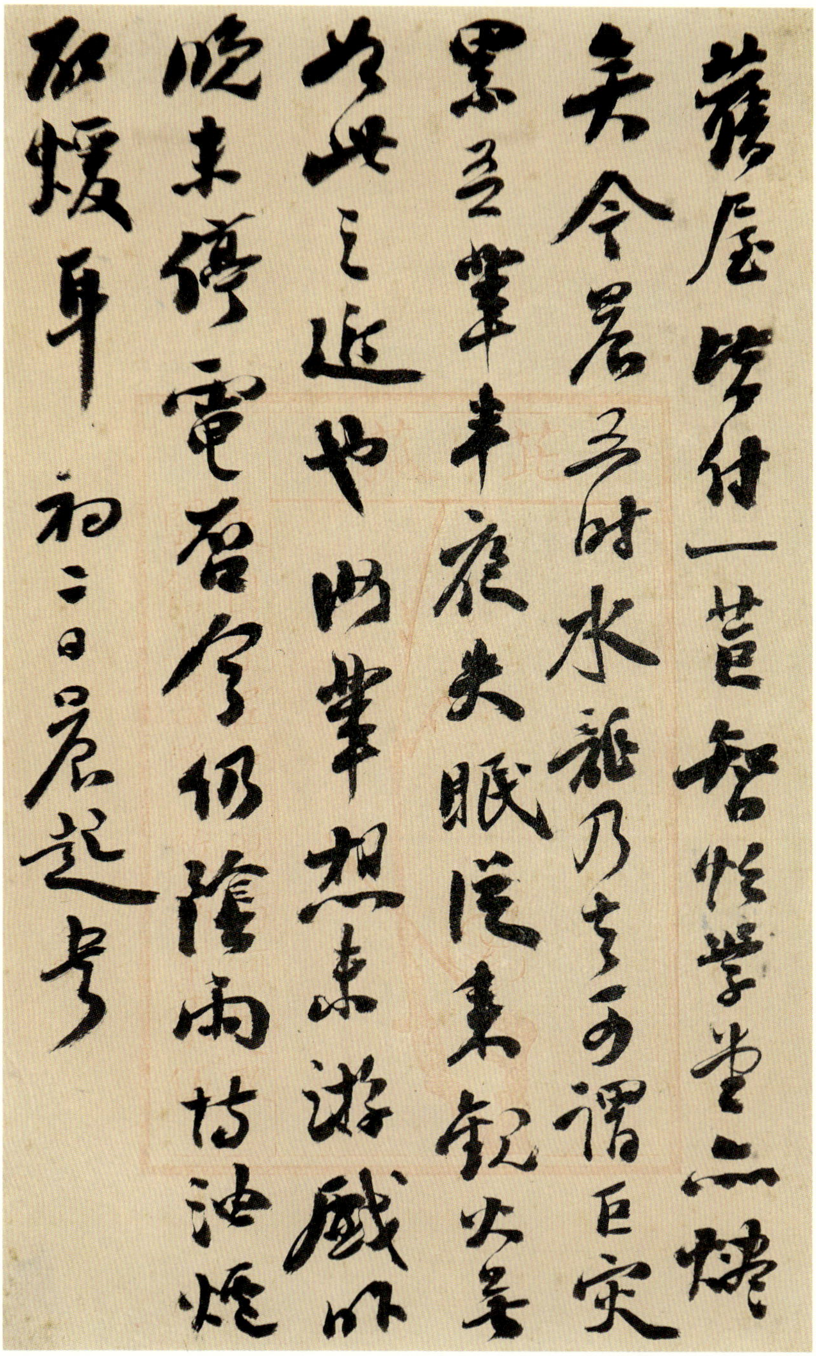

19-2

旧屋皆付一苣，智怡学堂亦烬矣。今晨五时水龙乃去，可谓巨灾。累吾辈半夜失眠。从来观火无如此之近也。汝辈想未游戏。昨晚未停电否？今仍阴雨，恃油炉取煖耳。

初二日晨起书

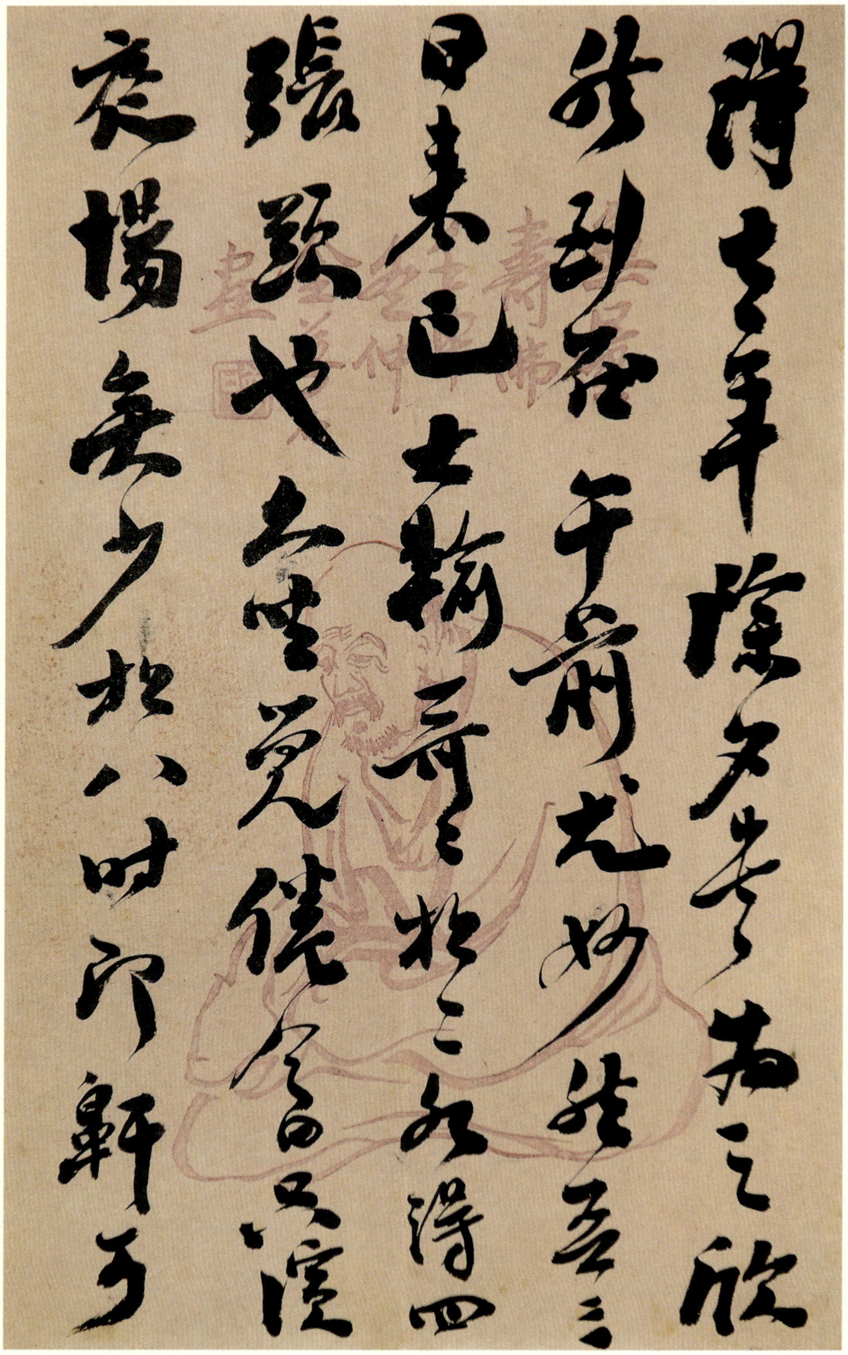

20-1

得去年除夕书，为之欣然。到在午前，尤妙。然吾三日来已大输，哥哥、松松各得四张头也。久坐觉倦。今日只演夜场矣。少松八时即鼾，可

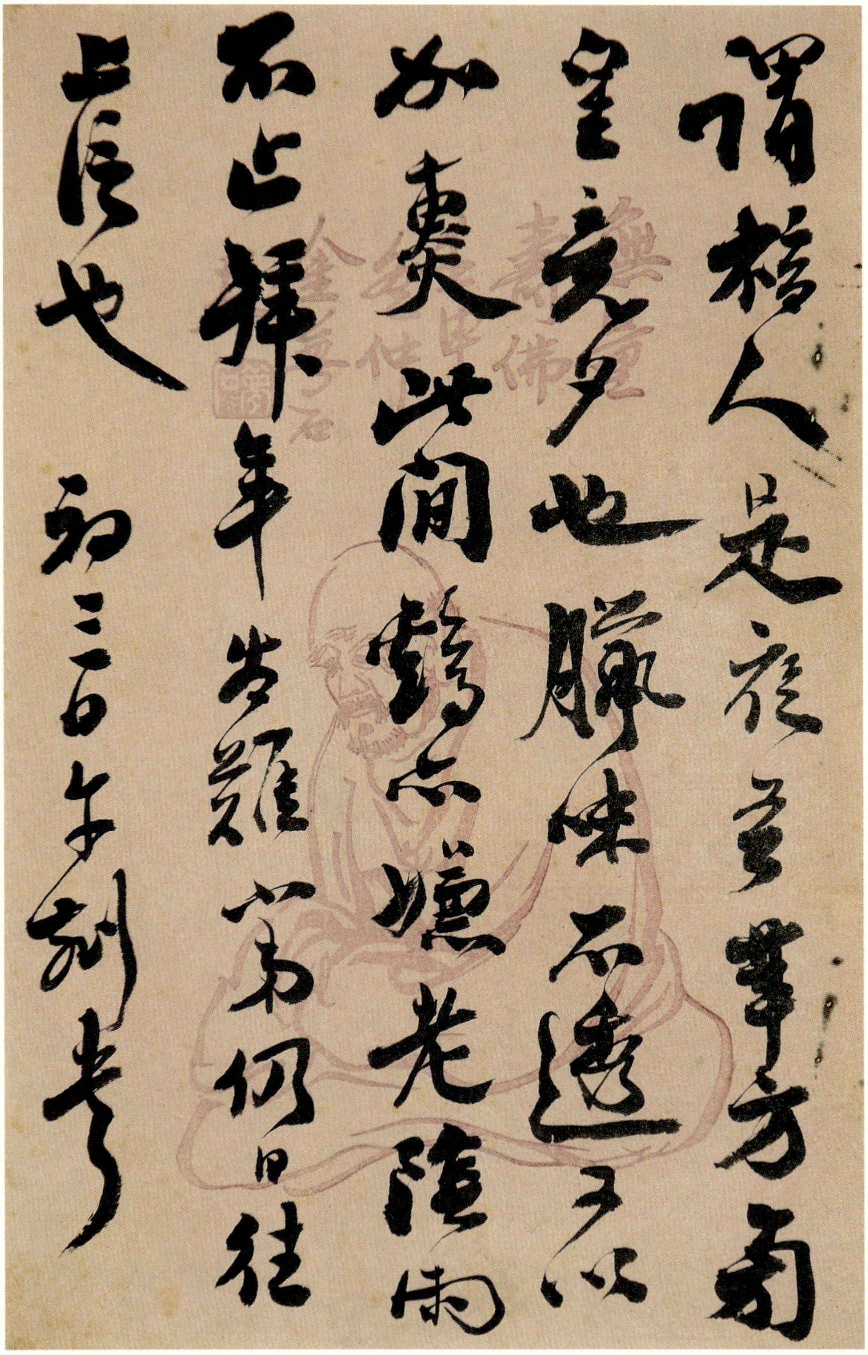

20-2

谓福人。是夜吾辈方旁皇竟夕也。腊味不透可以加熏。此间鸡亦嫌老。阴雨不止，拜年为难。小弟仍日往上信也。

初三日午刻书

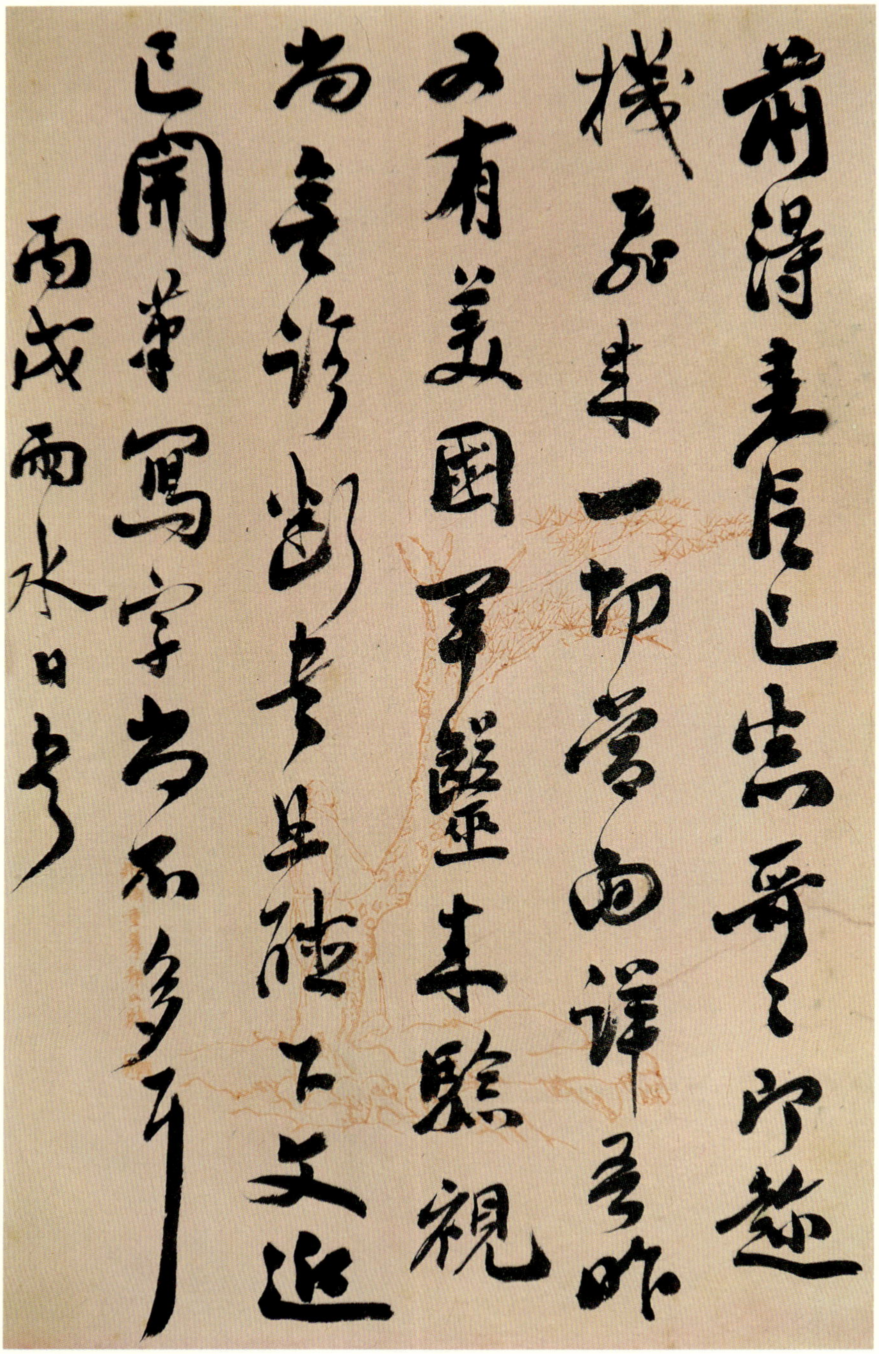

21

前得来信，已悉。哥哥即趁机飞来，一切当面详。吾昨又有美国军医来验视，尚无诊断书，且听下文。近已开笔写字，尚不多耳。

丙戌雨水日书

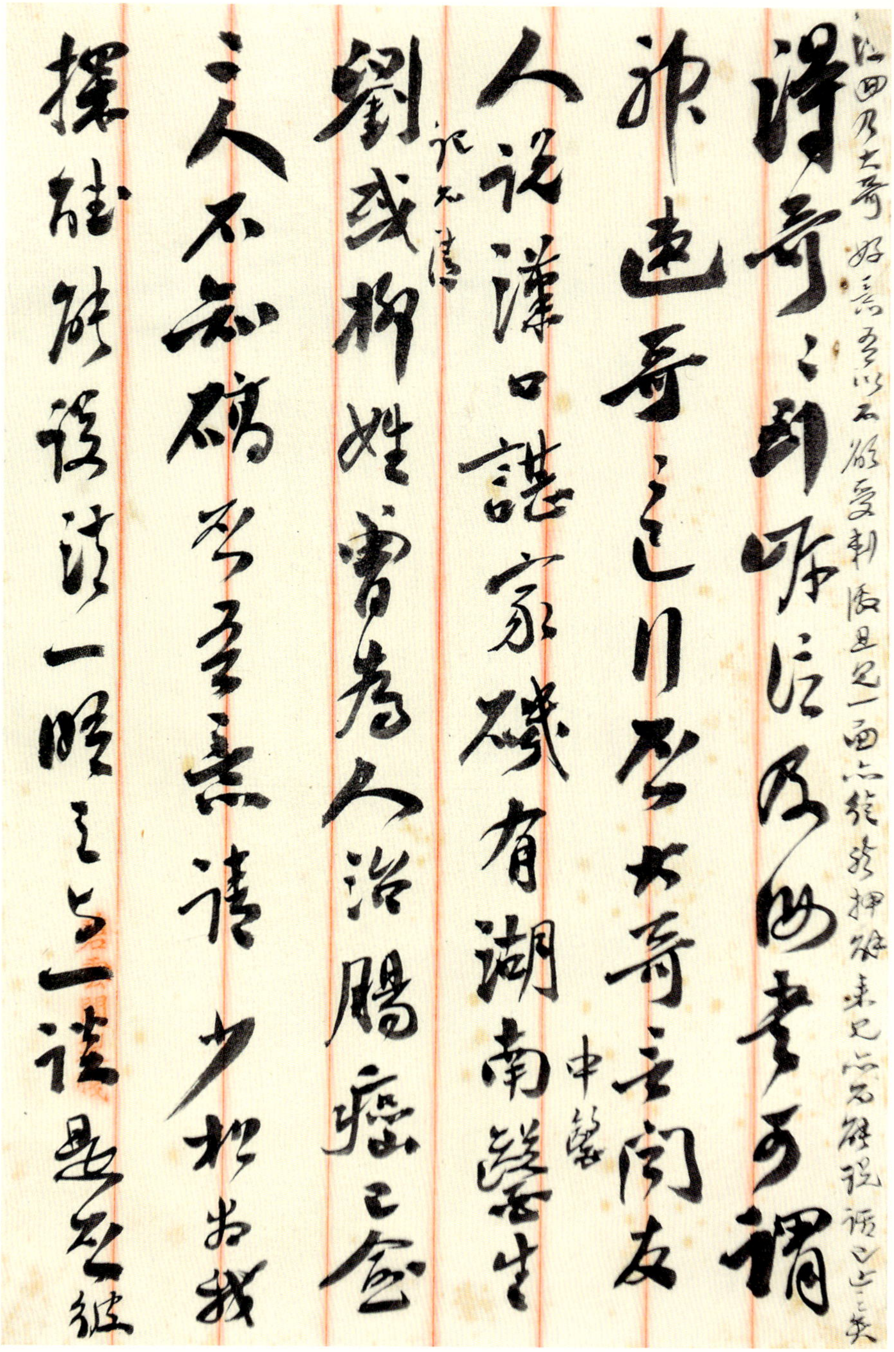

22-1

(□回乃大哥好意。吾以不欲受刺激，且见一面亦徒然，押解来见，亦不能说话，已止之矣。)得哥哥到岸信及汝书，可谓神速。哥哥已行否？大哥言闻友人说汉口谌家矶有湖南医生(中医)“刘”或“柳”(记不清)姓，曾为人治肠癌，已愈二人，不知确否。吾意请少松为我探听，能设法一晤之，与一谈。是否彼

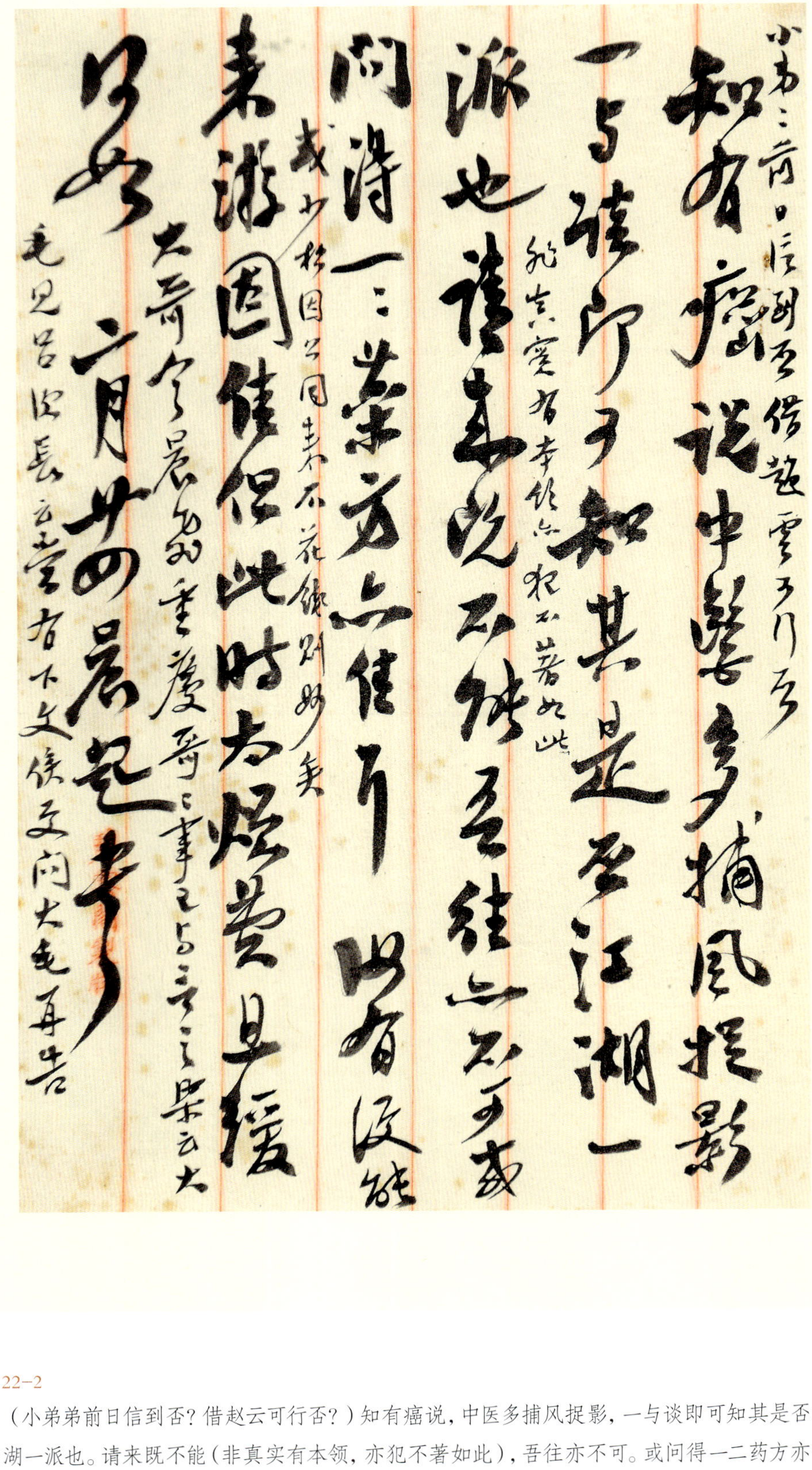

22–2

（小弟弟前日信到否？借赵云可行否？）知有癌说，中医多捕风捉影，一与谈即可知其是否江湖一派也。请来既不能（非真实有本领，亦犯不著如此），吾往亦不可。或问得一二药方亦佳耳。汝有便能来游固佳（或少松因公同来。不花钱则妙矣），但此时太烦费，且缓何如？（大哥今晨飞重庆。哥哥事已与言之。渠云，大毛见吕次长云当有下文。俟更问大毛再告。）

二月廿四晨起书

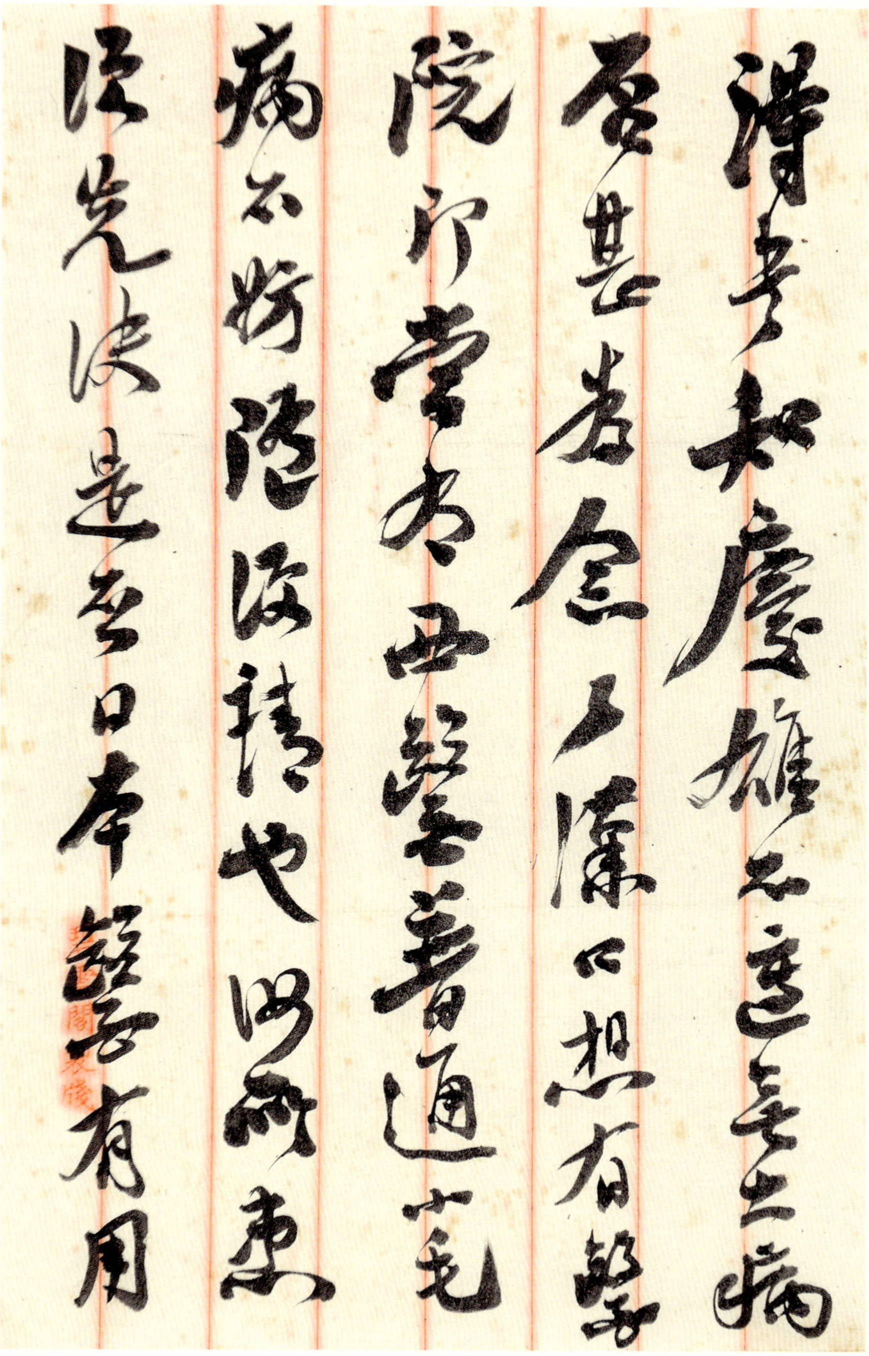
得书知庆雄不适无大病否甚为念念汉口想有医院即当有西医普通小毛病不妨随便请也汝所患须先决是否日本医有用

23-1

得书知庆雄不适，无大病否？甚为念念。汉口想有医院，即当有西医，普通小毛病不妨随便请也。汝所患须先决是否日本医有用。

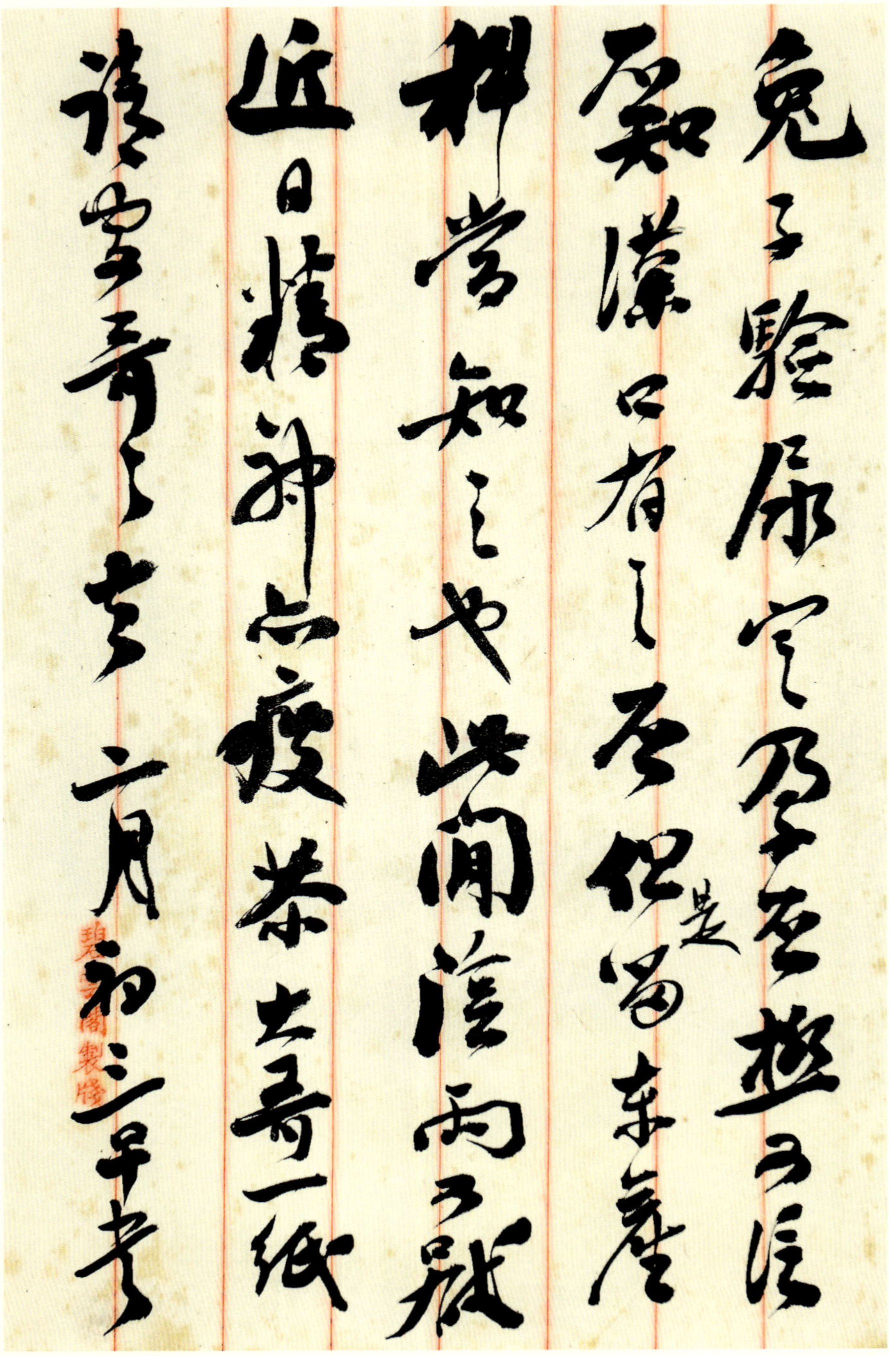

23-2

兔子验尿定孕否极可信，不知汉口有之否。但是留东产科当知之也。此间阴雨可厌。近日精神亦疲。恭大哥一纸请寄哥哥去。

二月初三早书

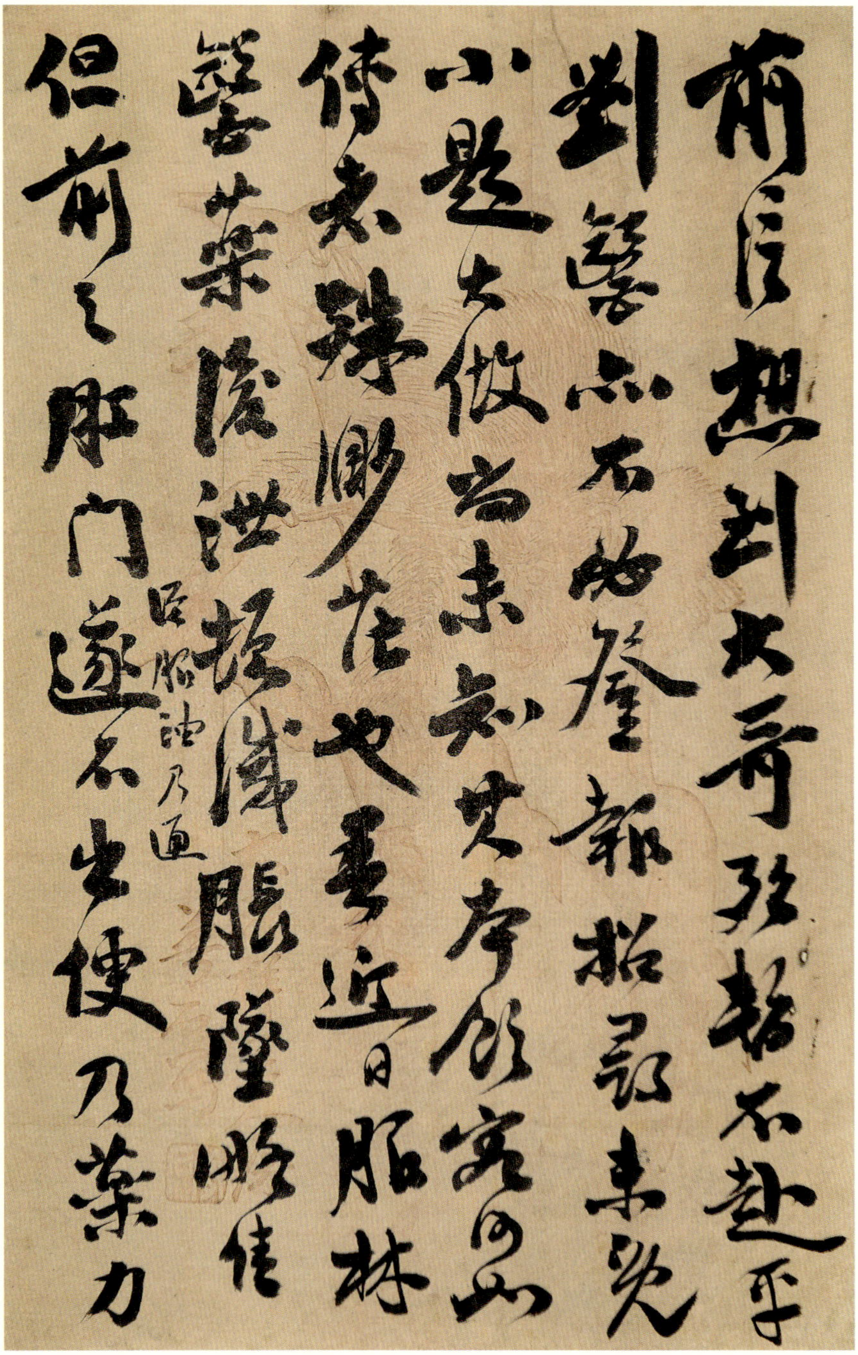

24-1

前信想到。大哥殆暂不赴平。刘医亦不必登报招寻，未免小题大做，尚未知其本领究何如，传者殊渺茫也。吾近日服林医药，后泄顿减，胀坠略佳。但前之肛门遂不出便（经服油乃通），乃药力

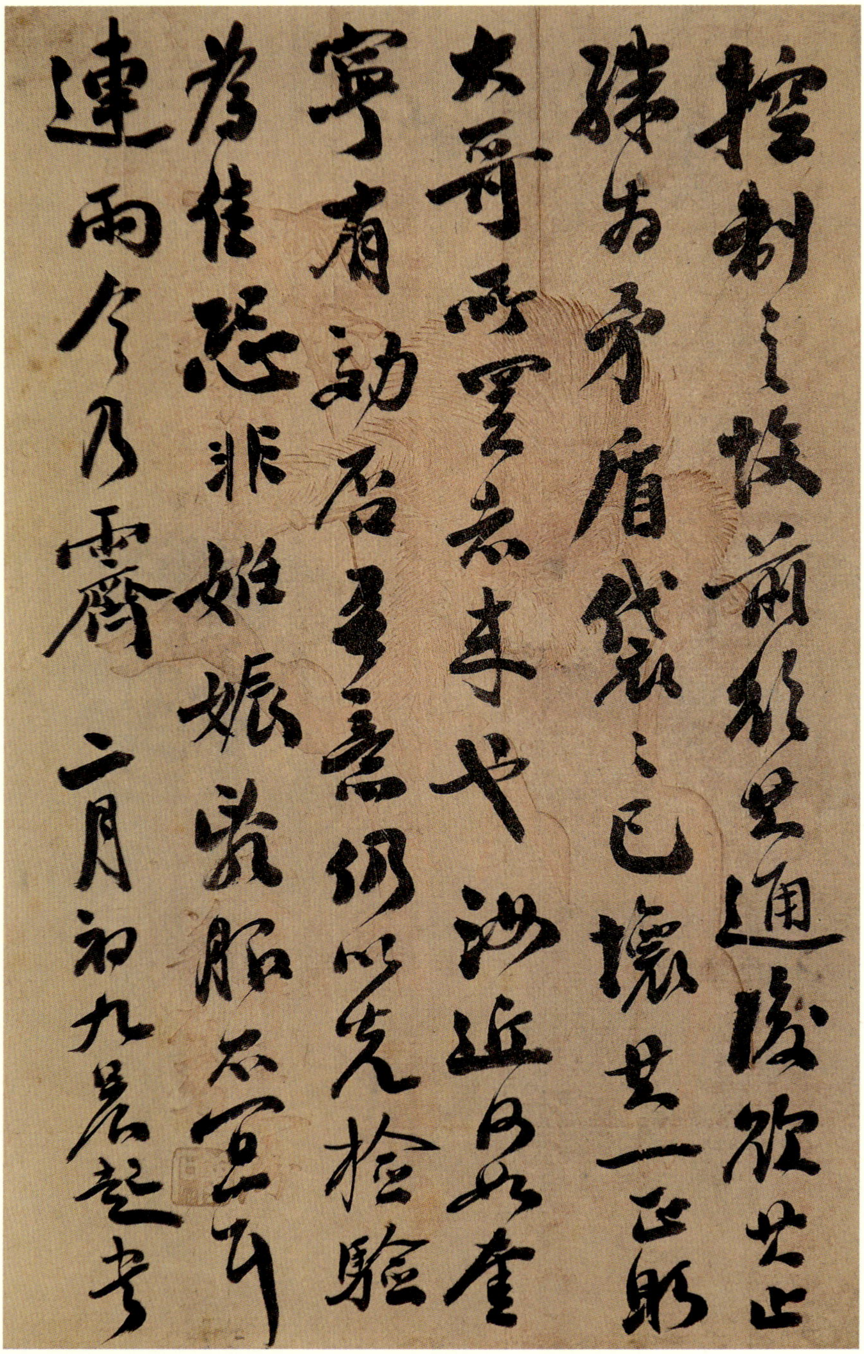

24-2

控制之故。前欲其通，后欲其止，殊为矛盾。袋袋已坏其一，正盼大哥所买者来也。汝近何如？奎宁有效否？吾意仍以先检验为佳，恐非妊娠，乱服不宜耳。连雨今乃霁。

二月初九晨起书

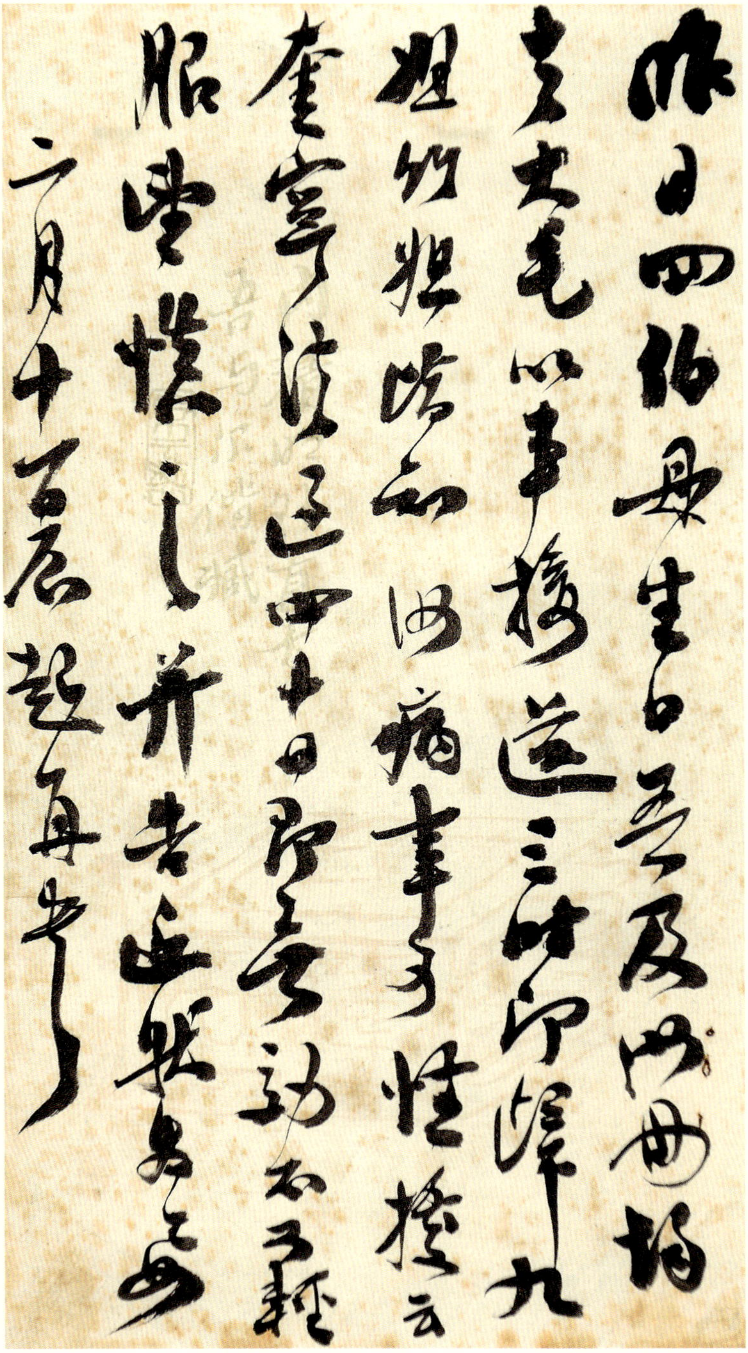

25

昨日四伯母生日，吾及汝母均去。大毛以事接送，三时即归。九姐、竹姐皆知汝病事，可怪？据云奎宁法过四十日即无效，不可轻服。望慎之。并告近状为要。

二月十一晨起再书

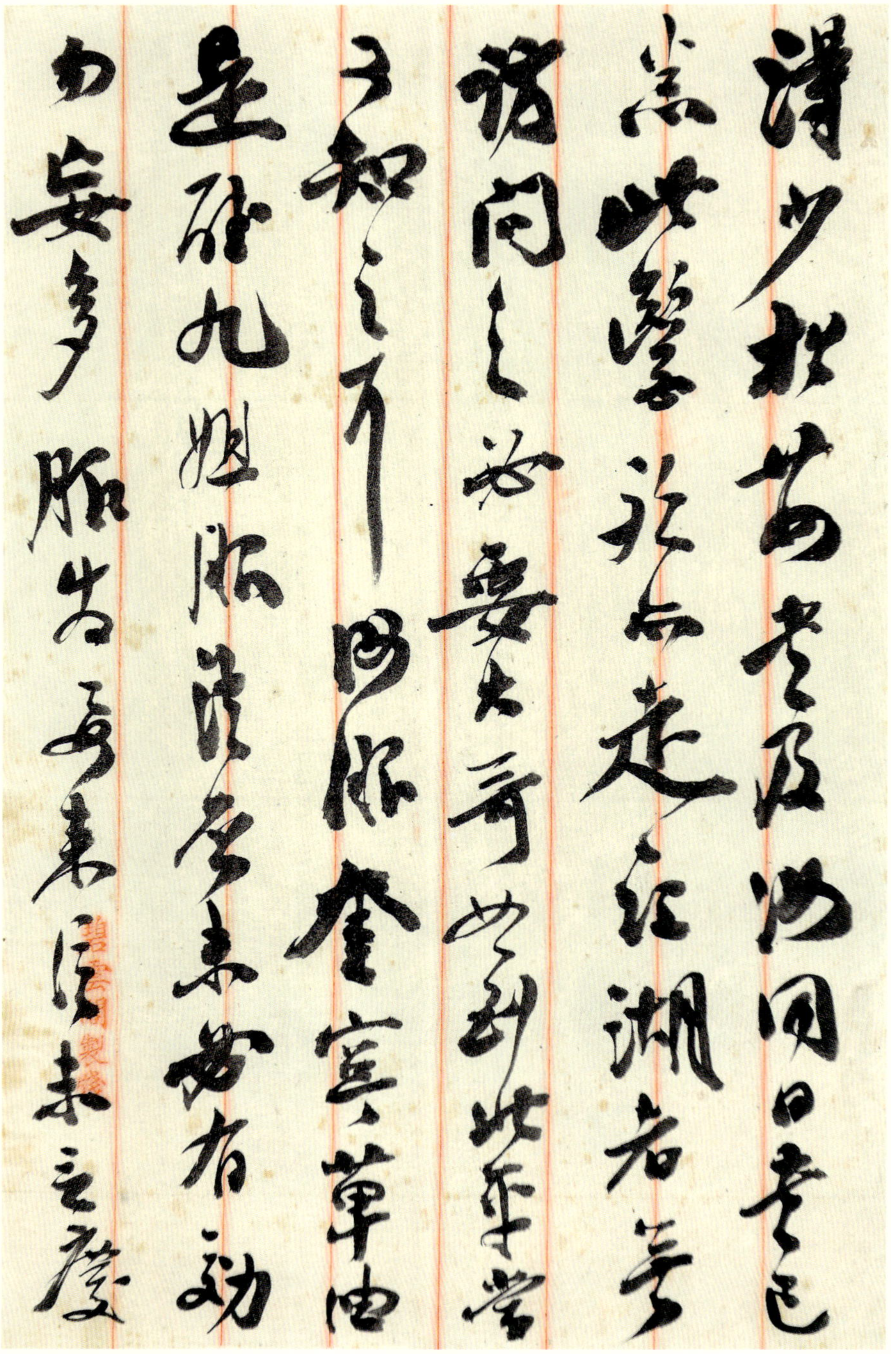

26-1

得少松廿四书及汝同日书，已悉。此医殆亦走江湖者，无访问之必要。大哥如到北平，当可知之耳。汝服奎宁草油，是听九姐服法否？未必有效，勿妄多服为要。来信未言庆

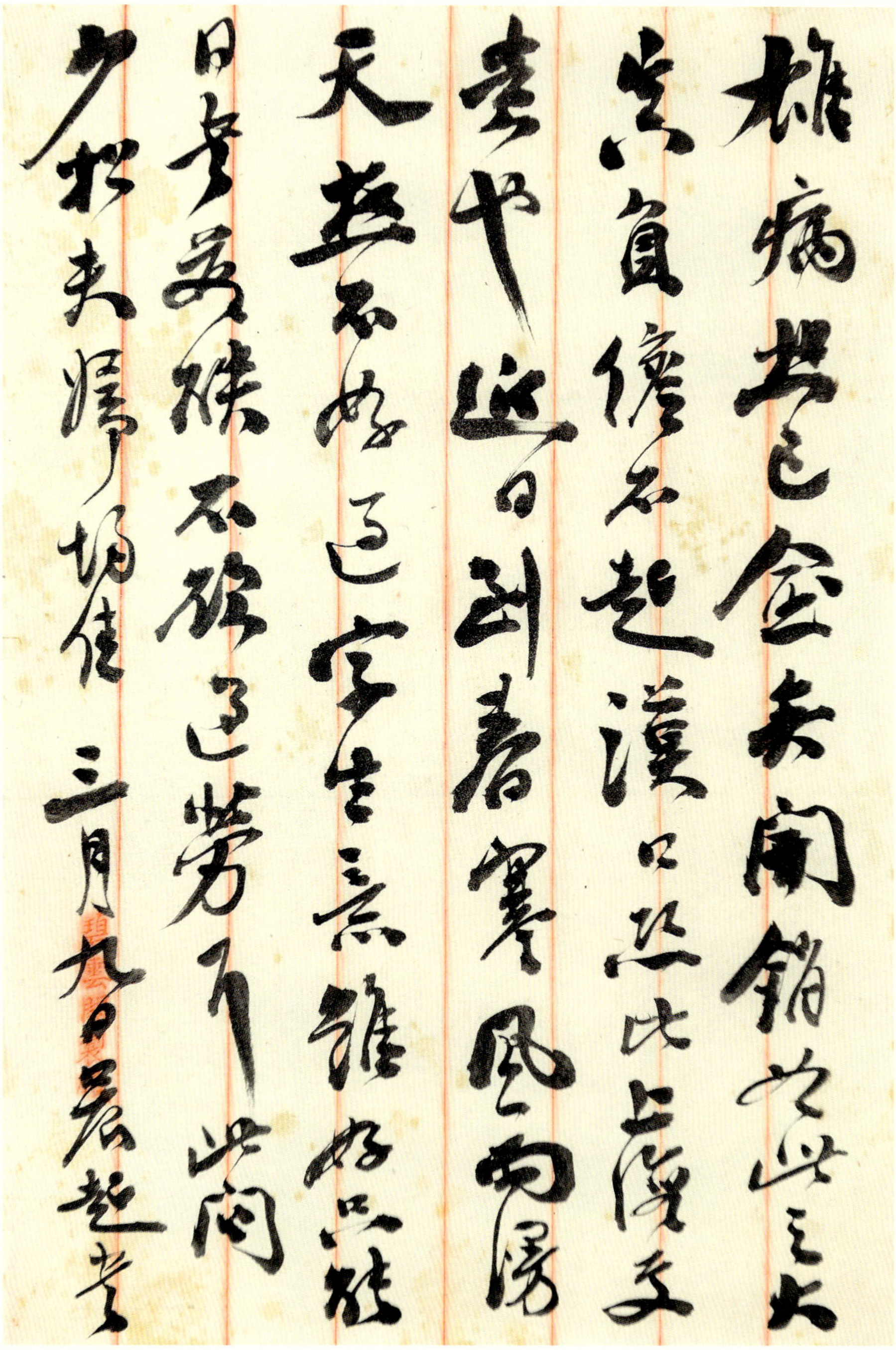

26–2

雄病，想已愈矣。开销如此之大，真负担不起。汉口恐比上海更贵也。近日到春寒，风雨漫天，极不好过。字生意虽好，只能日书数联，不欲过劳耳。此问少松夫妇均佳。

三月九日晨起书

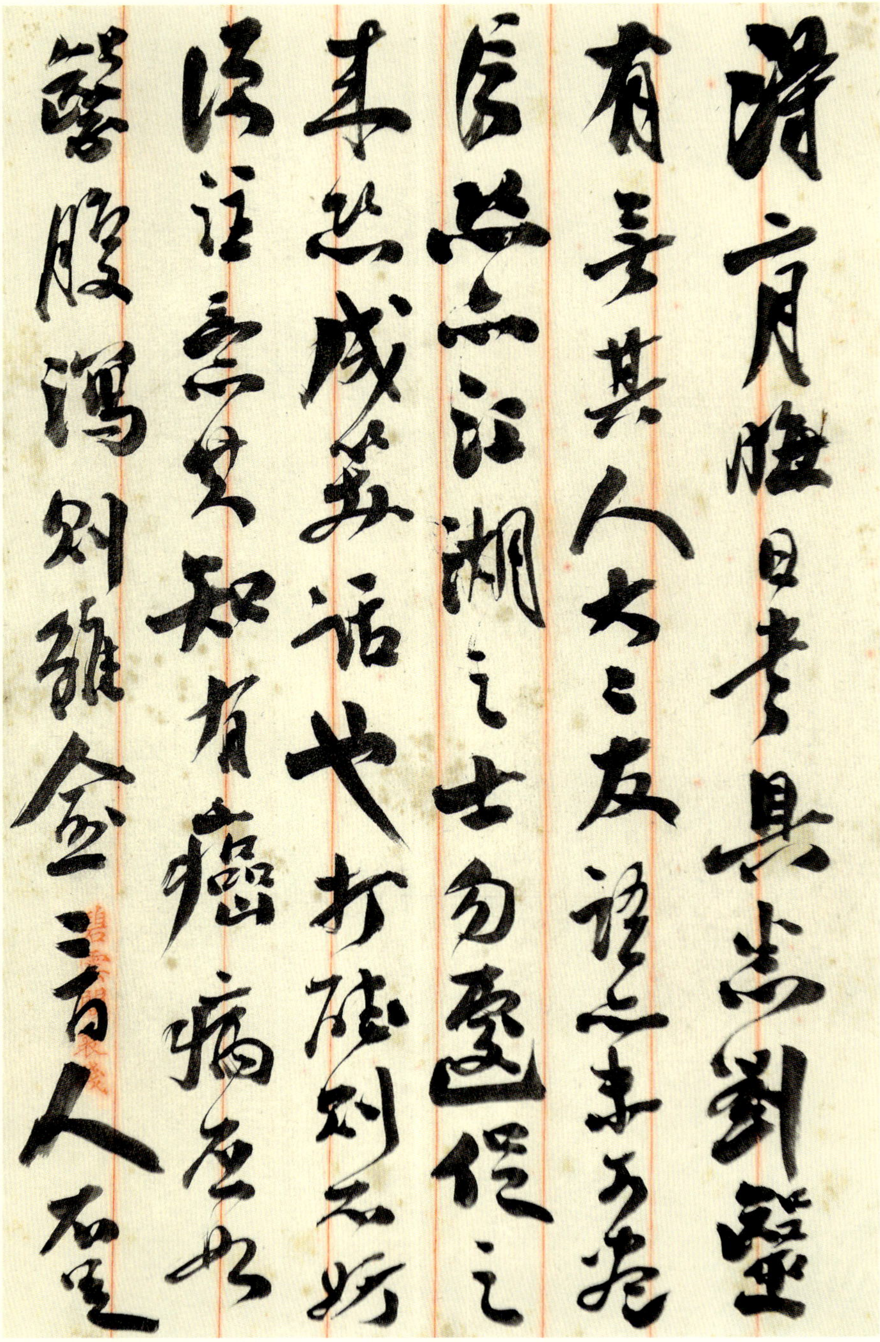

27–1

得二月晦日书，具悉。刘医有无其人，大大友语亦未可尽信。恐亦江湖之士，勿遽促之来，恐成笑话也，打听则不妨。须注意其知有癌病否。如医腹泻，则虽愈二百人，不足

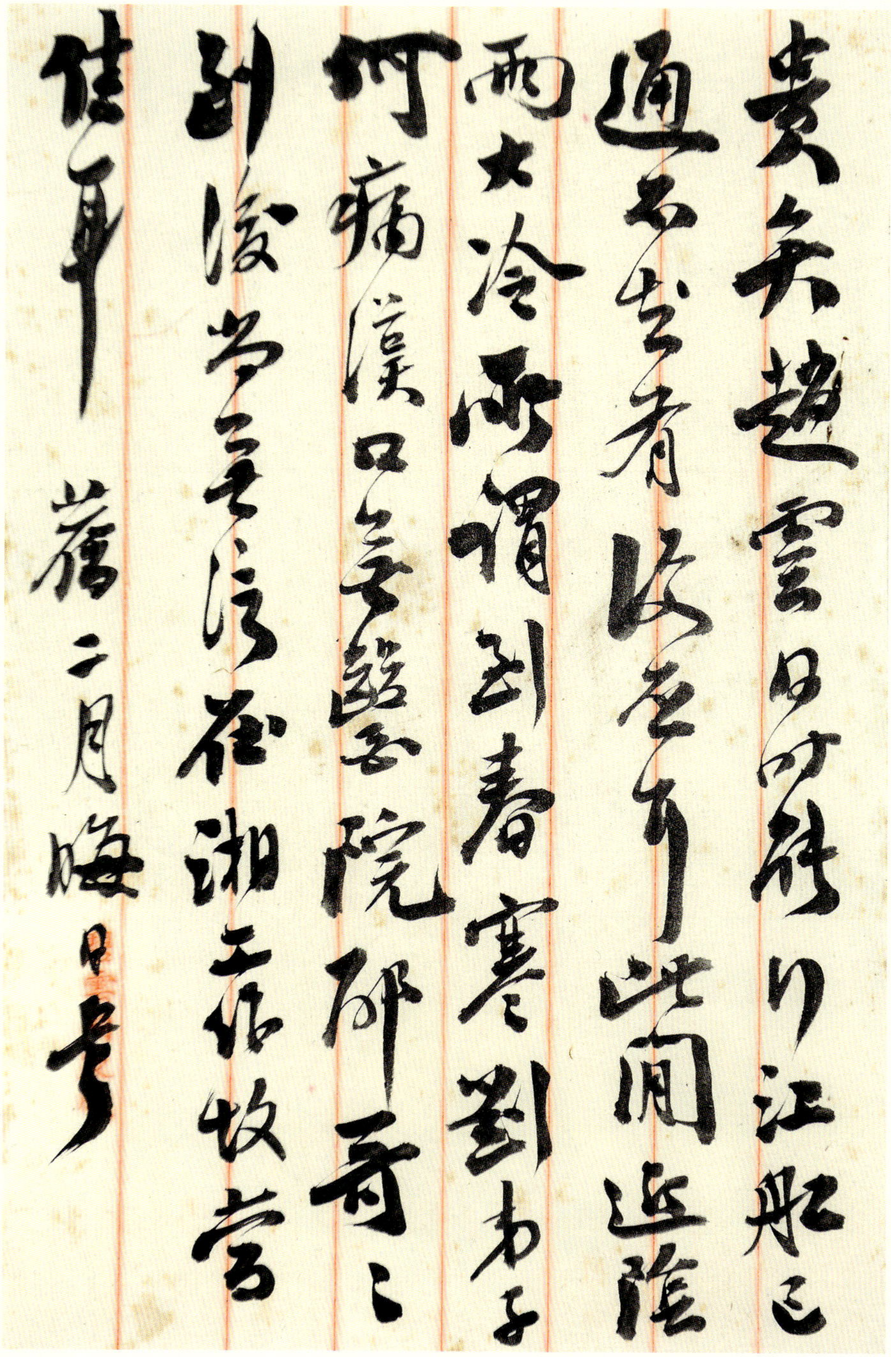

贵矣。赵云何时能行？江船已通，不知有便否耳。此间近阴雨大冷，所谓到春寒。刘弟子何病，汉口无医院耶？哥哥到后尚无信，在湘工作故当佳耳。旧二月晦日书

27-2

贵矣。赵云何时能行？江船已通，不知有便否耳。此间近阴雨大冷，所谓到春寒。刘弟子何病，汉口无医院耶？哥哥到后尚无信，在湘工作故当佳耳。

旧二月晦日书

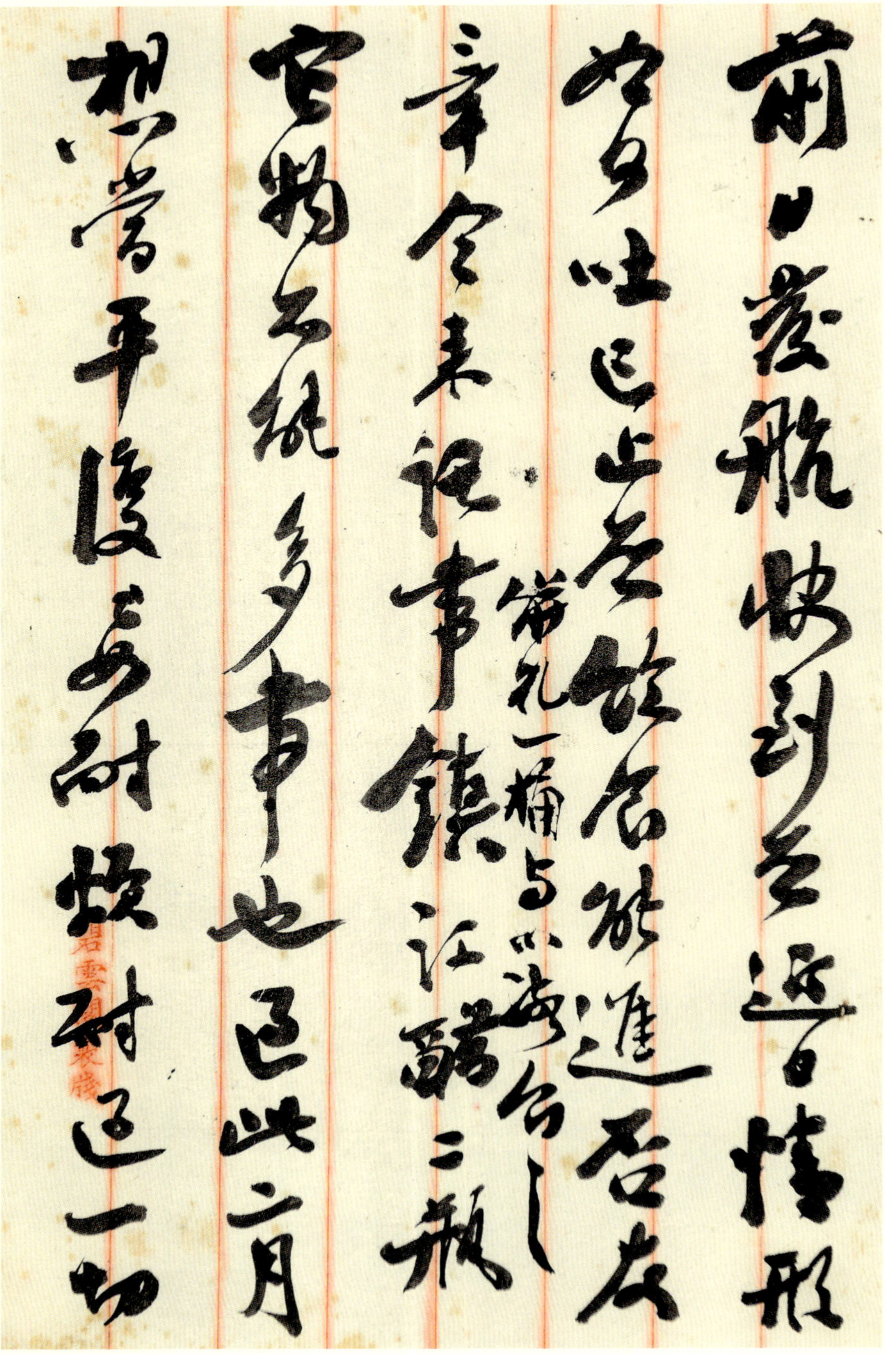

28-1

前日发航快到否？近日情形如何？吐已止否？饮食能进否？友章今来，託带镇江醋二瓶（饼干一桶与小孩食之），它物不能多带也。过此二月想当平复。要耐烦耐过，一切

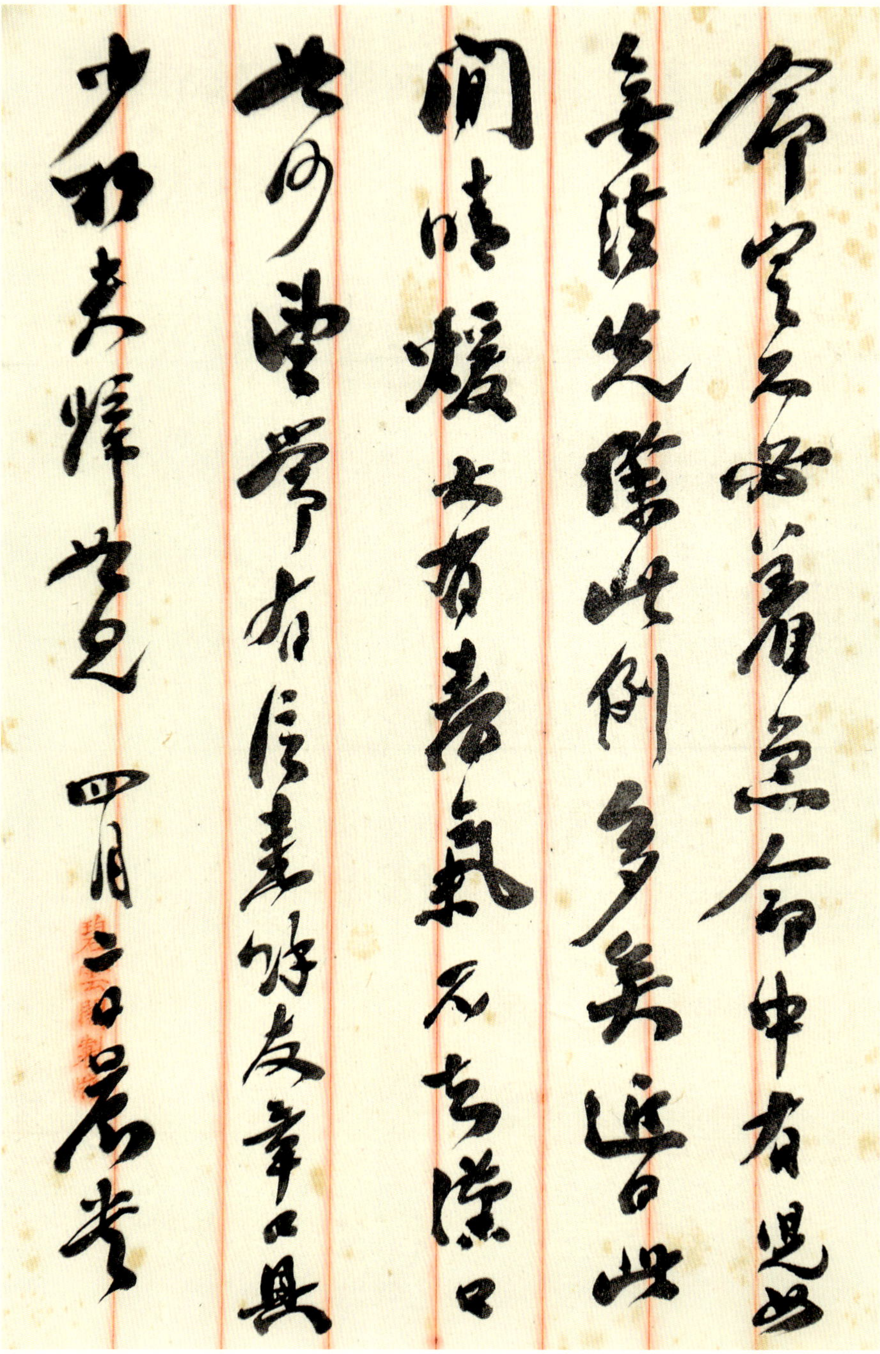

28–2

命定不必着急。命中有儿女无法先除，此例多矣。近日此间晴煖，大有春气，不知汉口如何。望常有信来。馀友章口具。少松夫妇如见。

四月二日晨书

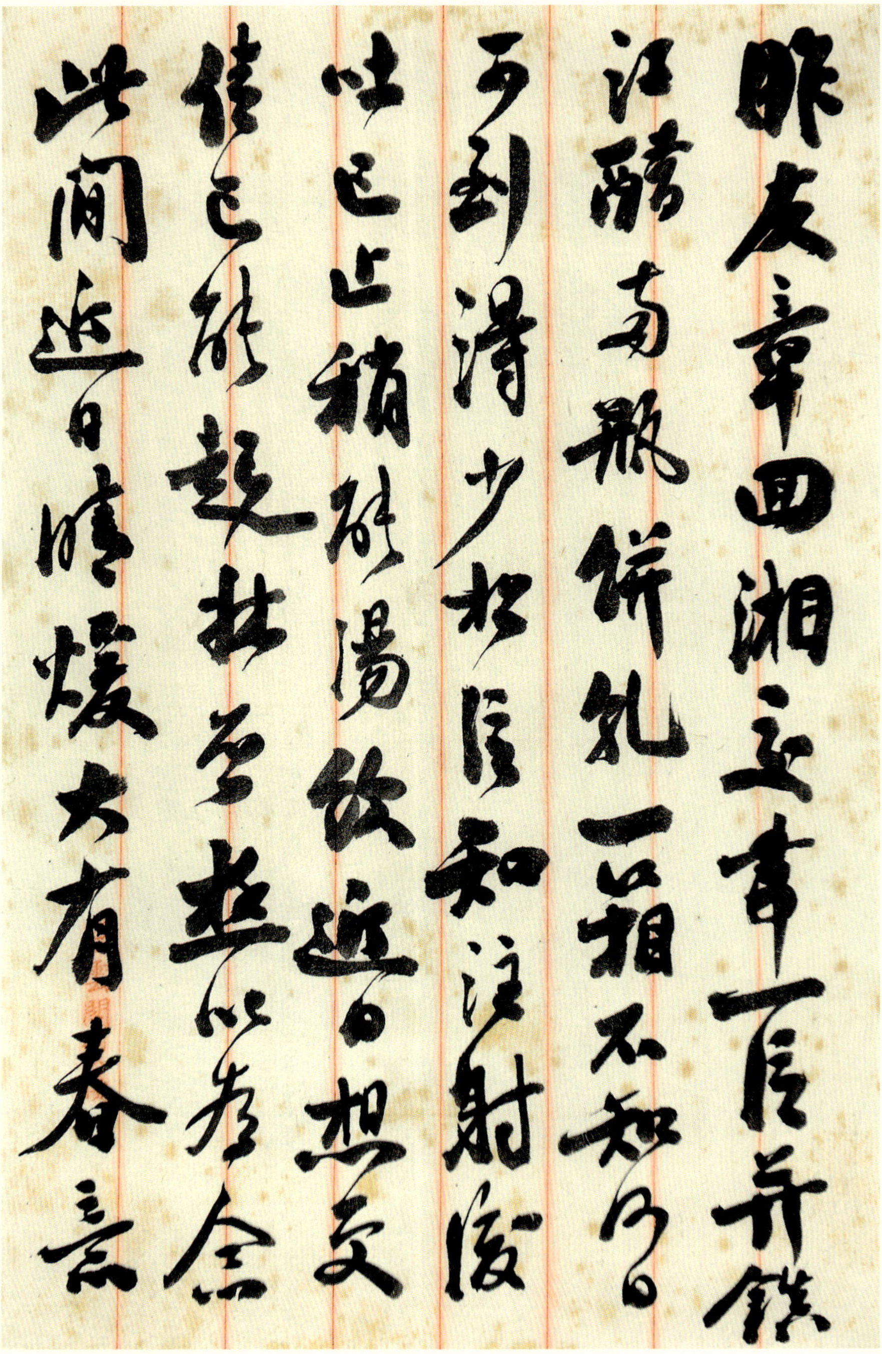

29-1

昨友章回湘，交带一信并镇江醋两瓶、饼干一箱，不知何日可到？得少松信知注射后吐已止，稍能汤饮。近日想更佳。已能起床否？极以为念。此间近日晴煖，大有春意。

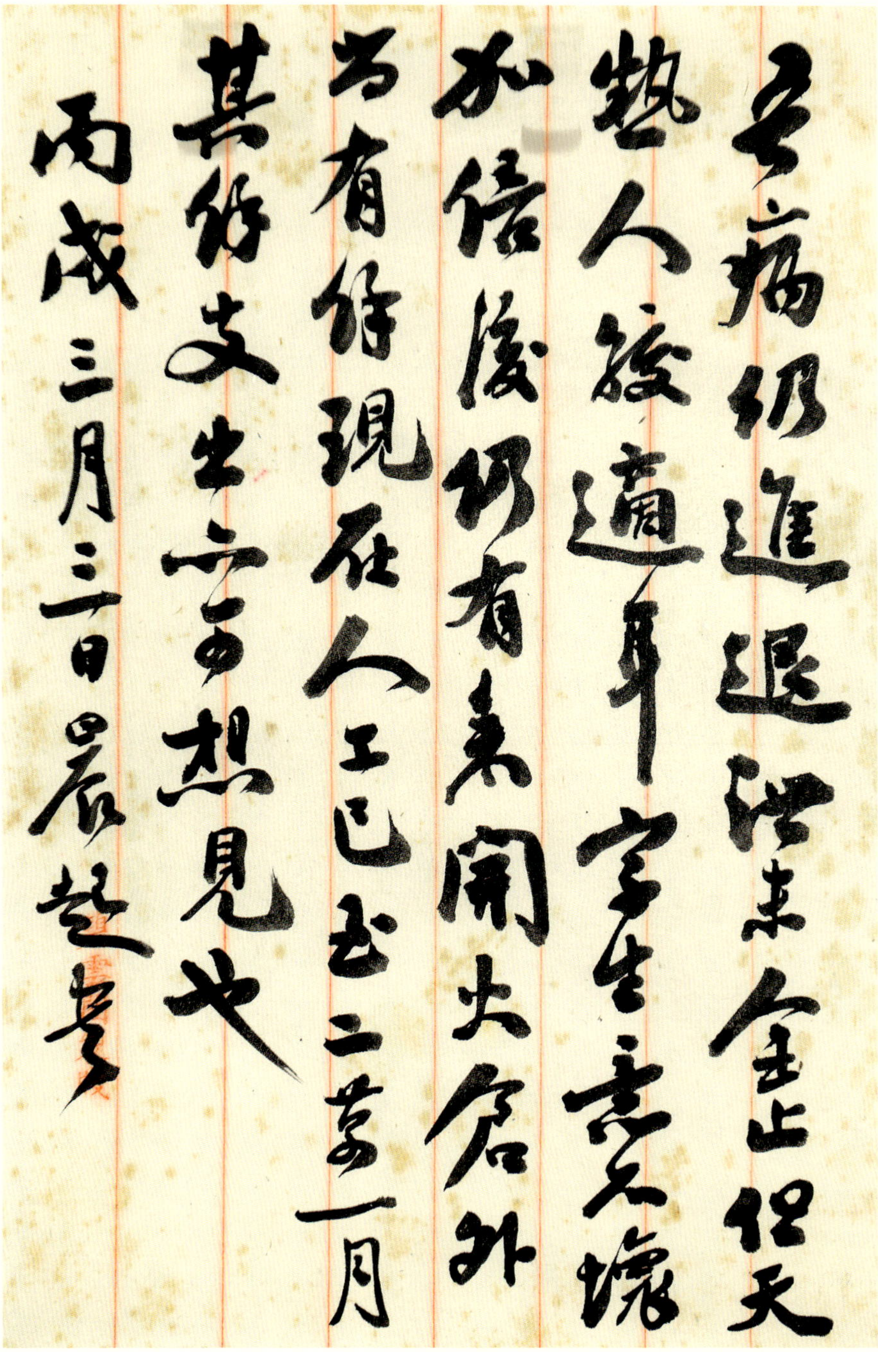
吾病仍進退泄未全止但天
熱人較適耳字生意不壞
加倍後仍有來開火倉外
尚有餘現在人工已至二万一月
其餘支出亦可想見也
丙戌三月三日晨起書

29-2

吾病仍进退，泄未全止，但天热人较适耳。字生意不坏，加倍后仍有来，开火仓外尚有馀。现在人工已至二万一月，其馀支出亦可想见也。

丙戌三月三日晨起书

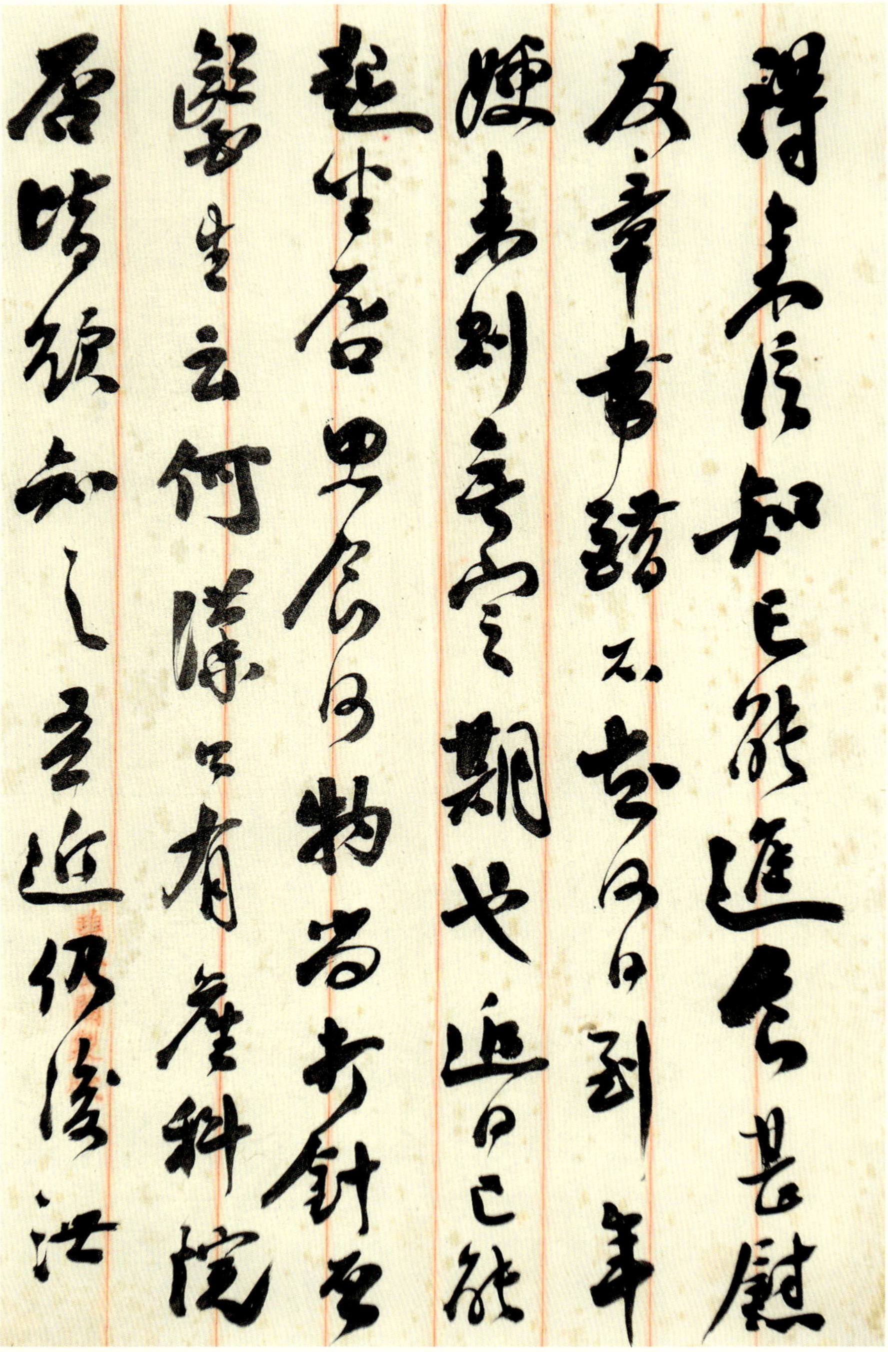

30-1

得来信，知已能进食，甚慰。友章带醋不知何日到。年嫂来则无定期也。近日已能起坐否？思食何物？尚打针否？医生云何？汉口有产科院否？皆须知之。吾近仍后泄

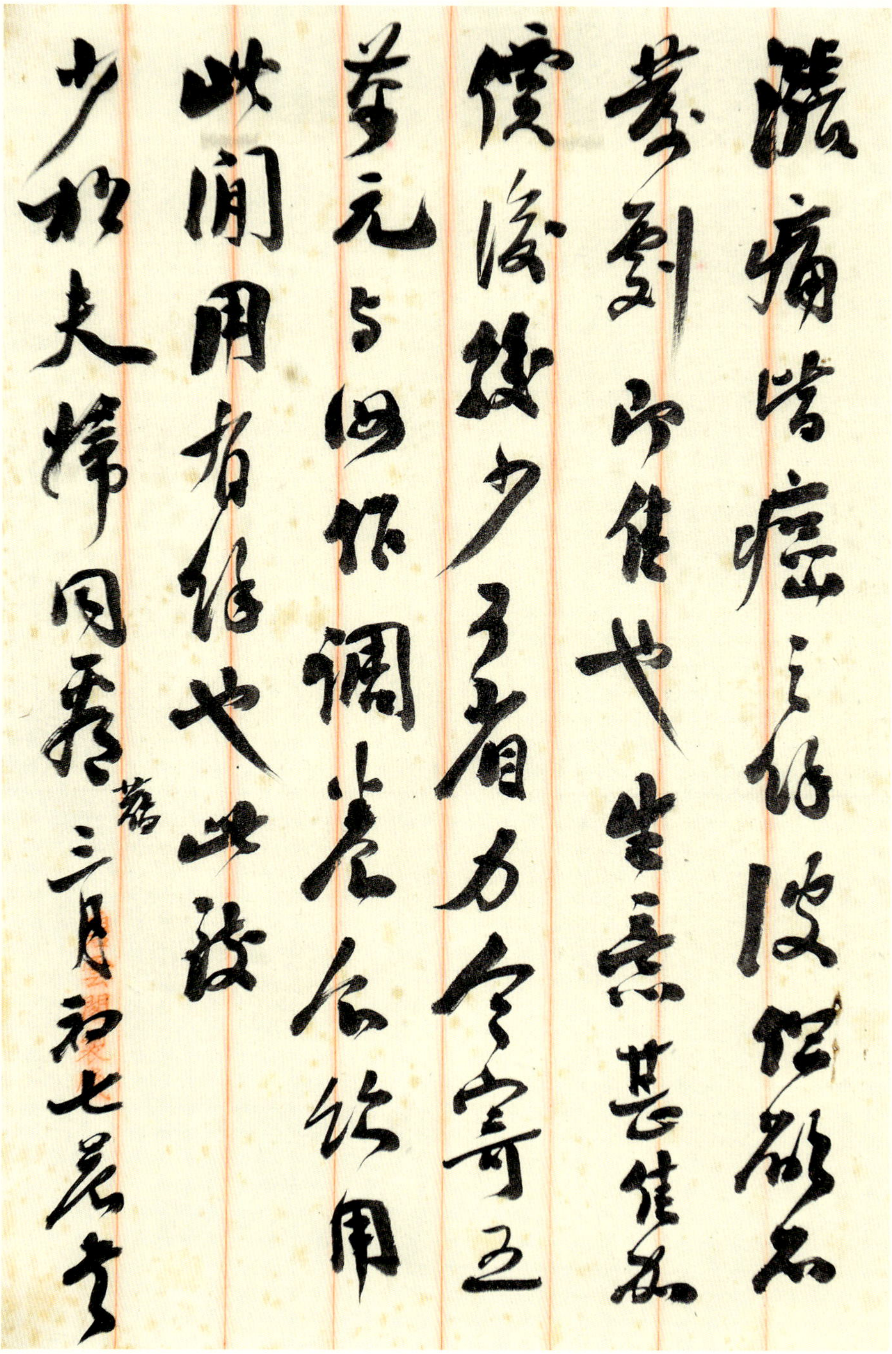

30-2

涨痛，皆癌之馀波，但欲不发剧即佳也。生意甚佳，加价后较少，可省力。今寄五万元与汝作调养食饮用，此间用有馀也。此致少松夫妇同看。

旧三月初七晨书。

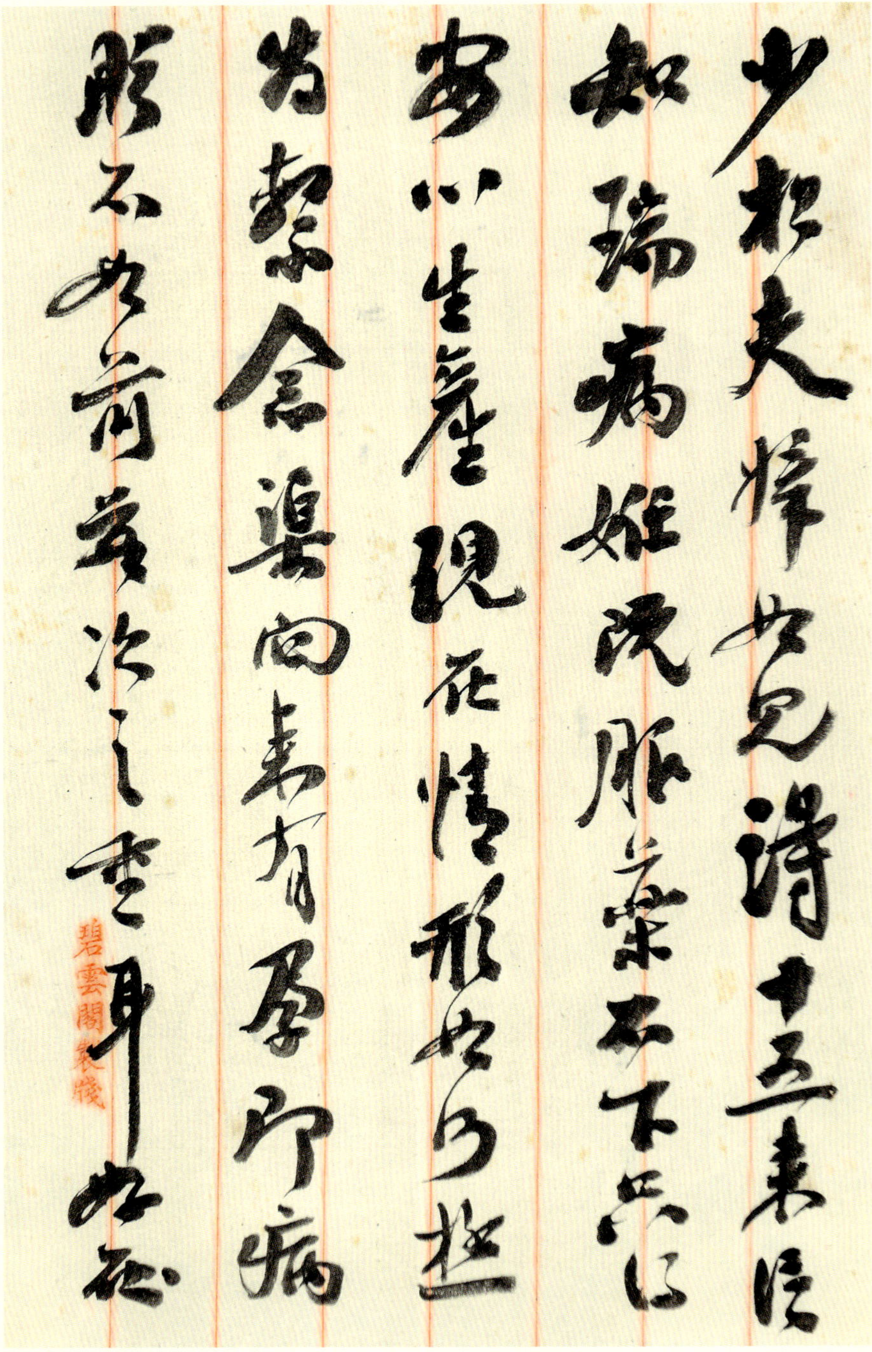

31-1

少松夫妇如见。得十五来信，知瑞病妊，既服药不下，只得安心生产。现在情形如何，极为系念。渠向来有孕即病，盼不如前数次之重耳。好在

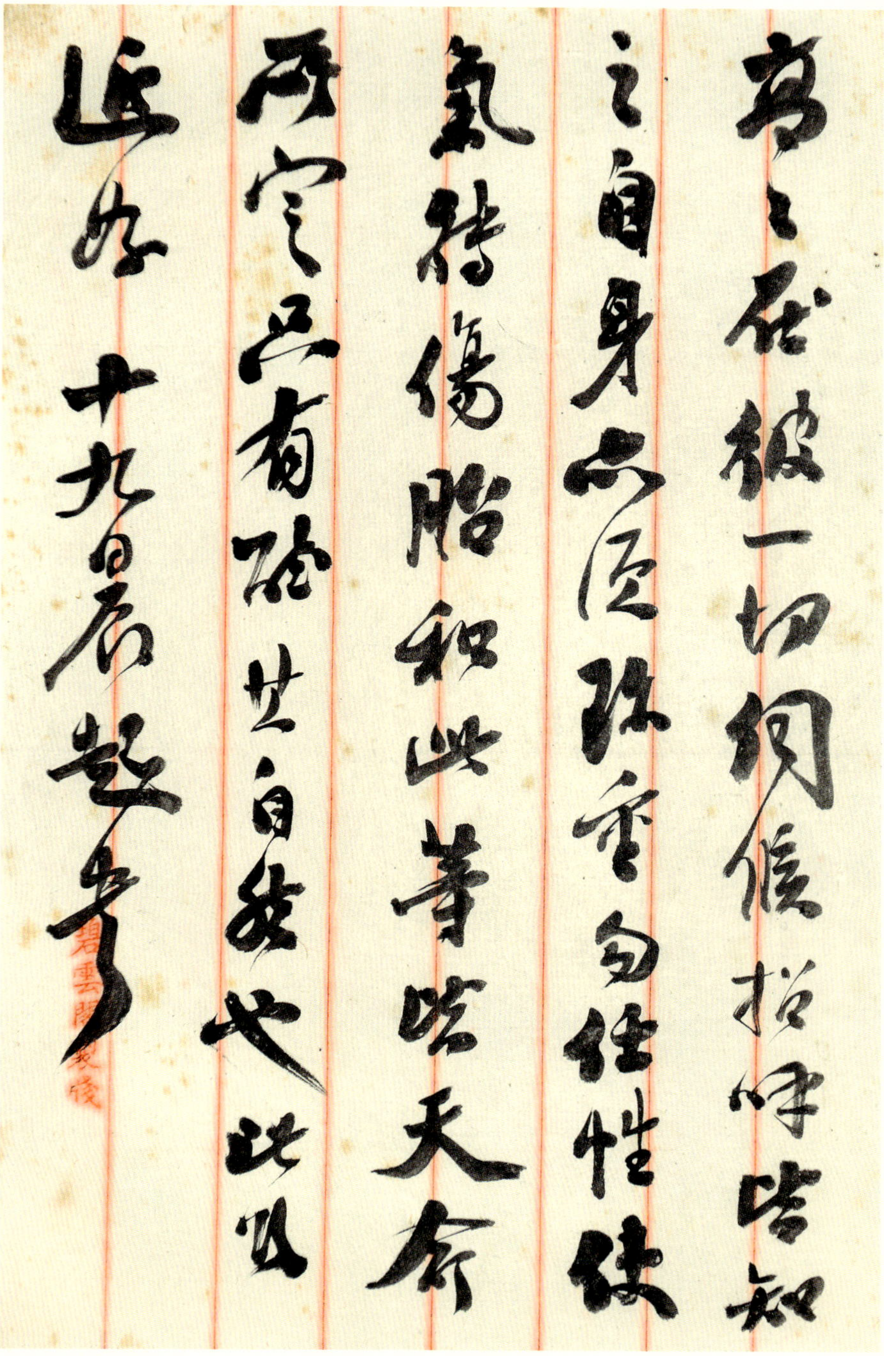

31–2

高高在，彼一切伺候招呼皆知之。自身亦须珍重，勿任性使气，转伤胎和。此等皆天命所定，只有听其自然也。此颂近好。

十九晨起书

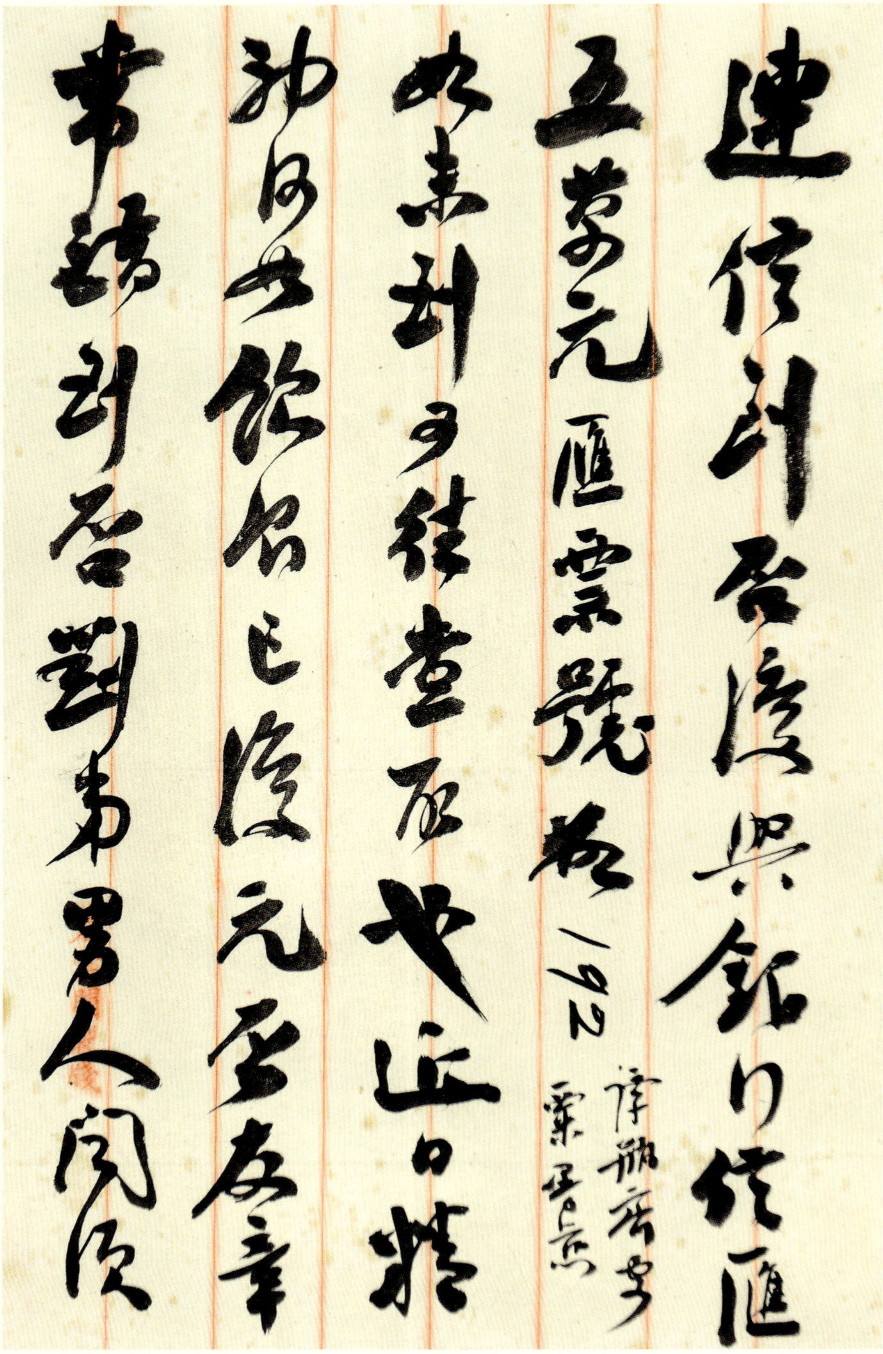

32-1

连信到否？复兴银行信汇五万元，汇票号为192（谭瓶斋寄粟□慈），如未到，可往查取也。近日精神何如？饮食已复元否？友章带醋到否？刘弟男人闻须

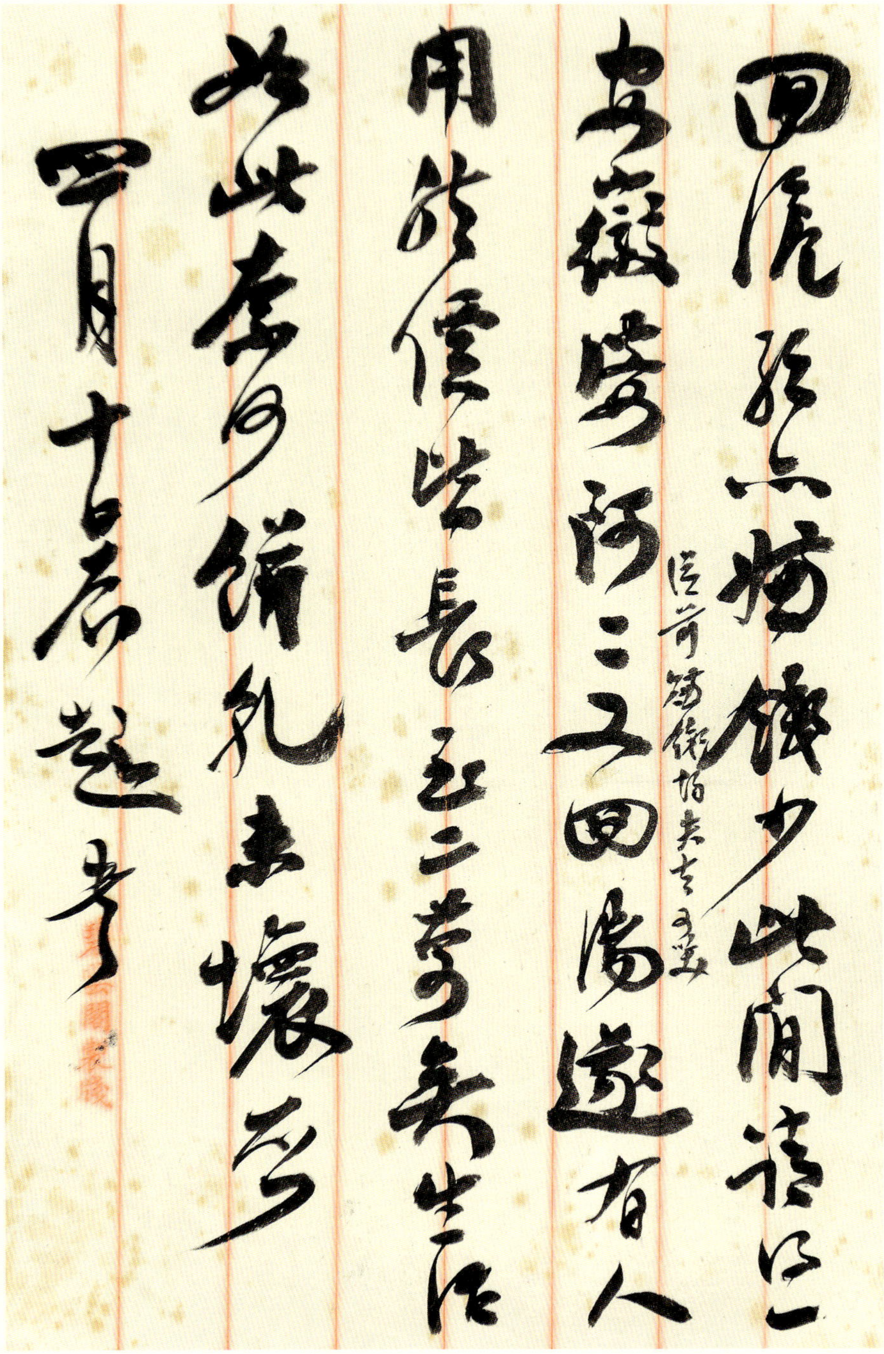

32–2

回沪，殆亦嫌钱少。此间请得一安徽婆，阿二又回汤（从前赚钱均失去，可笑），遂有人用，然价皆长至二万矣。生活如此，奈何。饼干未坏否。

四月十晨起书

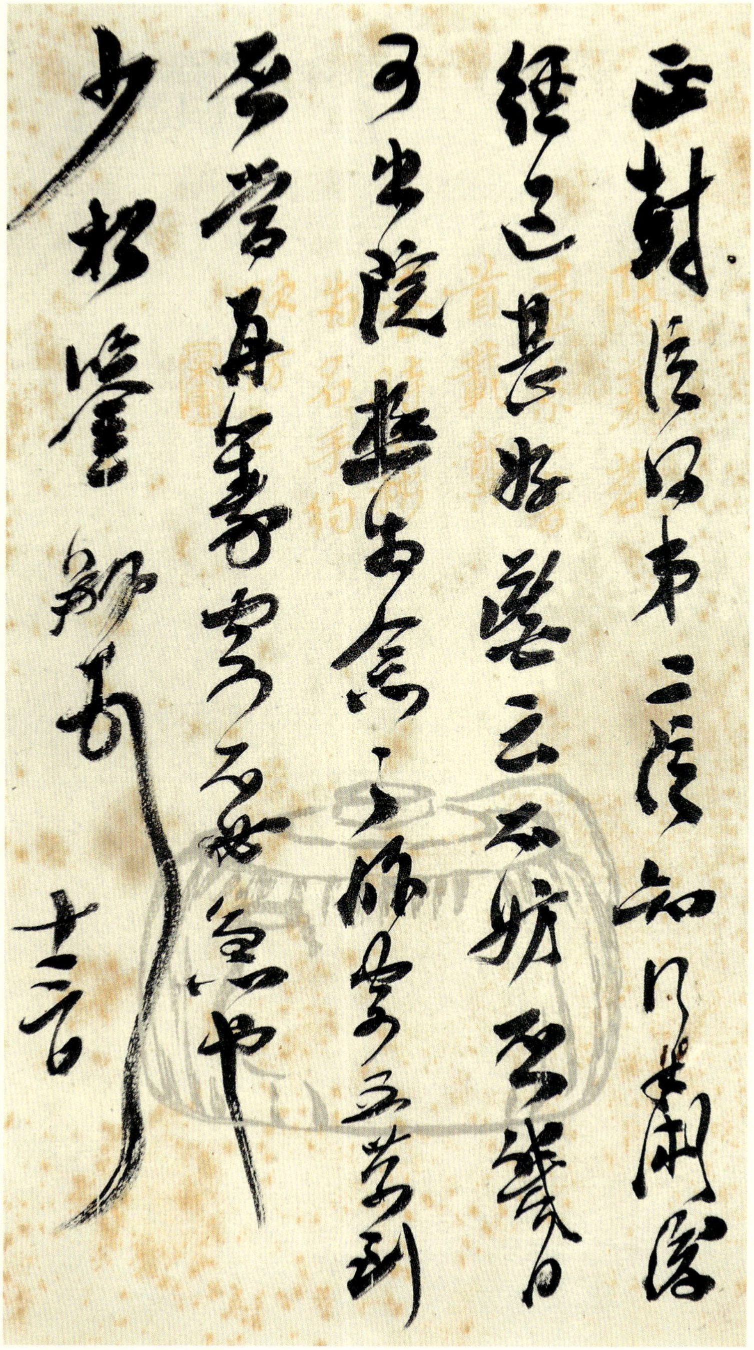

33

正封信，得弟二信。知行手术后复经过，甚好。医云不妨否？几日可出院？极为念念。昨寄五万到否？当再筹寄。不必急也。少松鉴。

瓶顿首

十三日

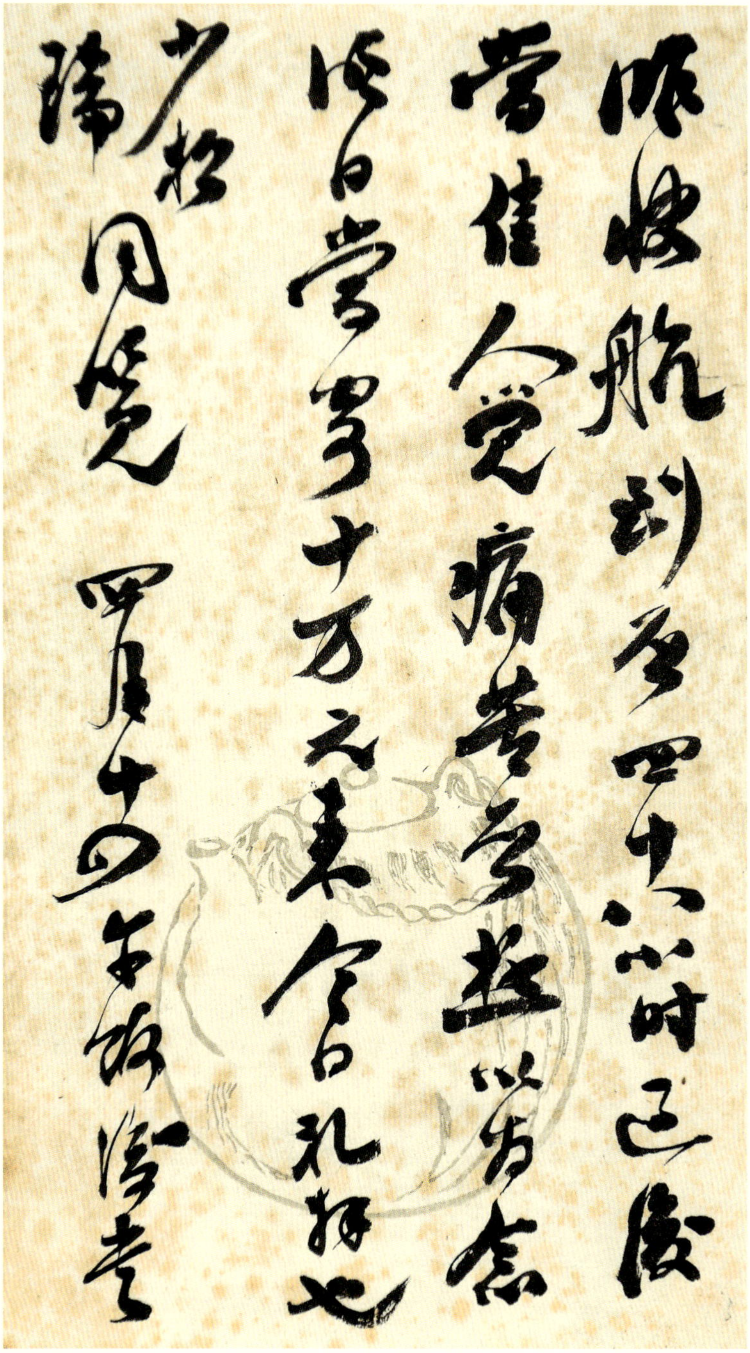
昨快航到否四十八小时过后
当佳人觉痛苦否极以为念
明日当寄十万元来今日礼拜也
少松
瑞同览
四月十四午饭后书

34

昨快航到否？四十八小时过后当佳。人觉痛苦否？极以为念。明日当寄十万元来。今日礼拜也。少松、瑞同览。

四月十四午饭后书

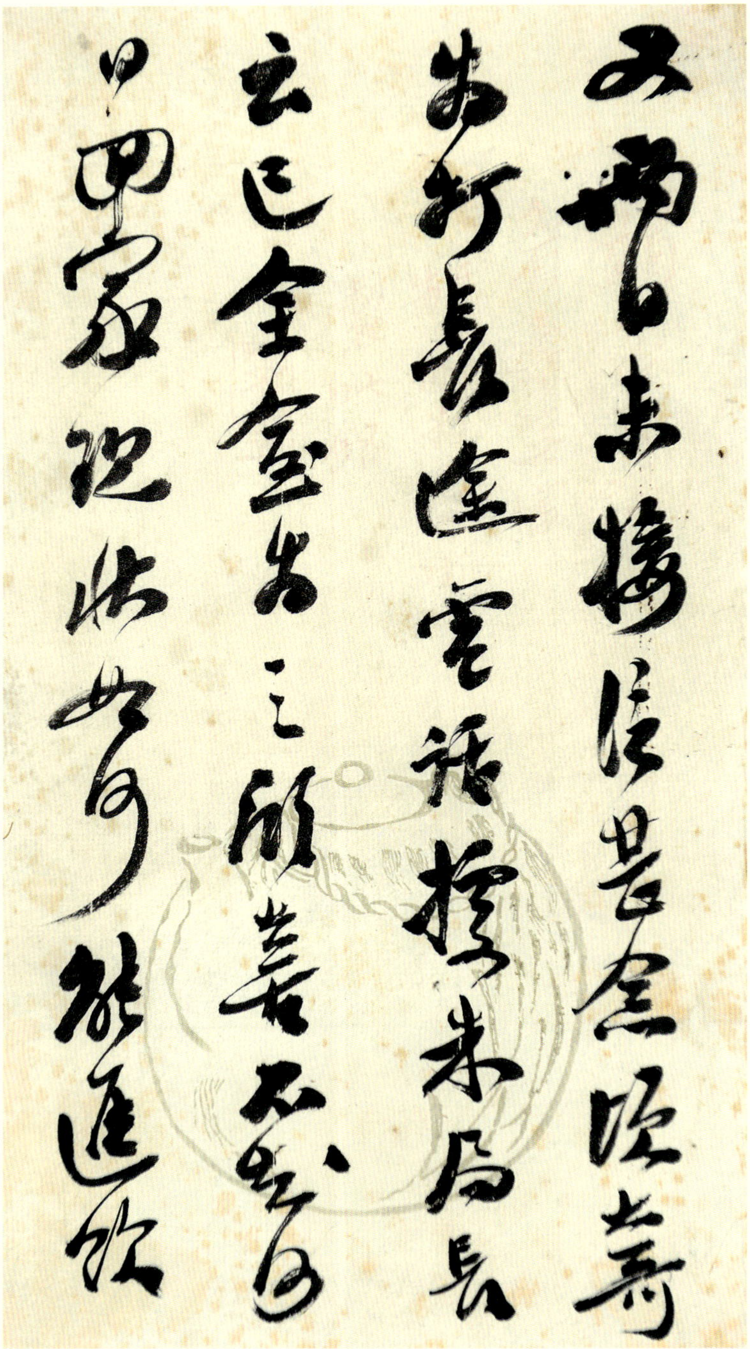

35-1

又两日未接信，甚念。顷大哥为打长途电话，据朱局长云已全愈，为之欣喜。不知何日回家？现状如何？能进饮

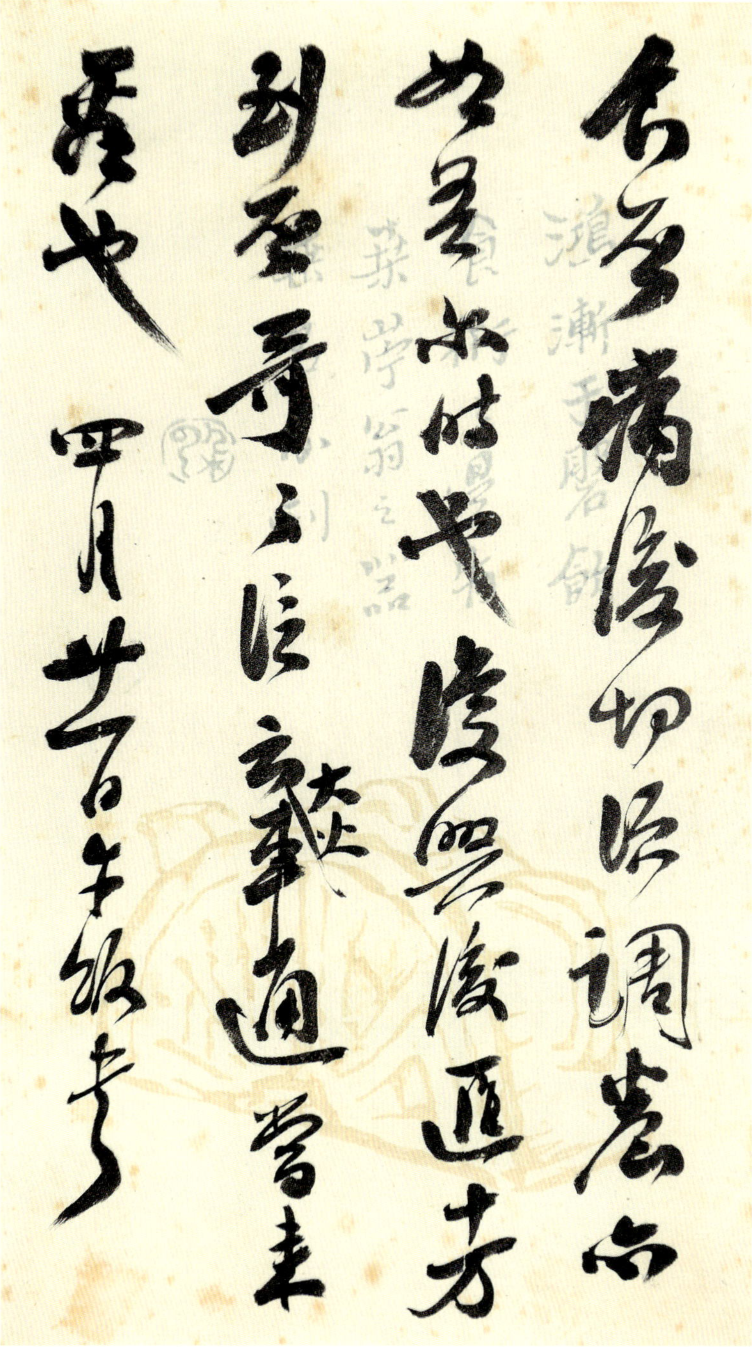

35–2

食否？病后切须调养，亦如吾尔时也。复兴后汇十万到否？哥哥信云大火车通，当来看也。

四月廿一日午饭书

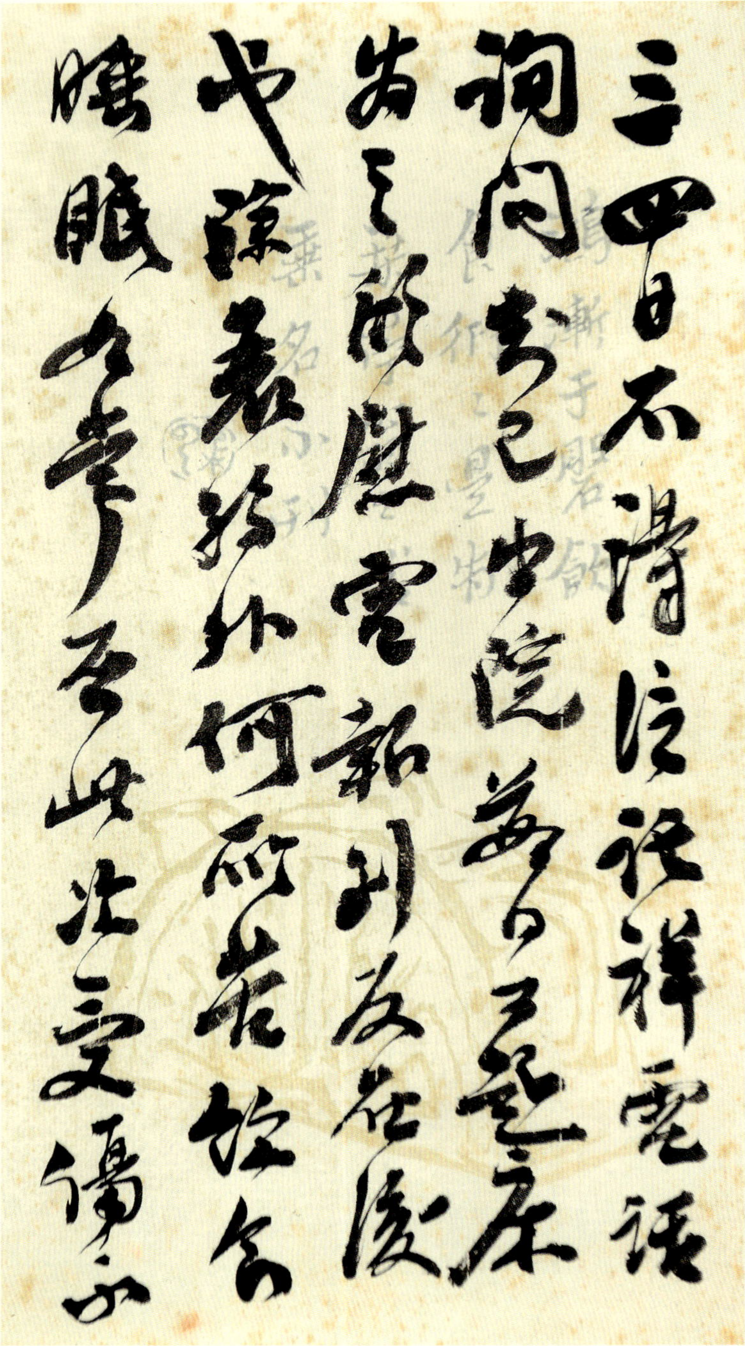

36-1

三四日不得信，託祥电话询问，知已出院，数日可起床，为之欣慰。电报到反在后也。除衰弱外何所苦？饮食睡眠如常否？此次受伤不

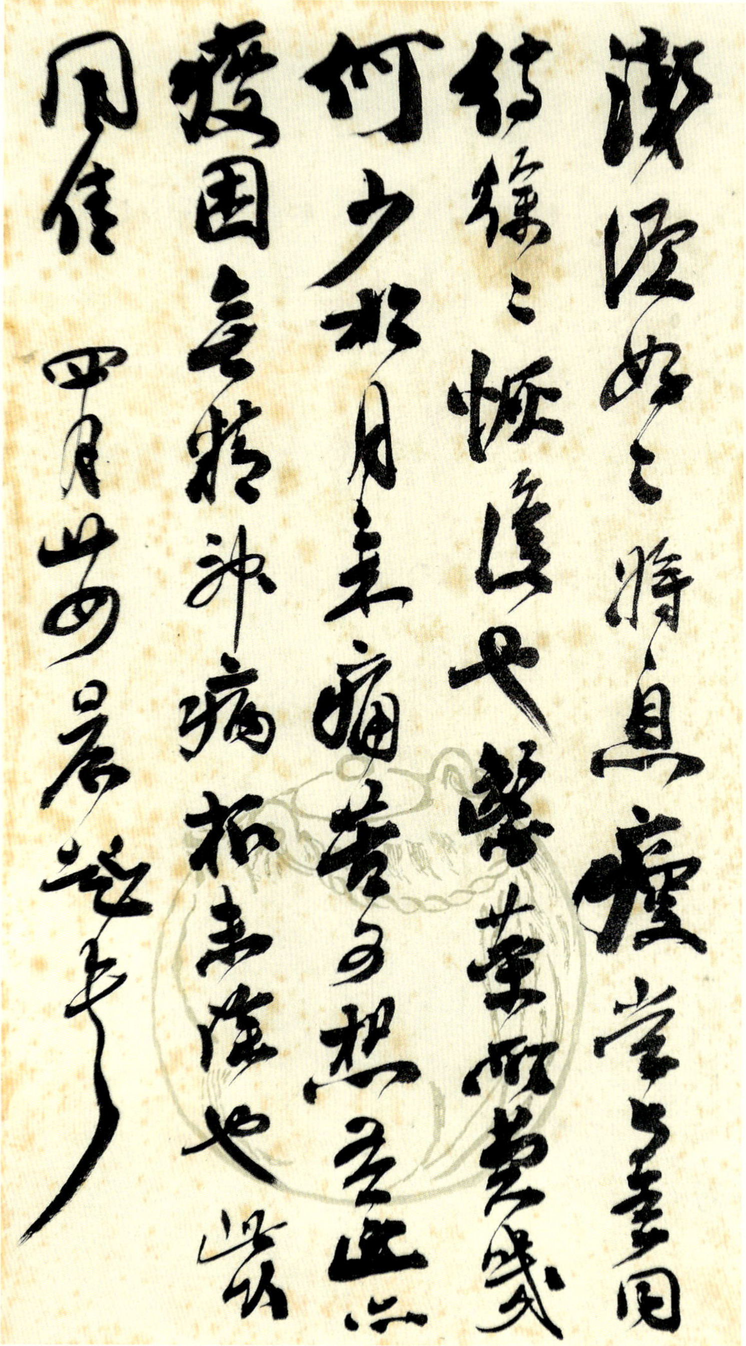

36-2

浅，须好好将息。瘦当与吾同，待徐徐恢复也。医药所费几何？少松日来痛苦可想。吾近亦疲困无精神，病根未除也。此致同佳。

四月廿四晨起书

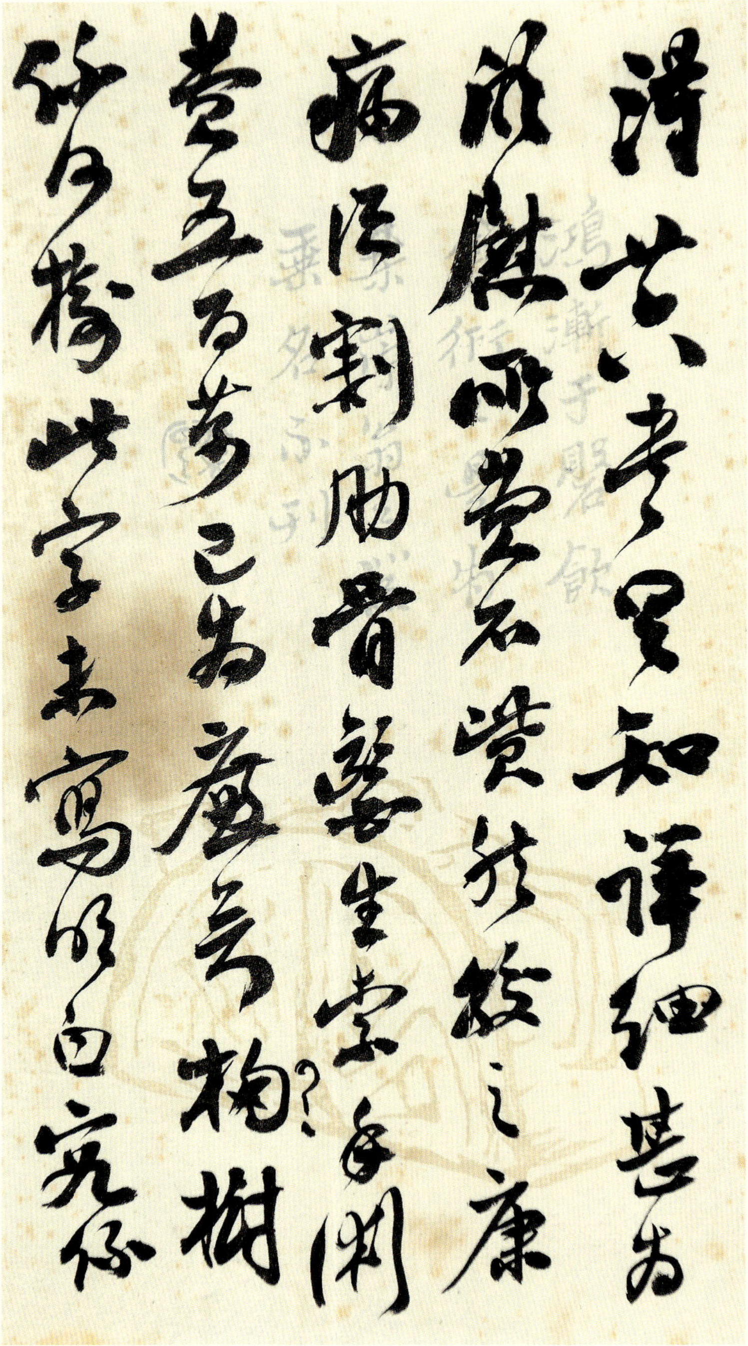

37-1

得廿六书，具知详细，甚为欣慰。所费不赀，然较之康病须割肋骨，医生索手术费五百万已为廉矣。□树系何树？此字未写明白，究系

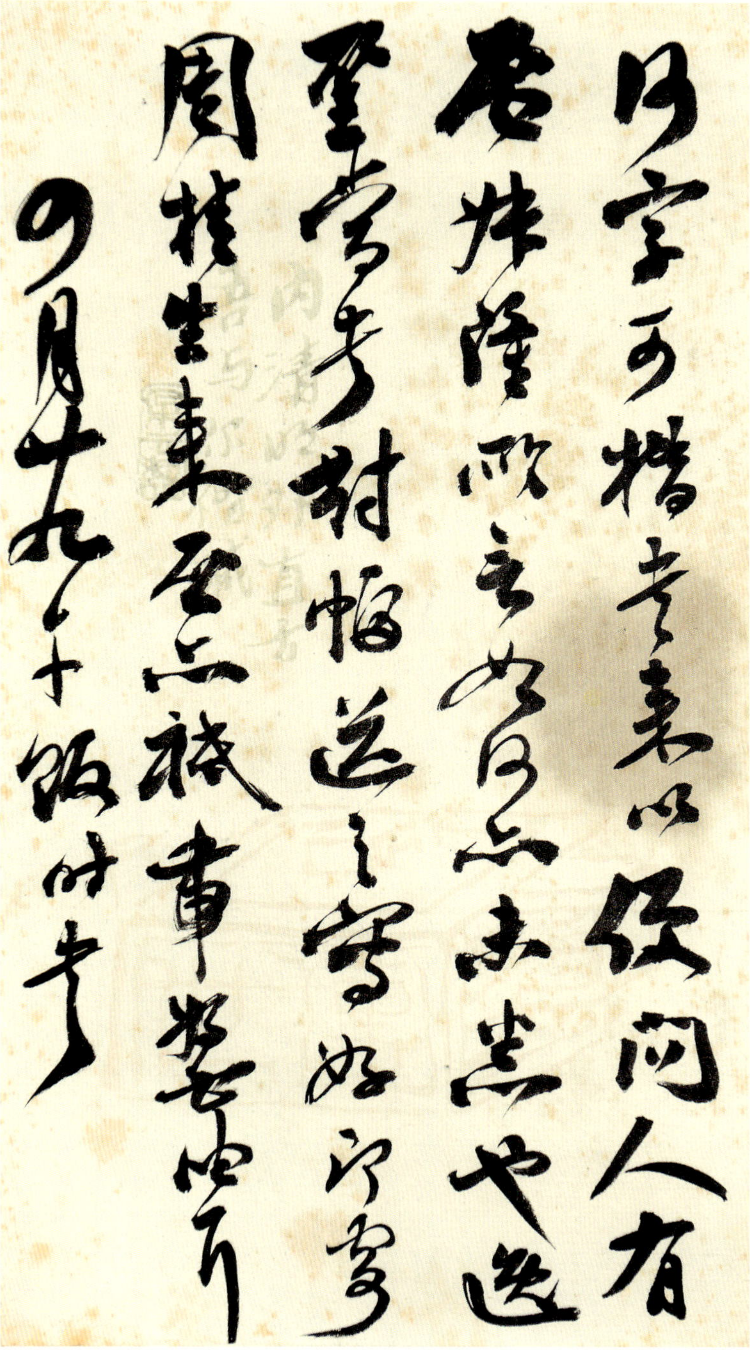

37-2

何字，可楷书来，以便问人有否。叔隆所言如何亦未悉也。逸圣当书对幅送之，写好即寄。周桂生来否？亦只带酱油耳。

四月廿九午饭时书

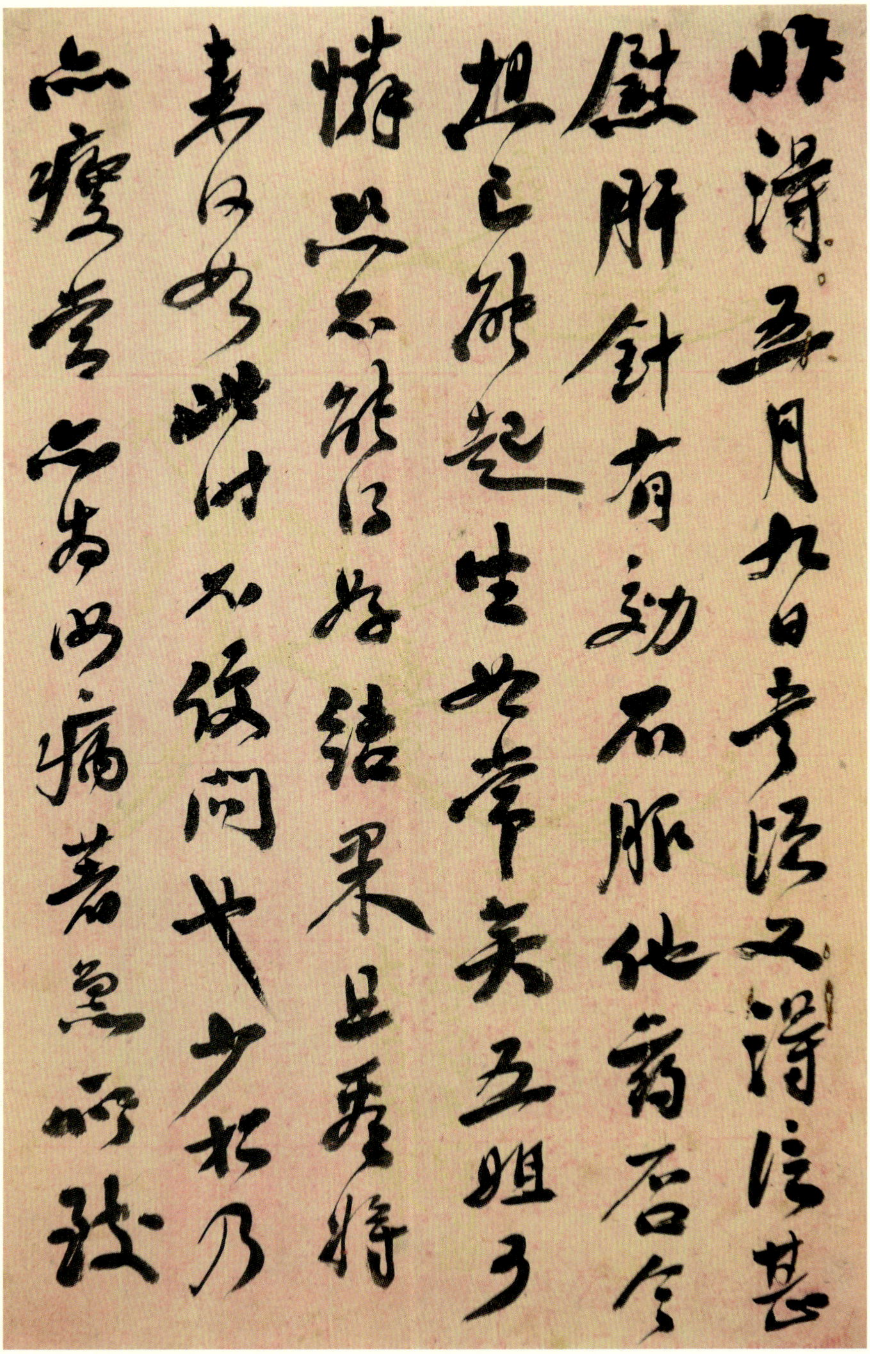

38-1

昨得五月九日书，顷又得信，甚慰。肝针有效，不服他药否？今想已能起坐如常矣。五姐可怜，恐不能得好结果，且看将来何如，此时不便问也。少松乃亦瘦，当亦为汝病著急所致。

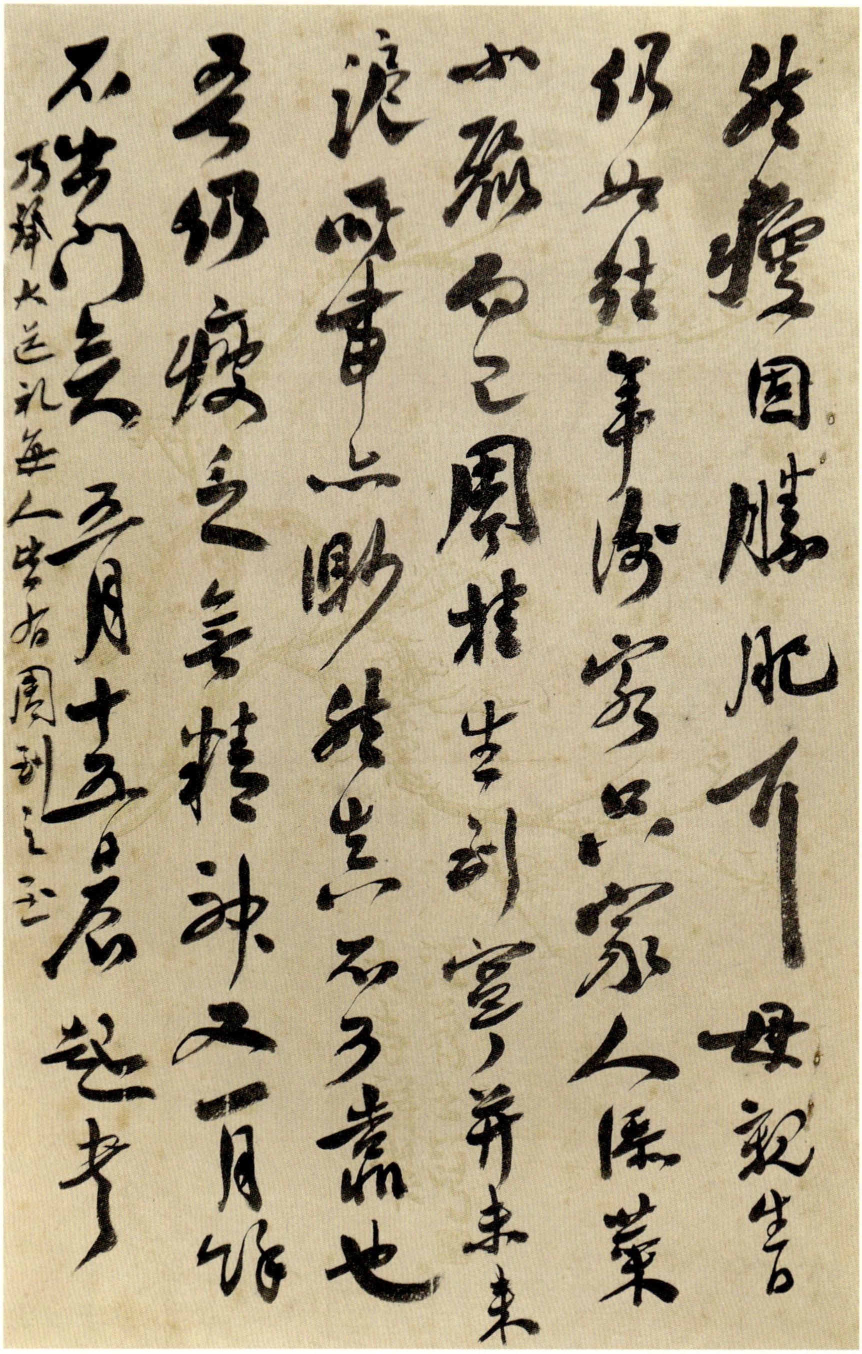

38–2

然瘦固胜肥耳。母亲生日仍如往年谢客，只家人添菜小聚而已。周桂生到宁并未来沪，所带亦渺然，真不可靠也。吾仍疲乏无精神，又一月馀不出门矣。

五月十五晨起书。

（乃肇大送礼，每人皆有，周到之至）

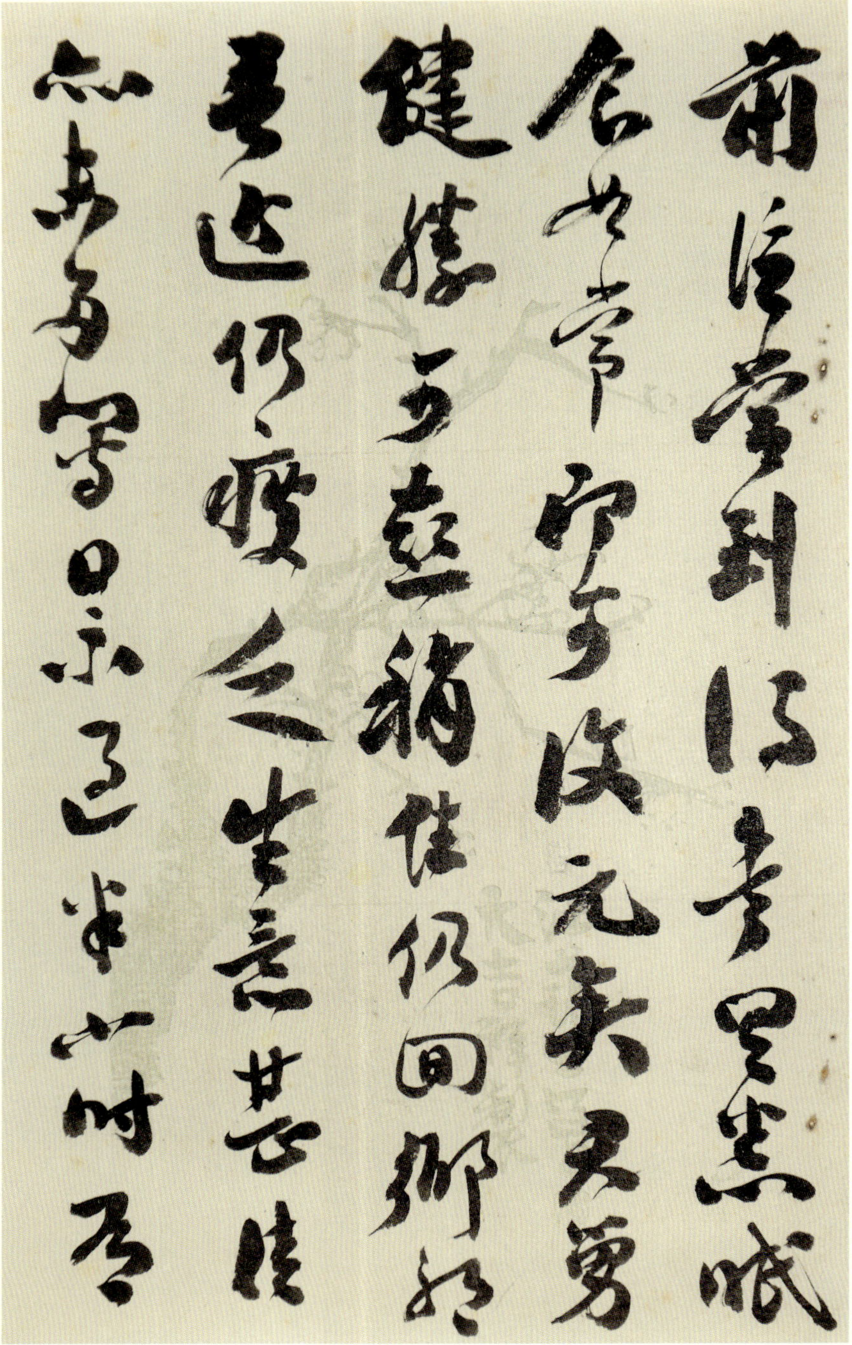

39-1

前信当到。得书具悉。眠食如常，即可复元矣。君舅健胜可喜，稍住仍回乡耶。吾近仍疲乏。生意甚佳，亦未多写。日不过半小时。有

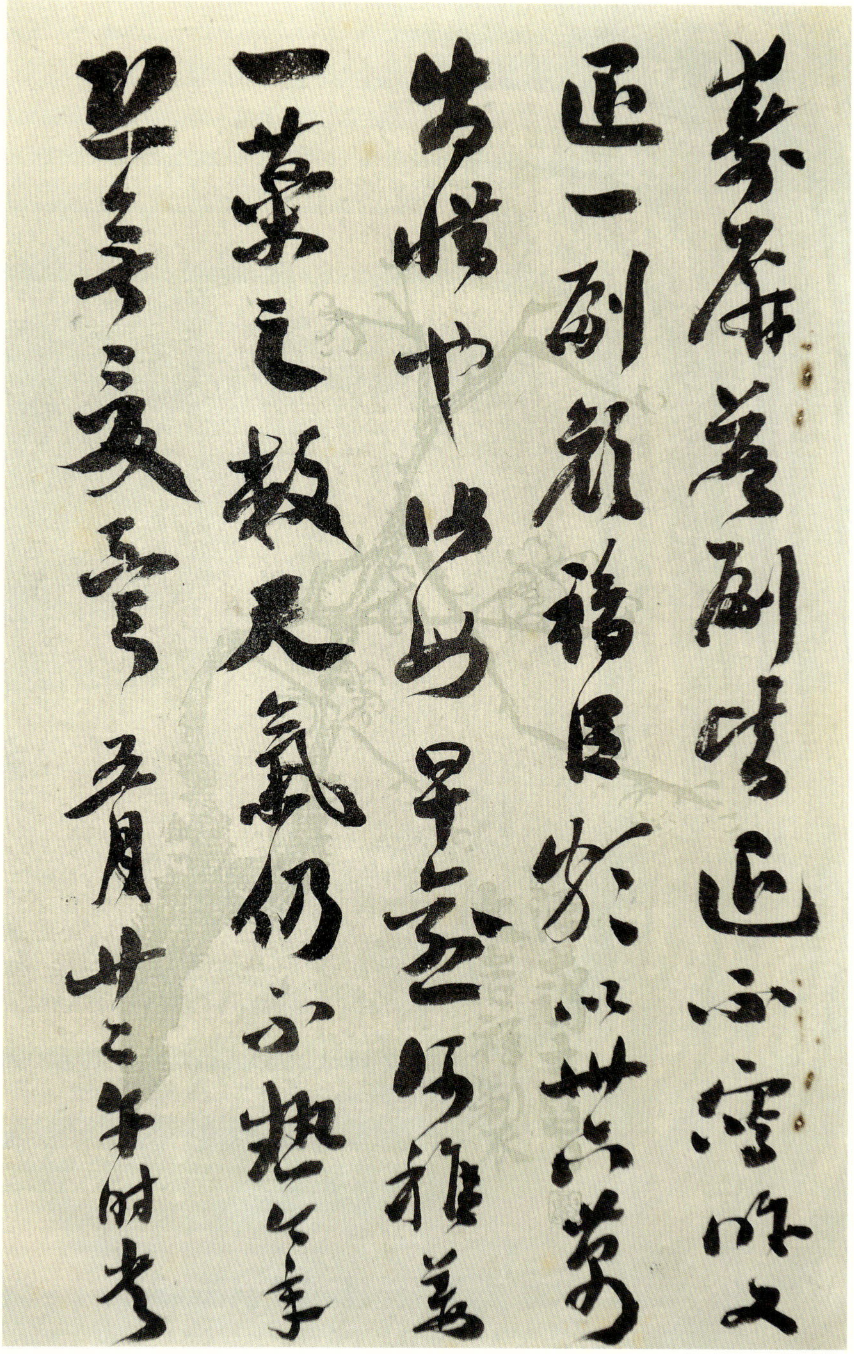

39–2

寿屏数副皆退不写，昨又退一副。颜福臣颇以卅六万为惜也。汝母早愈，何稚姜一药之效。天气仍不热。今年恐无夏忧。

五月廿二午时书

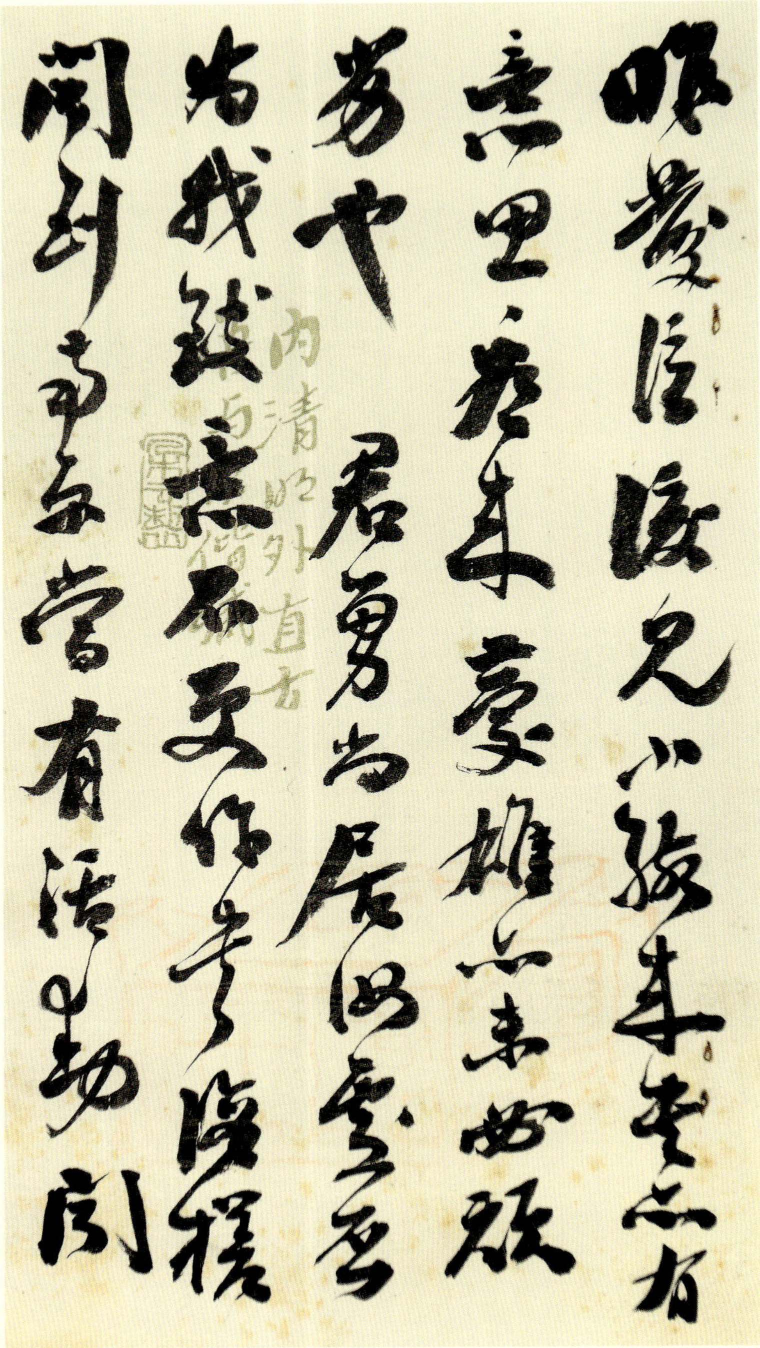

40–1

昨发信后，见小孩来书，亦有意思。看来庆雄亦未必顽劣也。君舅尚居汝处否？为我致意。不更作书。海槎闻到南京，当有活动。闻

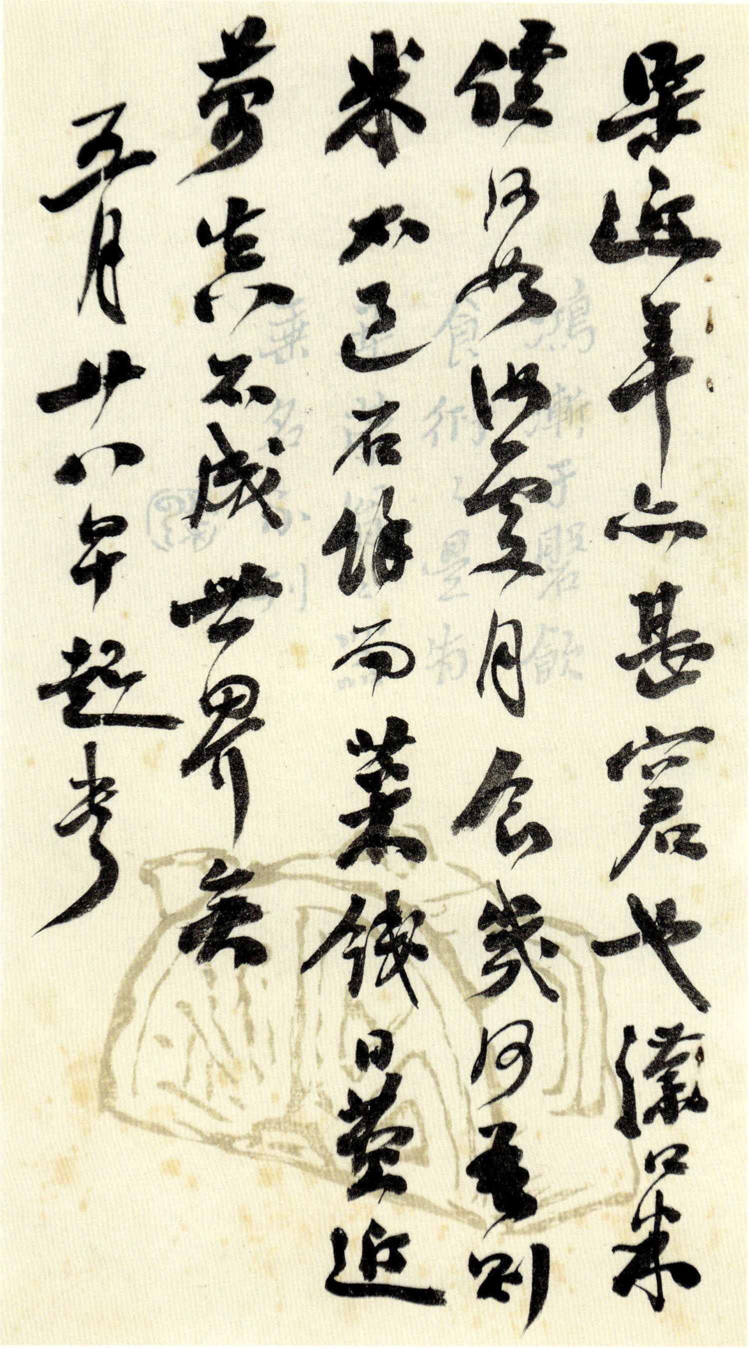
渠近年亦甚窘也漢口米
價何如汝處月食幾何吾則
米不過石餘而菜錢日費近
萬真不成世界矣
五月廿八早起書

40-2

渠近年亦甚窘也。汉口米价何如？汝处月食几何？吾则米不过石馀，而菜钱日费近万，真不成世界矣。

五月廿八早起书

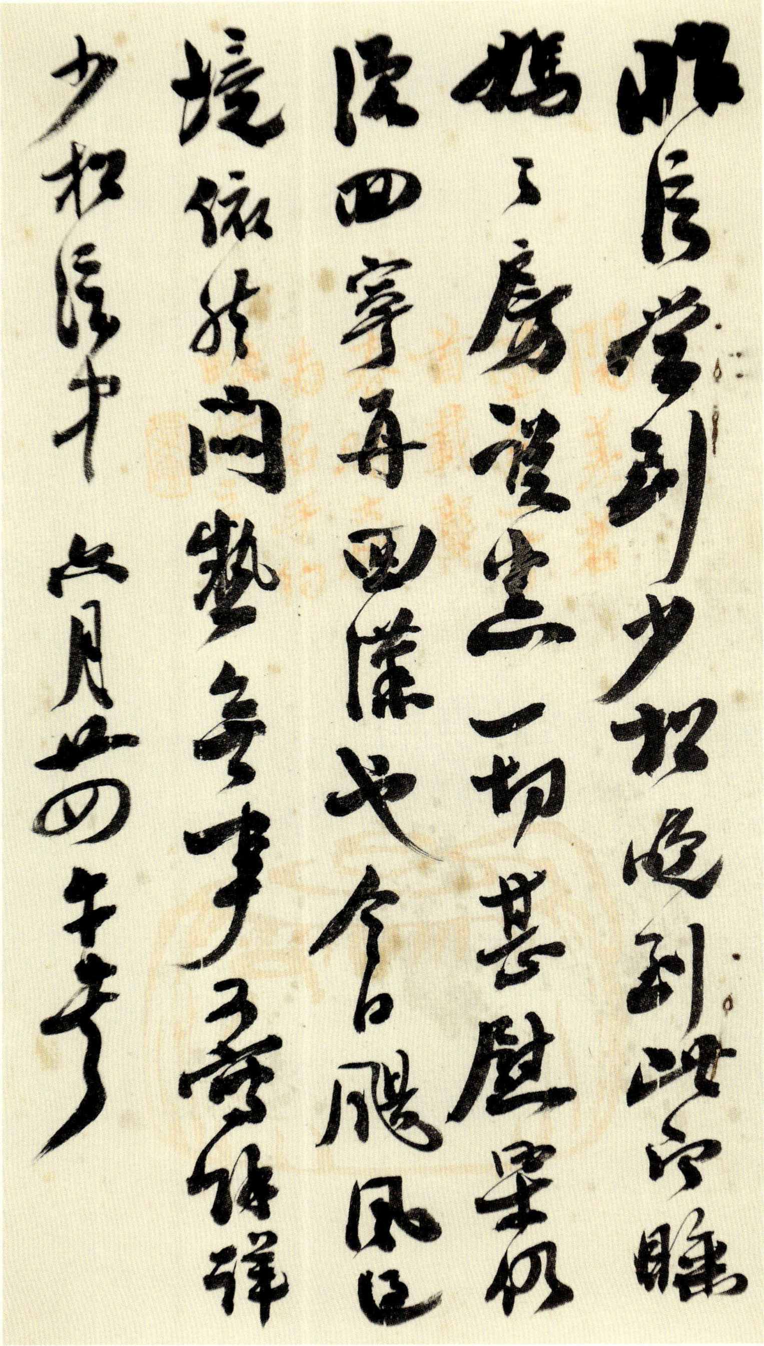

41

昨信当到。少松晚到此，即睡妈妈房，说悉一切，甚慰。渠仍须回宁再回汉也。今日飓风过境，依然闷热。无事可写。馀详少松信中。

六月廿四午书

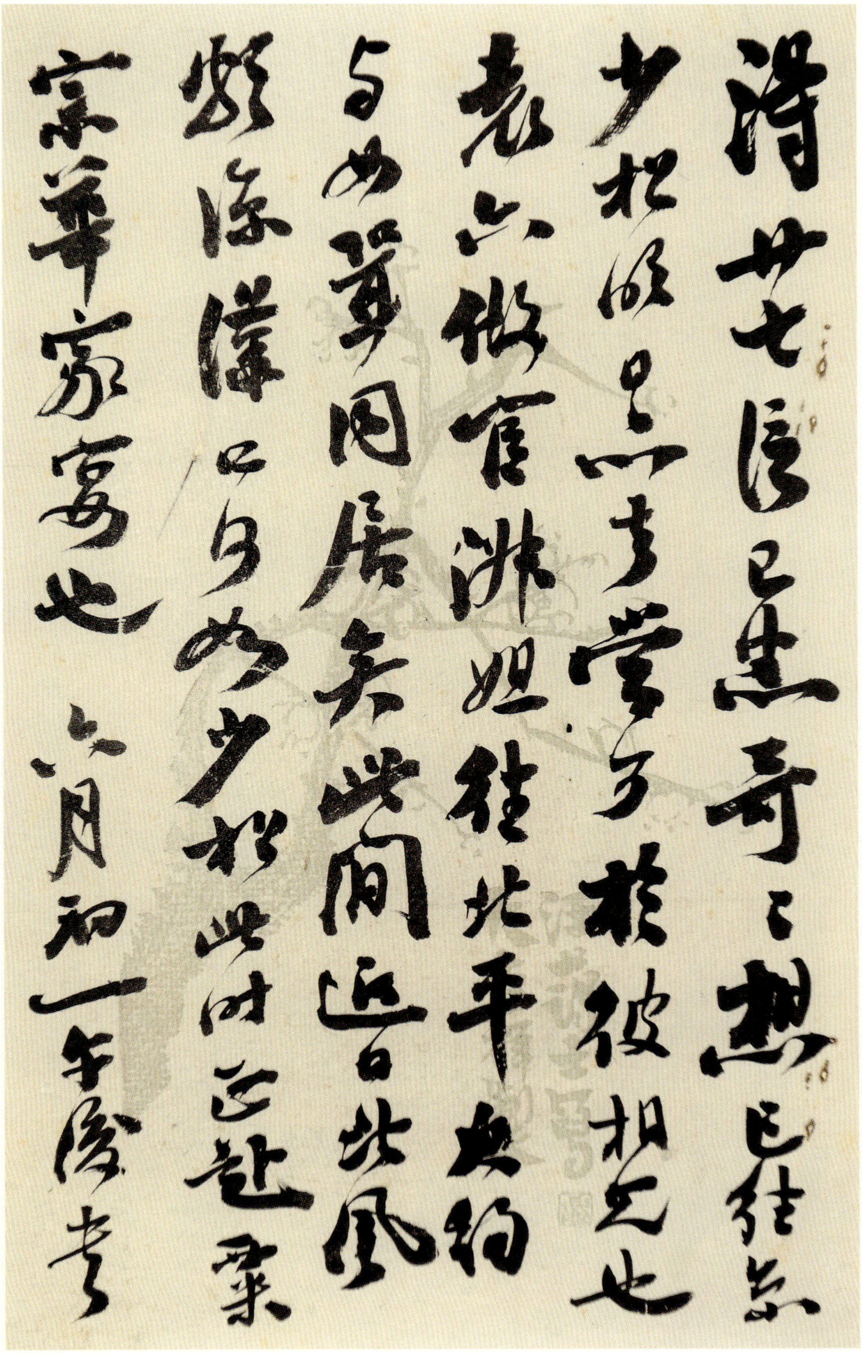

42

得廿七信，已悉。哥哥想已往京。少松明日亦去，当可于彼相见也。袁六做官，淑姐往北平。大约与女聟同居矣。此间近日北风颇凉，汉口何如？少松此时正赴粟宗华家宴也。

六月初一午后书

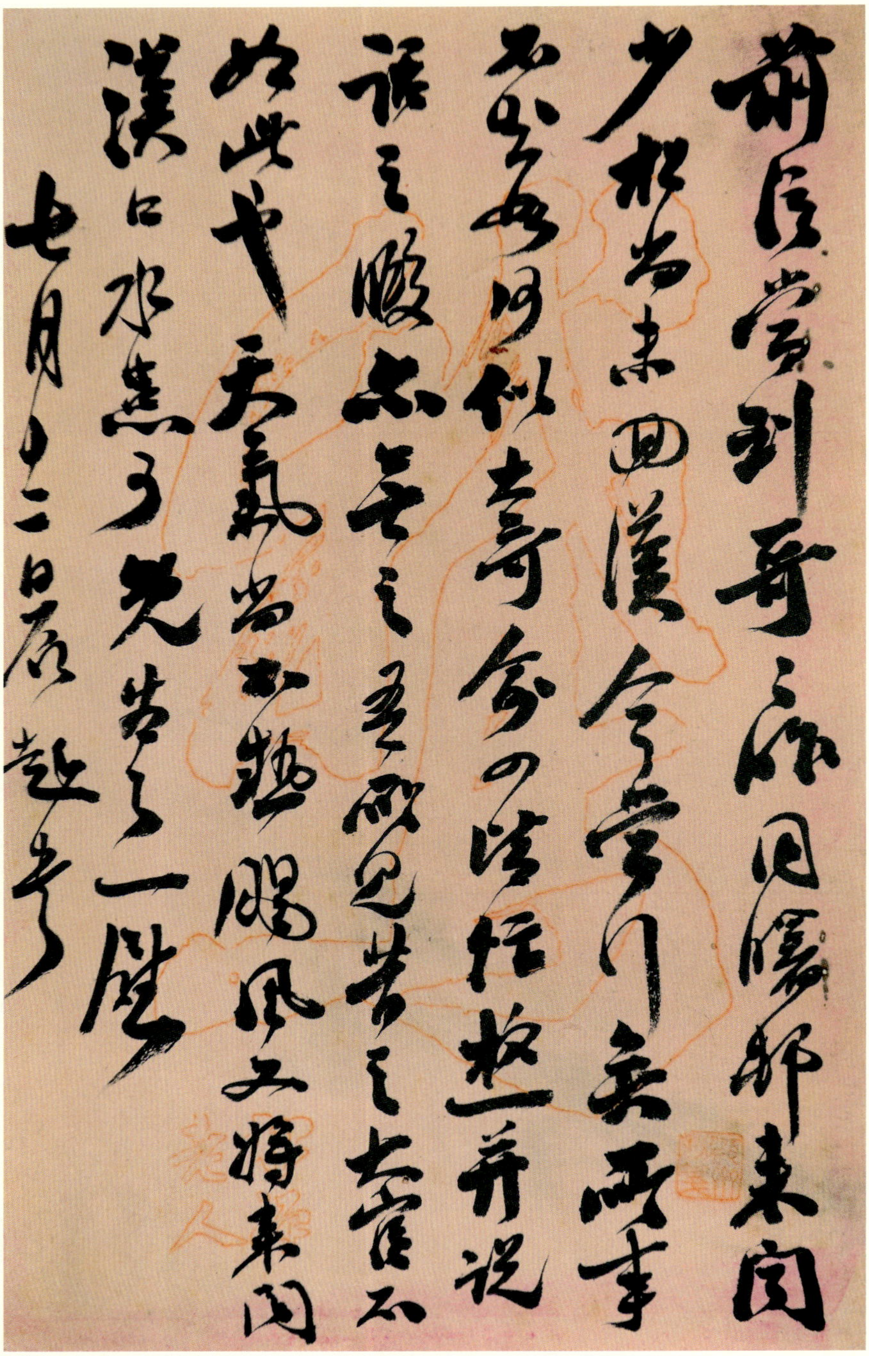

43

前信当到。哥哥昨同曙郁来。闻少松尚未回汉，今当行矣。所事不知如何。似大哥、俞四皆忙极，并说话之暇亦无之。吾所见昔之大官不如此也。天气尚不热，飓风又将来。闻汉口水患可免，为之一慰。

七月十二晨起书

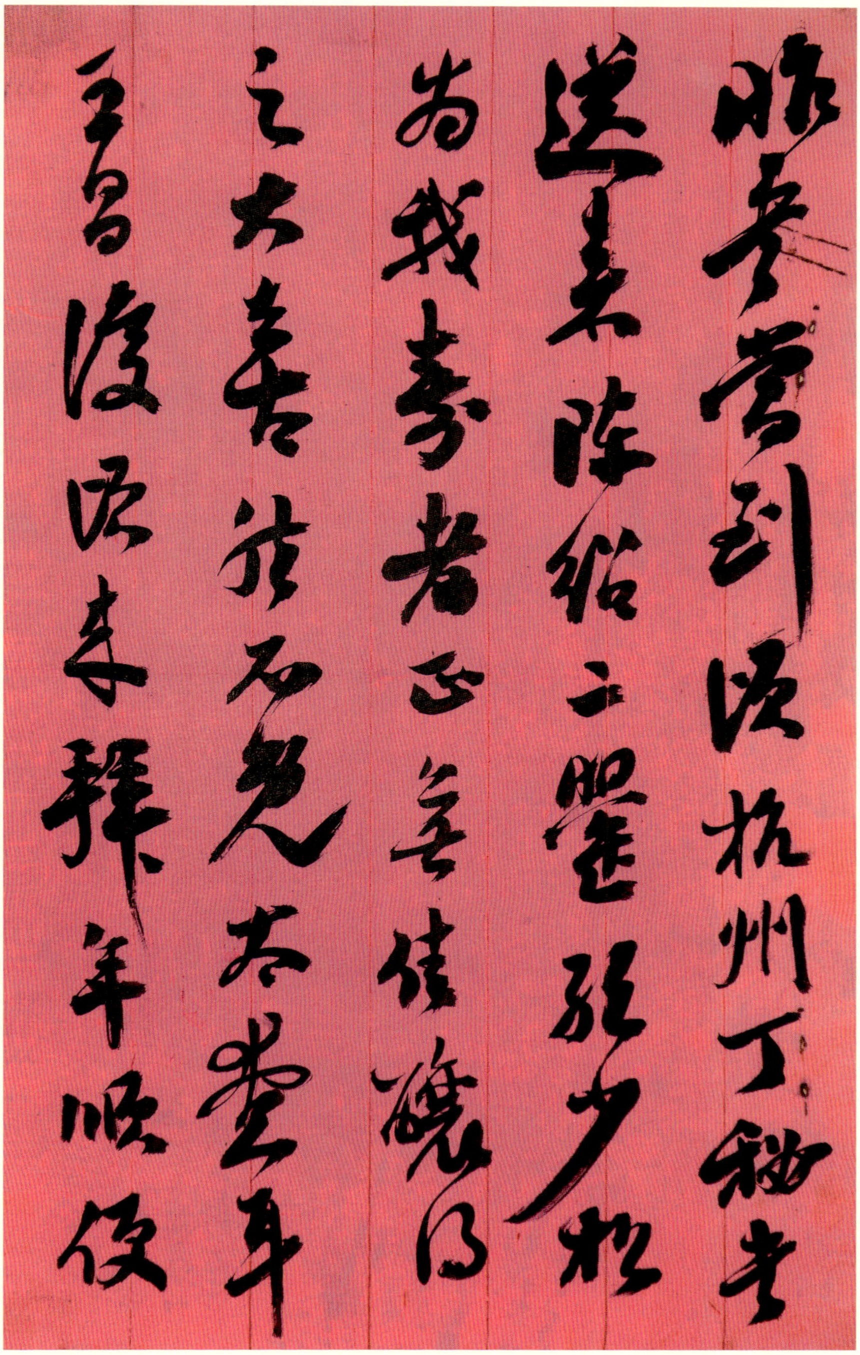
昨书当到顷杭州丁秘书送来陈绍二罂殆少松为我寿者正无佳酿得之大喜然不免太费耳王昌俊顷来拜年顺便

44-1

昨书当到。顷杭州丁秘书送来陈绍二罂，殆少松为我寿者。正无佳酿，得之大喜。然不免太费耳。王昌俊顷来拜年，顺便

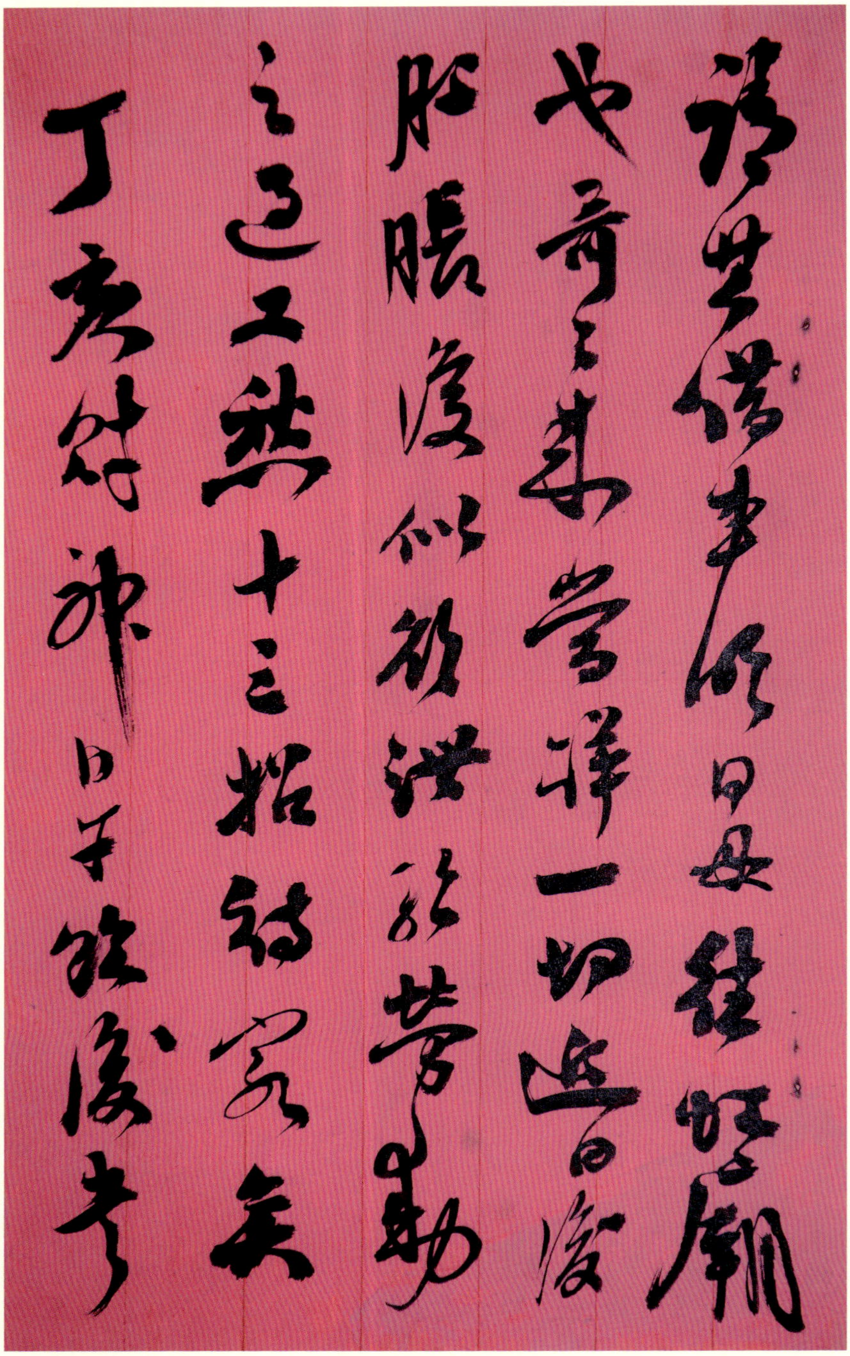

44-2

请其借车，明日母往虹庙也。哥哥来当详一切。近日后肛胀复似欲泄，殆劳动之过。又愁十三招待客矣。

丁亥财神日午饮后书

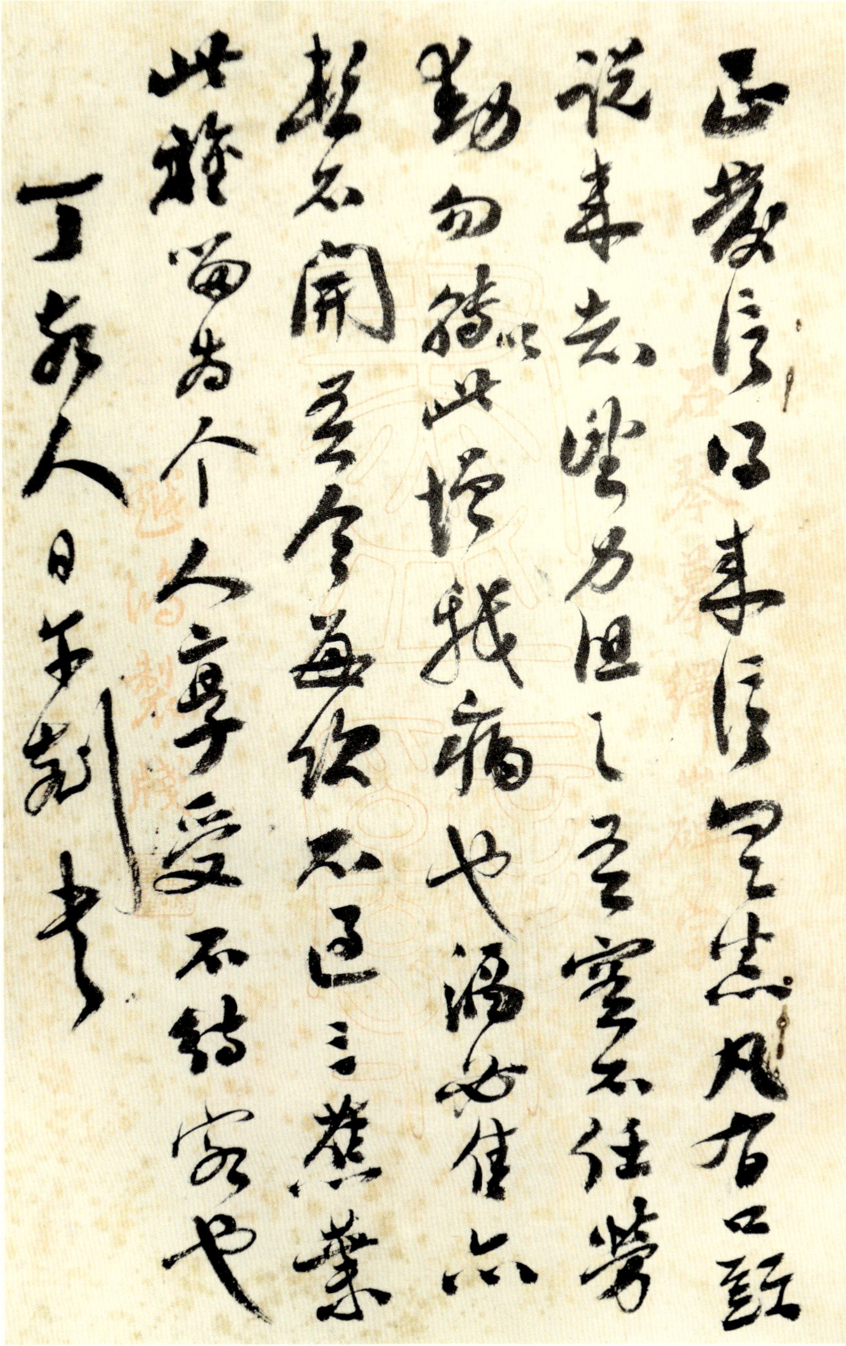

45

正发信，得来信，具悉。凡有口头说来者，望力阻之。吾实不任劳动，勿转以此增我病也。酒必佳，亦暂不开，吾今每饮不过三蕉叶。此权留为个人享受，不待客也。

丁亥人日午刻书

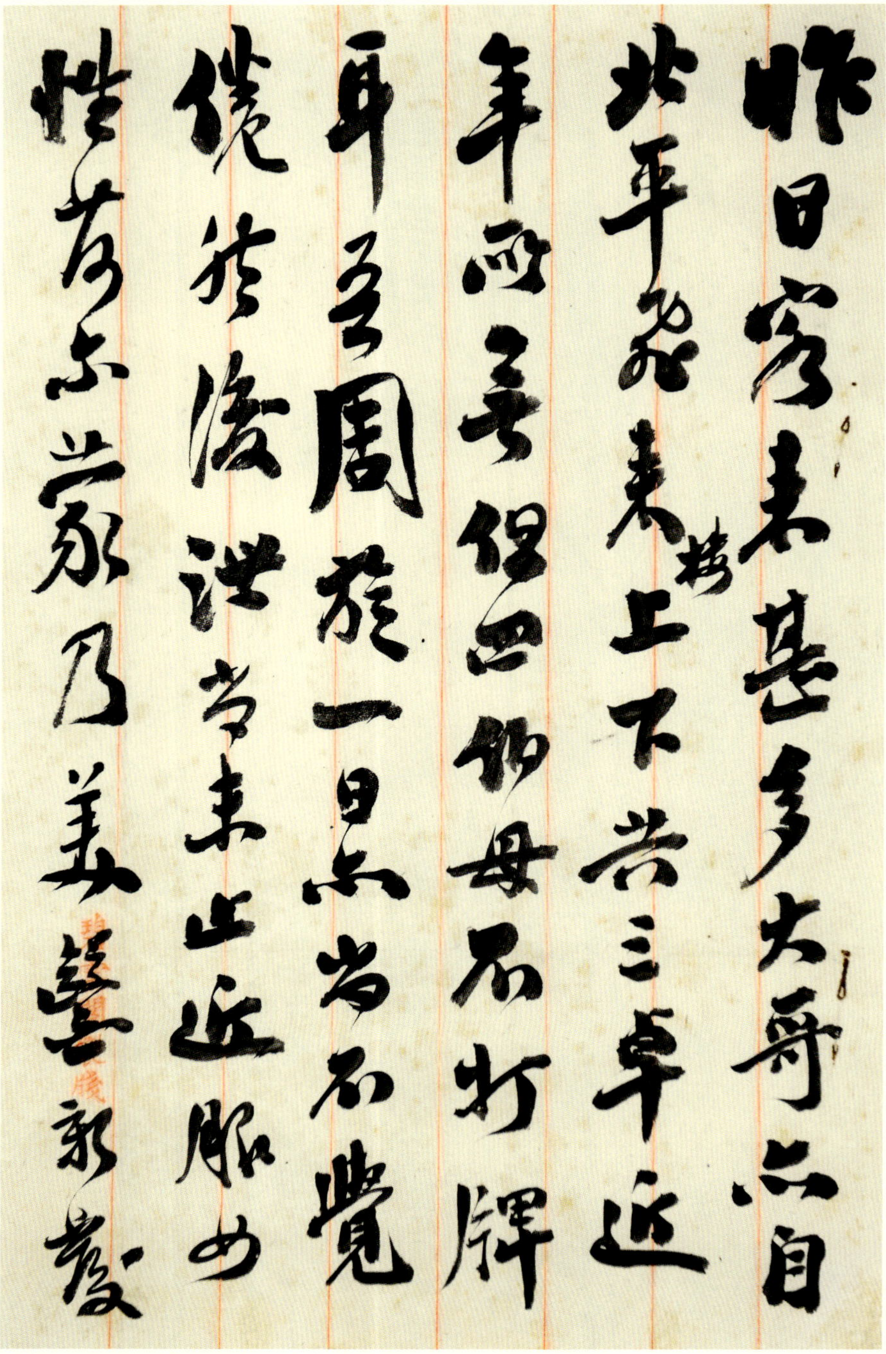
昨日客来甚多大哥亦自
北平飞来楼上下共三卓近
年所无但四伯母不打牌
耳吾周旋一日亦尚不觉
倦然后泄尚未止近服女
性荷尔蒙乃美医新发

46-1

昨日客来甚多。大哥亦自北平飞来。楼上下共三卓，近年所无。但四伯母不打牌耳。吾周旋一日亦尚不觉倦，然后泄尚未止。近服女性荷尔蒙，乃美医新发

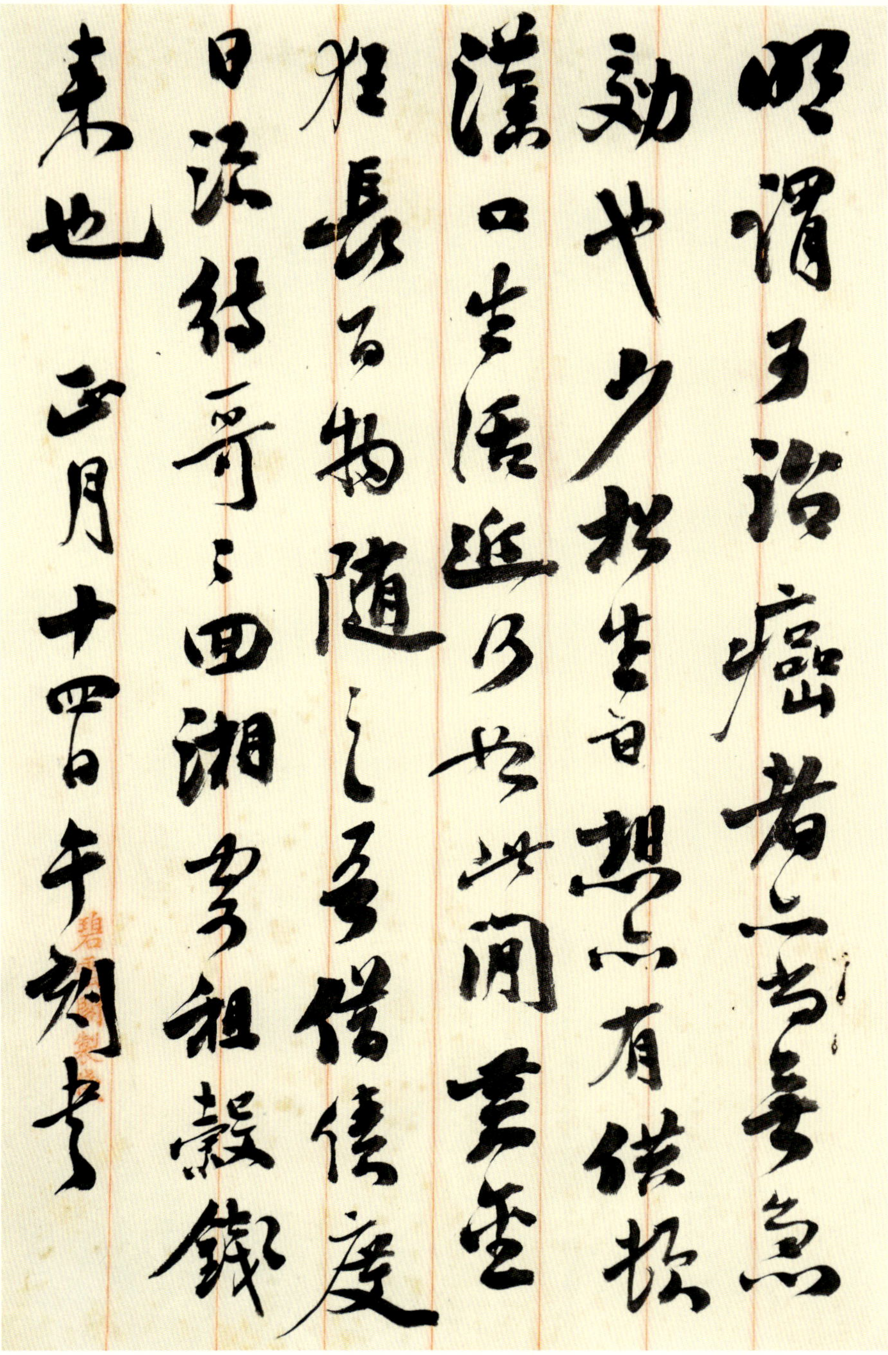

46-2

明，谓可治癌者，亦尚无急效也。少松生日想亦有供顿，汉口生活近何如？此间黄金狂长，百物随之，吾借债度日，须待哥哥回湘寄租谷钱来也。

正月十四日午刻书

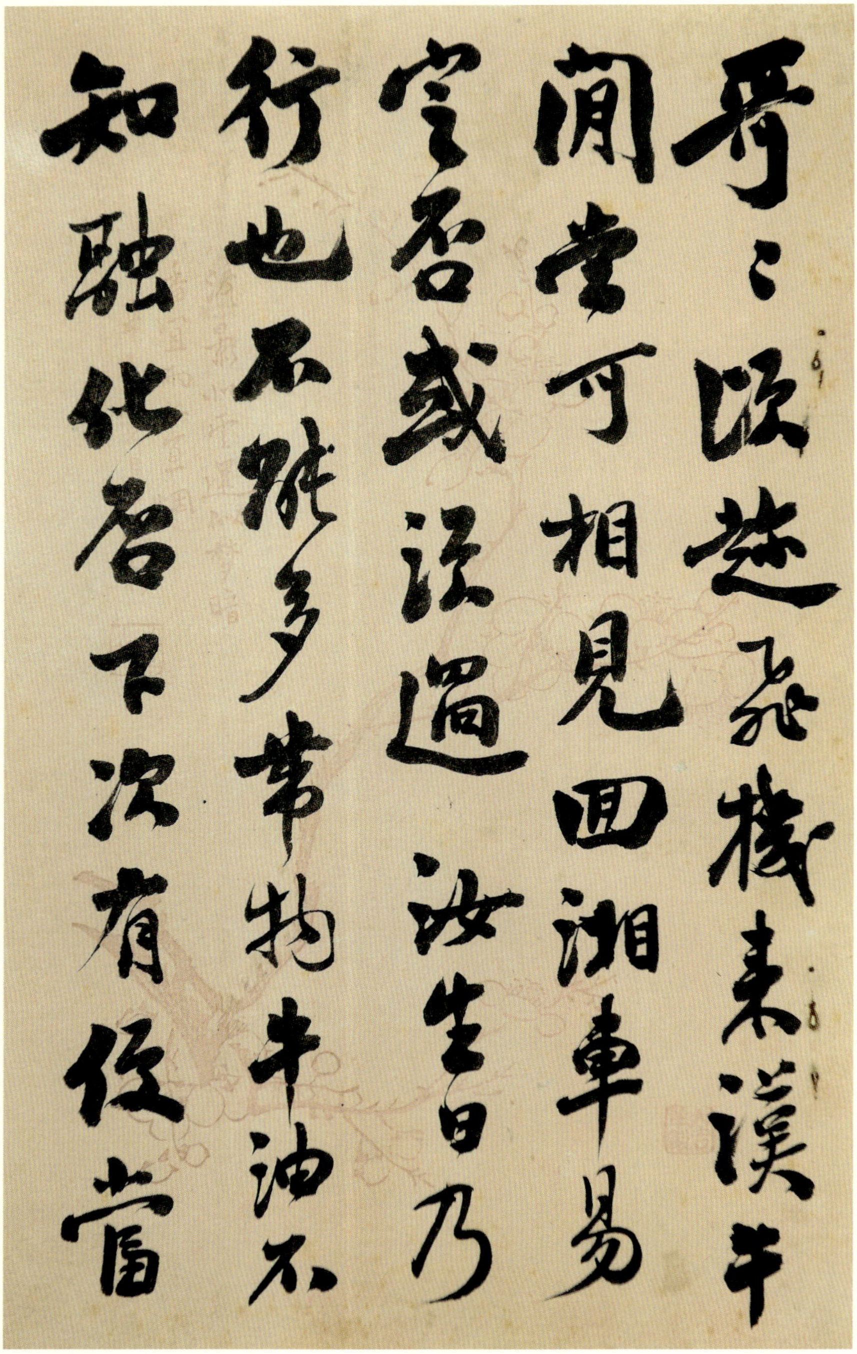

47–1

哥哥顷趁飞机来汉，午间当可相见。回湘车易定否？或须过汝生日乃行也。不能多带物，牛油不知融化否？下次有便，当

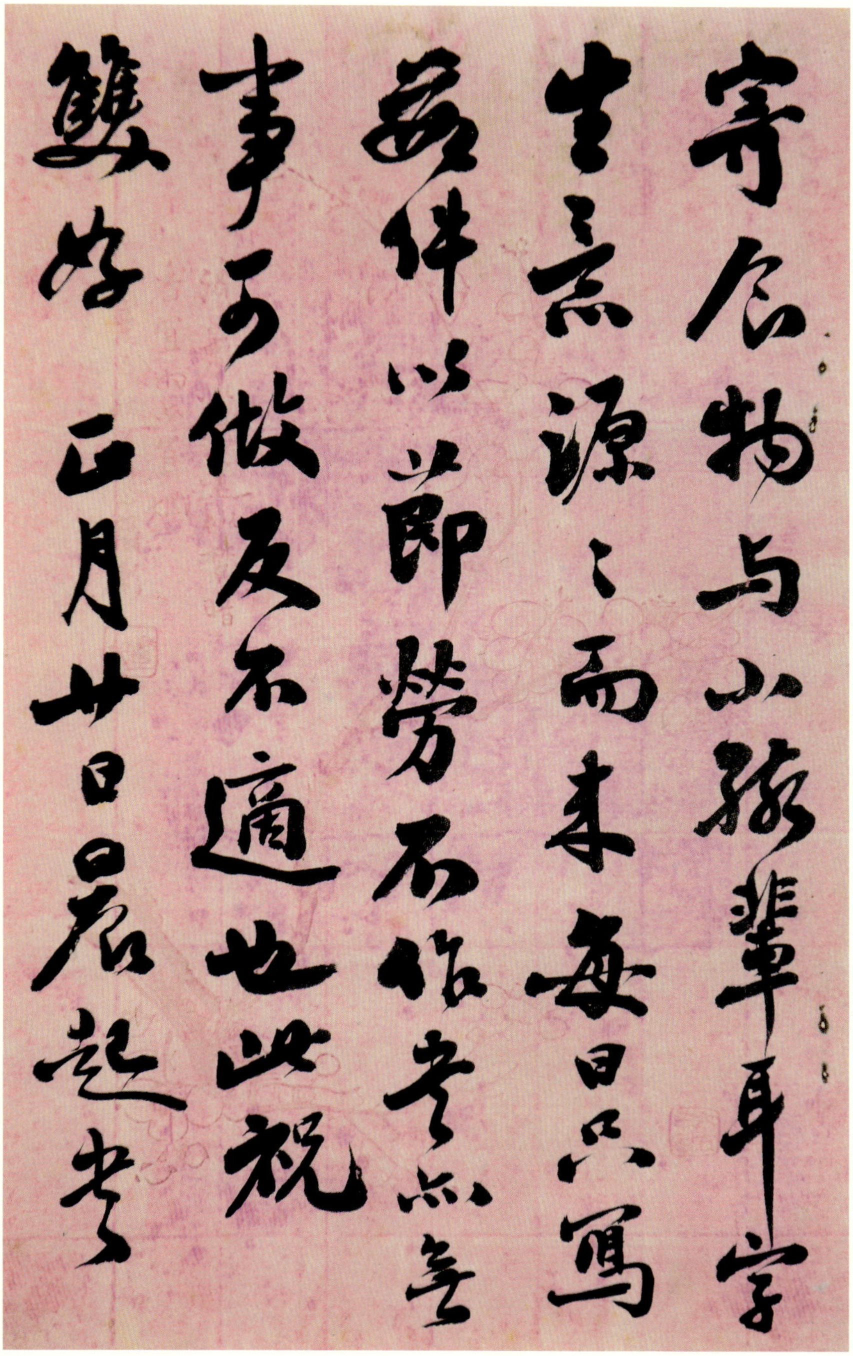

47-2

寄食物与小孩辈耳。字生意源源而来，每日只写数件以节劳。不作书亦无事可做，反不适也。此祝双好。

正月廿日晨起书

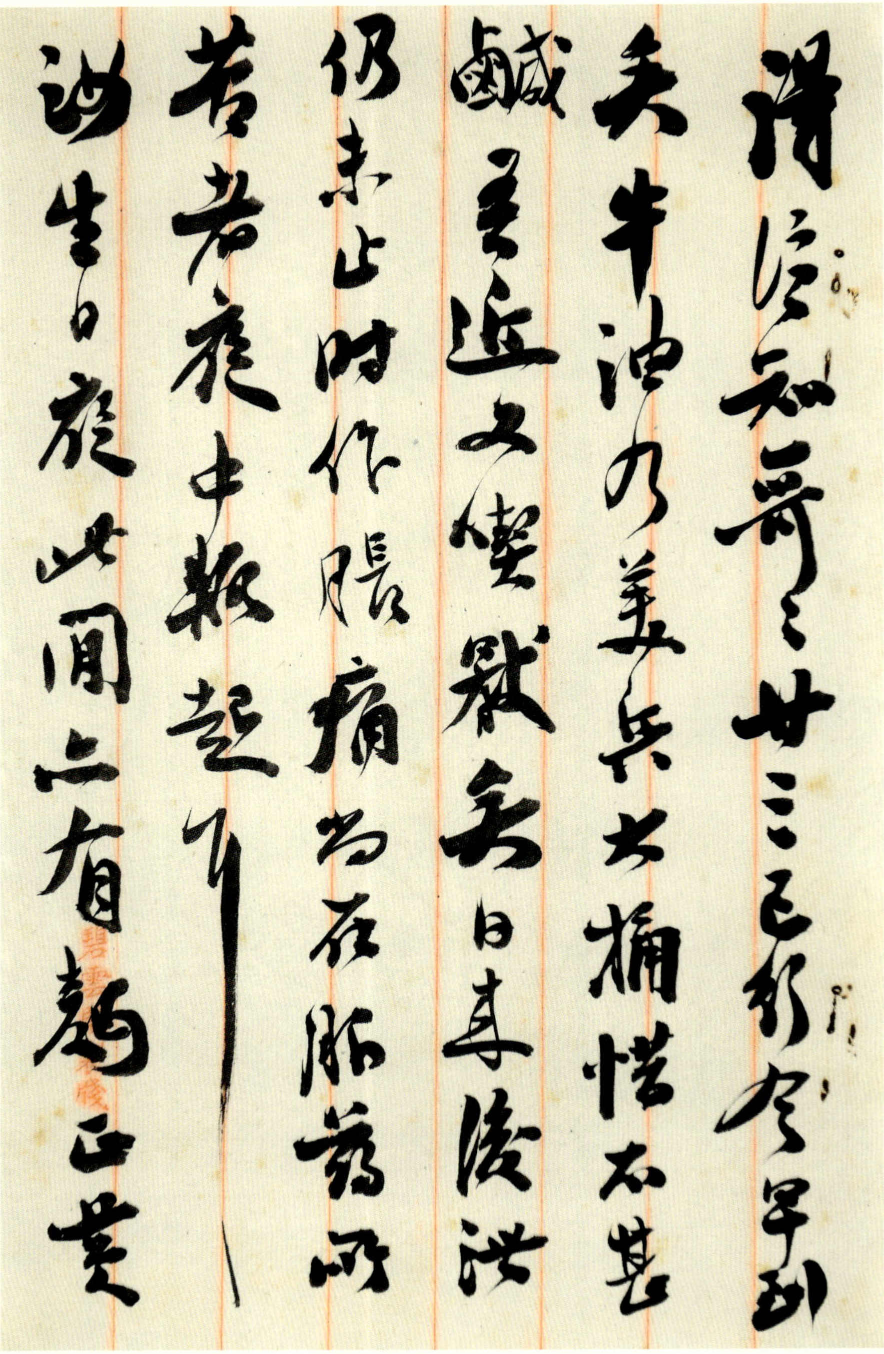
得信知哥哥廿三已行今早到矣牛油乃美兵大桶惜不甚鹹吾近又吃厭矣日來後洩仍未止時作脹痛尚在服藥所苦者夜中輒起耳汝生日夜此間亦有麵正黃

48-1

得信知哥哥廿三已行，今早到矣。牛油乃美兵大桶，惜不甚咸，吾近又吃厌矣。日来后泄仍未止，时作胀痛，尚在服药。所苦者夜中辄起耳。汝生日夜，此间亦有面，正黄

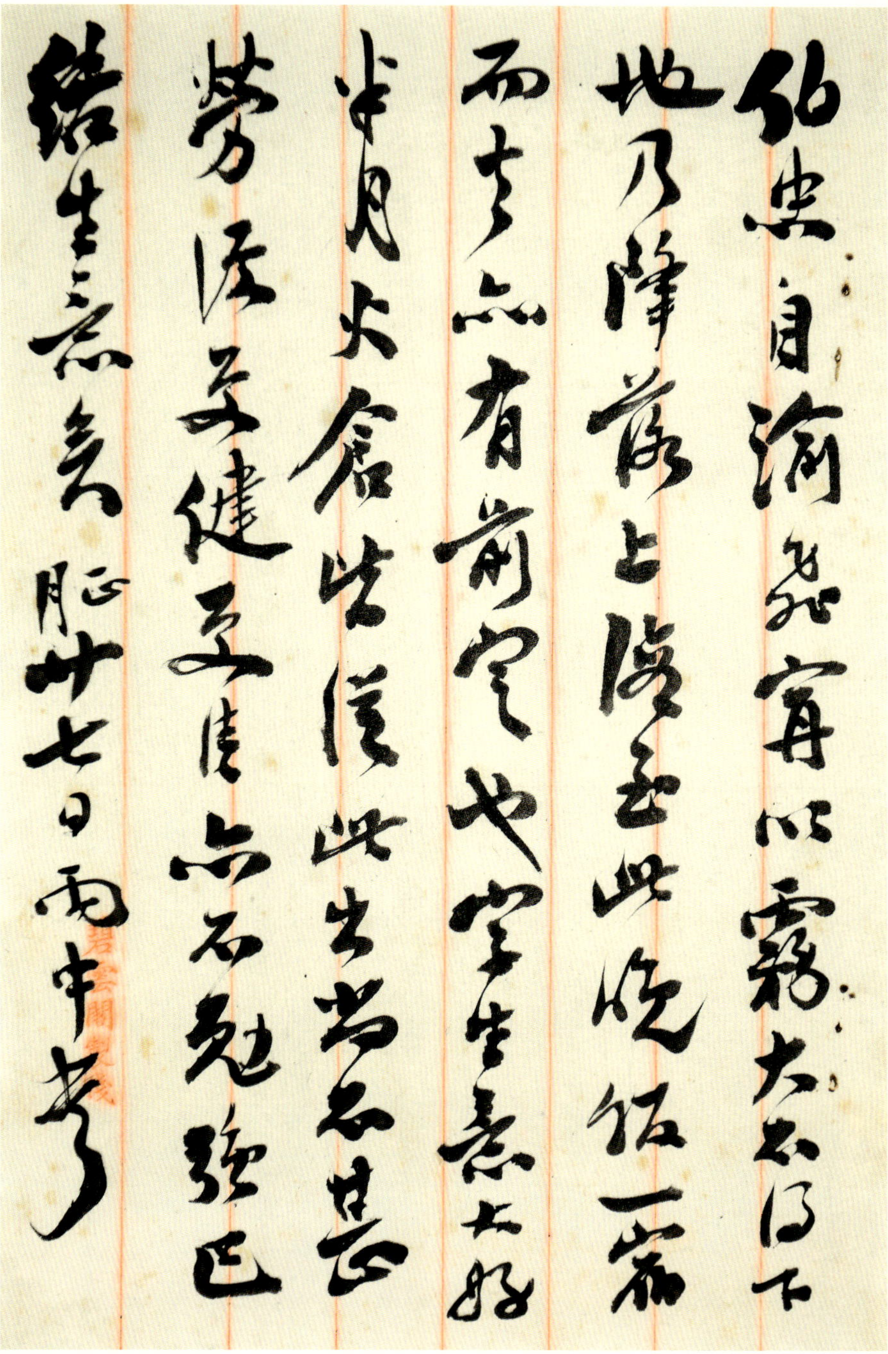

48-2

伯忠自渝飞宁，以雾大不得下地，乃降落上海，至此晚饭一宿而去，亦有前定也。字生意大好，半月火仓皆从此出，尚不甚劳。便更健更佳，亦不勉强巴结生意矣。

正月廿七日雨中书

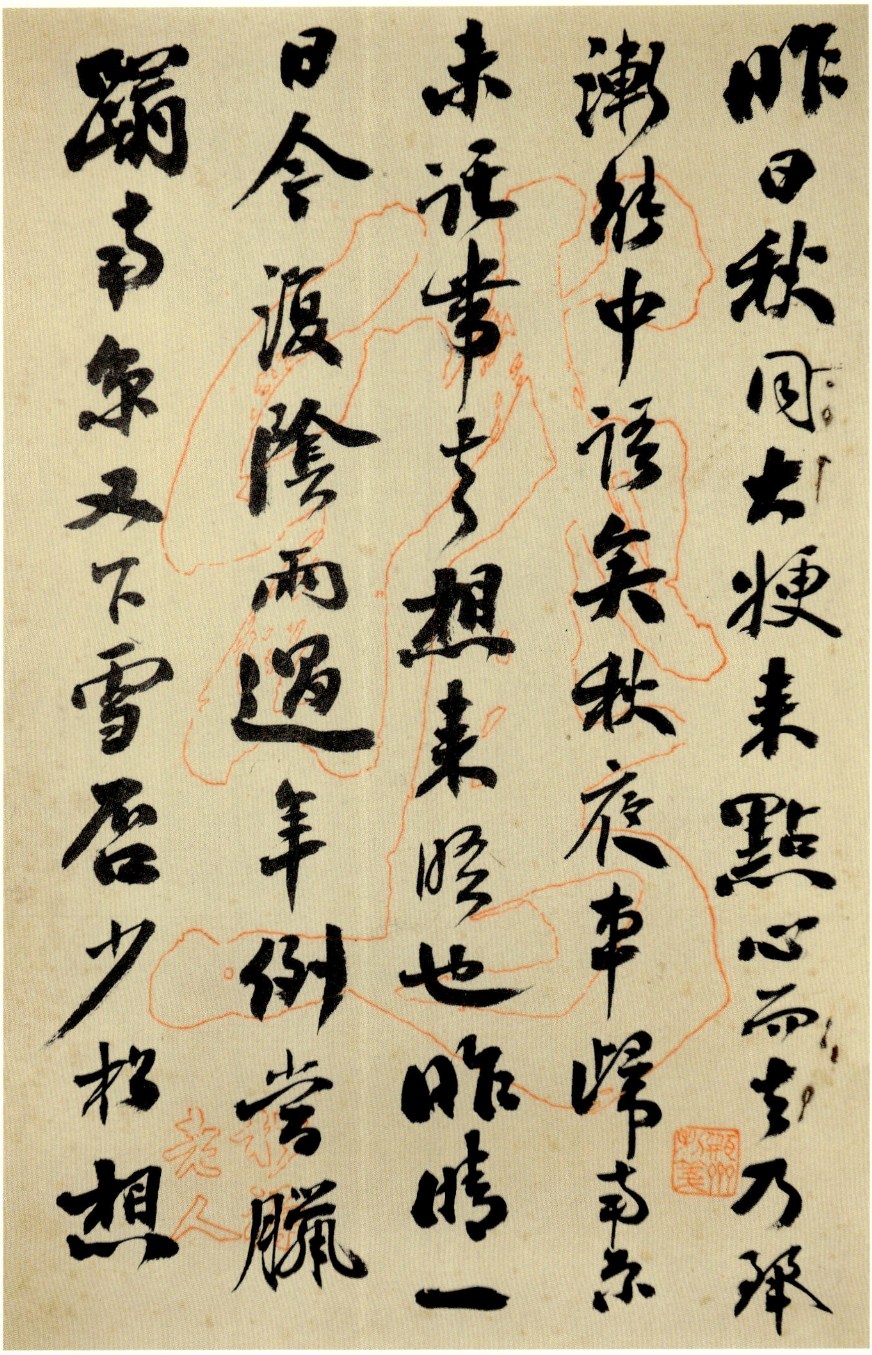

49-1

昨日秋同大嫂来，点心而去。乃肇渐能中语矣。秋夜车归南京，未託带去，想来晤也。昨晴一日，今复阴雨，过年例当臘蹋。南京又下雪否？少松想

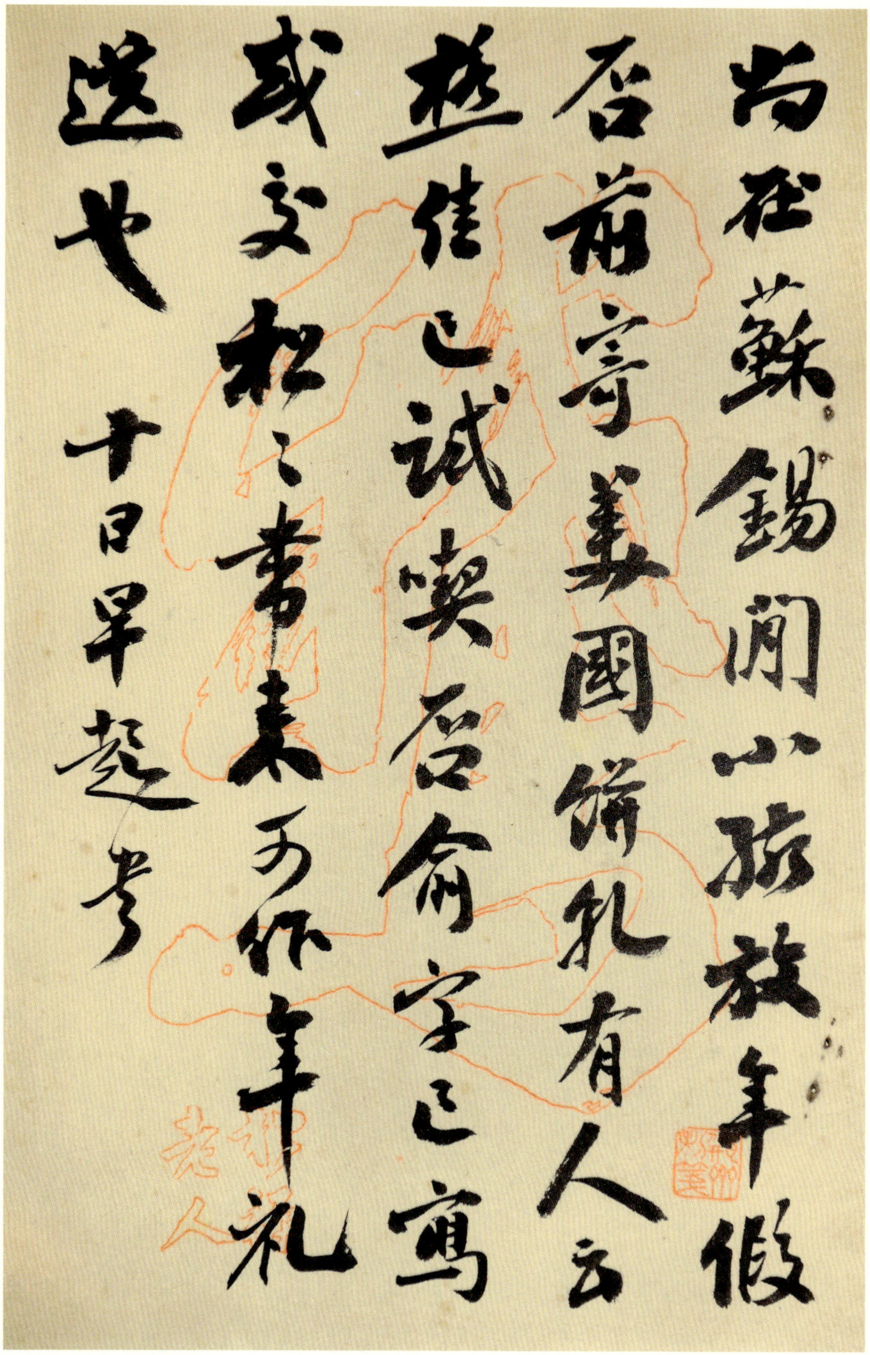

49–2

尚在苏锡间，小孩放年假否？前寄美国饼干有人云极佳，已试吃否？俞字已写。或交松松带来，可作年礼送也。

十日早起书

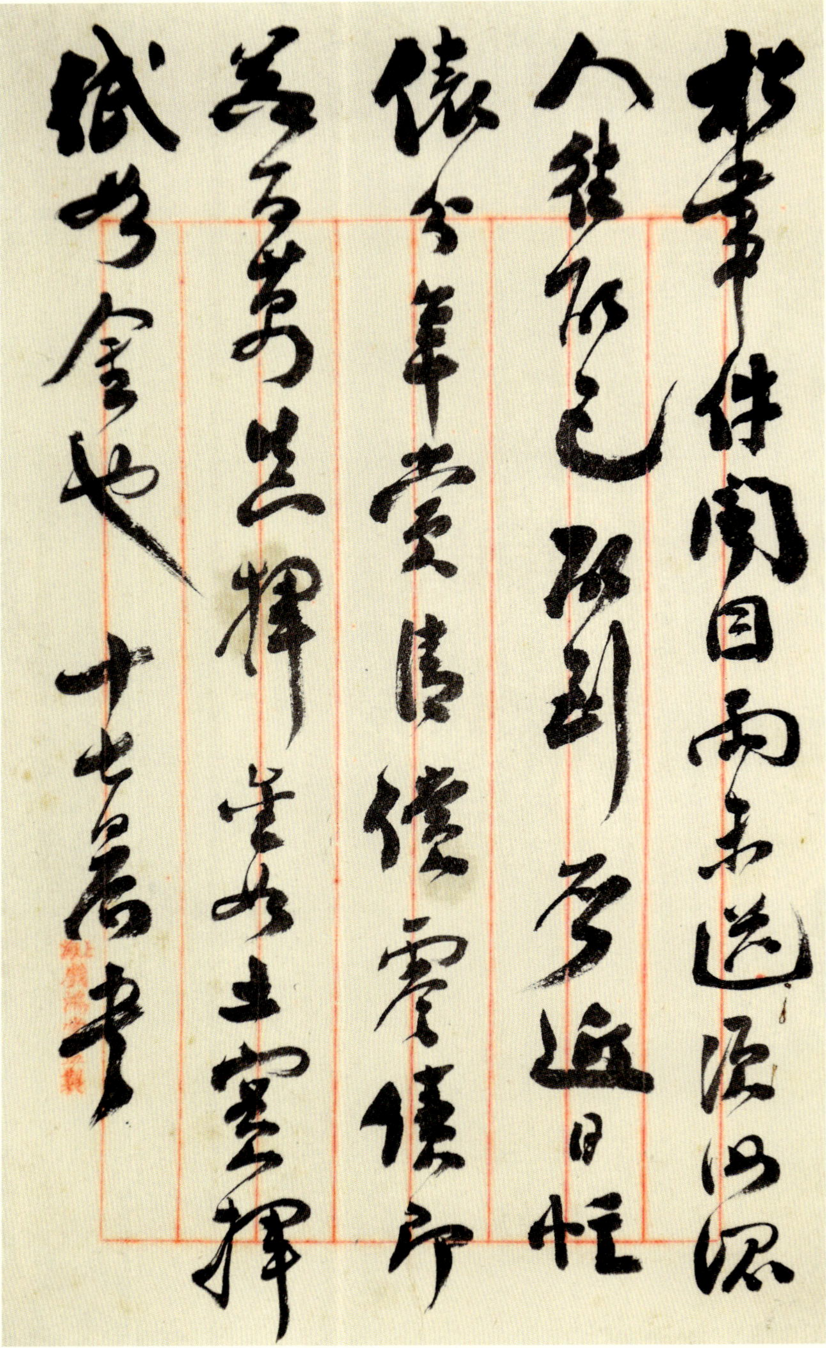

50

松带件闻因雨未送，须汝派人往取，已取到否？近日忙俵分年赏，清偿零债即数百万，真挥金如土，实挥纸如金也。

十七晨书

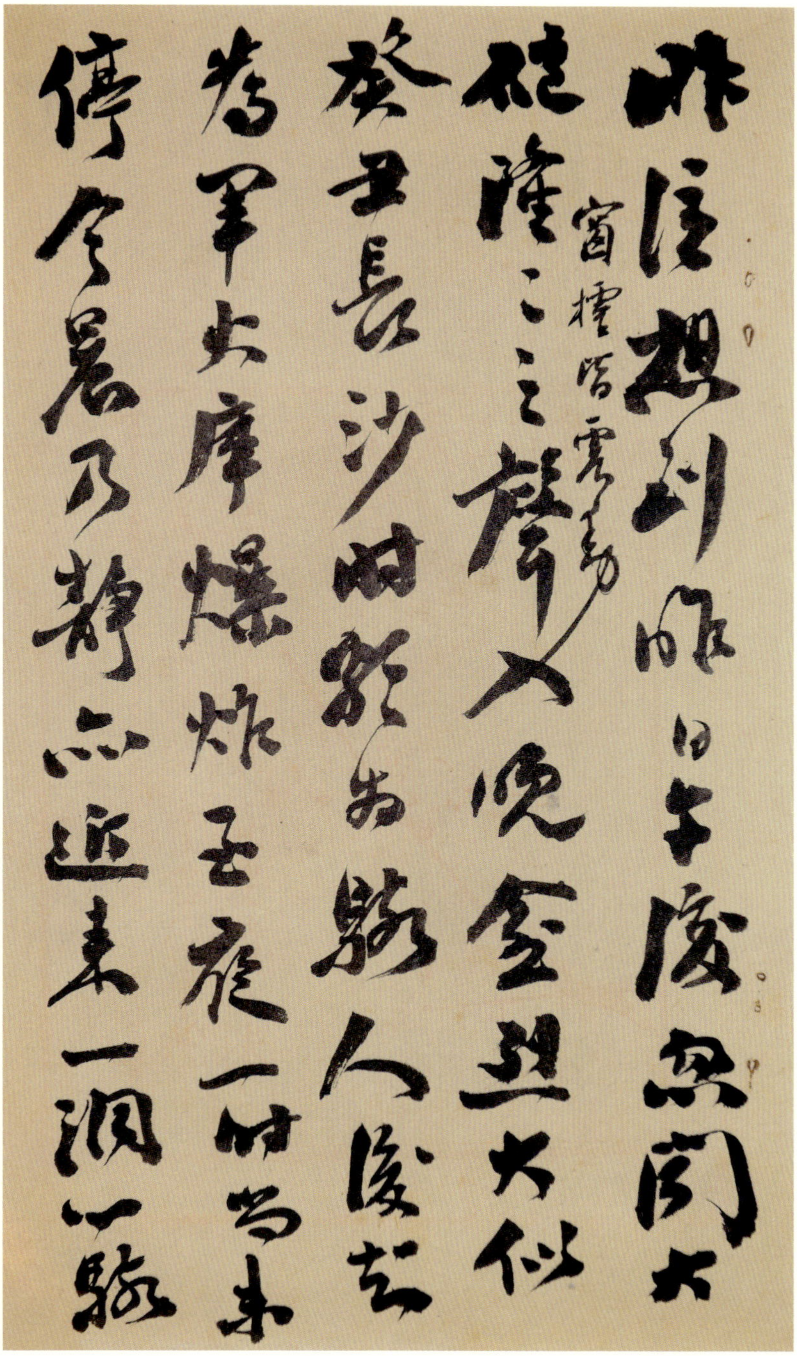

51-1

昨信想到。昨日午后忽闻大砲隆隆之声（窗棂皆震动），入晚愈烈，大似癸丑长沙时，颇为骇人。后知为军火库爆炸，至夜一时尚未停。今晨乃静，亦近来一洞心骇

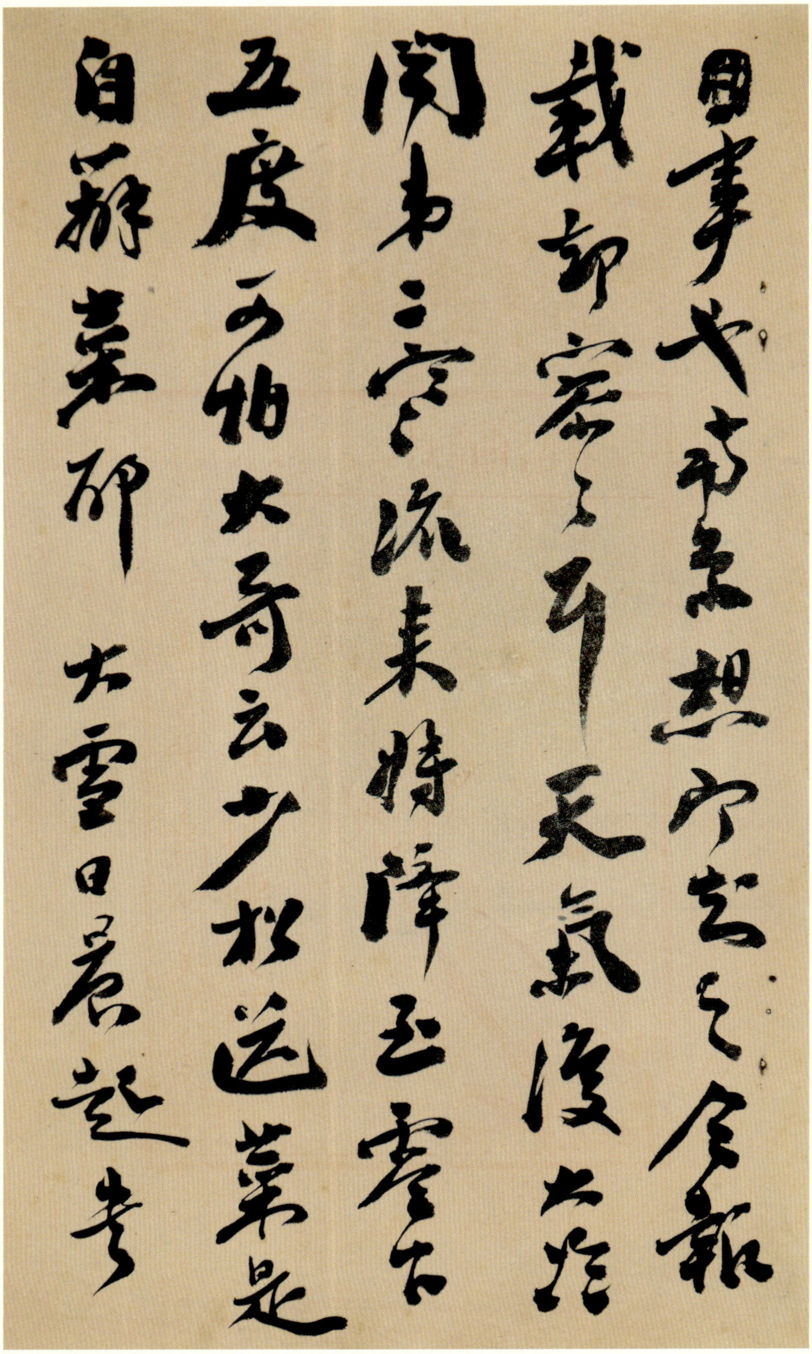

51-2

目事也。南京想即知之，今报载却寥寥耳。天气复大冷，闻弟弟寒流来，将降至零下五度，可怕！大哥云少松送菜，是自办菜耶？

大雪日晨起书

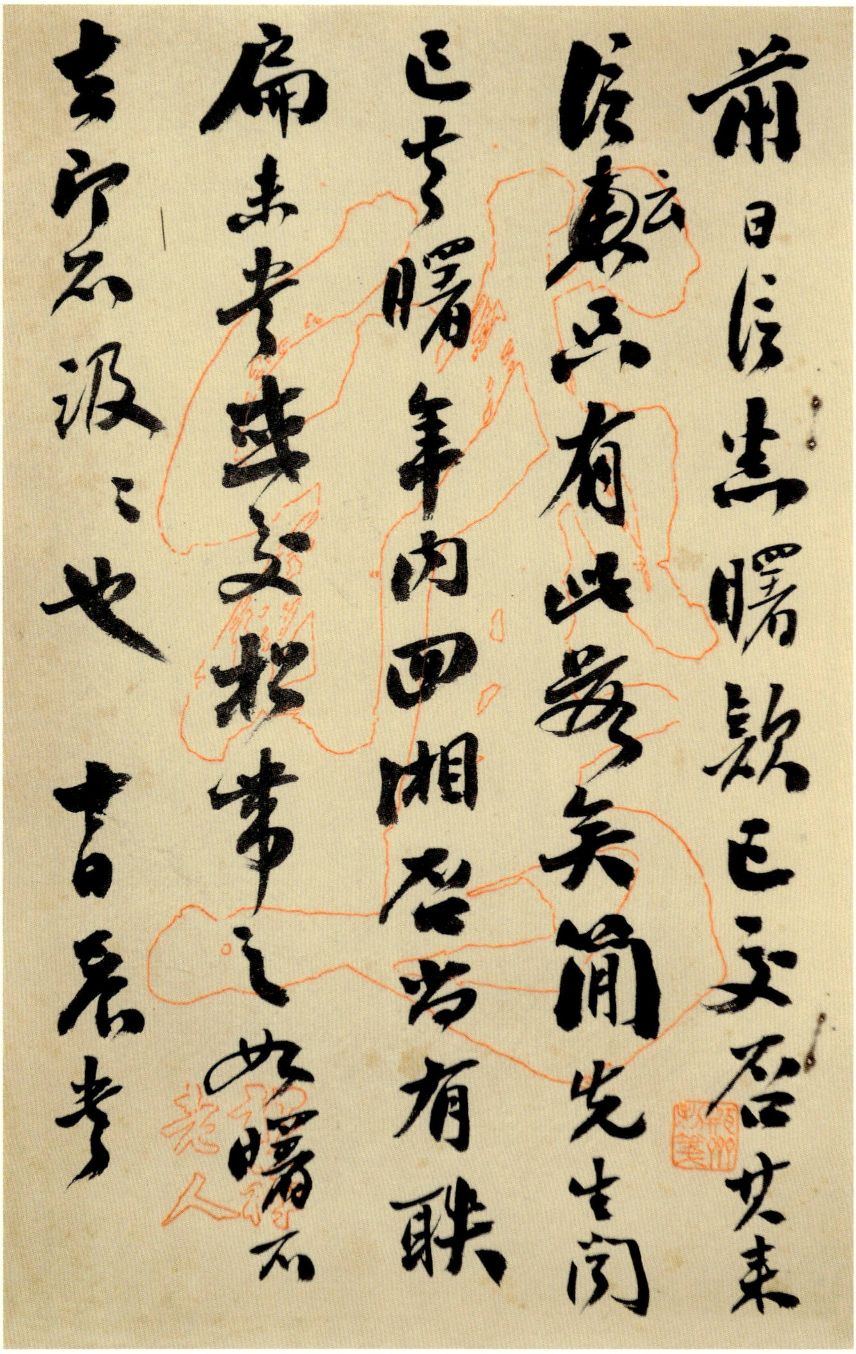

52

前日信悉。曙款已交否？其来信云只有此数矣。简先生闻已去。曙年内回湘否？尚有联扁未书，或交松带之。如曙不去，即不汲汲也。

十日晨书

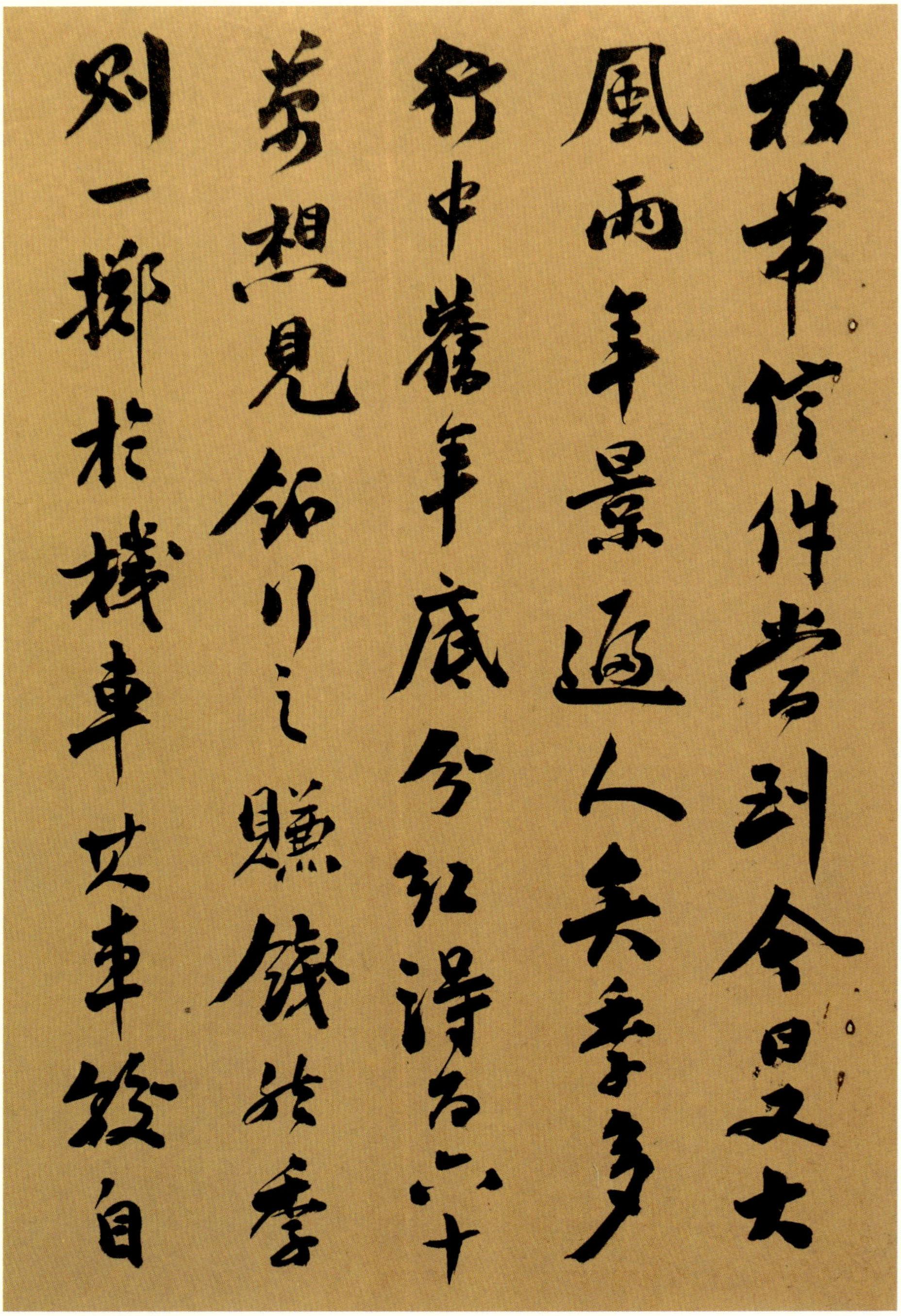

53-1

松带信件当到。今日又大风雨，年景逼人矣。季多行中旧年底分红得百六十万，想见银行之赚钱。然季则一掷于机车，其车较自

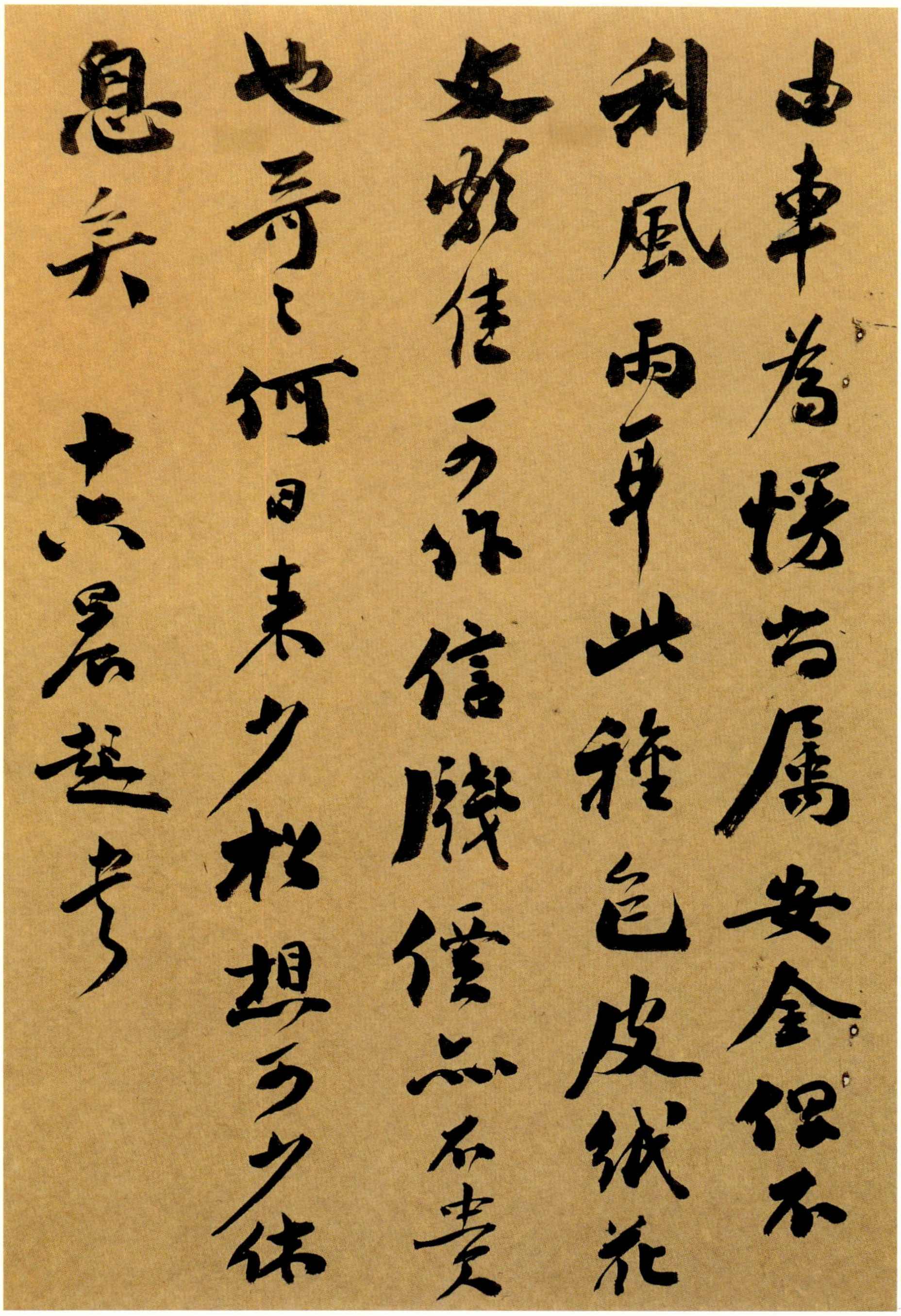

由車爲慢尚屬安全但不
利風雨耳此種包皮紙花
文頗佳可作信牋價亦不貴
也哥哥何日來少松想可少休
息矣　十六晨起書

53-2

由车为慢，尚属安全，但不利风雨耳。此种包皮纸花文颇佳，可作信牋，价亦不贵也。哥哥何日来。少松想可少休息矣。

十六晨起书

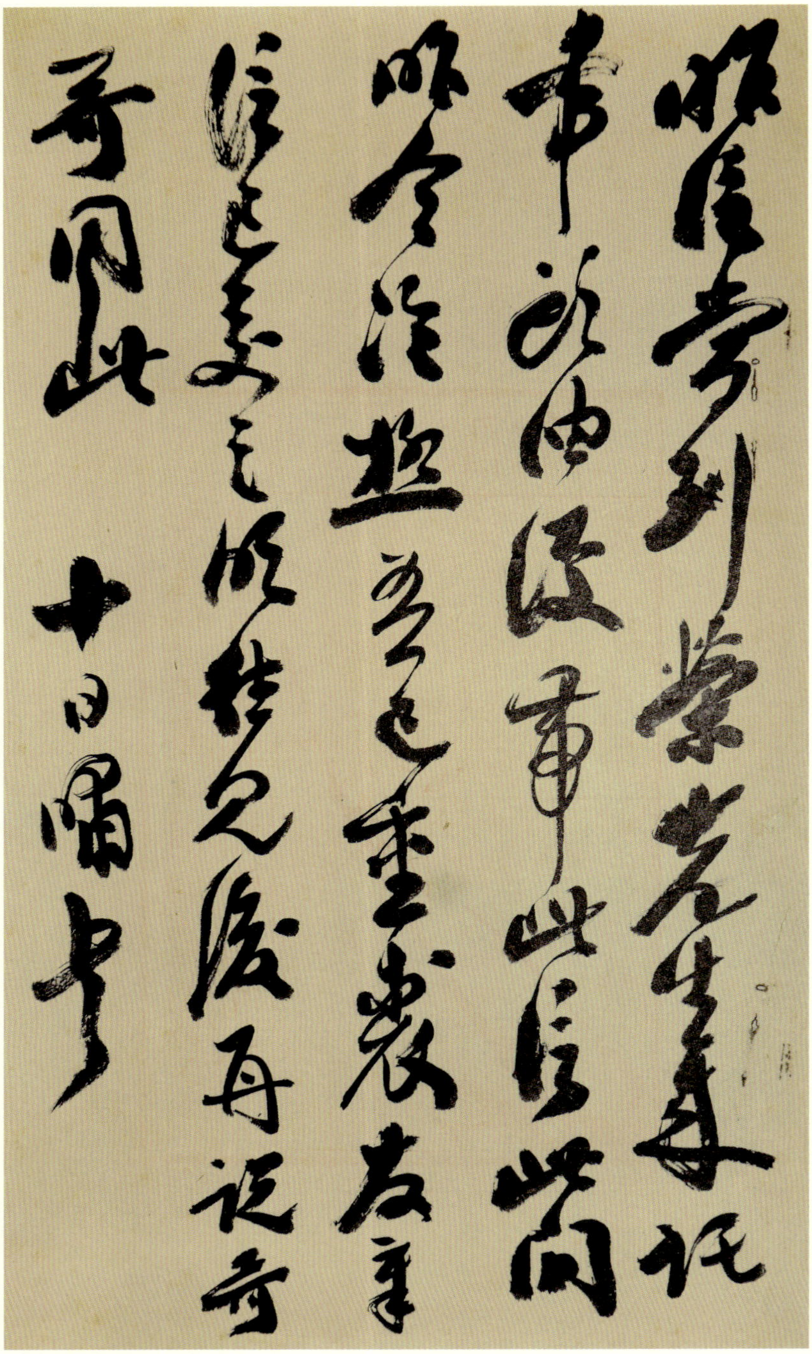

54

昨信当到。荣先生来，託带头油，便带此信。此间昨今冷极，吾已重裘。友章信已交之。明往见后再说。哥哥同此。

十日晡书

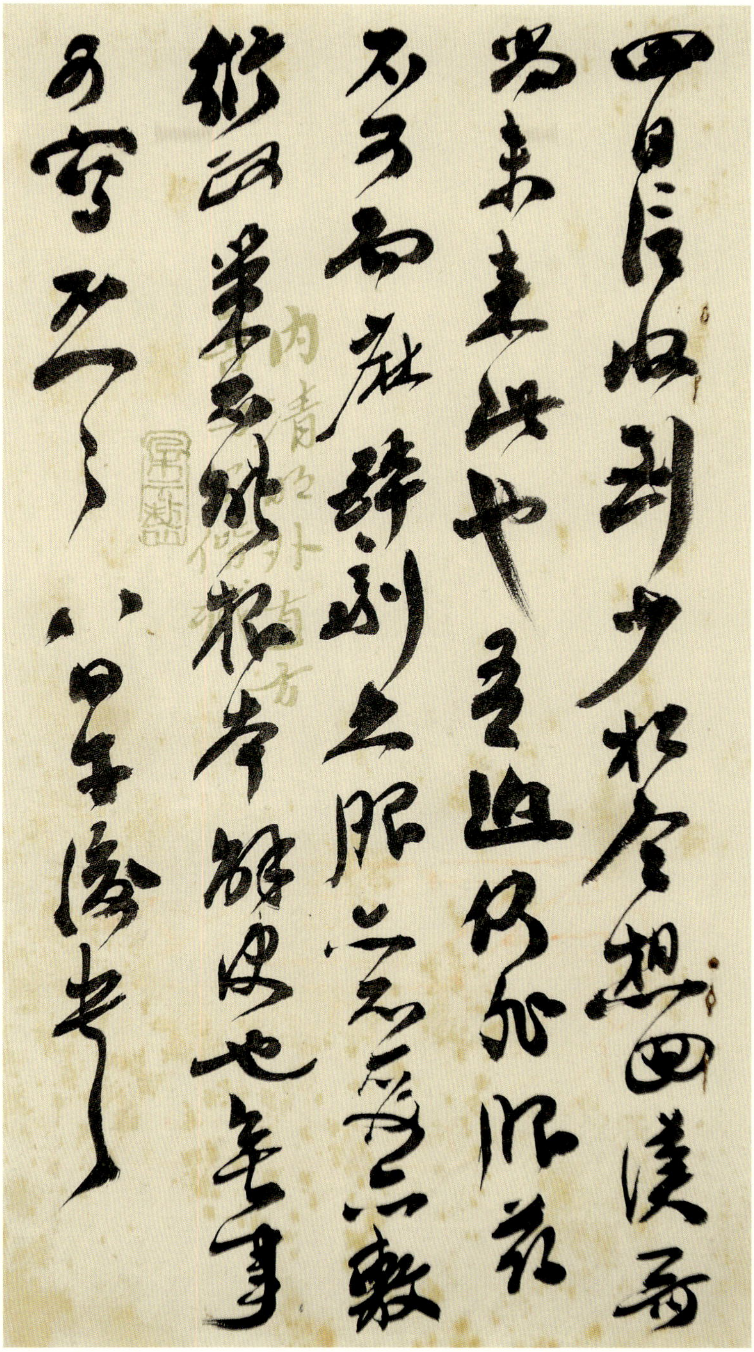

55

四日信收到。少松今想回汉，哥尚未来此也。吾近仍非服药不可，而麻醉剂久服亦不妥，亦敷衍政策，不能根本解决也。无事可写，不一一。

八日午后书

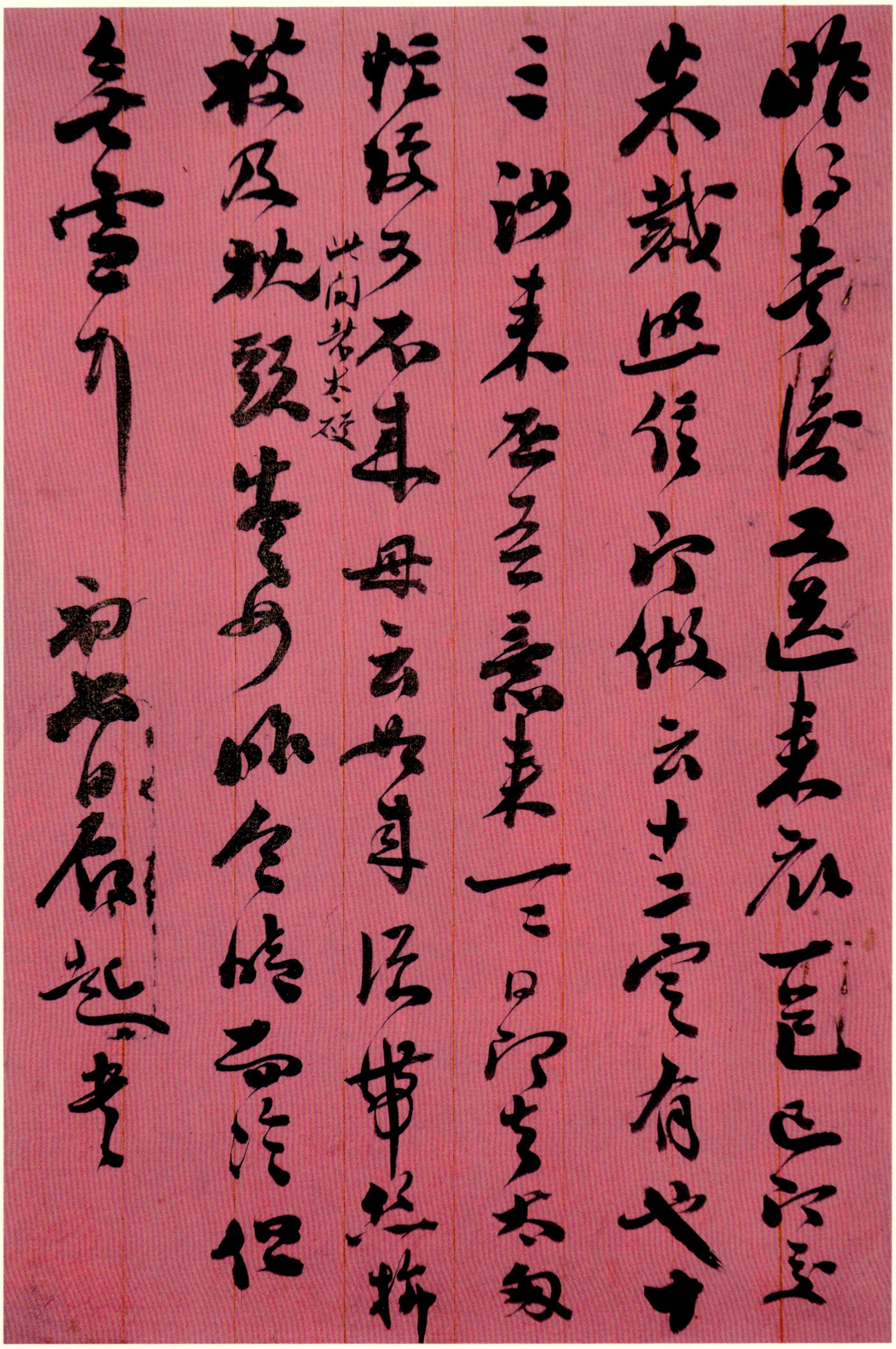

56

昨得书，后又送来衣一包，已即交朱裁，照信即做，云十二定有也。十三汝来否？吾意来一二日即去，太匆忙便可不来。母云如来须带丝棉被及枕头为要（此间者太硬）。昨今晴而冷，但无雪耳。

初七晨起书

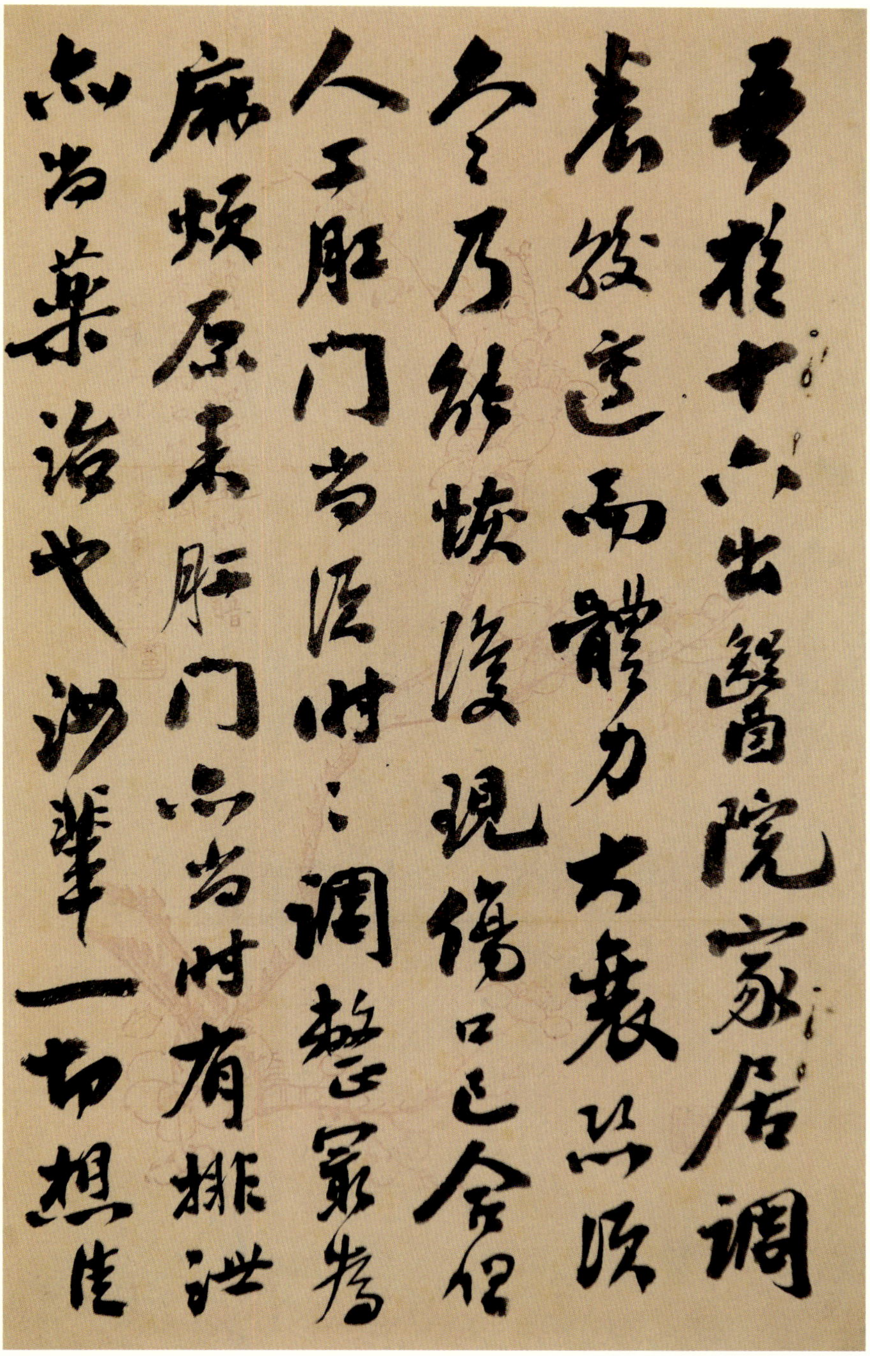
吾於十六出醫院家居調
養較適而體力大衰恐須
久久乃能恢復現傷口已合但
人工肛門尚須時時調整最為
麻煩原來肛門亦尚時有排泄
亦尚藥治也汝輩一切想佳

57-1

吾于十六出医院，家居调养较适，而体力大衰。恐须久久乃能恢复。现伤口已合，但人工肛门尚须时时调整，最为麻烦。原来肛门亦尚时有排泄，亦尚药治也。汝辈一切想佳。

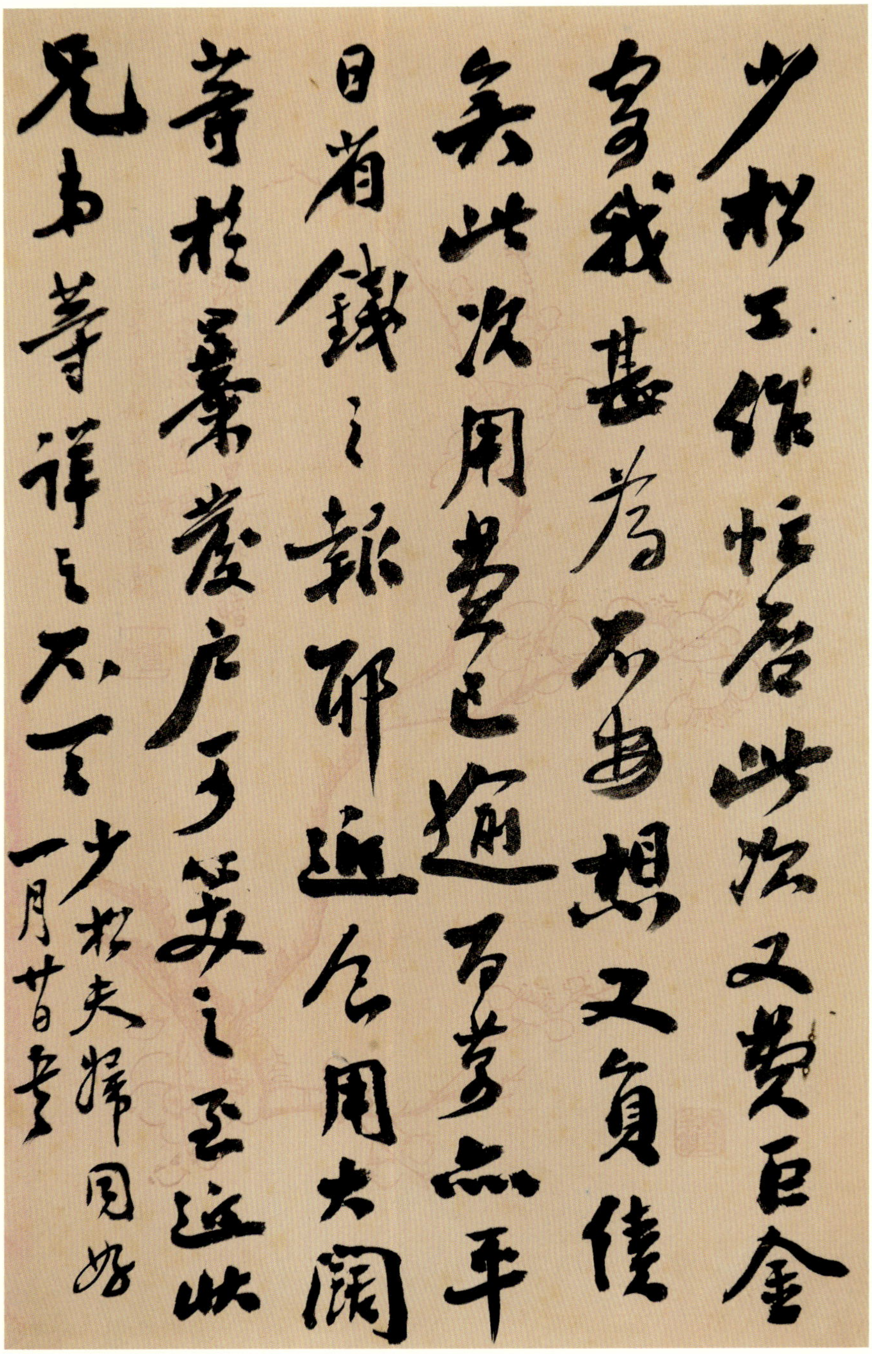

57-2

少松工作忙否？此次又费巨金寄我，甚为不安。想又负债矣。此次用费已逾百万，亦平日省钱之报耶？近食用大阔，等于暴发户，可笑之至。近状兄弟等详之，不一一。少松夫妇同好。

一月廿日书

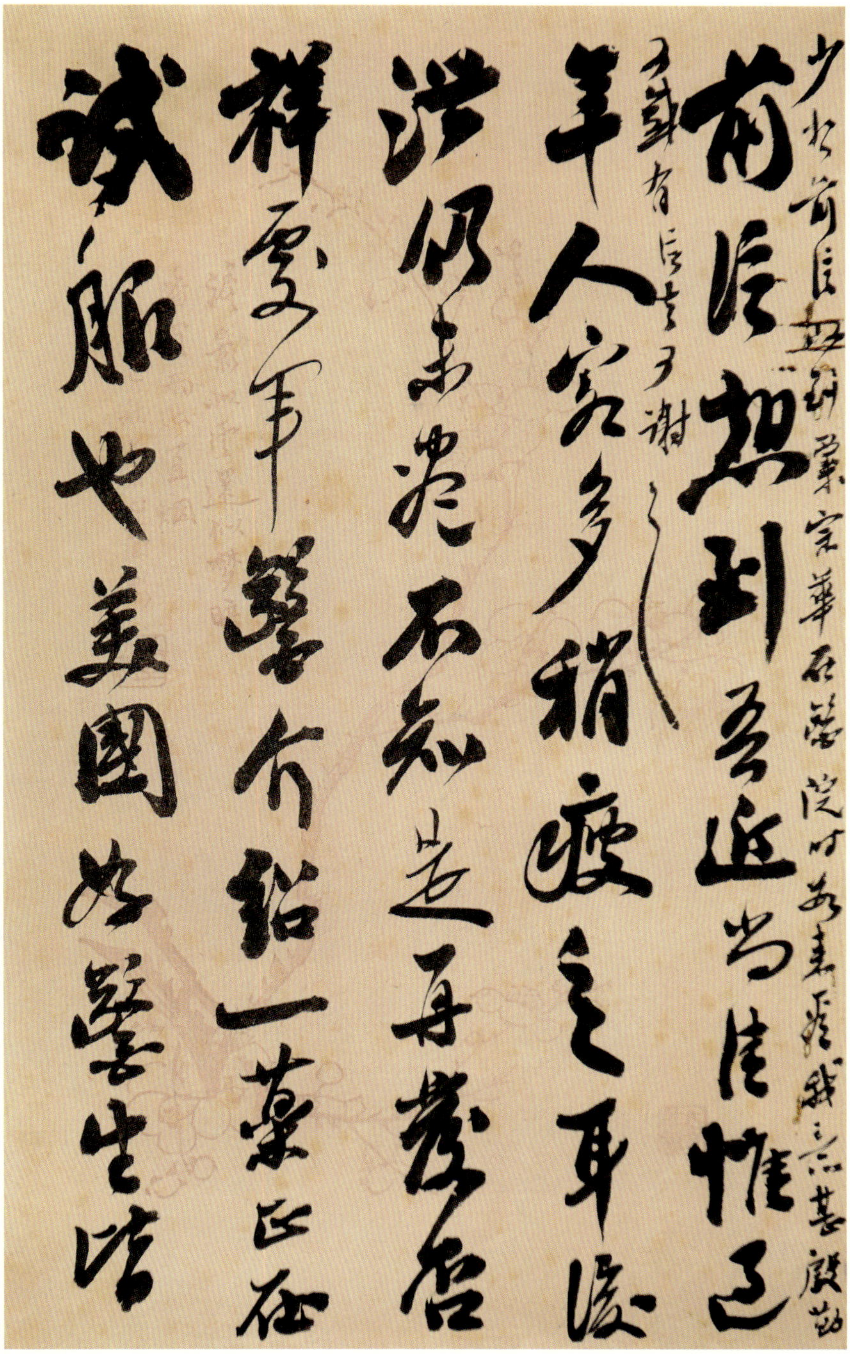

58

（少松前信到。粟宗华在医院时数来看我。意甚殷切可感，有信去，可谢之。）前信想到。吾近尚佳，惟过年人客多，稍疲乏耳。后泄仍未尽。不知是再发否。祥处军医介绍一药正在试服也。美国好医生皆（编者按，此信不全）

致贺国光信札

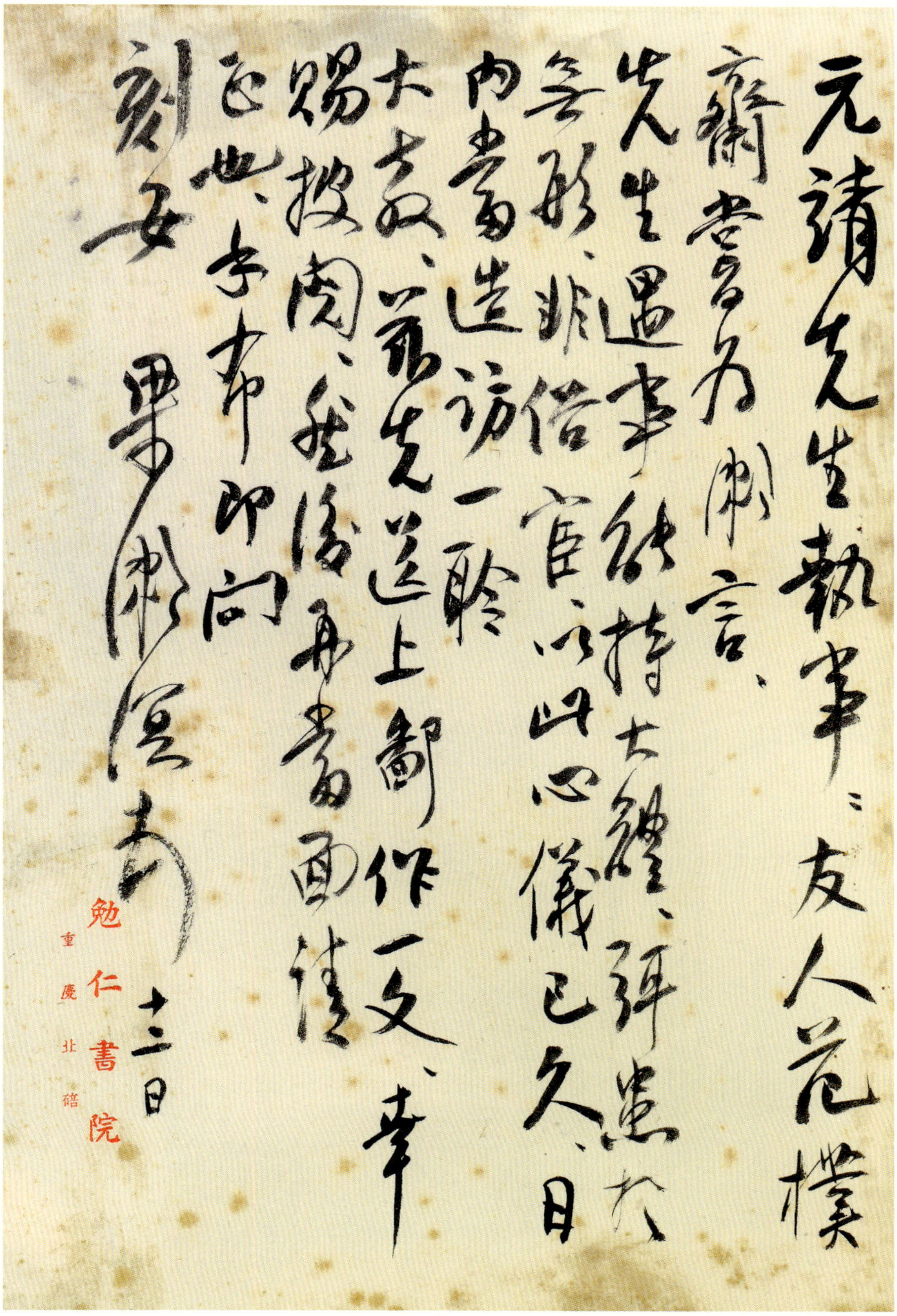

梁漱溟致贺国光信札（一）

元靖先生执事：友人范朴斋尝为漱言，先生遇事能持大体，弭患于无形，非俗宦。以此心仪已久。日内当造访一聆大教。兹先送上鄙作一文，幸赐批阅，然后再当面请正也。手布即问刻安。

梁漱溟顿首

十二日

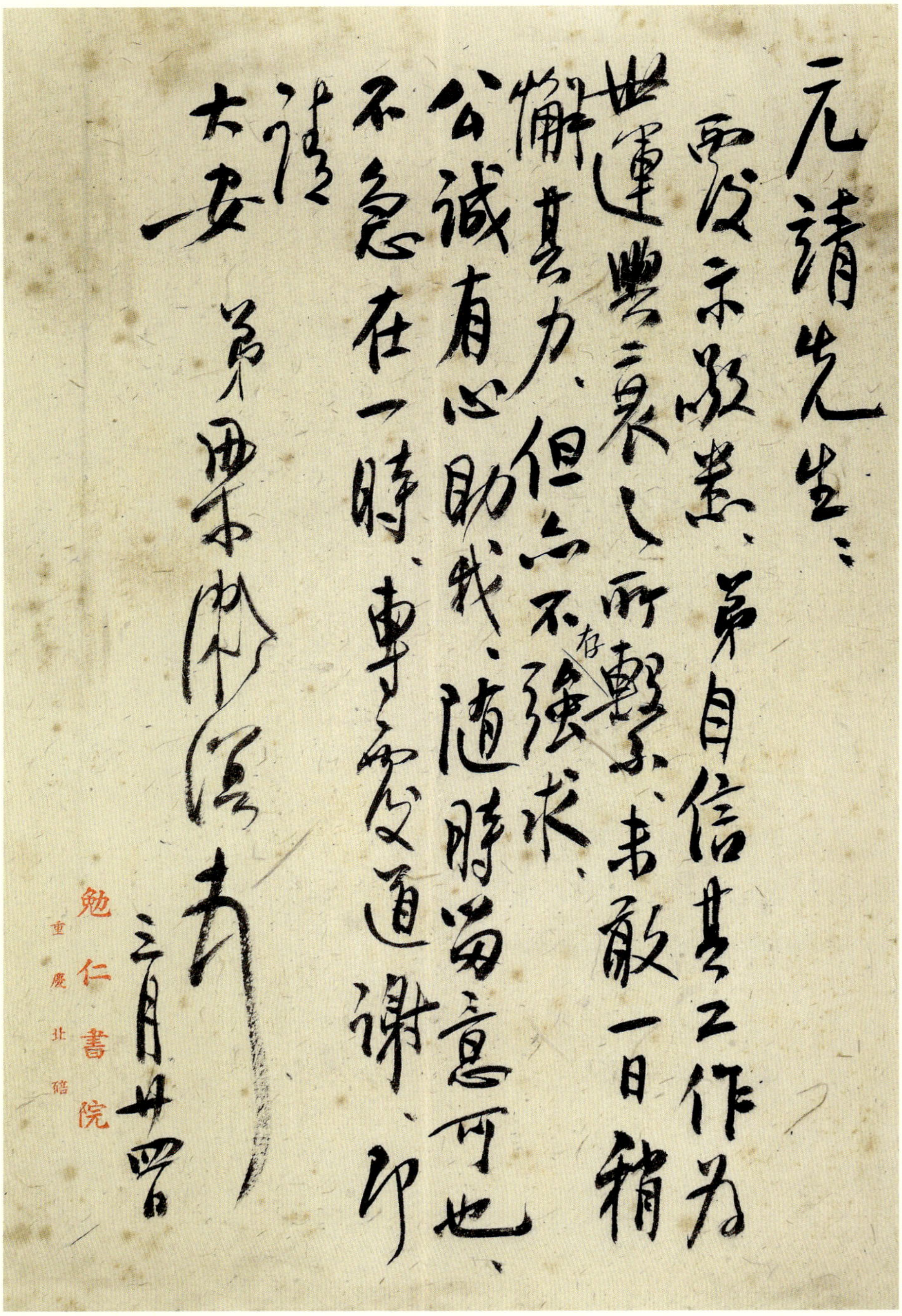

梁漱溟致贺国光信札（二）

元靖先生：覆示敬悉，弟自信其工作为世运兴衰之所系，未敢一日稍懈其力，但亦不存强求。公诚有心助我，随时留意可也，不急在一时。专覆道谢，即请大安。

弟梁漱溟顿首

三月廿四日

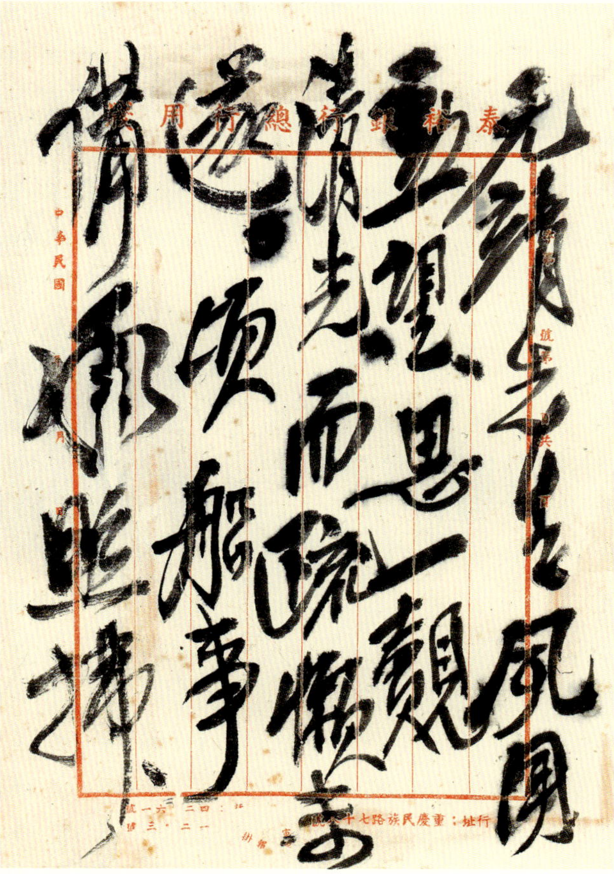

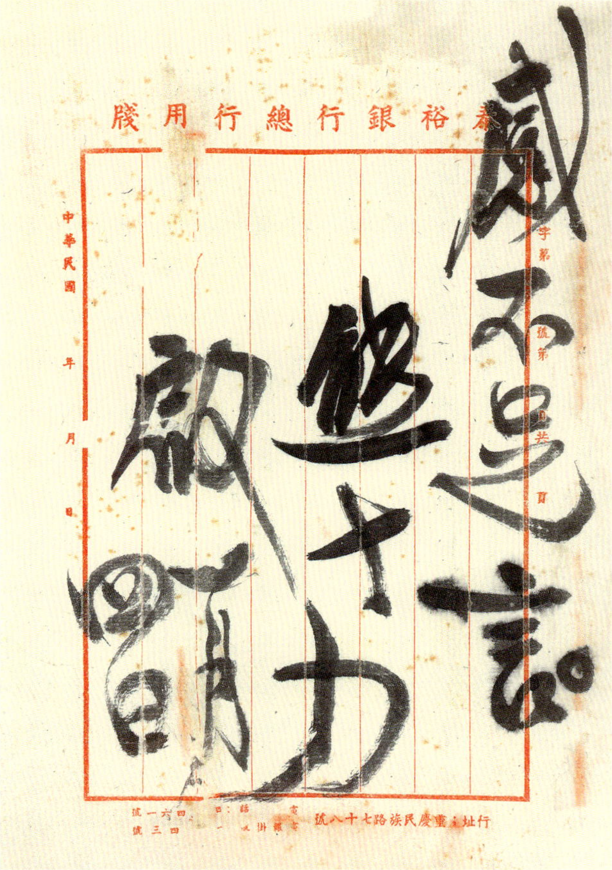

熊十力致贺国光信札

元靖先生：夙闻勋望，思一觌清光，而疏懒未遂。顷船事备承照拂，感不足言。

熊十力启

一月四日

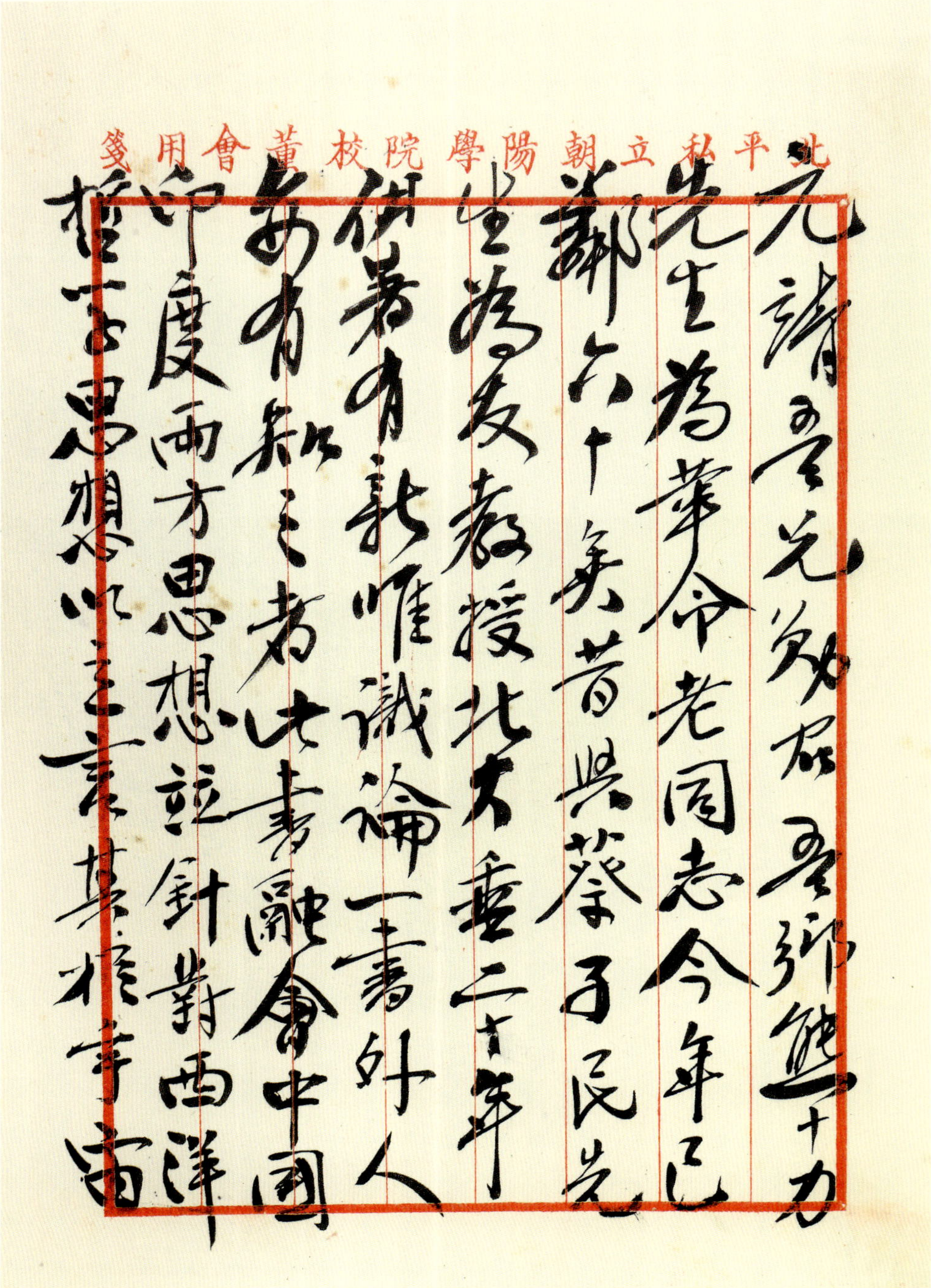
北平私立朝陽學院校董會用箋
元靖吾兄勛右吾鄉熊十力
先生為革命老同志今年已
鄰六十矣昔與蔡子民先
生為友教授北大垂二十年
伊著有新唯識論一書外人
亦有知之者此書融會中國
印度兩方思想並針對西洋
哲學思想以立言其於宇宙

居正致贺国光信札（一）

元靖吾兄勋右：吾乡熊十力先生为革命老同志，今年已邻六十矣。昔与蔡子民先生为友，教授北大垂二十年，伊著有《新唯识论》一书，外人亦有知之者。此书融会中国、印度两方思想，并针对西洋哲学思想以立言，其于宇宙

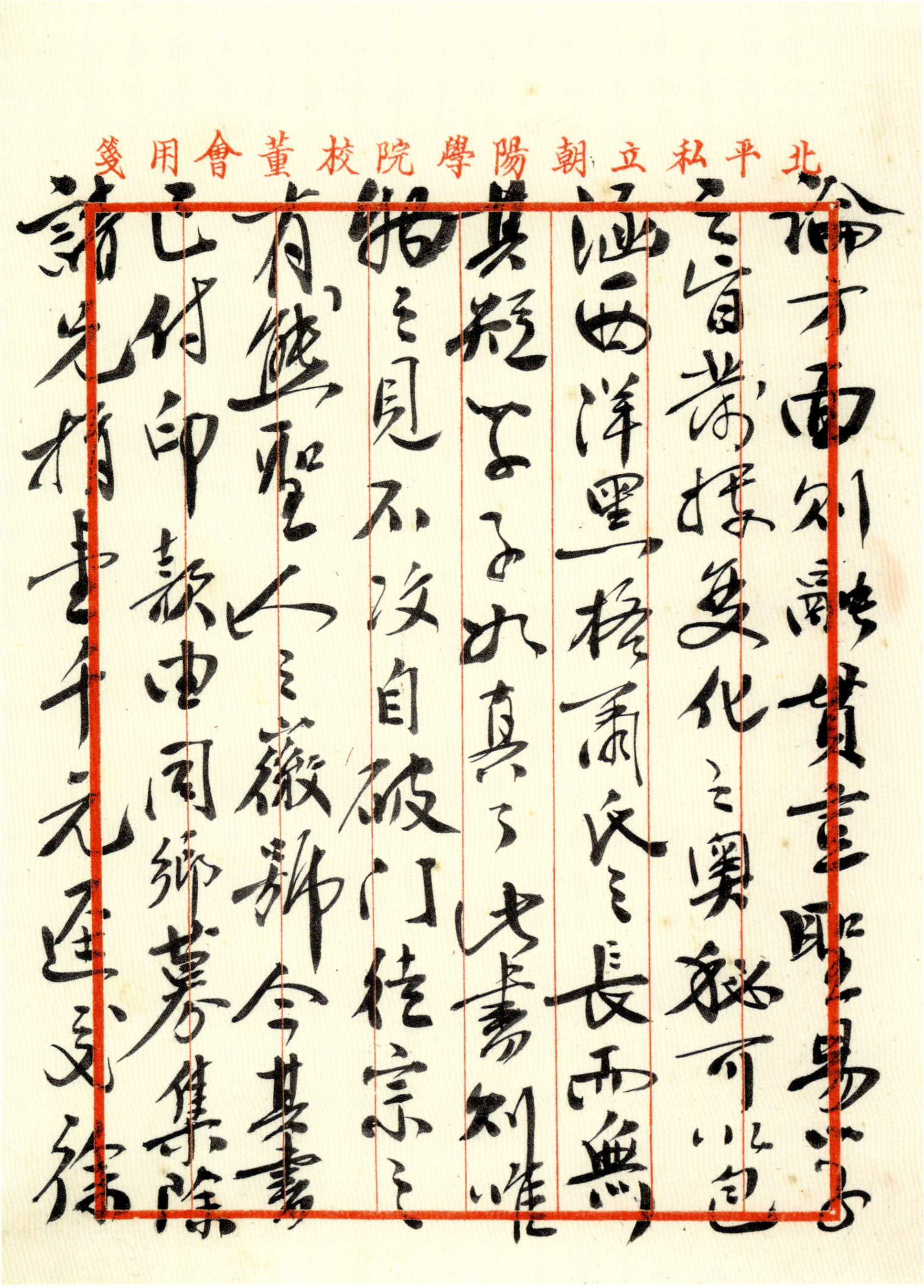
北平私立朝陽學院校董會用箋

論方面則融貫宣聖易學
之旨發揮變化之奧秘可以包
涵西洋黑格爾氏之長而無
其短學子如真了此書則唯
物之見不攻自破門徒宗之
有熊聖人之徽號今其書
已付印款由同鄉募集除
請兄捐壹千元逕交徐

论方面，则融贯宣圣易学之旨，发挥变化之奥秘，可以包涵西洋黑格尔氏之长而无其短。学子如真了此书，则唯物之见不攻自破。门徒宗之，有“熊圣人”之徽号。今其书已付印，款由同乡募集，除请兄捐壹千元，迳交徐

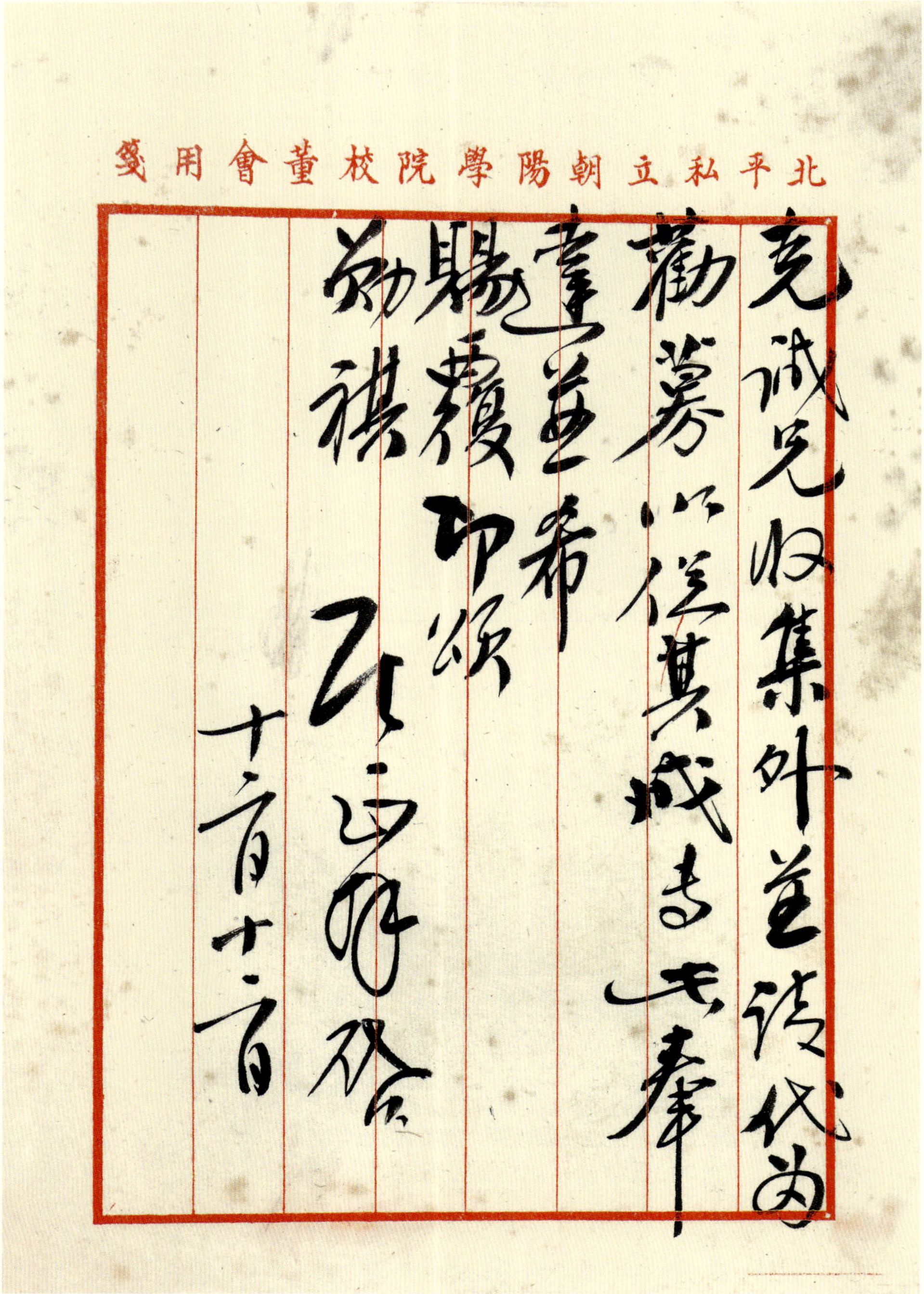

克诚兄收集外，并请代为劝募，以促其成。专此奉达，并希赐覆，即颂勋祺。

居正拜启

十二月十二日

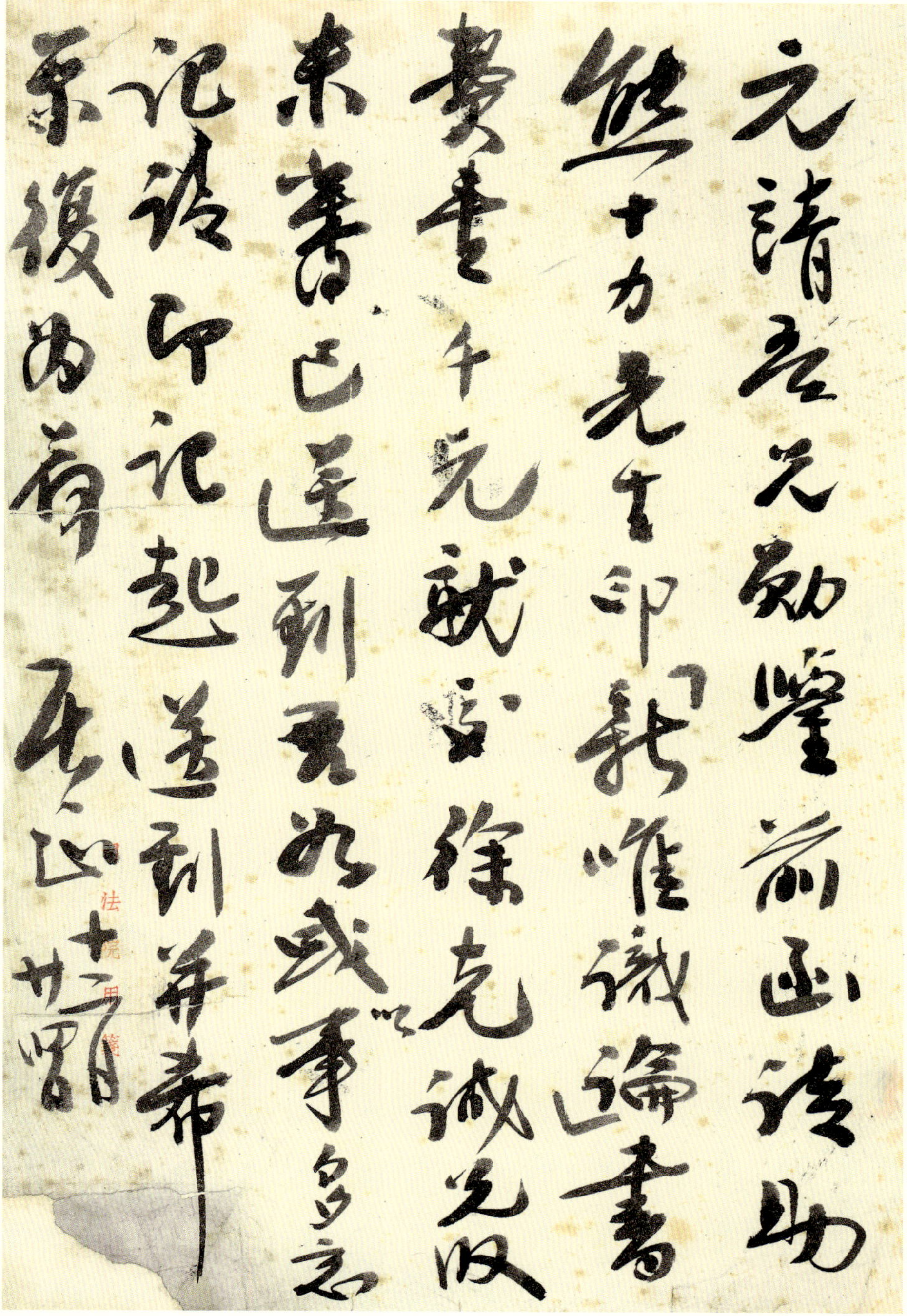
元靖吾兄勛鑒：前函請助熊十力先生印《新唯識論》書費壹千元，就交徐克誠兄收。未審已送到否？如或以事多忘記，請即記起送到，並希示復為荷。
居正
十二月廿四日

居正致贺国光信札（二）

元靖吾兄勋鉴：前函请助熊十力先生印《新唯识论》书费壹千元，就交徐克诚兄收。未审已送到否？如或以事多忘记，请即记起送到，并希示复为荷。

居正

十二月廿四日

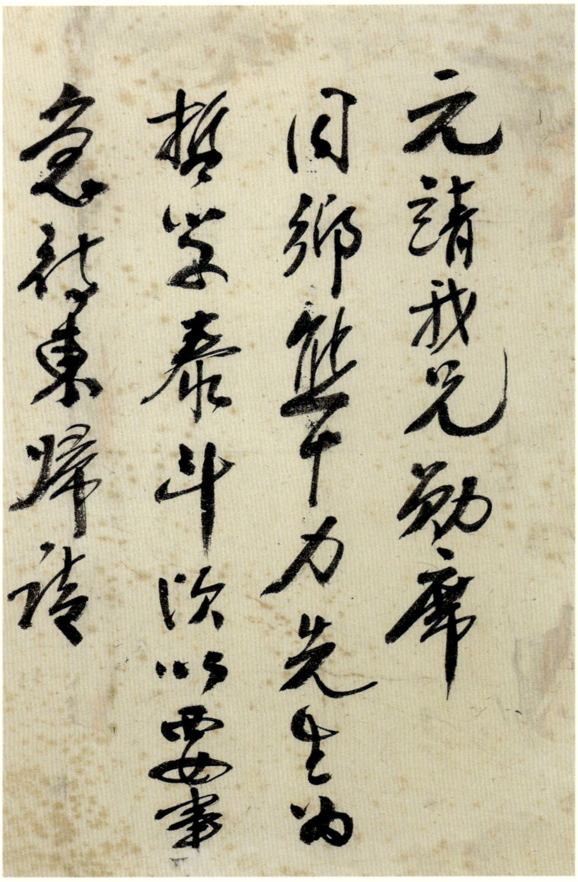
元靖我兄勋席
同乡熊十力先生为
哲学泰斗顷以要事
急待东归请

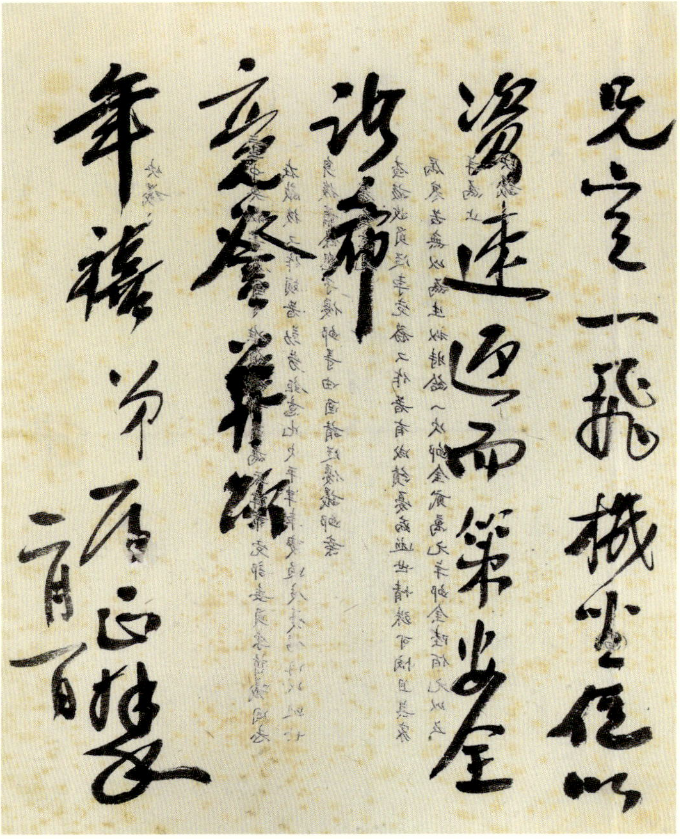
兄定一飞机坐位以
资速返而策安全
诸希
亮詧并颂
年禧 弟居正拜手
二月一日

居正致贺国光信札（三）

元靖我兄勋席：同乡熊十力先生为哲学泰斗，顷以要事，急待东归，请兄定一飞机坐位，以资速返，而策安全。诸希亮詧，并颂年禧。

弟居正拜手

二月一日

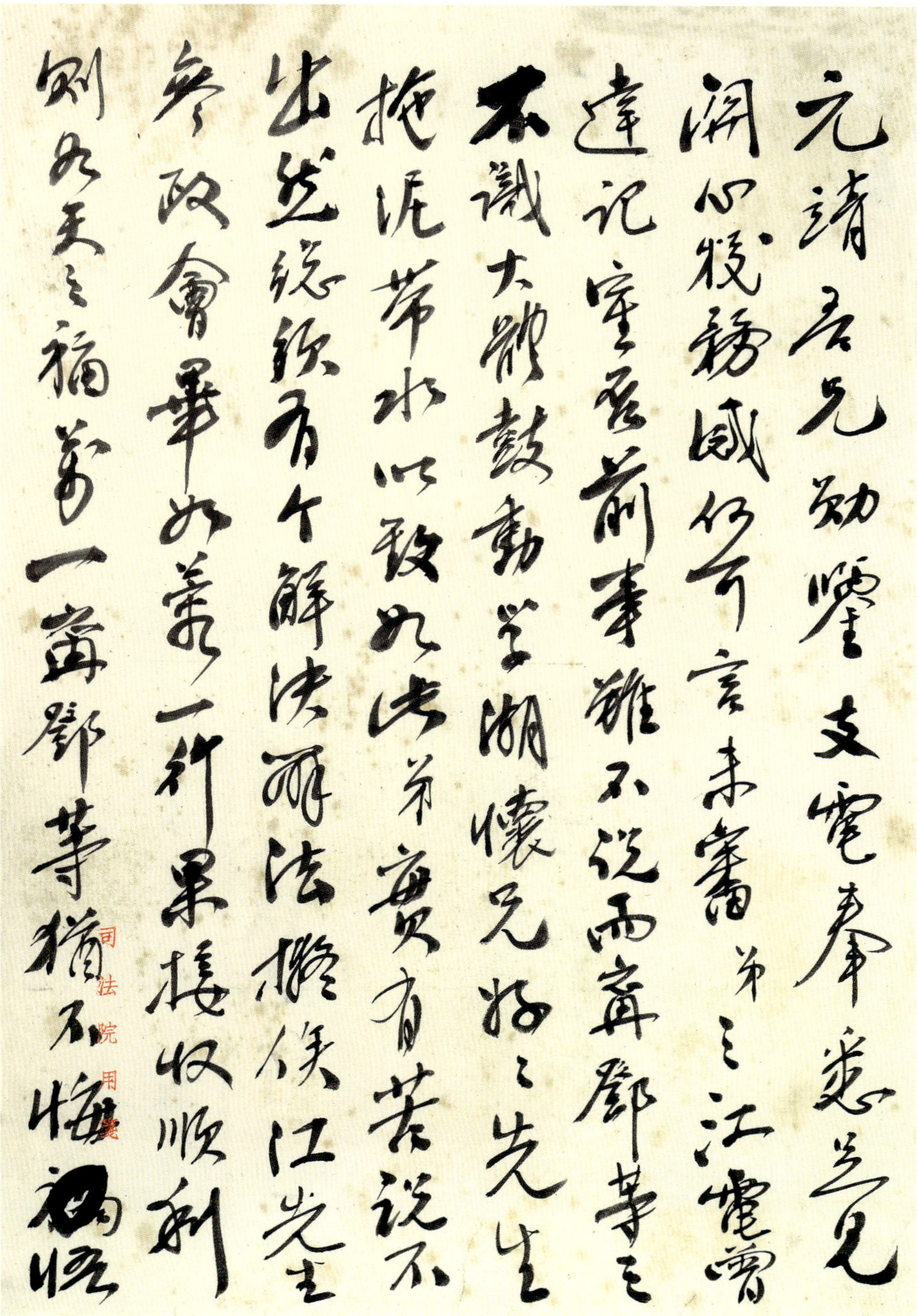

居正致贺国光信札（四）

元靖吾兄勋鉴：支电奉悉，足见关心校务，感何可言。未审弟之江电曾达记室否？前事虽不说，而宁、邓等之不识大体，鼓动学潮，怀兄好好先生，拖泥带水，以致如此。弟实有苦说不出，然总须有个解决办法，拟俟江先生参政会毕，如蓉一行果接收顺利，则如天之福。万一宁、邓等犹不悔悟，

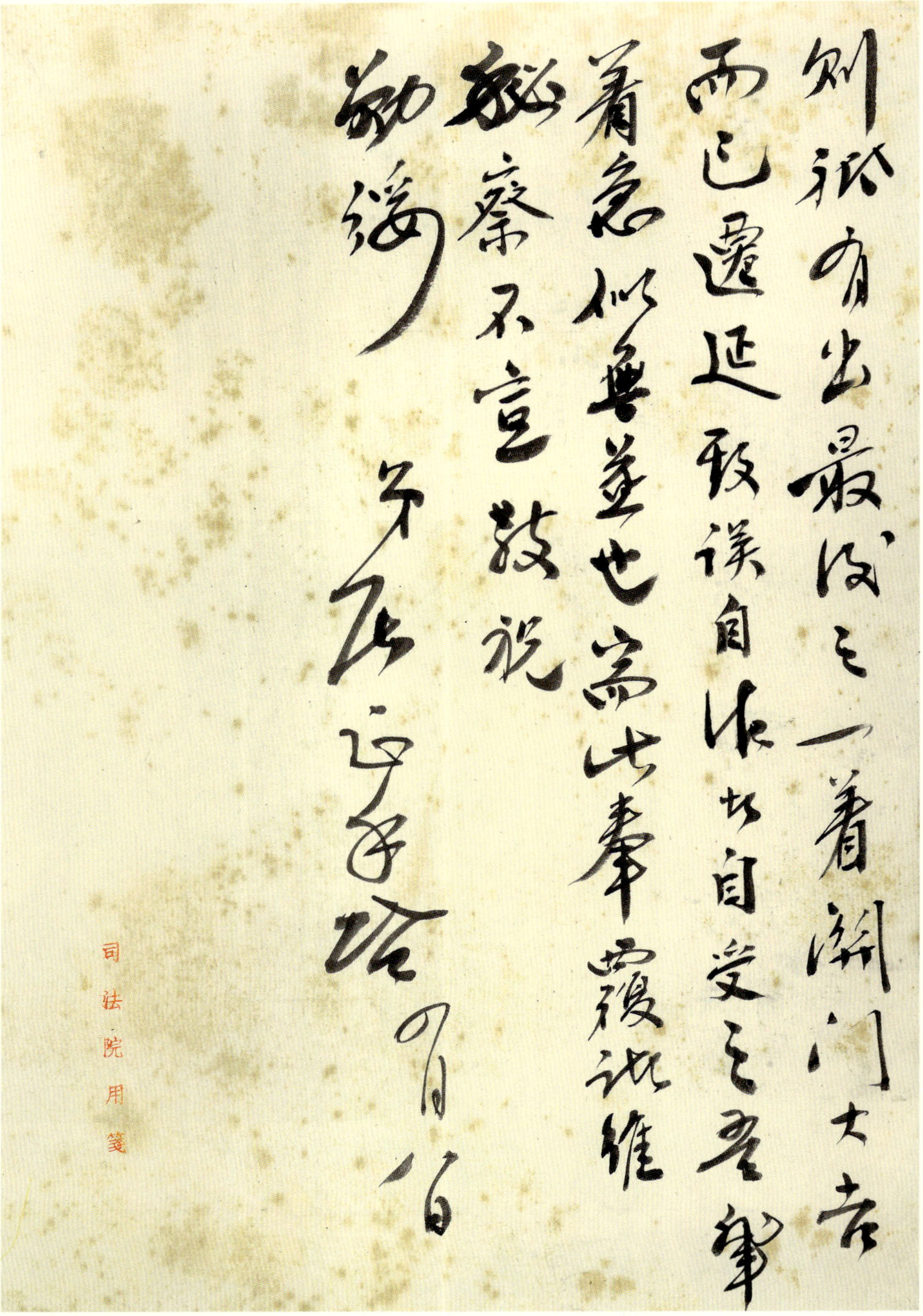

则只有出最后之一着，关门大吉而已。迁延致误，自作者自受之。吾辈着急，似无益也。耑此奉覆，诸维秘察不宣。敬祝勋绥。

弟居正手启

四月八日

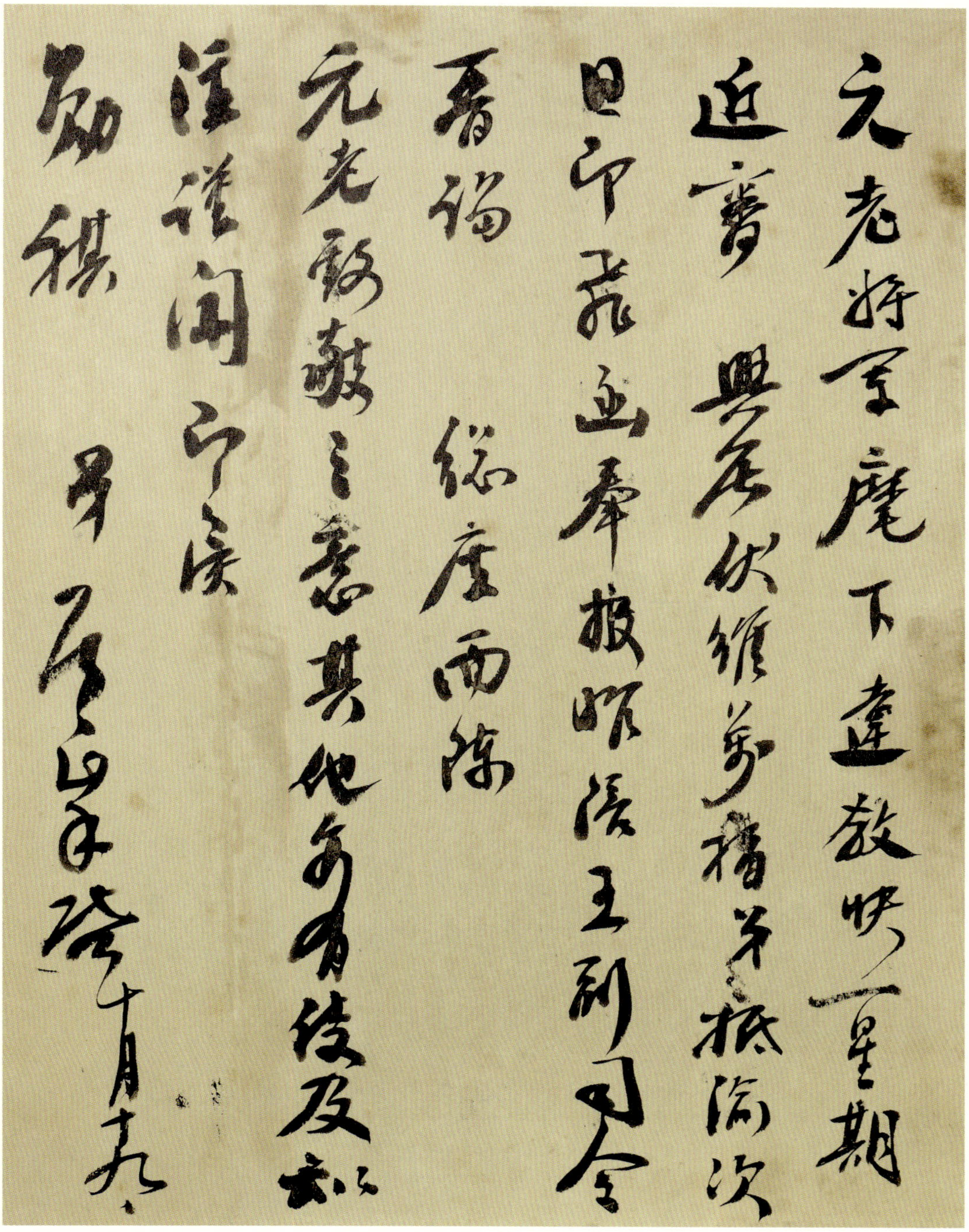

居正致贺国光信札（五）

元老将军麾下：违教快一星期，近审兴居伏维万福，弟抵渝次日即飞函奉报，昨陪王副司令晋谒总座，而陈元老致敬之意，其他亦有谈及。知注谨闻，即候勋祺。

弟居正手启

十月十九

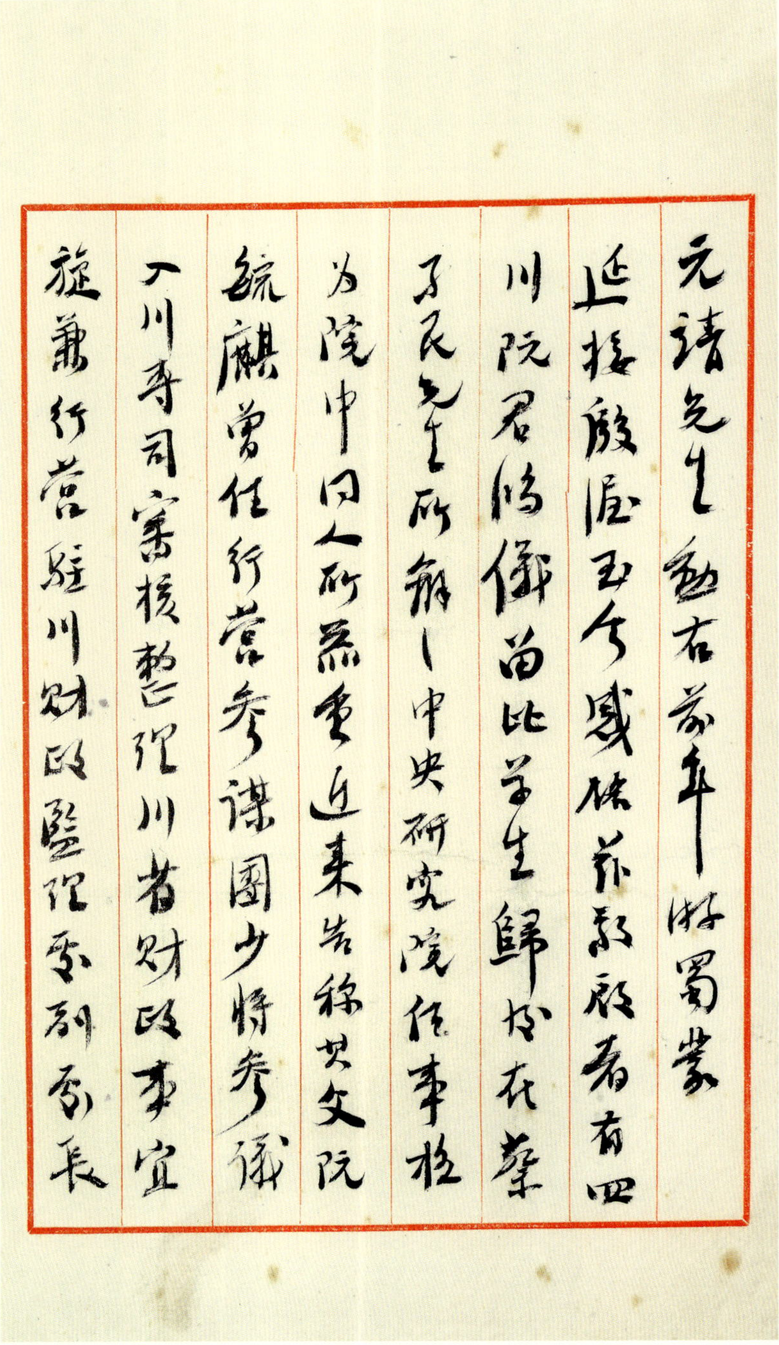

吴敬恒致贺国光信札（一）

元靖先生勋右：前年游蜀，蒙延接殷渥，至今感铭。兹敬启者，有四川阮君鸿仪，留比学生，归后在蔡孑民先生所办之中央研究院任事，极为院中同人所器重。近来告称其父阮毓麒曾任行营参谋团少将参议，入川专司审核整理川省财政事宜，旋兼行营驻川财政监理处副处长，

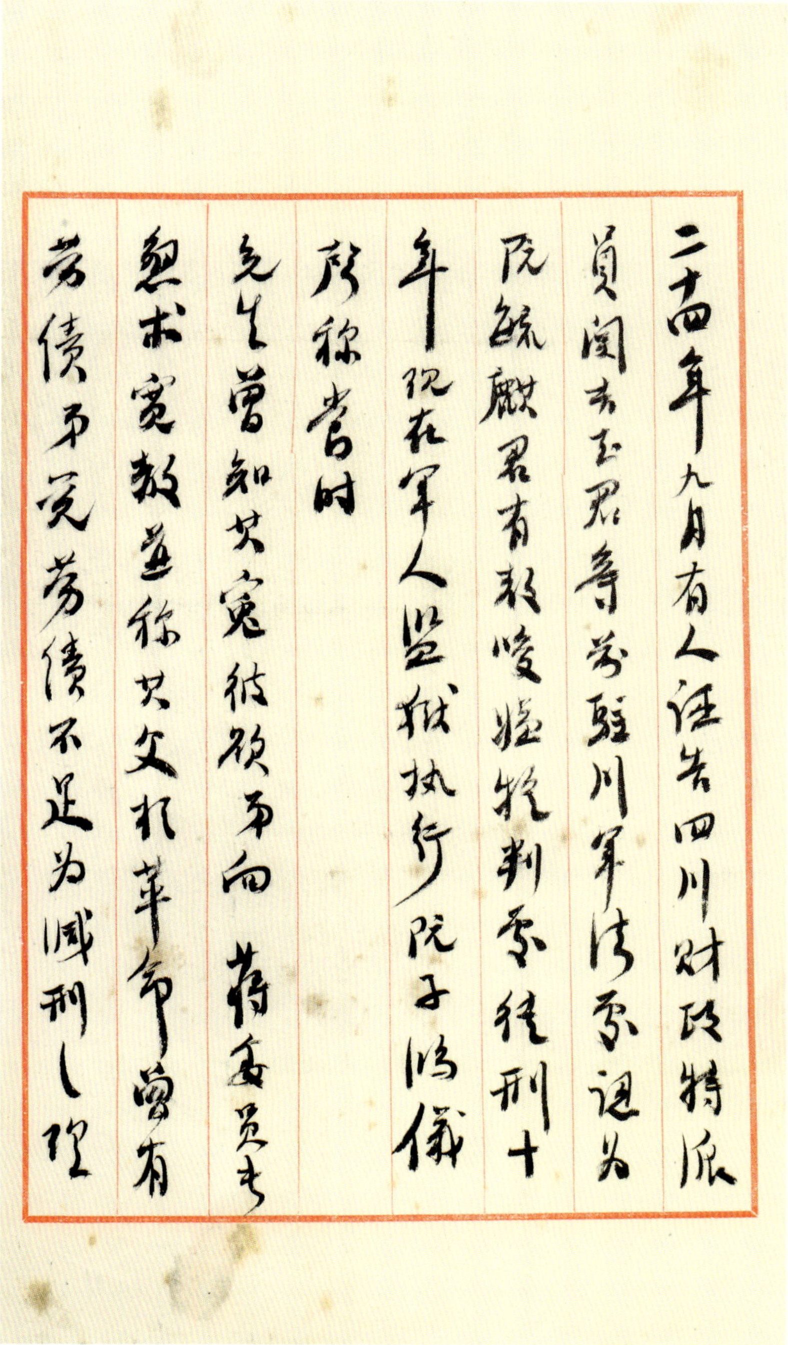

二十四年九月有人诬告四川财政特派员关吉玉君等，驻川军法处认为阮毓麒君有教唆嫌疑，判处徒刑十年，现在军人监狱执行。阮子鸿仪声称当时先生曾知其冤，彼欲弟向蒋委员长恳求宽赦，并称其父于革命曾有劳绩。弟觉劳绩不足为减刑之理

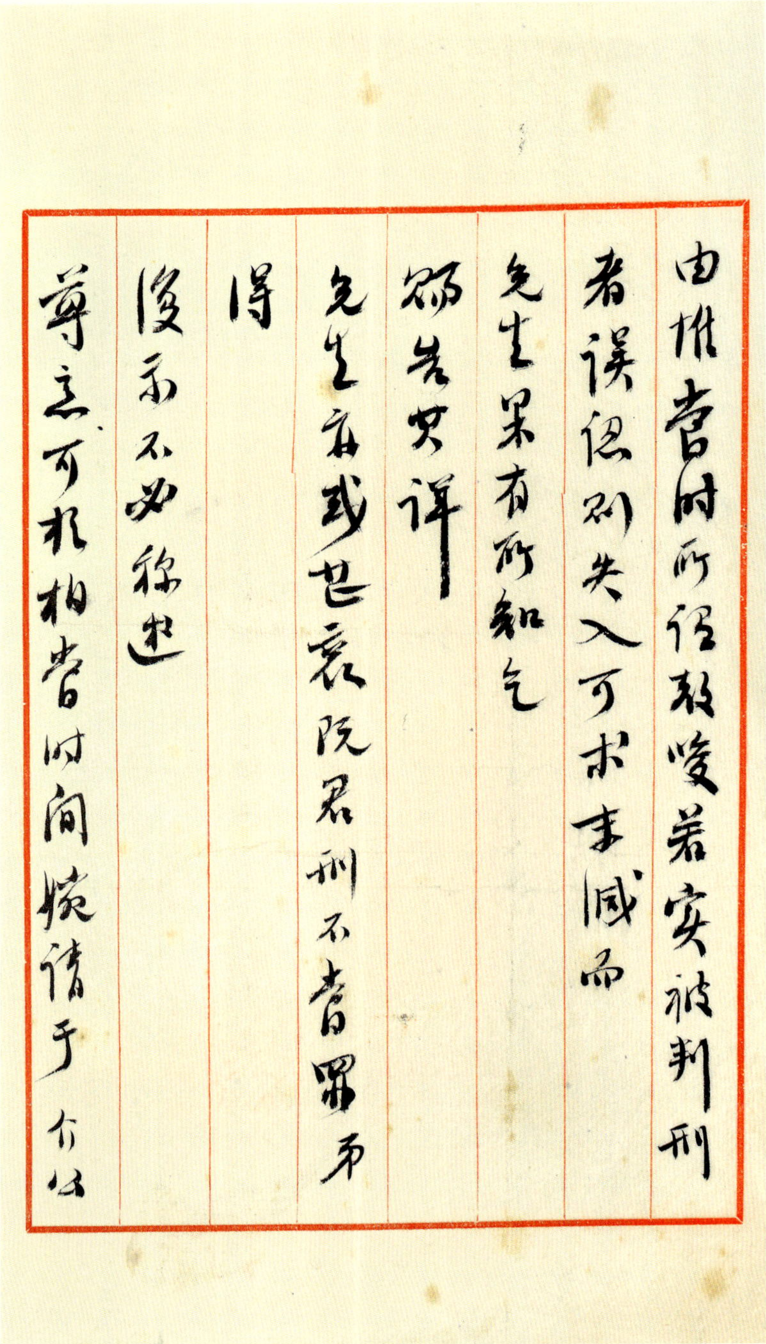

由，惟当时所谓教唆，若实被判刑者误认，则失入可求末减。而先生果有所知，乞赐告其详。先生亦或甚哀阮君刑不当罪。弟得复示，不必称述尊意，可于相当时间，婉请于介公，

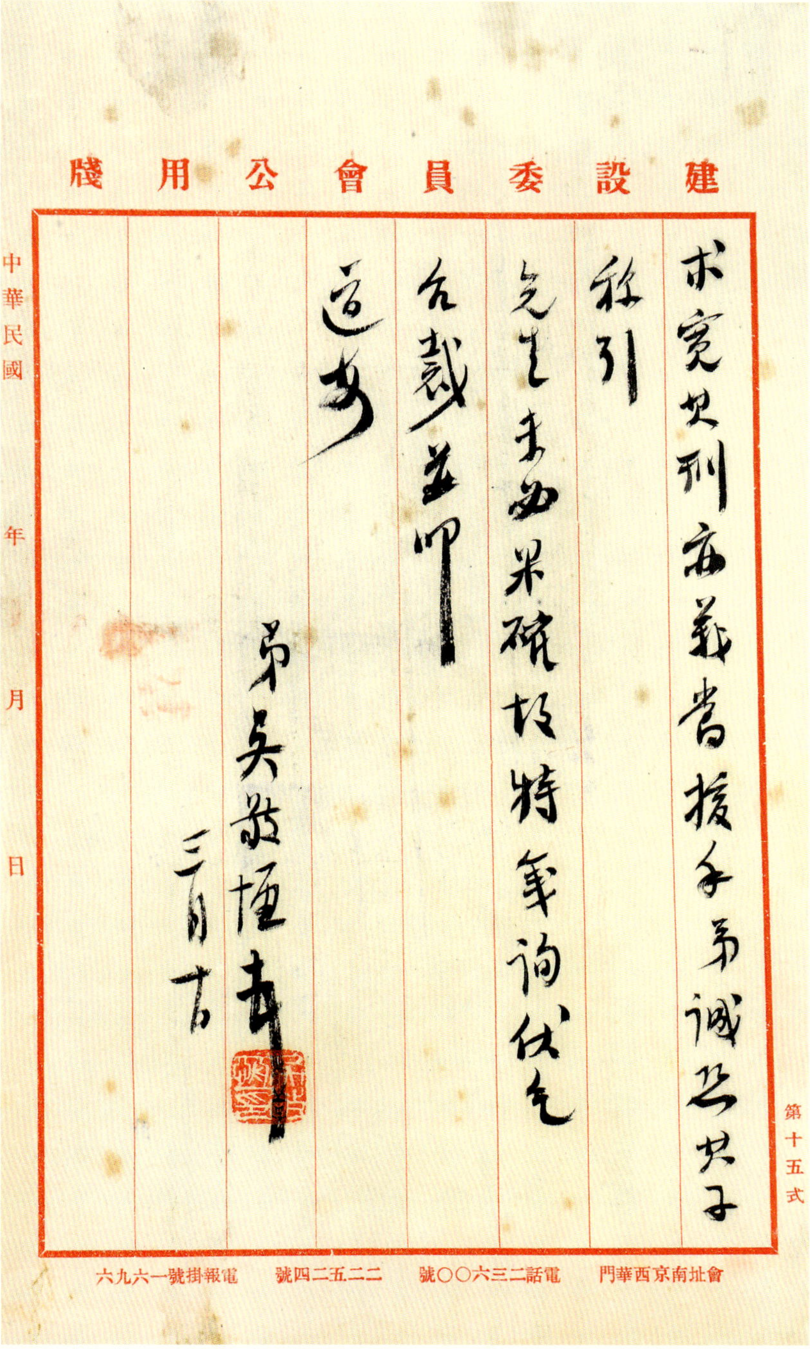

求宽其刑，亦义当援手。弟诚恐其子称引先生未必果确，故特笺询。伏乞台裁，并叩道安。

弟吴敬恒顿首

三月十日

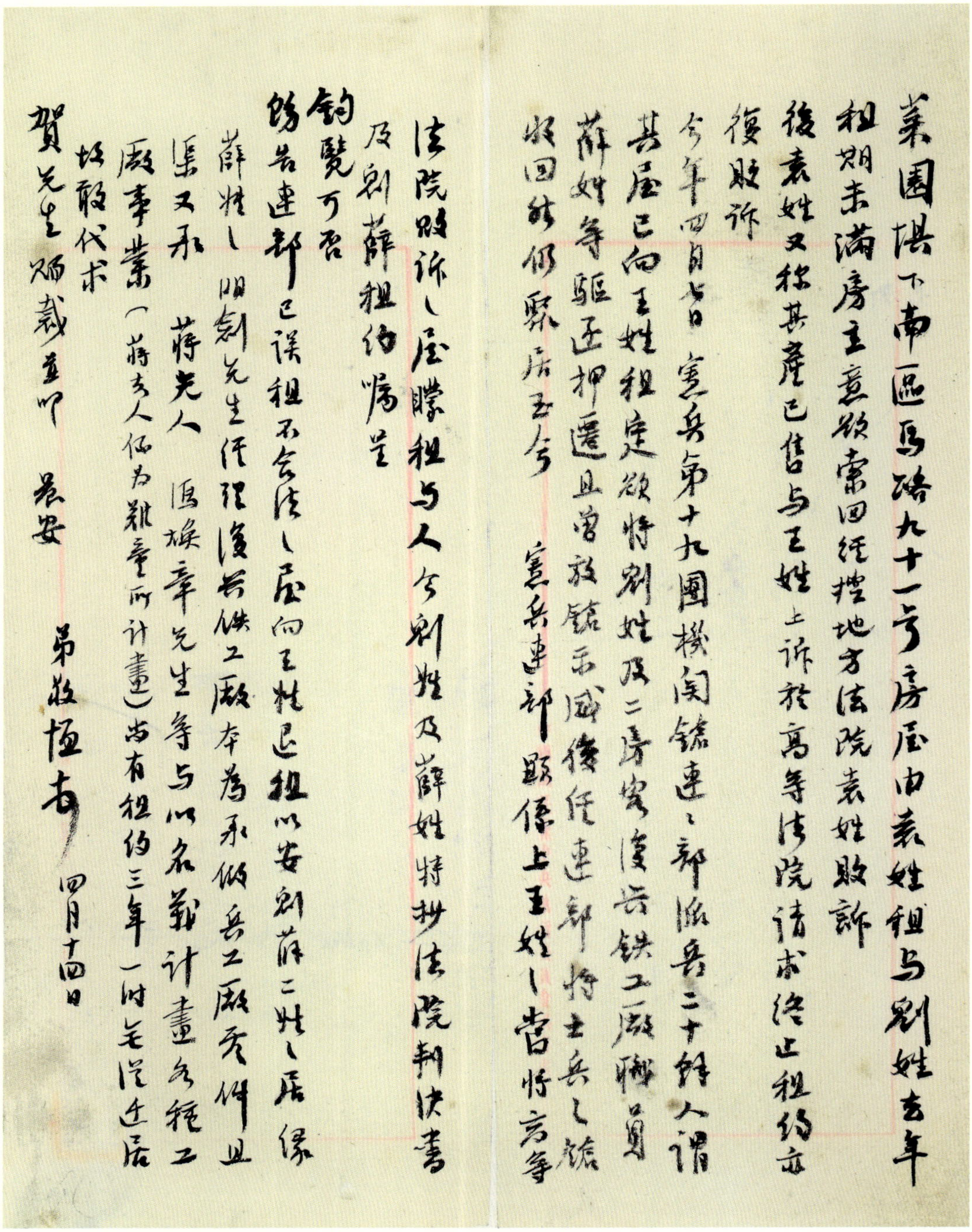

吴敬恒致贺国光信札（二）

菜园坝下南区马路九十一号，房屋由袁姓租与刘姓，去年租期未满，房主意欲索回，经控地方法院，袁姓败诉。

后袁姓又称其产已售与王姓，上诉于高等法院，请求终止租约，亦复败诉。

今年四月七日，宪兵第十九团机关枪连连部派兵二十余人，谓其屋已向王姓租定，欲将刘姓及二房客、复兴铁工厂职员薛姓等，驱逐押迁，且曾放枪示威，后经连部将士兵之枪收回，然仍聚居至今。宪兵连部显系上王姓之当，将高等法院败诉之屋矇租与人，今刘姓及薛姓特抄法院判决书及刘、薛租约嘱呈钧览，可否饬告连部已误租不合法之屋，向王姓退租，以安刘、薛二姓之居，缘薛姓之明剑先生，经理复兴铁工厂，本为承做兵工厂零件，且渠又承蒋夫人、冯焕章先生等，与以名义计画各种工厂事业（蒋夫人系为难童所计划），尚有租约三年，一时无从迁居，故敢代求贺先生赐裁，并叩晨安。

弟敬恒顿首

四月十四日

（钤印：吴敬恒印）

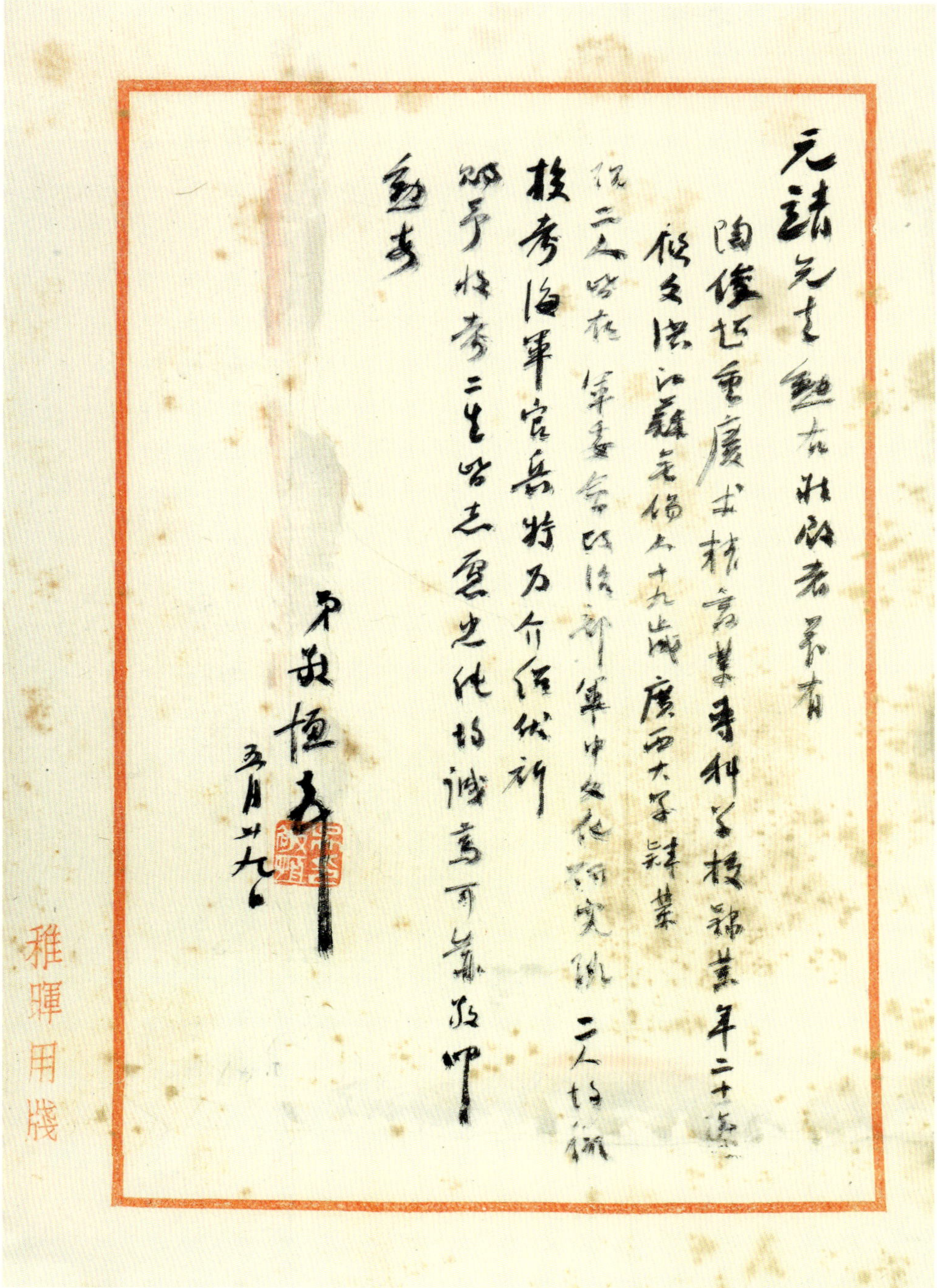

吴敬恒致贺国光信札（三）

元靖先生勋右：敬启者，兹有陶俊超，重庆求精高等专科学校肄业，年二十逾；顾文洪，江苏无锡人，十九岁，广西大学肄业。现二人皆在军委会政治部军中文化研究班，二人均拟投考海军官兵，特为介绍，伏祈赐予收考，二生皆志愿忠纯，均诚笃可靠。敬叩勋安。

弟敬恒顿首

五月廿九日

（钤印：吴敬恒印）

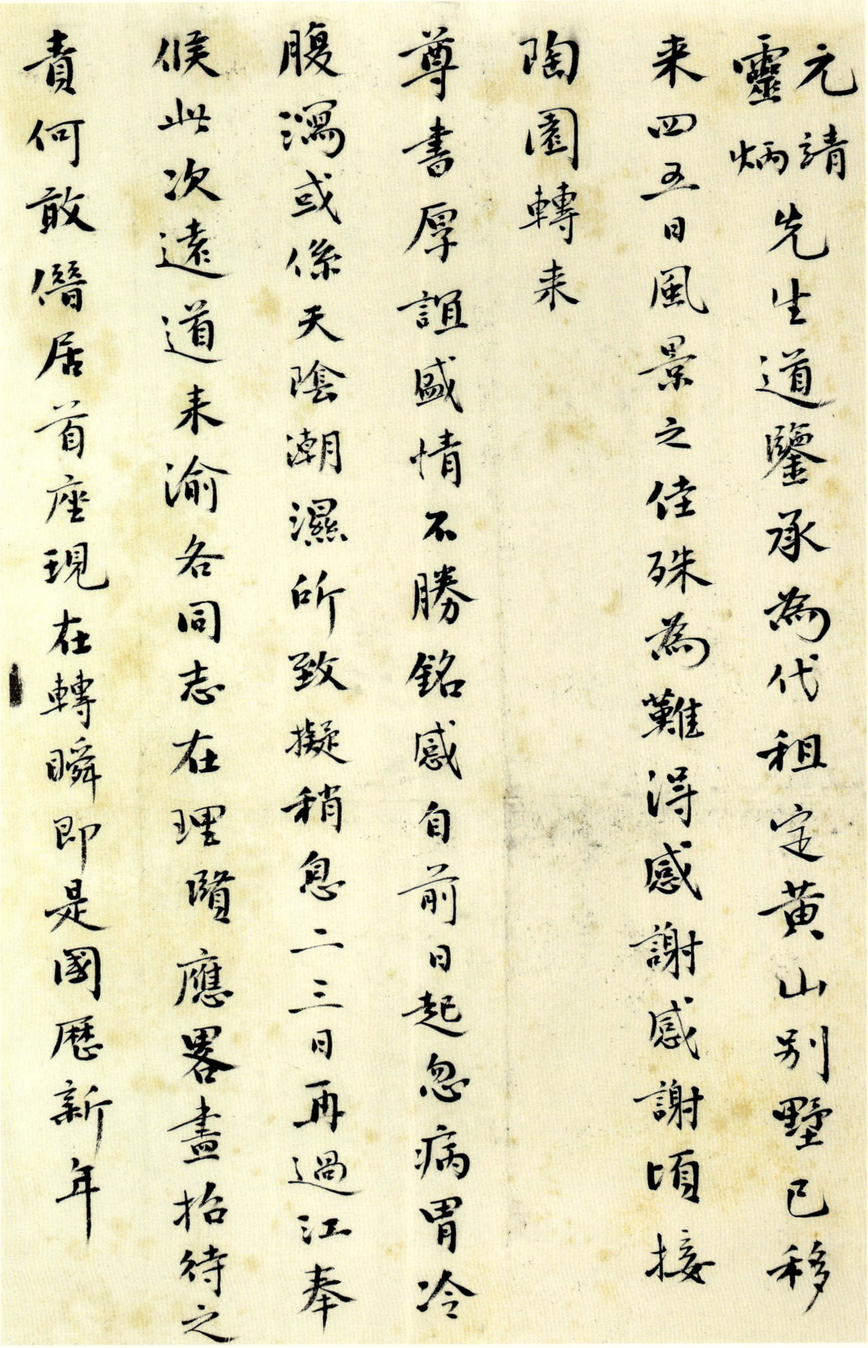
元靖
靈炳先生道鑒承為代祖定黃山別墅已移
来四五日風景之佳殊為難得感謝感謝頃接
陶園轉来
尊書厚誼盛情不勝銘感自前日起忽病胃冷
腹瀉或係天陰潮濕所致擬稍息二三日再過江奉
候此次遠道来渝各同志在理賢應略盡招待之
責何敢僭居首座現在轉瞬即是國歷新年

戴季陶致贺国光、夏斗寅信札（一）

元靖、灵炳先生道鉴：承为代租定黄山别墅，已移来四五日，风景之佳，殊为难得，感谢感谢！顷接陶园转来尊书，厚谊盛情，不胜铭感。自前日起忽病，胃冷腹泻，或系天阴潮湿所致。拟稍息二三日，再过江奉候。此次远道来渝各同志，在理贤应略尽招待之责，何敢僭居首座，现在转瞬即是国历新年，

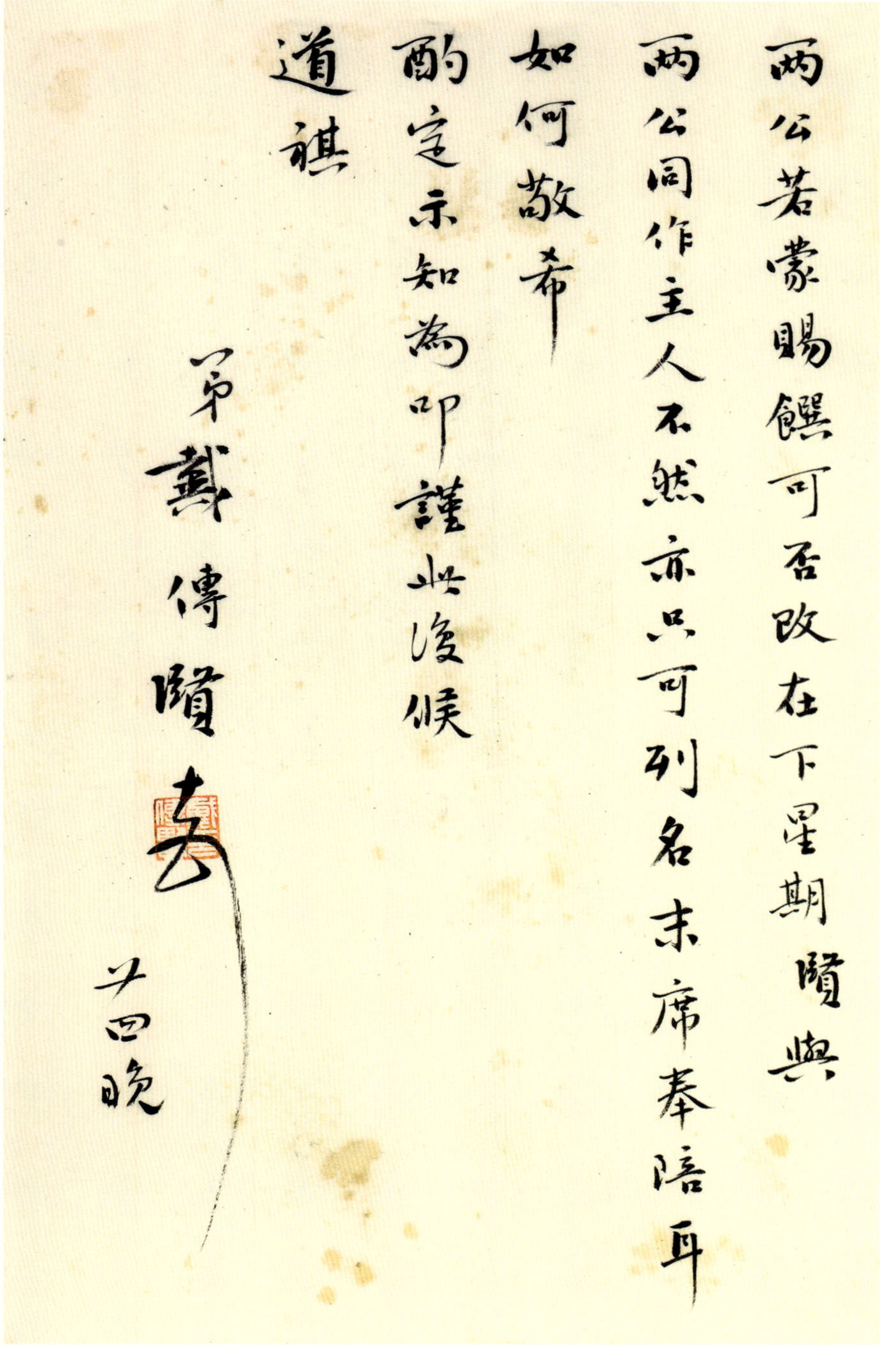
兩公若蒙賜饌可否改在下星期賢與
兩公同作主人不然亦只可列名末席奉陪耳
如何敬希
酌定示知為叩謹此復候
道祺
弟戴傳賢頓首
廿四晚

两公若蒙赐馔，可否改在下星期，贤与两公同作主人，不然亦只可列名末席奉陪耳，如何？敬希酌定示知为叩，谨此复候道祺。

弟戴传贤顿首

廿四晚

（钤印：戴传贤印）

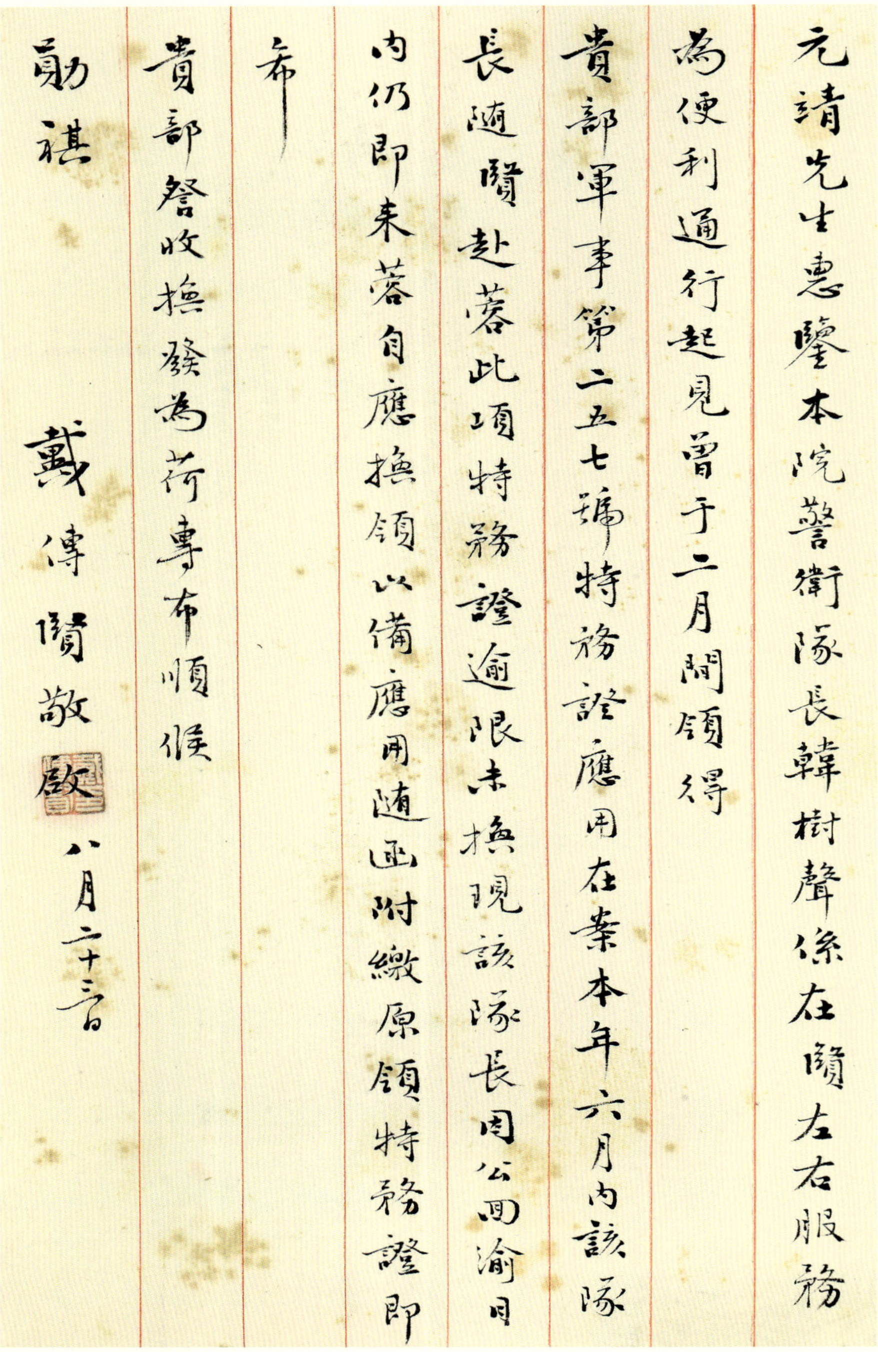
元靖先生惠鑒本院警衛隊長韓樹聲係在賢左右服務
為便利通行起見曾于二月間領得
貴部軍事第二五七號特務證應用在案本年六月內該隊
長隨賢赴蓉此項特務證逾限未換現該隊長因公回渝日
內仍即來蓉自應換領以備應用隨函附繳原領特務證即
希
貴部督收換發為荷專布順候
勛祺
戴傳賢敬啟
八月二十三日

戴季陶致贺国光信札（二）

元靖先生惠鉴：本院警卫队长韩树声系在贤左右服务，为便利通行起见，曾于二月间领得贵部军事第二五七号特务证，应用在案。本年六月内，该队长随贤赴蓉，此项特务证逾限未换，现该队长因公回渝，日内仍即来蓉，自应换领以备应用，随函附缴原领特务证，即希贵部督收换发为荷。专布顺候勋祺。

戴传贤敬启

八月二十三日

（钤印：戴传贤印）

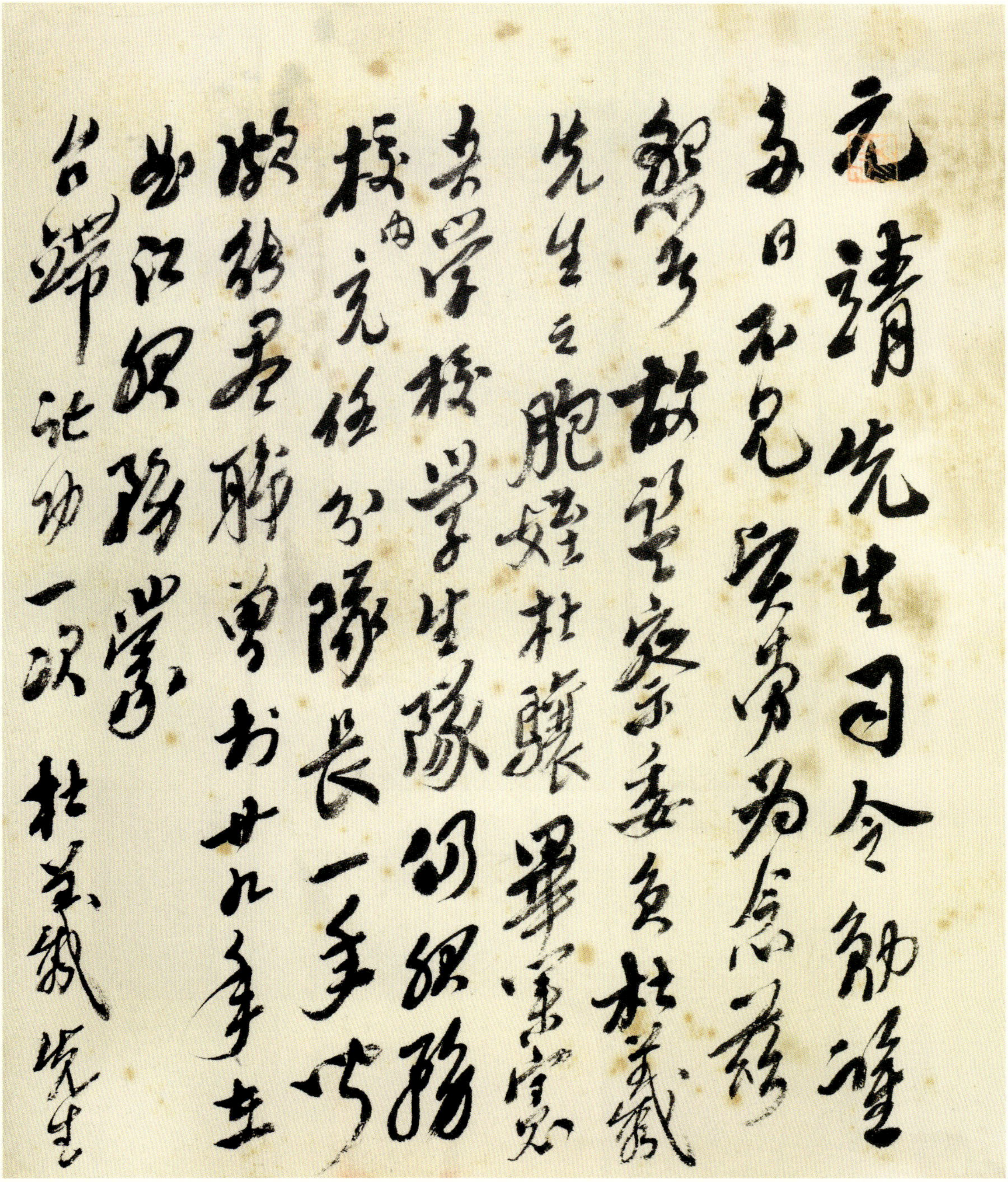

张继致贺国光信札

元靖先生司令勋鉴：多日不见，贤劳为念。兹恳者，故监察委员杜羲先生之胞侄杜骧，毕业宪兵学校学生队，仍服务校内，充任分队长一年，闻颇能尽职，曾于廿九年在曲江服务，蒙台端论功一次，杜羲先生

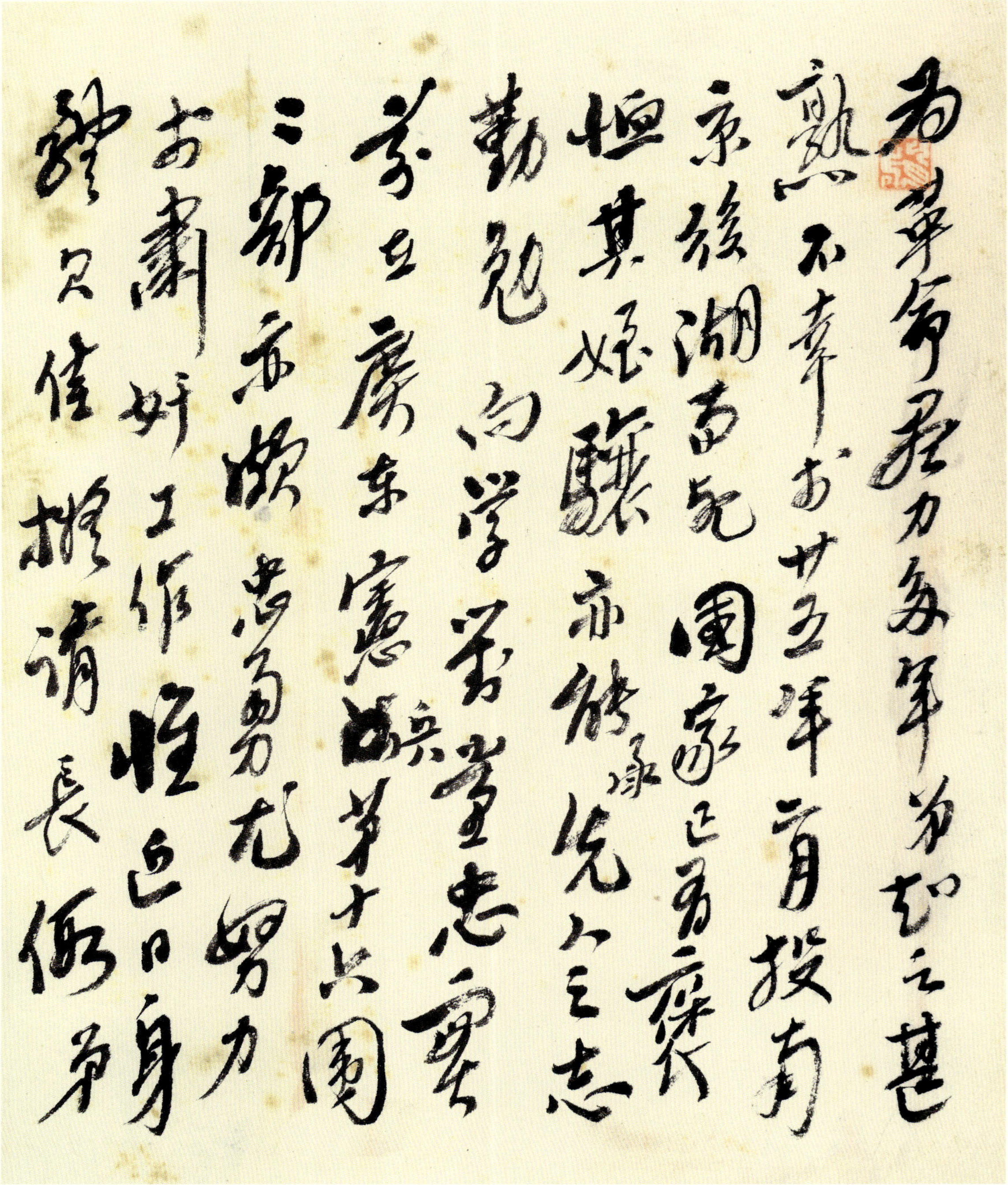

为革命尽力多年，弟知之甚熟，不幸于廿五年二月投南京后湖而死，国家正有褒恤，其姪骧亦能承先人之志，勤勉向学，对党忠实，前在广东宪兵第十六团二部，亦颇忠勇，尤努力于肃奸工作，惟近日身体欠佳，拟请长假，弟

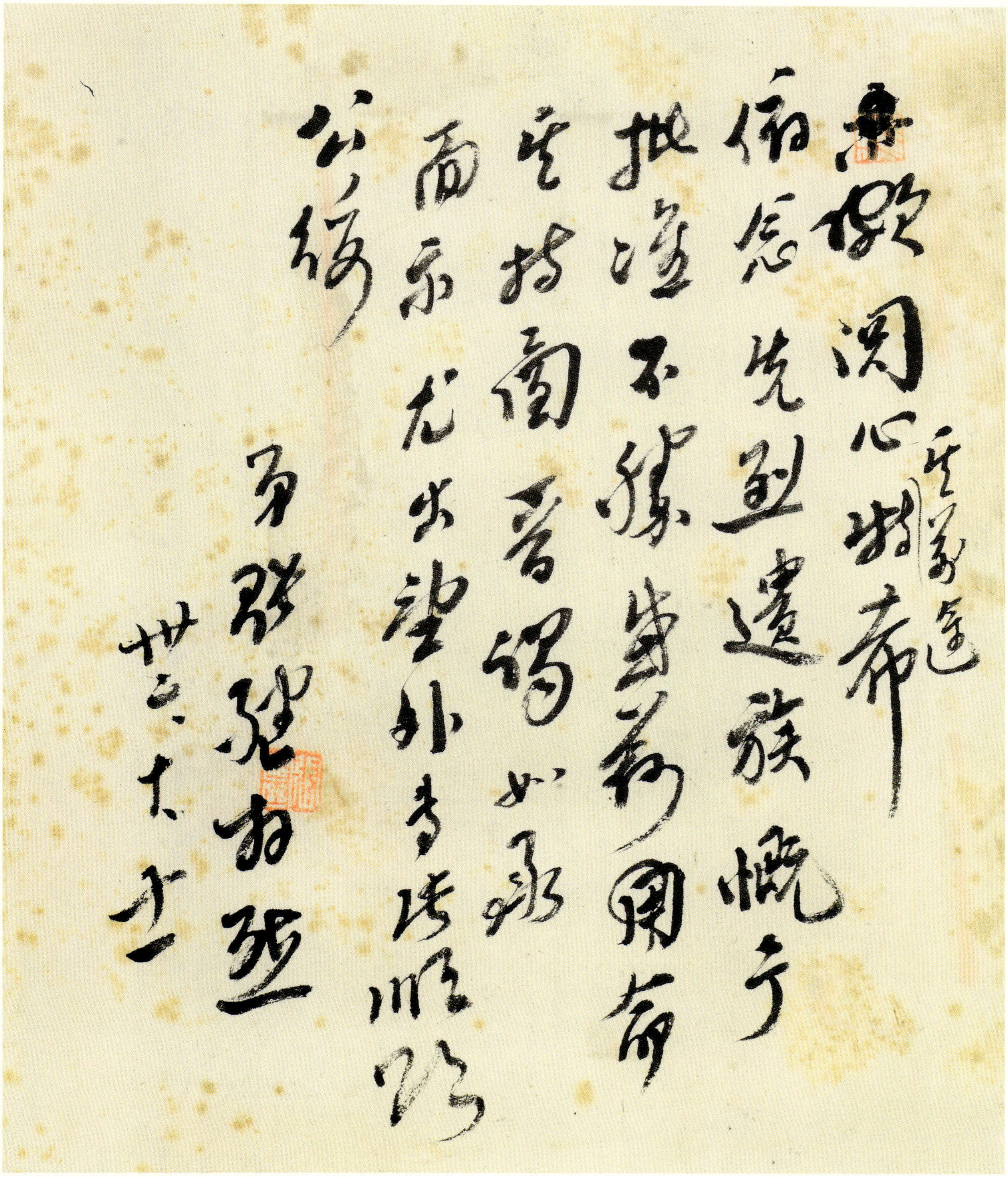

颇关心其前途，特希俯念先烈遗族，慨予批准，不胜感荷。命其持函晋谒，如承面示，尤出望外。专此顺颂公绥。

弟张继拜启

卅二，十，十一

（钤印：张继）

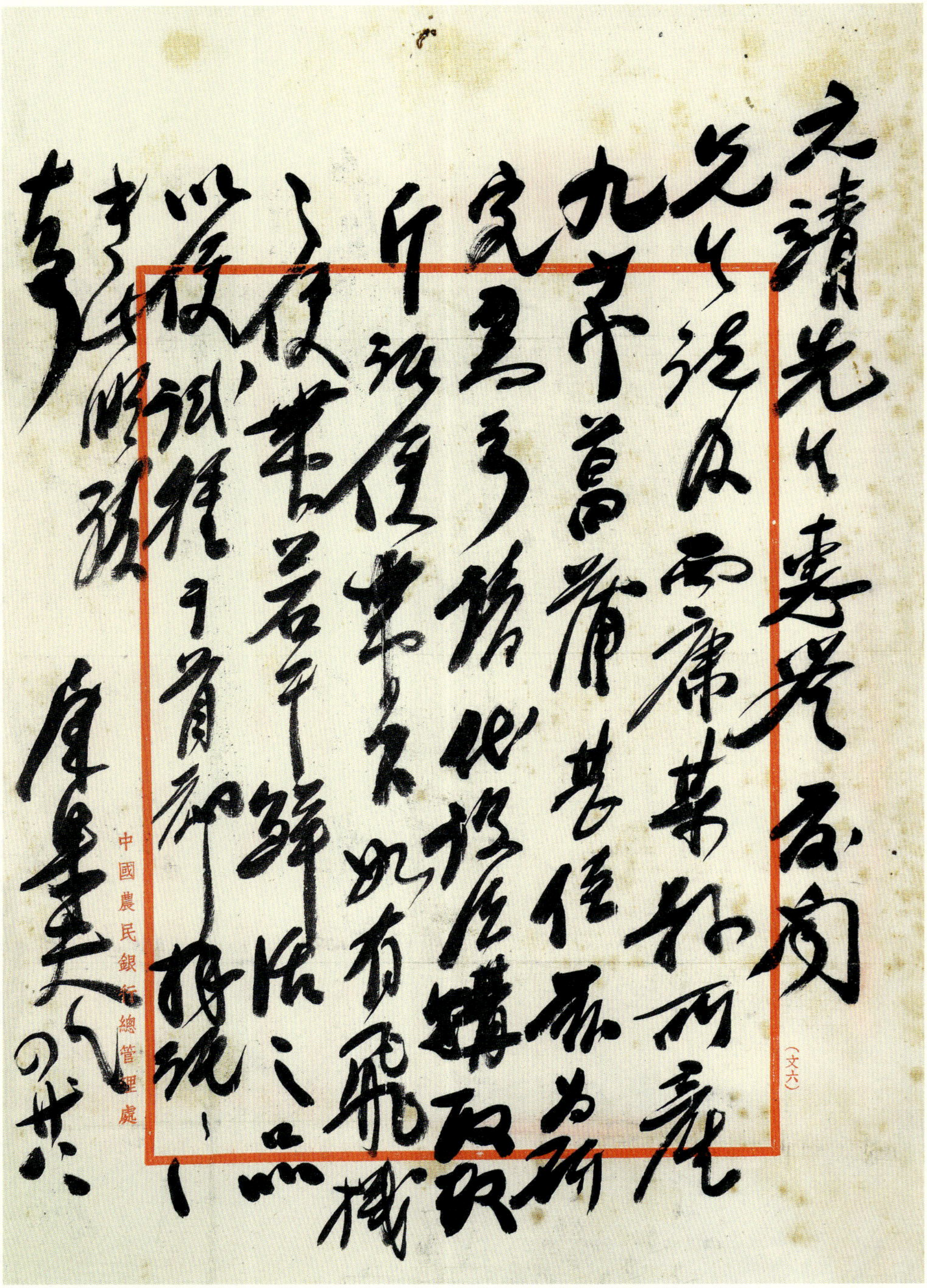

陈果夫致贺国光信札

元靖先生惠鉴：前闻先生谈及西康某县所产九节菖蒲甚佳，兹为研究需要，请代设法购取数斤，诸便带下，如有飞机之便，带若干鲜活之品，以便试种于首都，拜託拜託。

专此顺致大安。

陈果夫顿首

四月廿八日

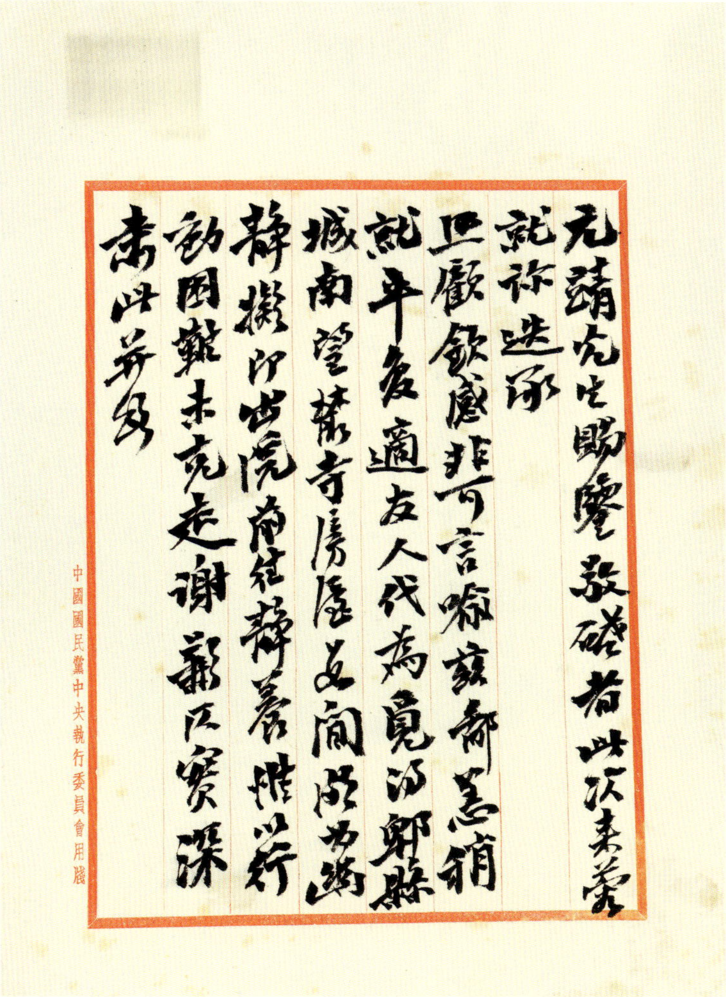

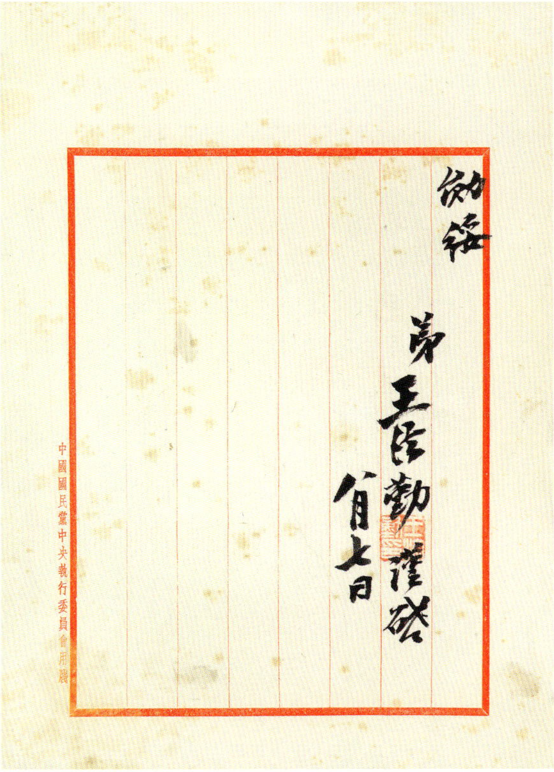

王法勤致贺国光信札

元靖先生赐鉴：敬启者，此次来蓉就诊，迭承照顾，钦感非可言喻。兹鄙恙稍就平复，适友人代为觅得郫县城南望麓寺房屋数间，颇为幽静，拟即出院，前往静养，惟以行动困难，未克走谢，歉仄实深。肃此并颂勋绥。

弟王法勤谨启

八月七日

（钤印：王法勤印）

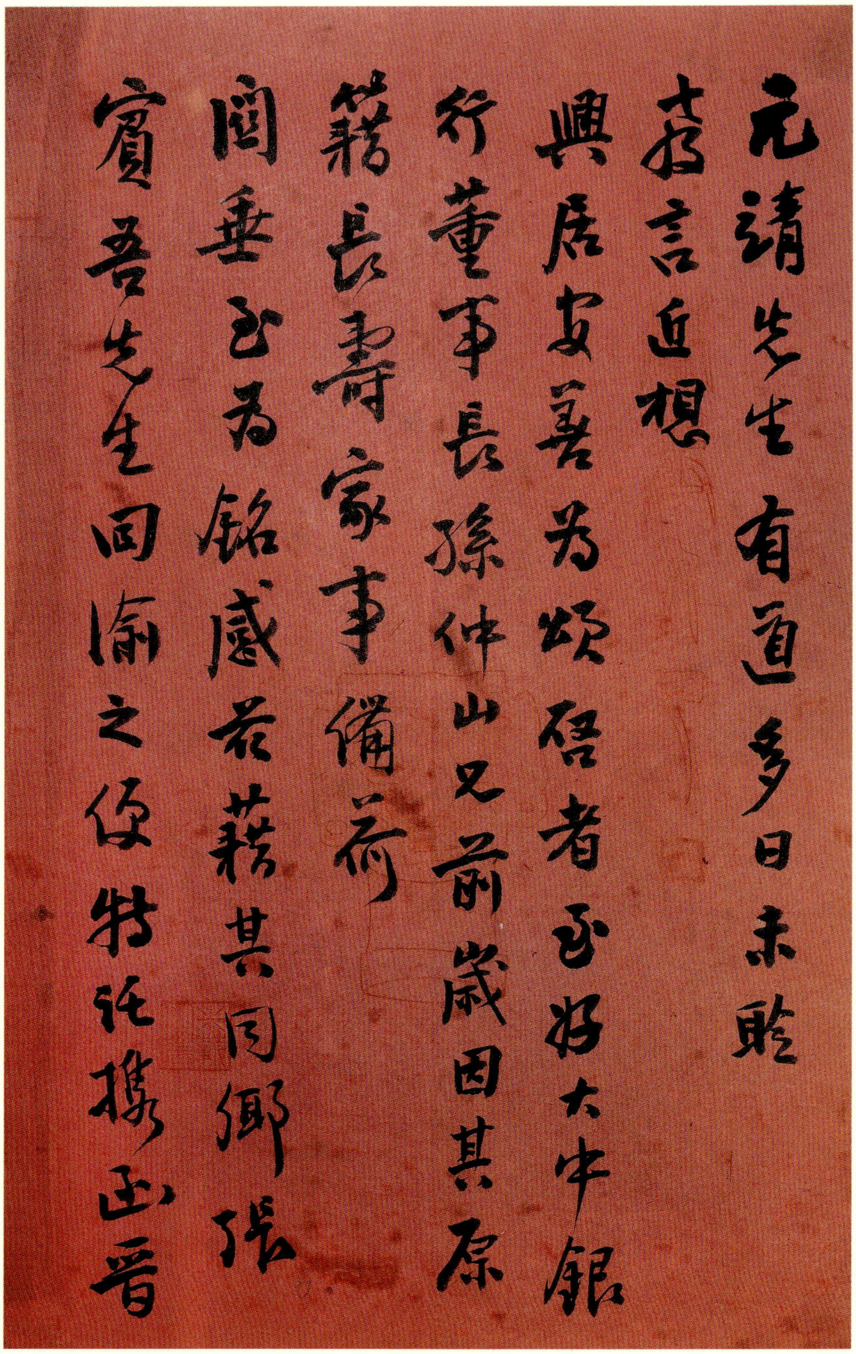
元靖先生有道：多日未聆
教言，近想
興居安善為頌。啟者，至好大中銀
行董事長孫仲山兄，前歲因其原
籍長壽家事備荷
關垂，至為銘感，茲藉其同鄉張
賓吾先生回渝之便，特託携函晉

任师尚致贺国光信札

元靖先生有道：多日未聆教言，近想兴居安善为颂。启者，至好大中银行董事长孙仲山兄，前岁因其原籍长寿家事备荷关垂，至为铭感，兹藉其同乡张宾吾先生回渝之便，特託携函晋

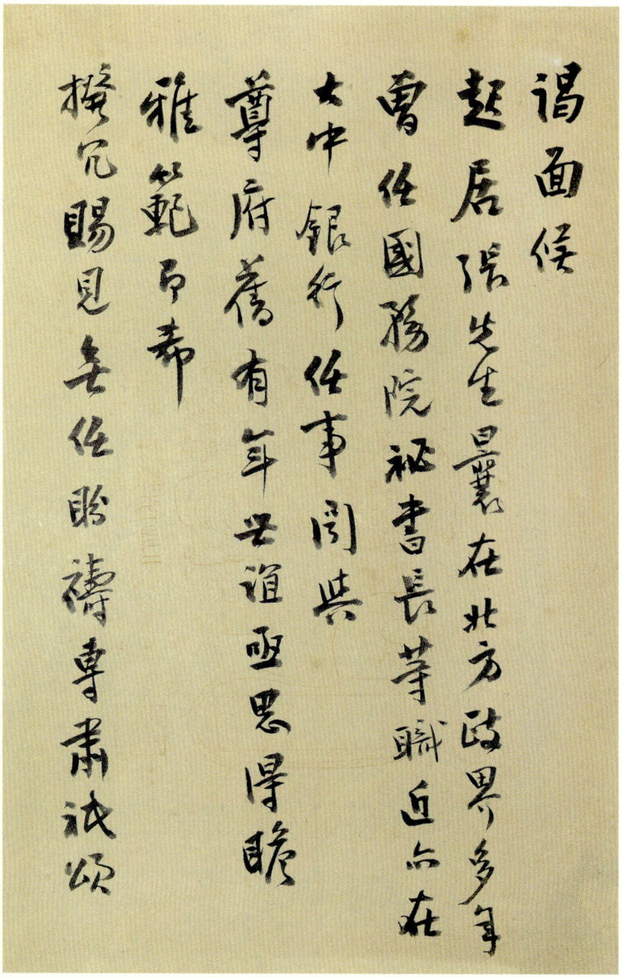
謁面候
起居張先生曩在北方政界多年
曾任國務院祕書長等職近亦在
大中銀行任事聞與
尊府舊有年世誼亟思得瞻
雅範即希
撥冗賜見無任盼禱專肅祗頌

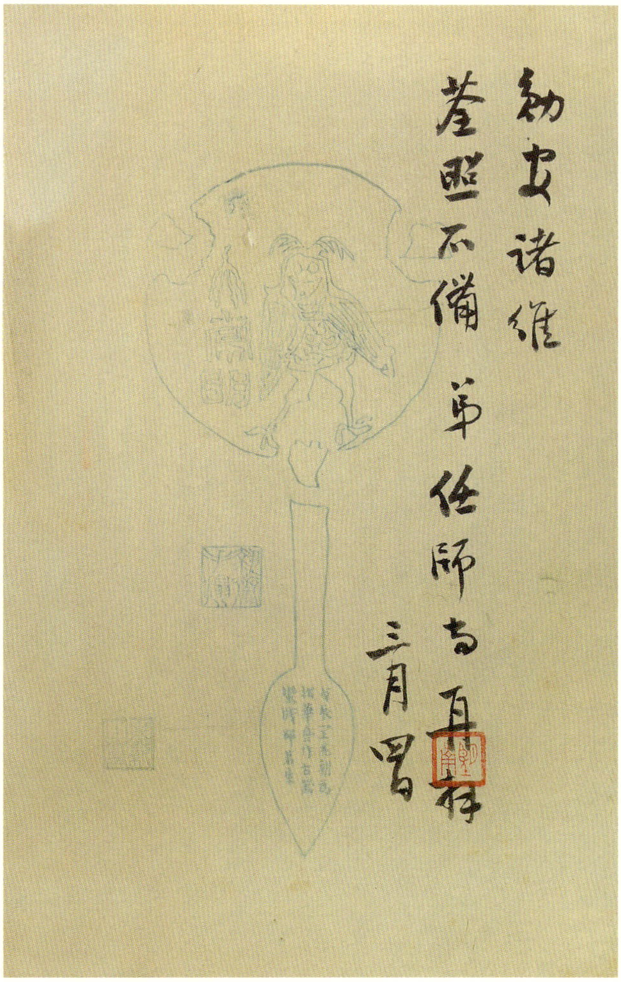
勛安諸維
荃照不備 弟任師尚再拜
三月四日

谒，面候起居。张先生曩在北方政界多年，曾任国务院秘书长等职，近亦在大中银行任事，闻与尊府旧有年世谊，亟思得瞻雅范，即希拨冗赐见，无任盼祷，专肃祗颂勋安，诸维荃照不备。

弟任师尚再拜

三月四日

（钤印：望南）

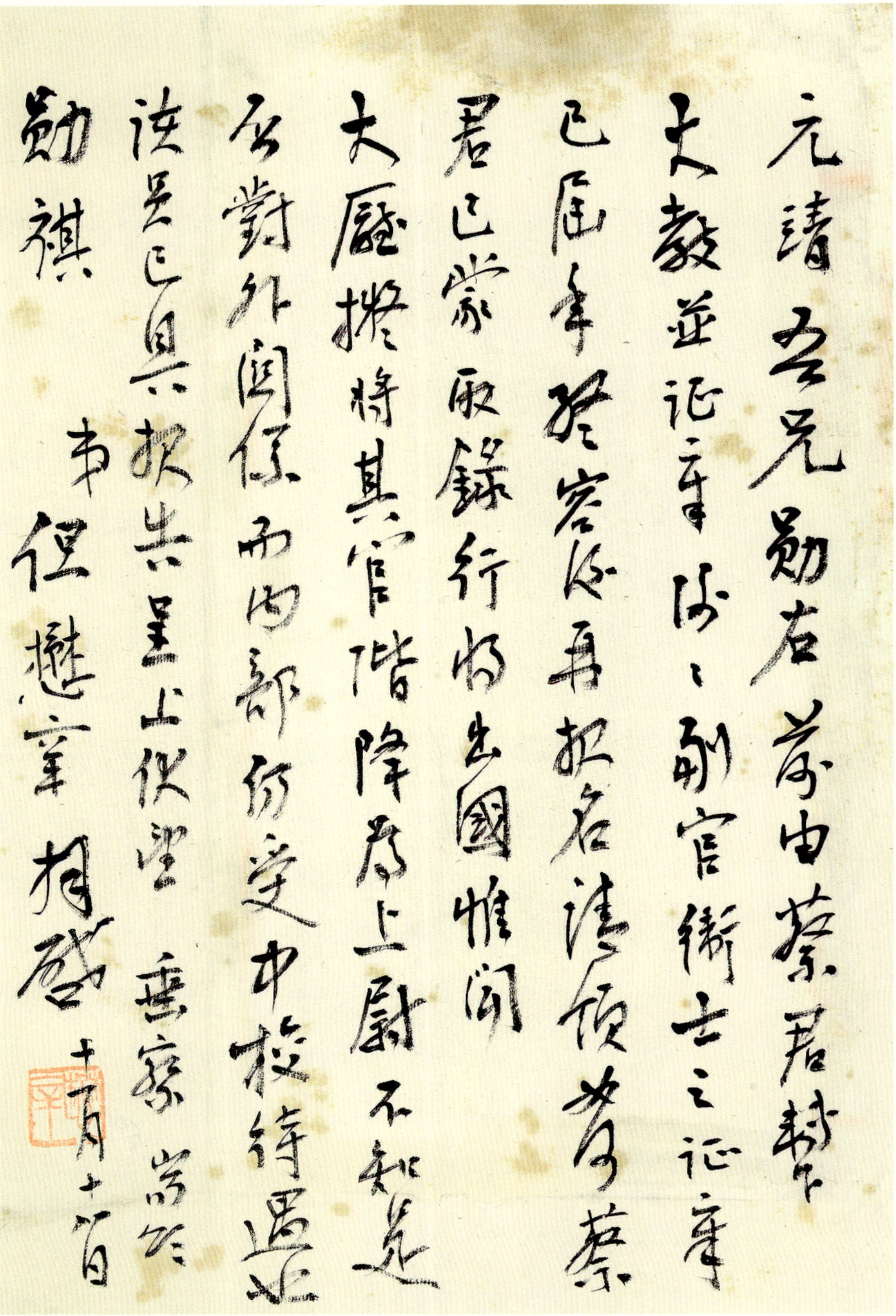

但懋辛致贺国光信札

元靖吾兄勋右：前由蔡君转下大教并证章，谢谢！副官卫士之证章已届年终，容后再报名请领如何？蔡君已蒙取录，行将出国，惟闻大厅拟将其官阶降为上尉，不知是否对外关系而内部仍受中校待遇也？诸员已具报告呈上，伏望垂察。耑颂勋祺。

弟但懋辛拜启

十一月十八日

（钤印：懋辛）

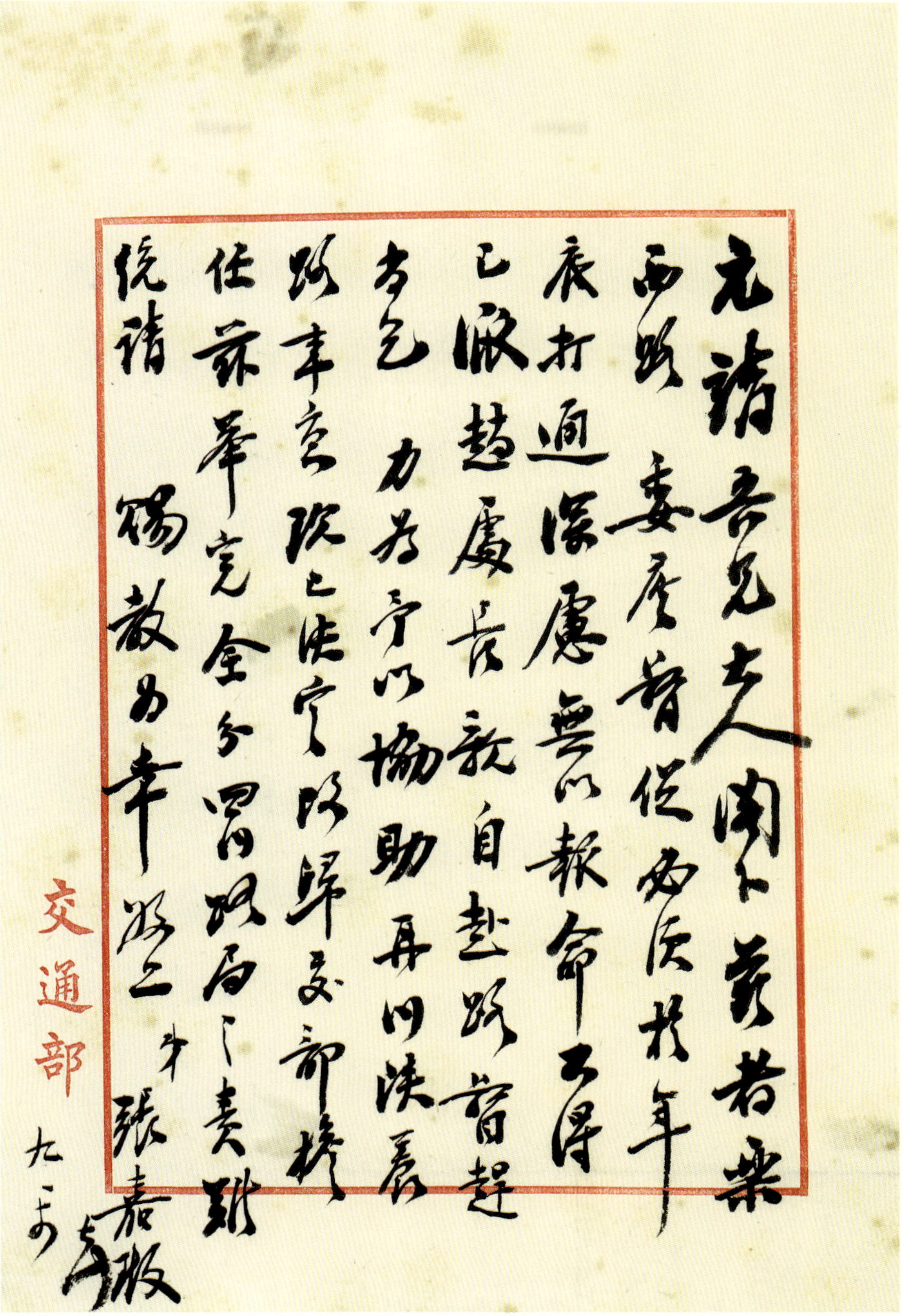

张嘉璈致贺国光信札

元靖吾兄大人阁下：兹者，乐西路，委座督促必须于年底打通，深虑无以报命，不得已派赵处长亲自赴路督赶，尚乞力为予以协助。再，川陕养路事宜，现已决定改归交部担任，兹举完全分四川路局之责难。统请赐教为幸！敬上。

弟张嘉璈顿首

九、十四

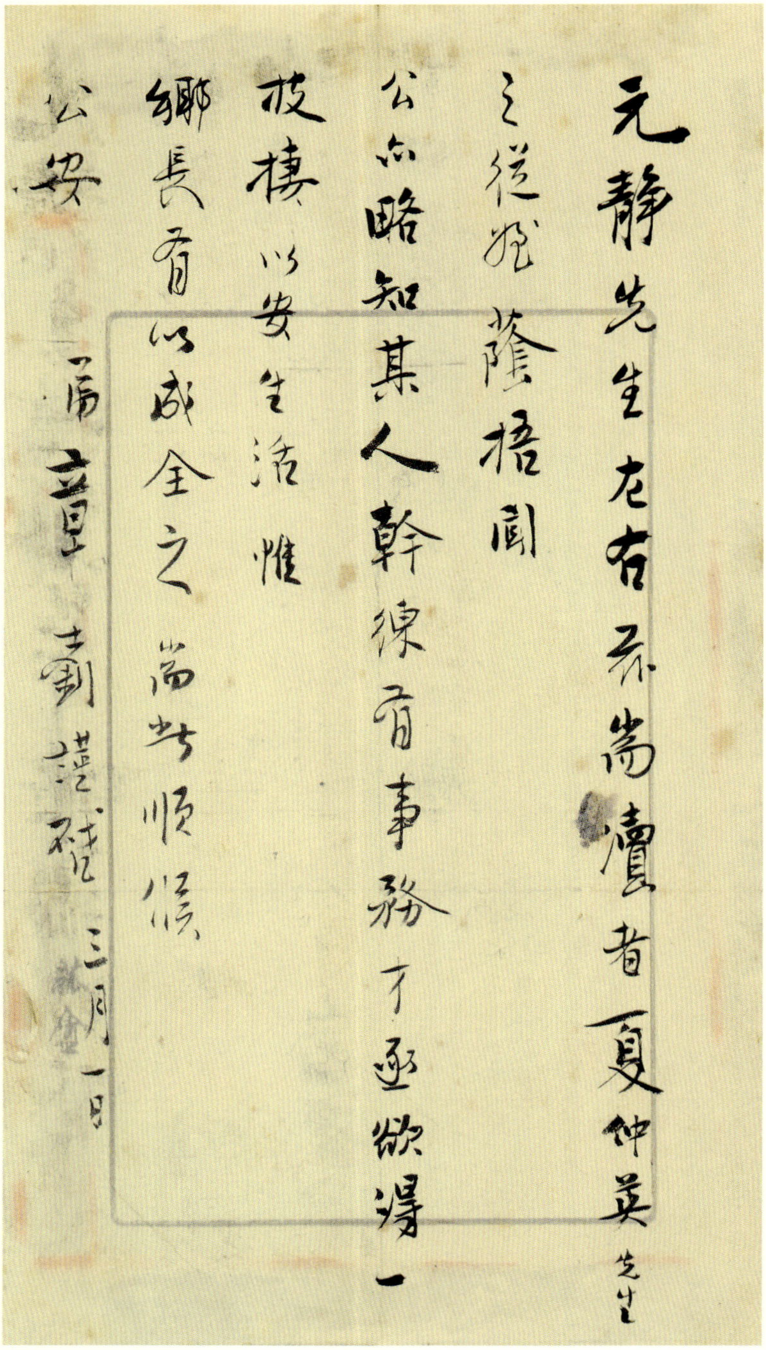
元靜先生左右茲嵩瀆者夏仲英先生
之從姪蔭梧聞
公亦略知其人幹練有事務才亟欲得一
枝棲以安生活惟
鄉長有以成全之嵩此順候
公安
弟章士釗謹啓 三月一日

章士钊致贺国光信札

元静先生左右：兹嵩渎者，夏仲英先生之从姪荫梧，闻公亦略知其人，干练有事务才，亟欲得一枝棲以安生活，惟乡长有以成全之。嵩此顺候公安。

弟章士钊谨启

三月一日

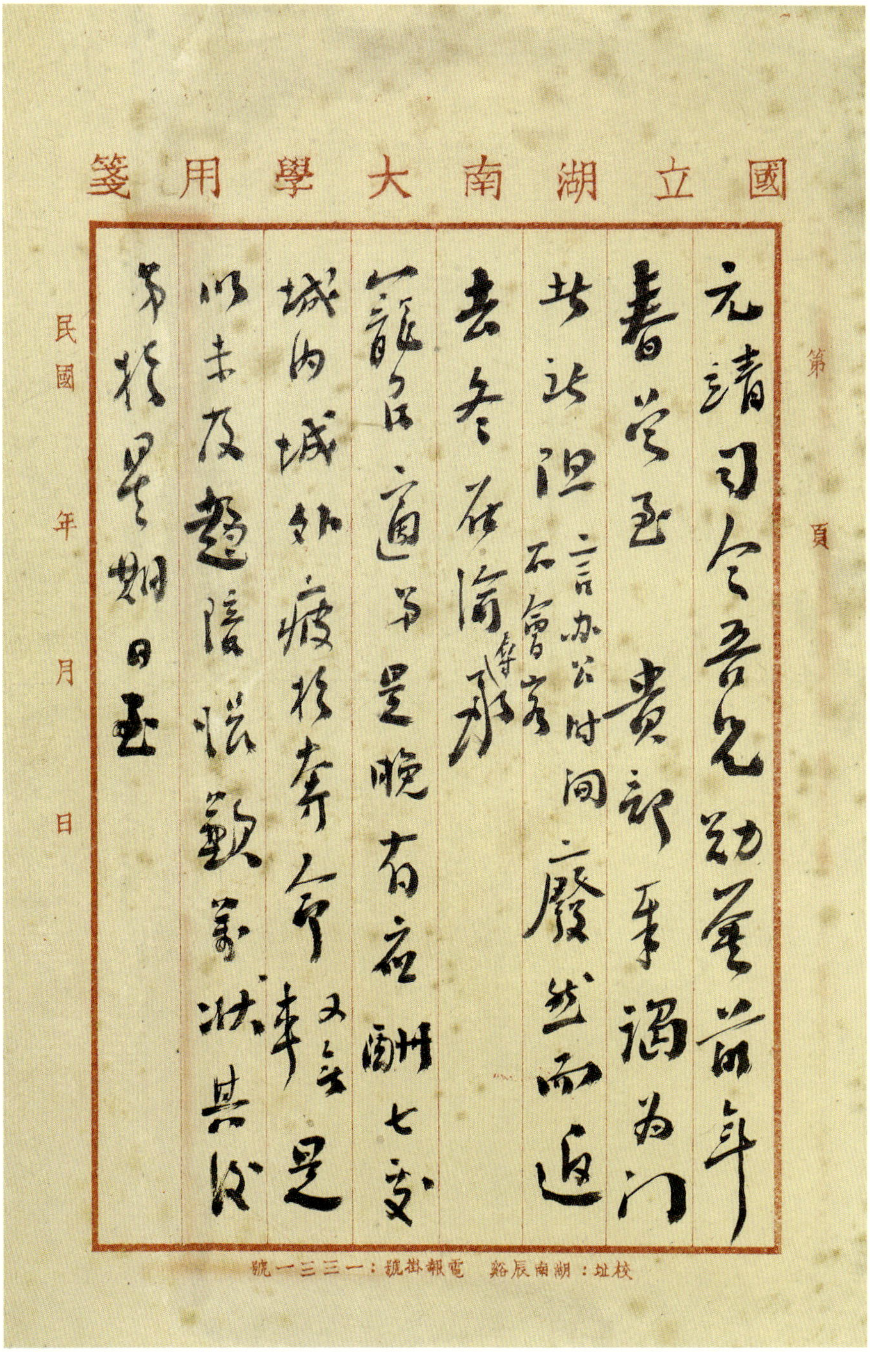

國立湖南大學用箋

第　頁

元靖司令吾兄勛鑒：前年春曾至貴部奉謁，為門者所阻（言辦公時間不會客），廢然而返。去冬在渝，辱承寵召，適弟是晚有應酬七處，城內城外疲於奔命（又無車），是以未及趨陪，悵歉萬狀，其後弟於星期日至

民國　年　月　日

校址：湖南辰谿　電報掛號：一三三一號

胡庶华致贺国光信札

元靖司令吾兄勋鉴：前年春曾至贵部奉谒，为门者所阻（言办公时间不会客），废然而返。去冬在渝，辱承宠召，适弟是晚有应酬七处，城内城外疲于奔命（又无车），是以未及趋陪，怅歉万状，其后弟于星期日至

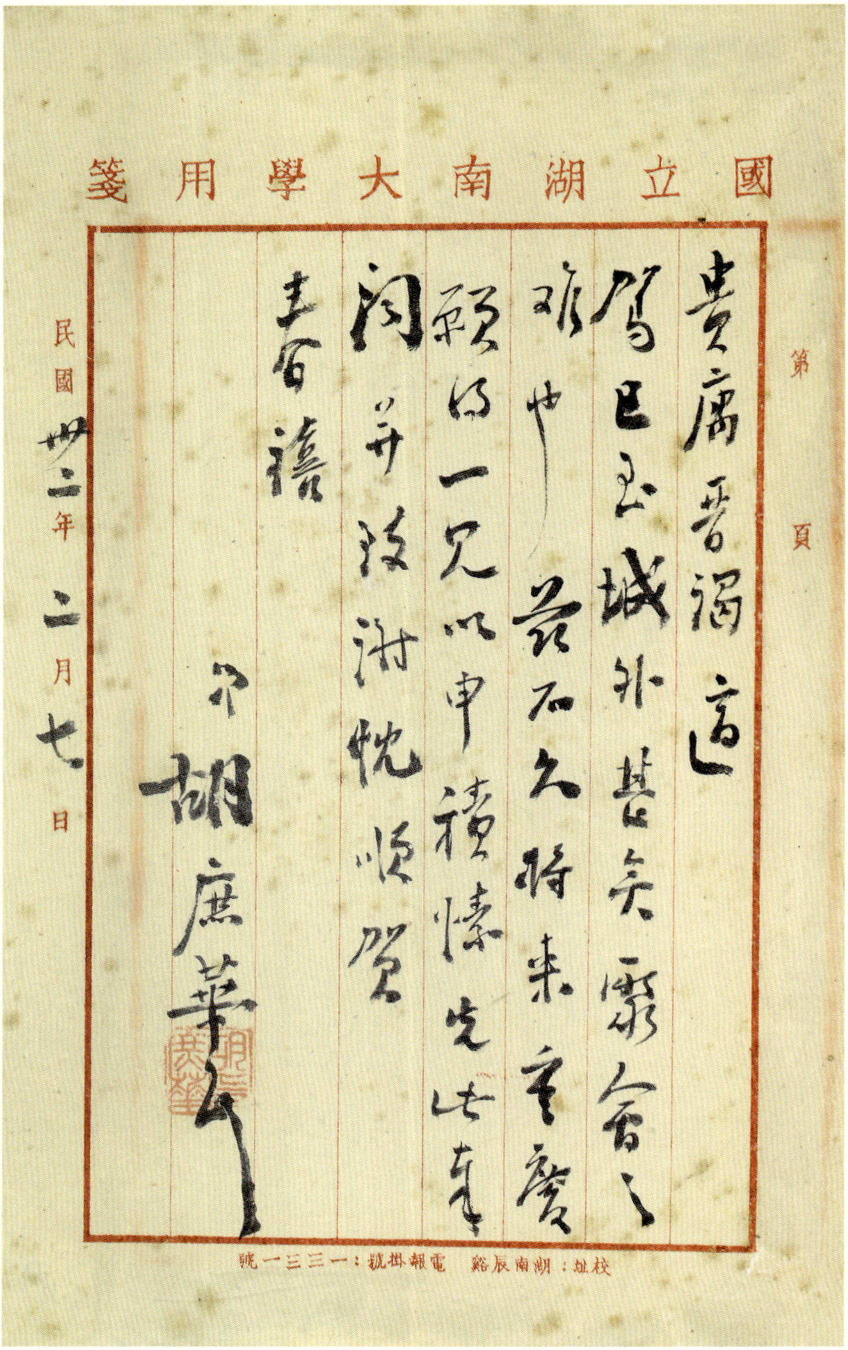
國立湖南大學用箋
第　頁
貴寓晉謁，適駕已至城外。甚矣，聚會之難也。茲不久將來重慶，願得一見以申積愫。先此奉聞，並致謝忱，順賀春禧。
弟胡庶華頓首
民國卅二年二月七日
校址：湖南辰谿　電報掛號：一三三一號

贵寓晋谒，适驾已至城外。甚矣，聚会之难也。兹不久将来重庆，愿得一见以申积愫。先此奉闻，并致谢忱，顺贺春禧。

弟胡庶华顿首

民国卅二年二月七日

（钤印：胡庶华印）

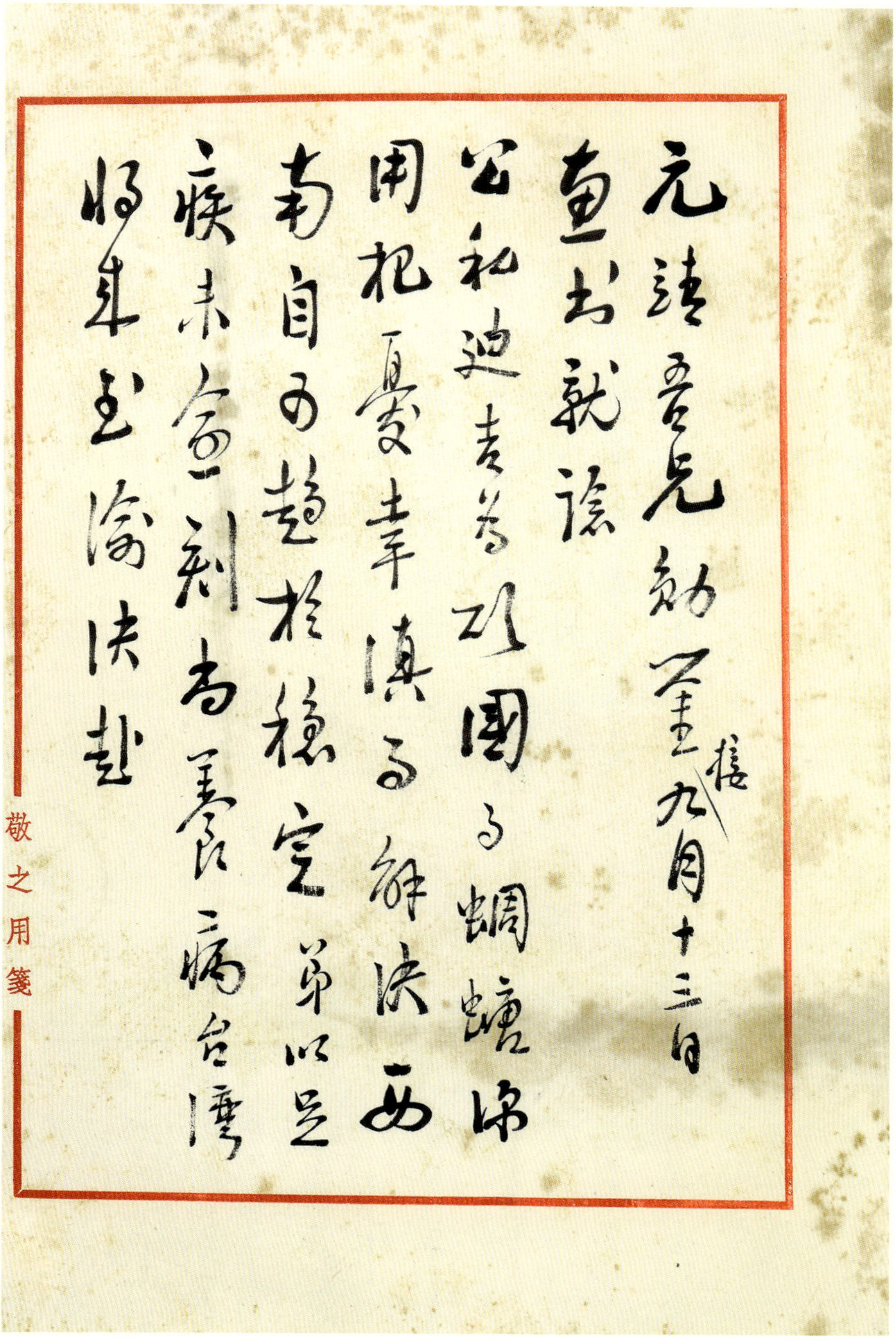

何应钦致贺国光信札

元靖吾兄勋鉴：接九月十三日惠书，就谂公私迪吉为颂。国事蜩螗，深用杞忧。幸滇事解决，西南自可趋于稳定。弟以足疾未愈，刻尚养病台湾。将来至渝，决赴

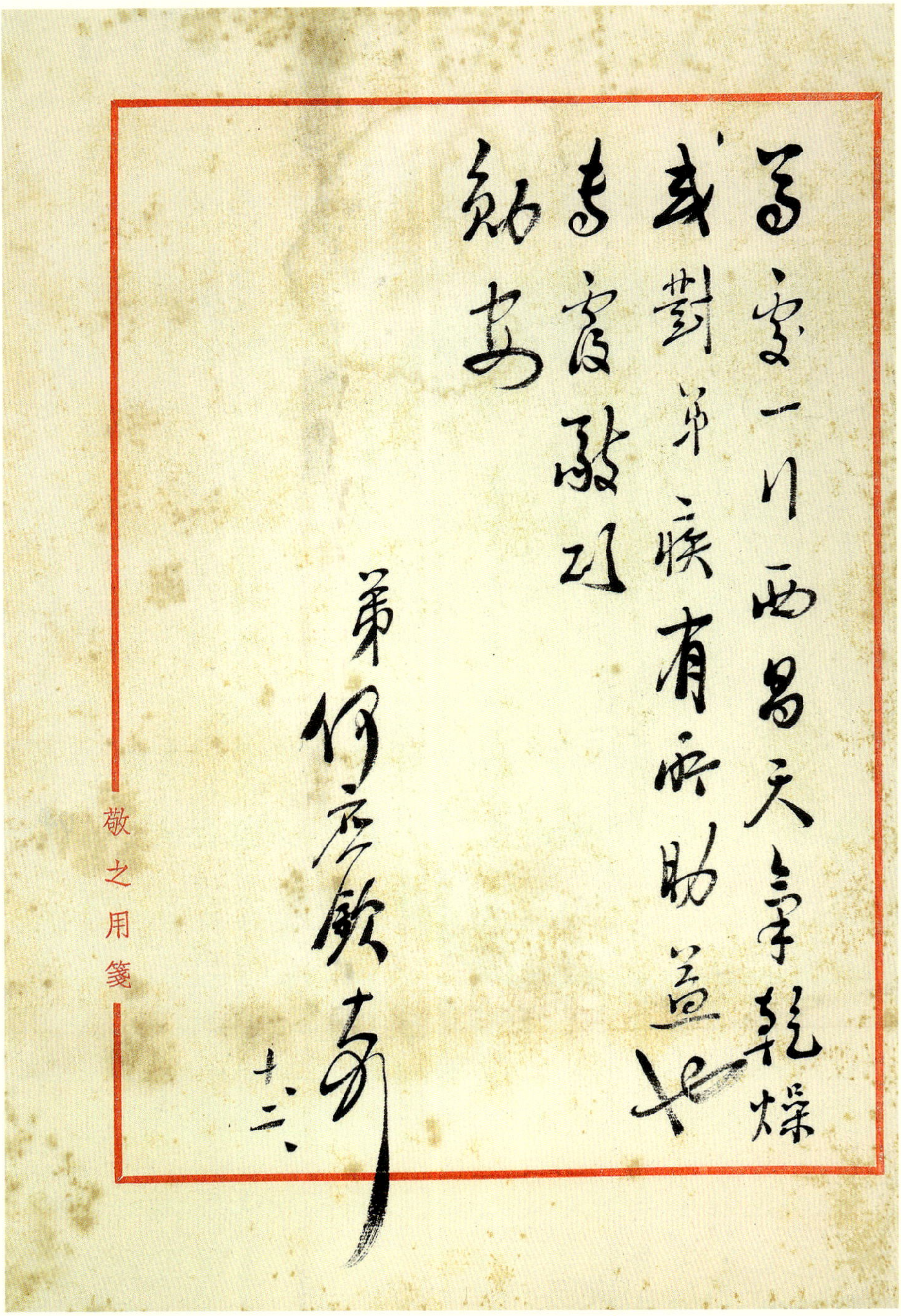
尊处一行。西昌天气乾燥，或对弟疾有所助益也。专覆敬颂
勋安
弟何应钦顿首
十二、
敬之用笺

尊处一行。西昌天气干燥，或对弟疾有所助益也。专覆敬颂勋安。

弟何应钦顿首

十、二、

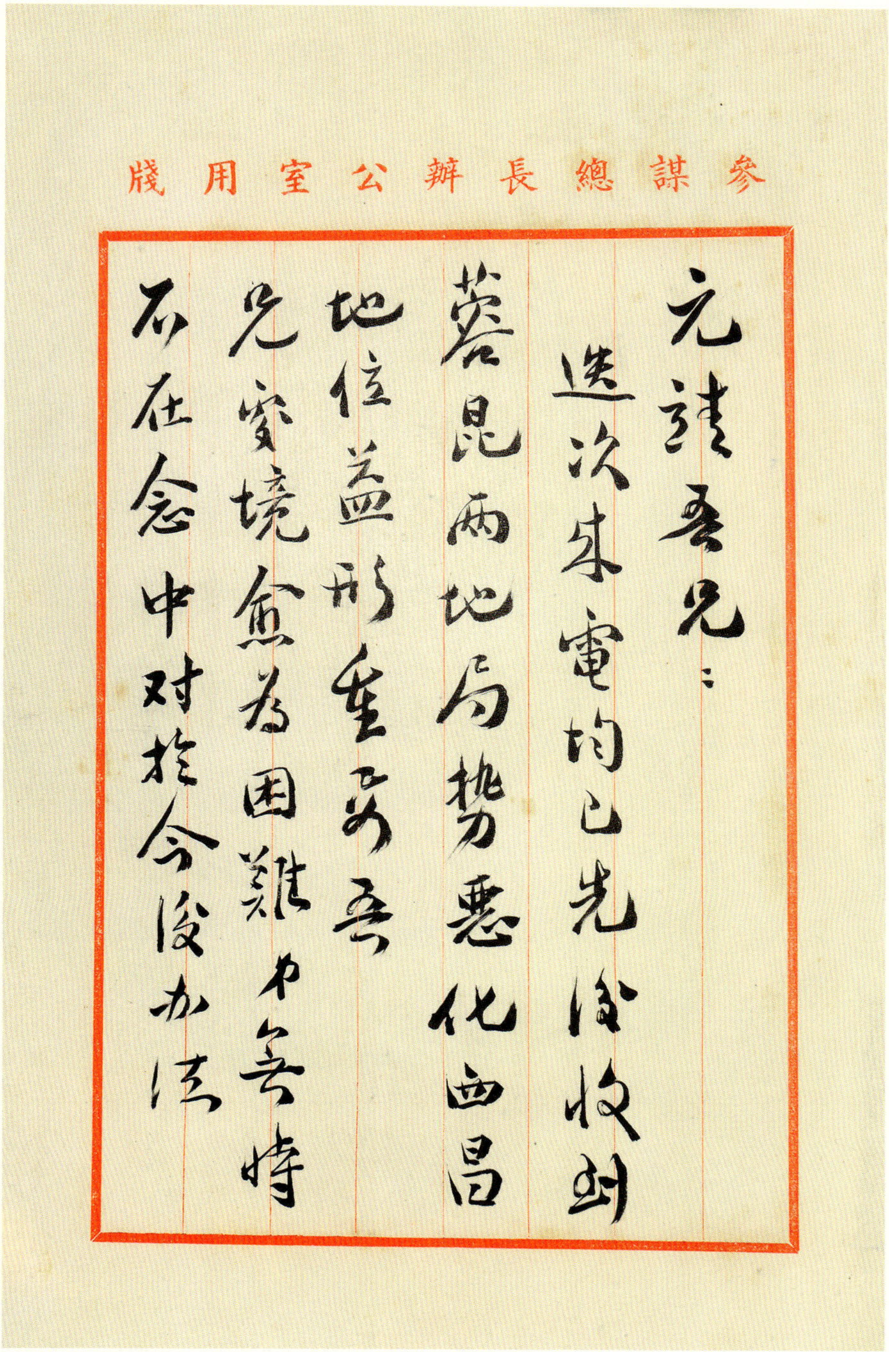
參謀總長辦公室用箋

元靖吾兄：
迭次來電均已先後收到
蓉昆兩地局勢惡化西昌
地位益形重要吾
兄處境愈為困難弟無時
不在念中对於今後办法

顾祝同致贺国光信札

元靖吾兄：迭次来电均已先后收到，蓉、昆两地局势恶化，西昌地位益形重要。吾兄处境愈为困难，弟无时不在念中。对于今后办法，

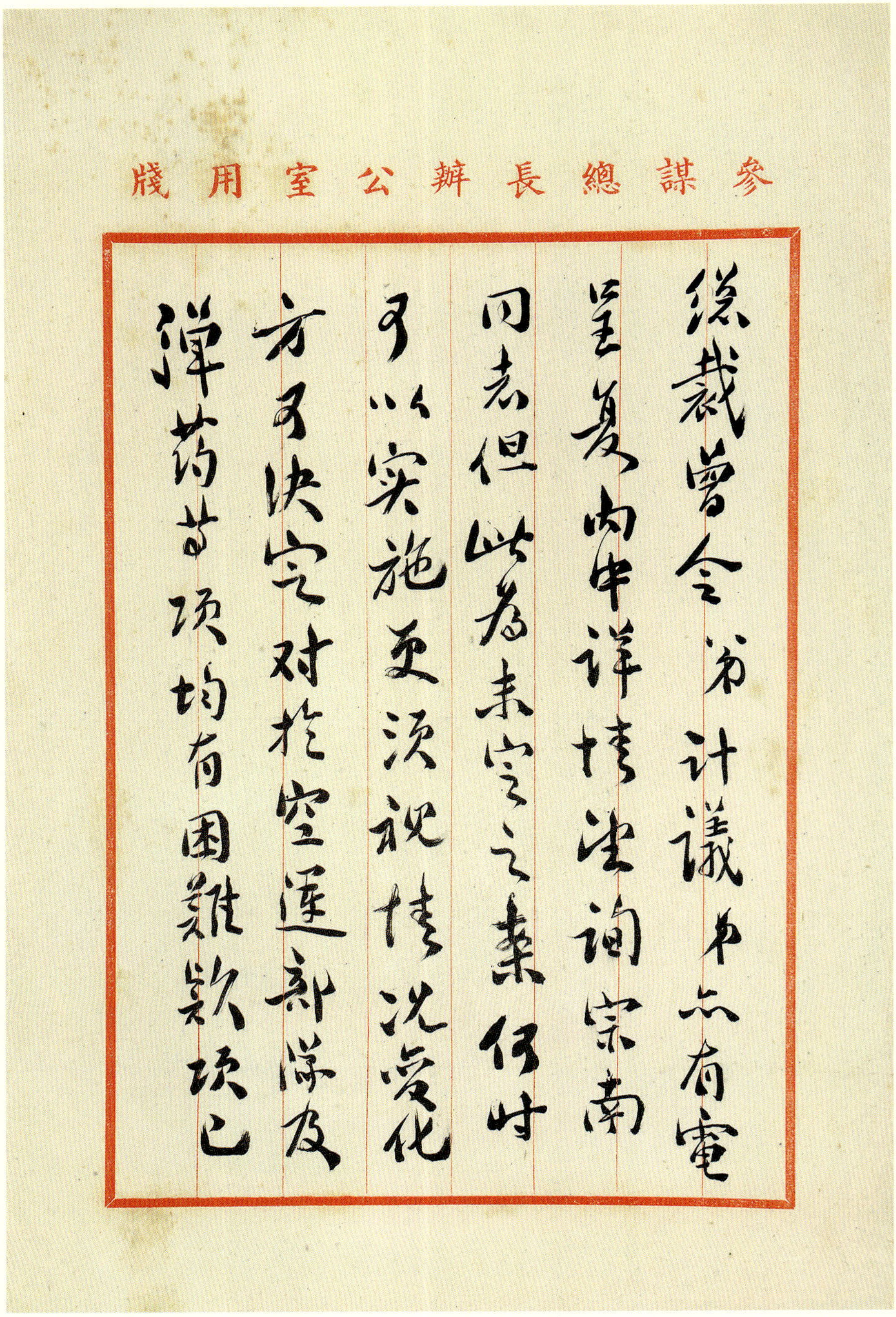
參謀總長辦公室用箋

總裁曾令弟計議弟亦有電
呈復內中詳情望詢宗南
同志但此為未定之案何時
可以實施更須視情況變化
方可決定對於空運部隊及
彈藥等項均有困難款項已

总裁曾令弟计议，弟亦有电呈复，内中详情望询宗南同志，但此为未定之案，何时可以实施更须视情况变化方可决定。对于空运部队及弹药等项均有困难，款项已

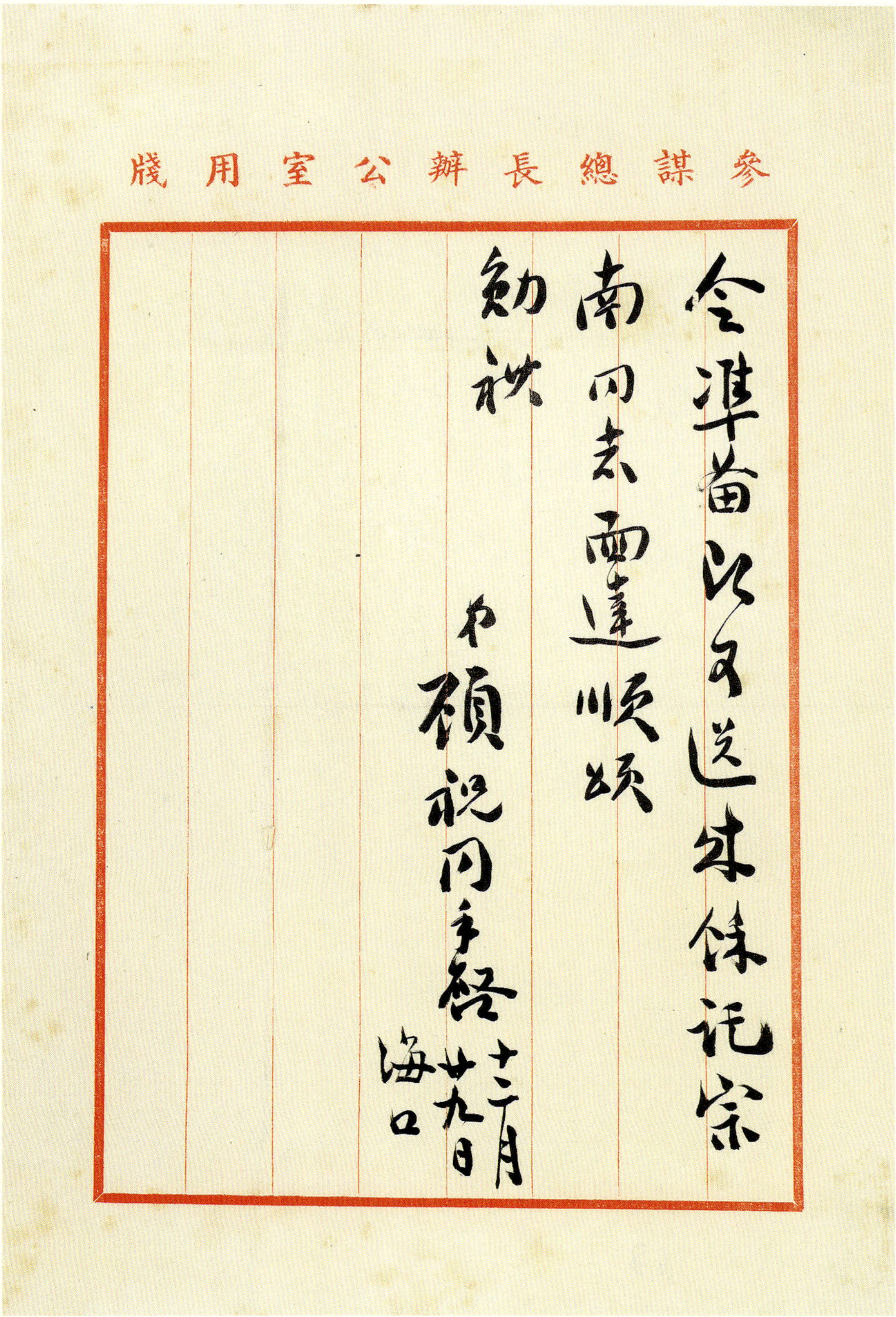

令准备，即可送来。馀託宗南同志面达，顺颂勋祺。

弟顾祝同手启

十二月廿九日海口

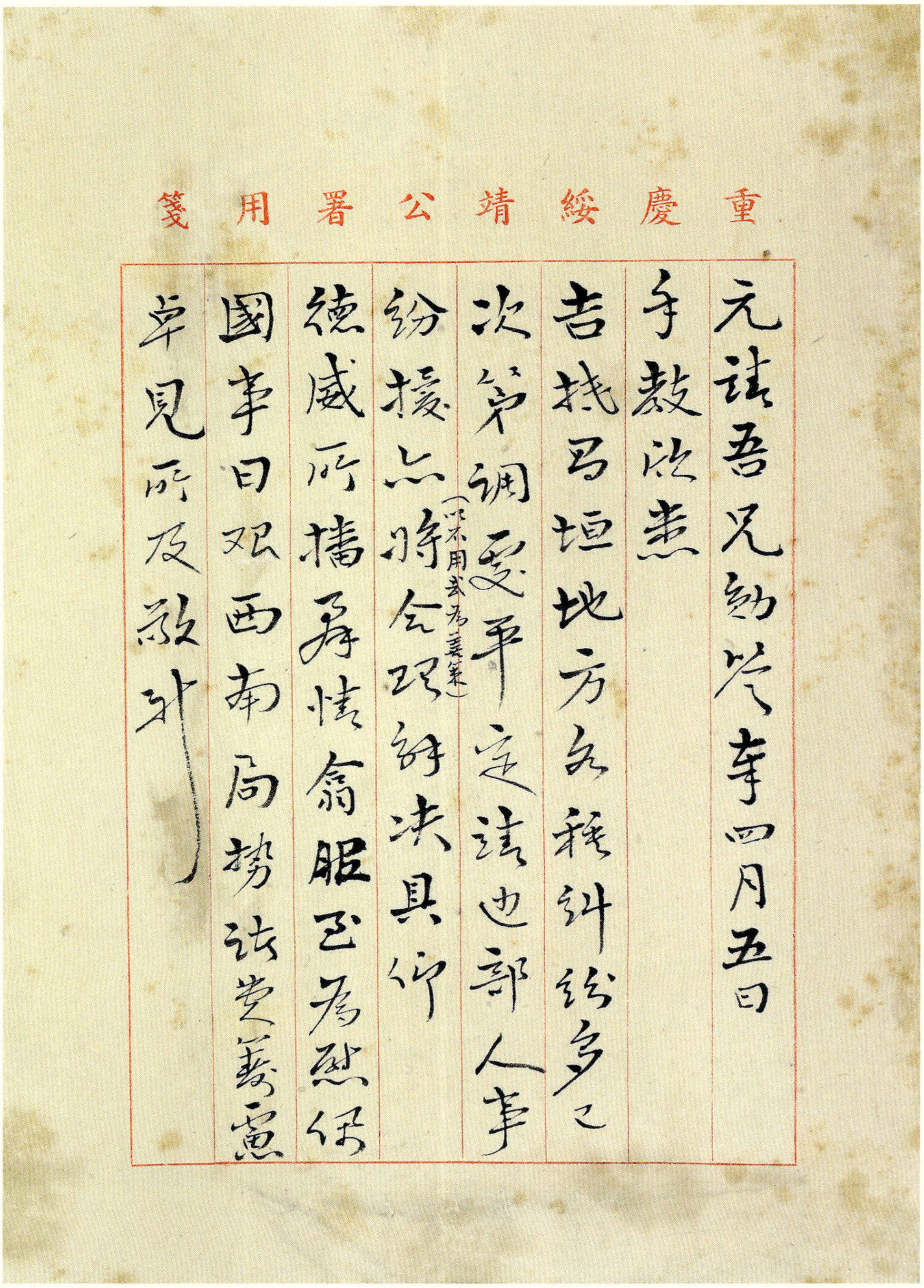
重慶綏靖公署用箋

元靖吾兄勛鑒奉四月五日
手教欣悉
吉抵昌垣地方各種糾紛多已
次第調處平定靖邊部人事（以不用武為善策）
紛擾亦將合理解決具仰
德威所播群情翕服至為慰佩
國事日艱西南局勢諸費籌慮
卓見所及敬祈

钱大钧致贺国光信札

元靖吾兄勋鉴：奉四月五日手教，欣悉吉抵昌垣地方各种纠纷多已次第调处平定，靖边部人事纷扰亦将合理解决（以不用武为善策），具仰德威所播，群情翕服，至为慰佩。国事日艰，西南局势诸费筹虑，卓见所及。敬祈

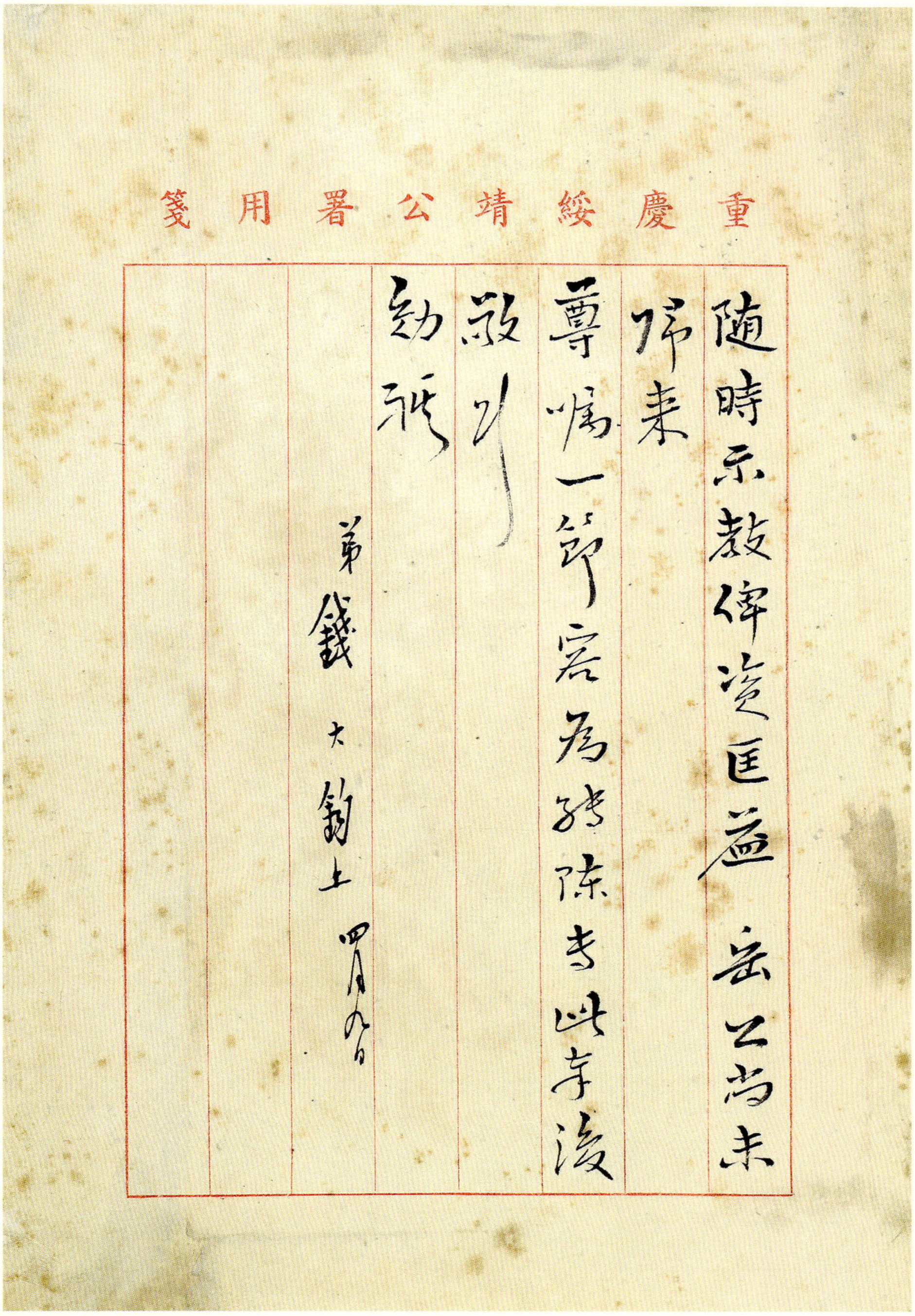

重慶綏靖公署用箋

隨時示教俾資匡益 岳公尚未歸來 尊囑一節容為轉陳專此奉復 敬頌 勋祺

弟錢大鈞上 四月九日

随时示教，俾资匡益。岳公尚未归来，尊嘱一节容为转陈，专此奉复，敬颂勋祺。

弟钱大钧

四月九日

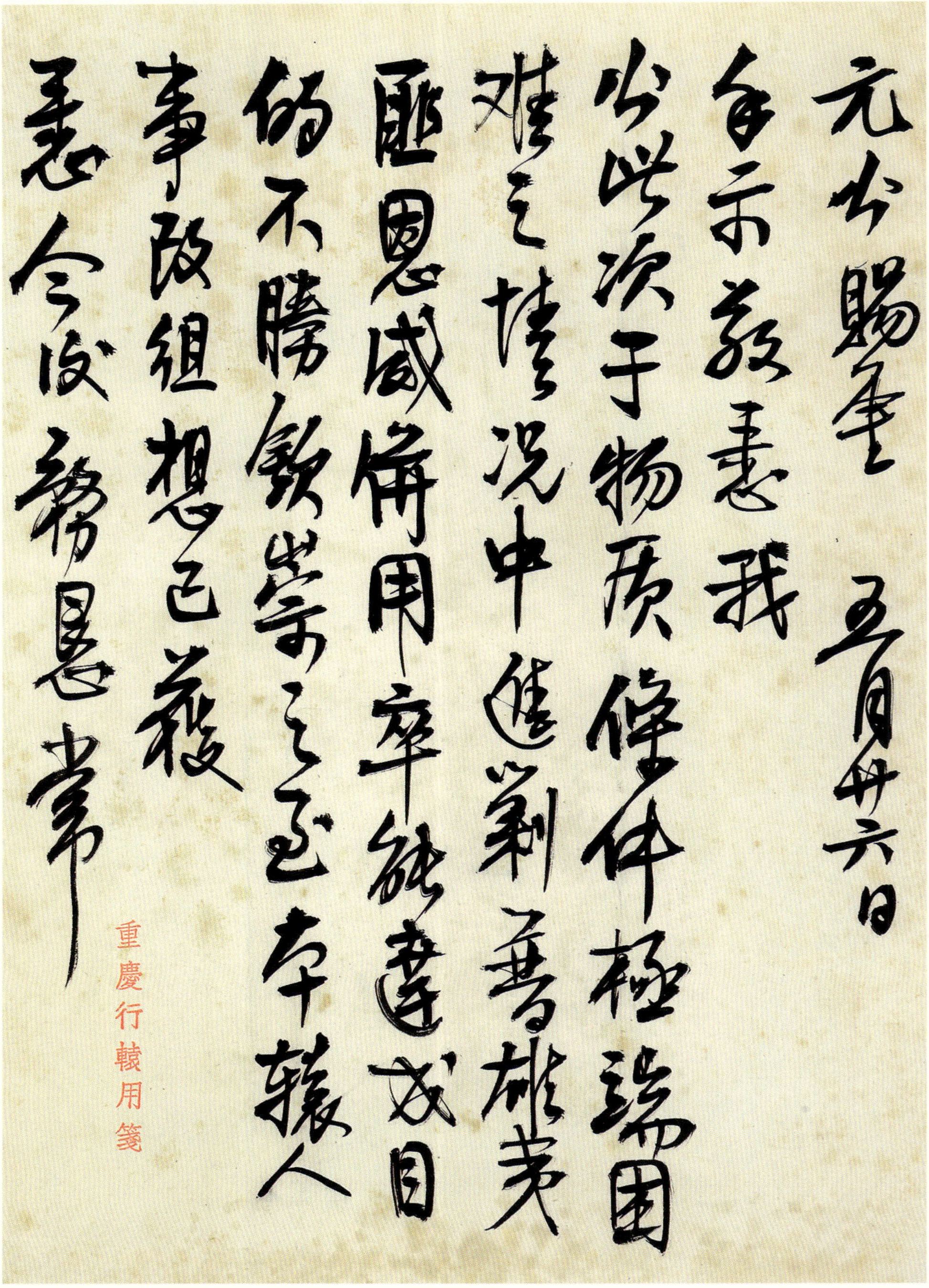
元公賜鑒 五月廿六日
手示敬悉我
公此次于物質條件極端困
難之情况中進剿普雄夷
匪恩威并用卒能達成目
的不勝欽崇之至本轅人
事改組想已獲
悉今後務懇常

萧毅肃致贺国光信札(一)

元公赐鉴:五月廿六日手示敬悉。我公此次于物质条件极端困难之情况中进剿普雄夷匪,恩威并用,卒能达成目的,不胜钦崇之至。本辕人事改组想已获悉,今后务恳常

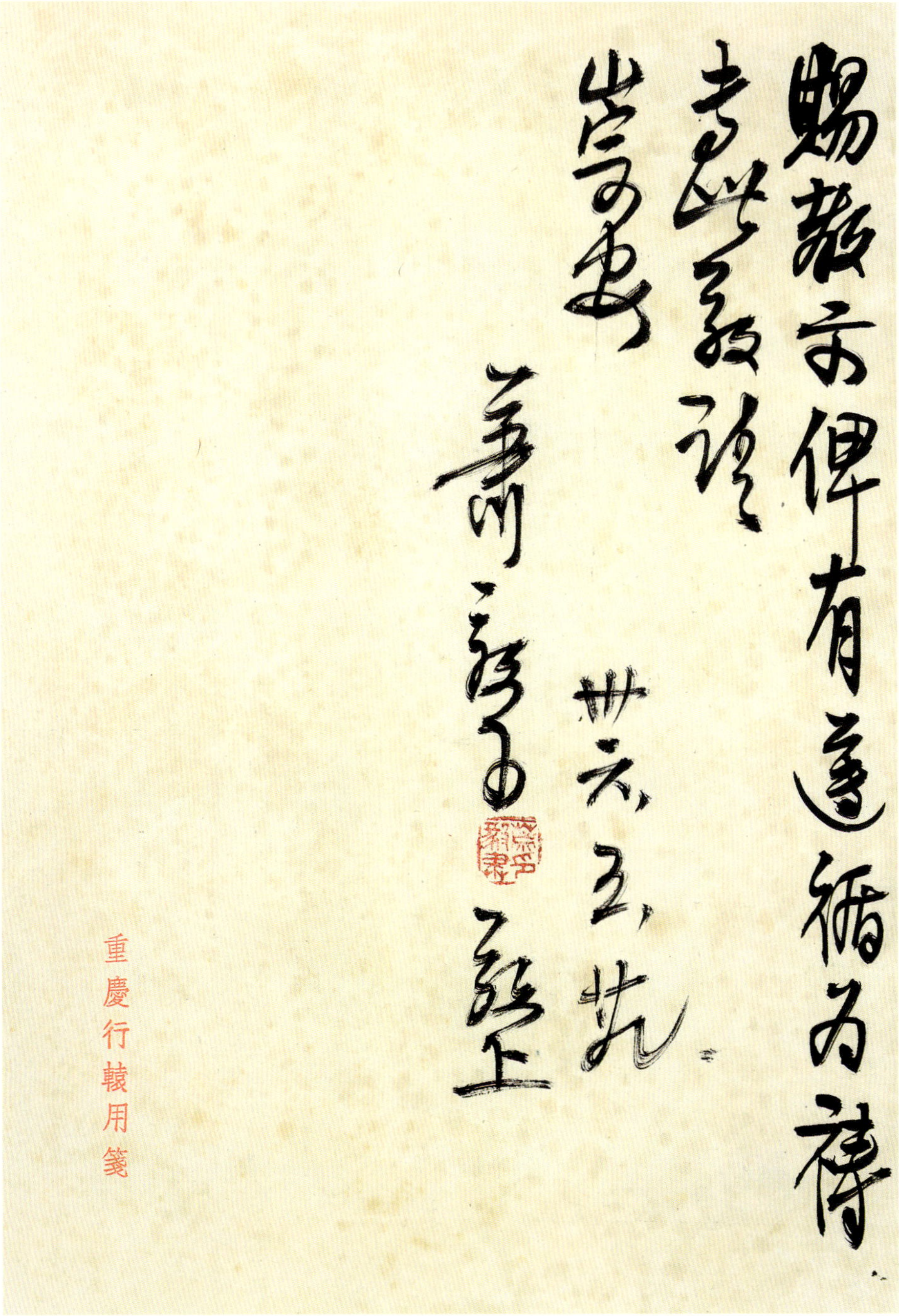

赐教示，俾有遵循为祷，专此敬请崇安。

萧毅肃敬上

卅六、五、廿九

（钤印：萧毅肃印）

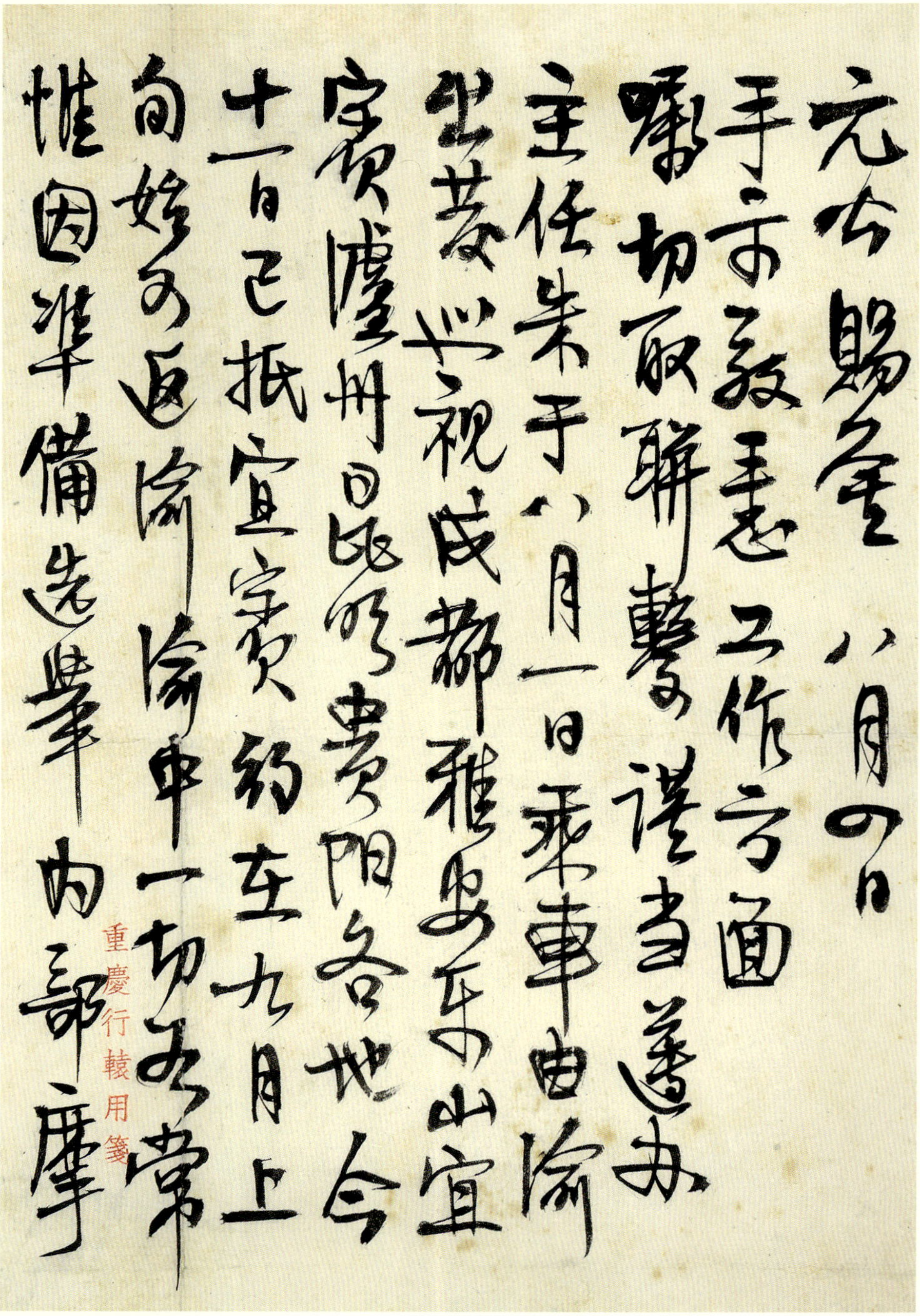
元公賜鑒：八月四日手示敬悉。工作方面囑切取聯繫，謹當遵辦。主任朱于八月一日乘車由渝出發，巡視成都、雅安、樂山、宜賓、瀘州、昆明、貴阳各地，今十一日已抵宜賓，約在九月上旬始可返渝。渝中一切如常，惟因準備選舉，内部摩

重慶行轅用箋

萧毅肃致贺国光信札（二）

元公赐鉴：八月四日手示敬悉。工作方面嘱切取联系，谨当遵办。主任朱于八月一日乘车由渝出发，巡视成都、雅安、乐山、宜宾、泸州、昆明、贵阳各地，今十一日已抵宜宾，约在九月上旬始可返渝。渝中一切如常，惟因准备选举，内部摩

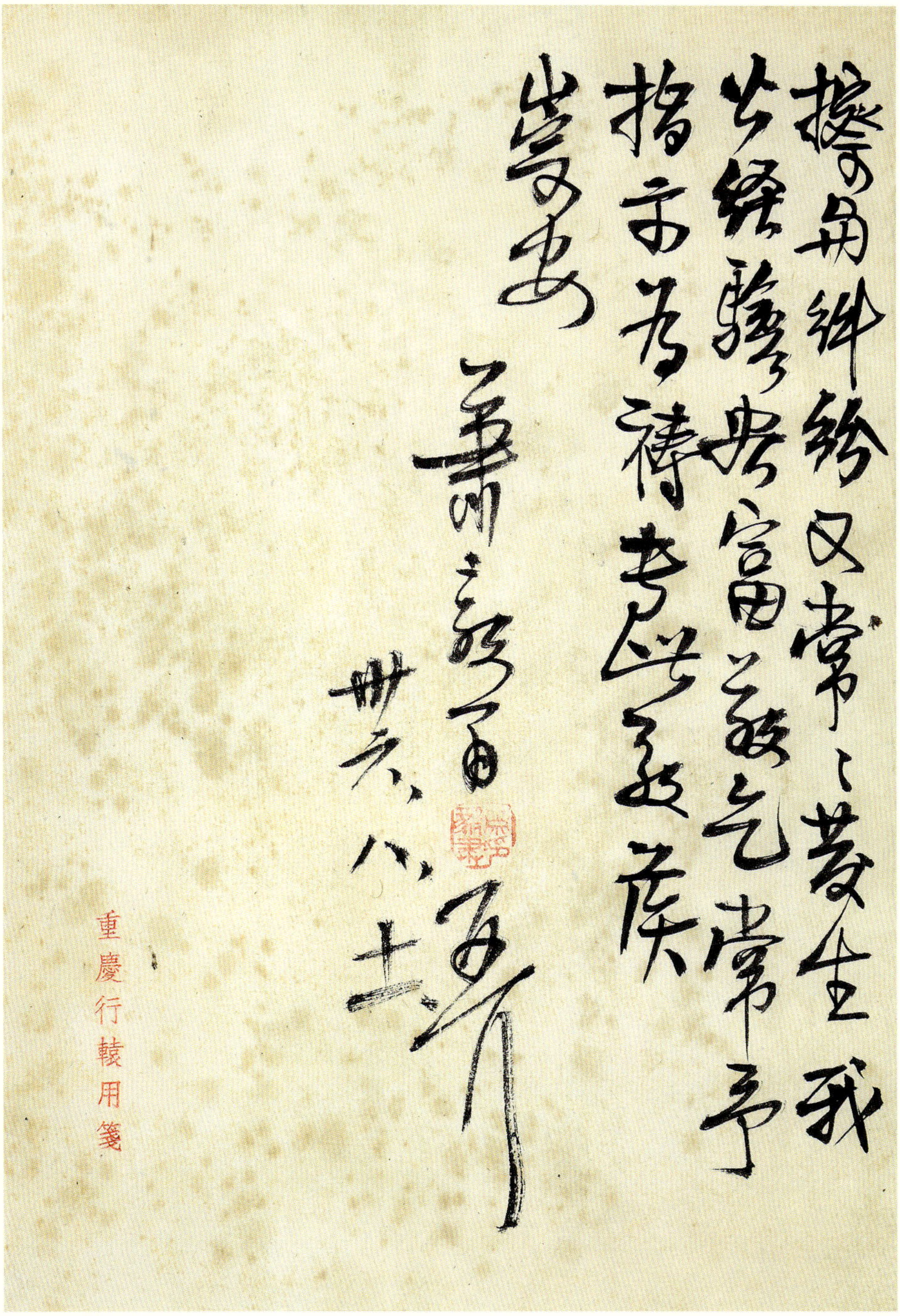
擦與糾紛又常常發生我公經驗宏富敬乞常予指示為禱專此敬候崇安
蕭毅肅再拜
卅六、八、十一
重慶行轅用箋

擦与纠纷又常常发生，我公经验宏富，敬乞常予指示为祷。专此敬候崇安。

萧毅肃再拜

卅六、八、十一

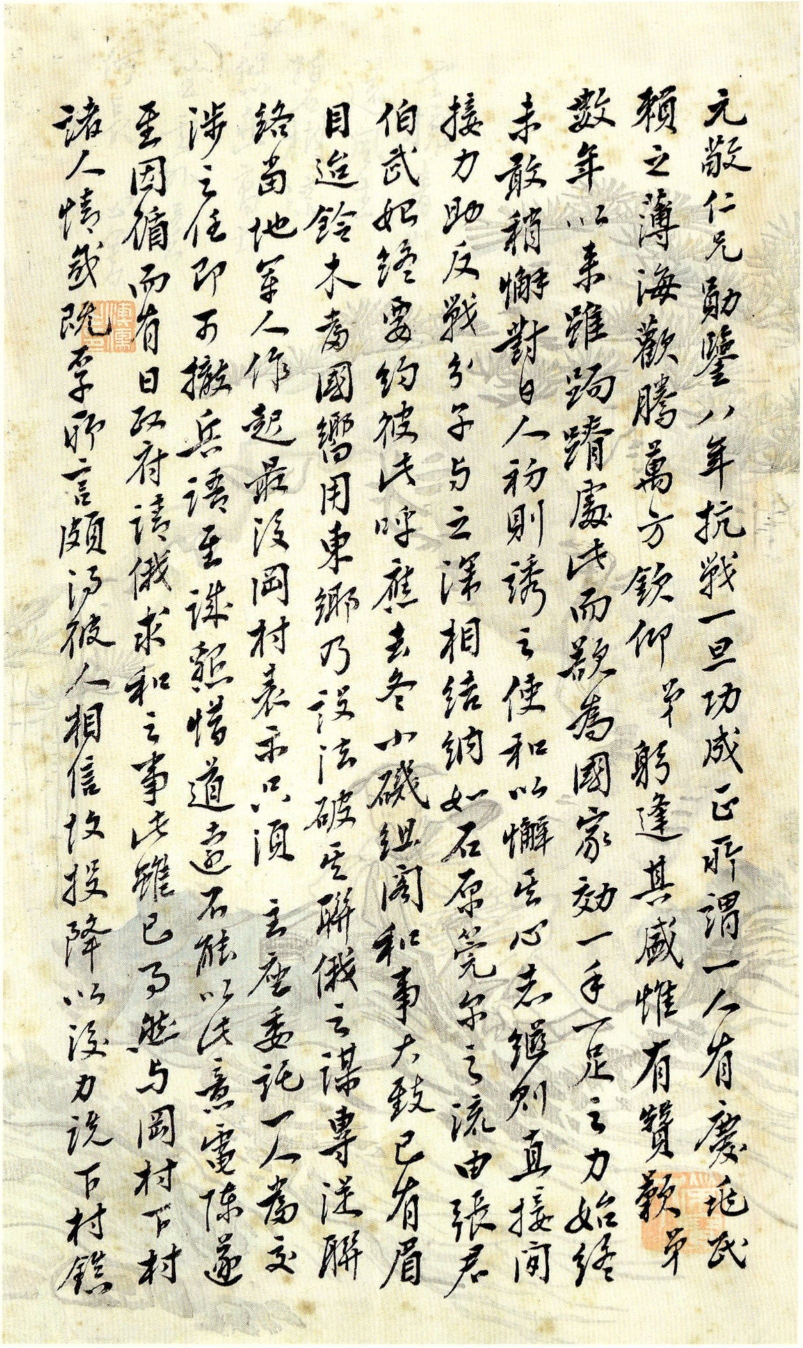
元敬仁兄勛鑒：八年抗戰，一旦功成，正所謂一人有慶，兆民賴之，薄海歡騰，萬方欽仰。弟躬逢其盛，惟有贊歎。弟數年以來，雖跼蹐處此，而欲為國家效一手一足之力，始終未敢稍懈。對日人初則誘之使和，以懈其心志；繼則直接間接力助反戰分子，與之深相結納，如石原莞爾之流，由張君伯武始終要約，彼此呼應。去冬小磯組閣，和事大致已有眉目，迨鈴木當國，嚮用東鄉，乃設法破其聯俄之謀，專從聯絡當地軍人作起，最後岡村表示只須主座委託一人為交涉之任即可撤兵，語至誠懇。惜道遠不能以此意電陳，遂至因循而有日政府請俄求和之事。此雖已事，然與岡村、下村諸人情感既厚，所言頗得彼人相信，故投降以後力說下村鎮

汤芗铭致贺国光信札

元敬仁兄勋鉴：八年抗战，一旦功成，正所谓一人有庆，兆民赖之，薄海欢腾，万方钦仰。弟躬逢其盛，惟有赞叹。弟数年以来，虽跼蹐处此，而欲为国家效一手一足之力，始终未敢稍懈。对日人初则诱之使和，以懈其心志；继则直接间接力助反战分子，与之深相结纳，如石原莞尔之流，由张君伯武始终要约，彼此呼应。去冬小矶组阁，和事大致已有眉目，迨铃木当国向用东乡，乃设法破其联俄之谋，专从联络当地军人作起，最后岗村表示只须主座委託一人当交涉之任即可撤兵，语至诚恳。惜道远不能以此意电陈，遂至因循而有曰政府请俄求和之事。此虽已事，然与冈村、下村诸人情感既厚，所言颇得彼人相信，故投降以后力说下村镇

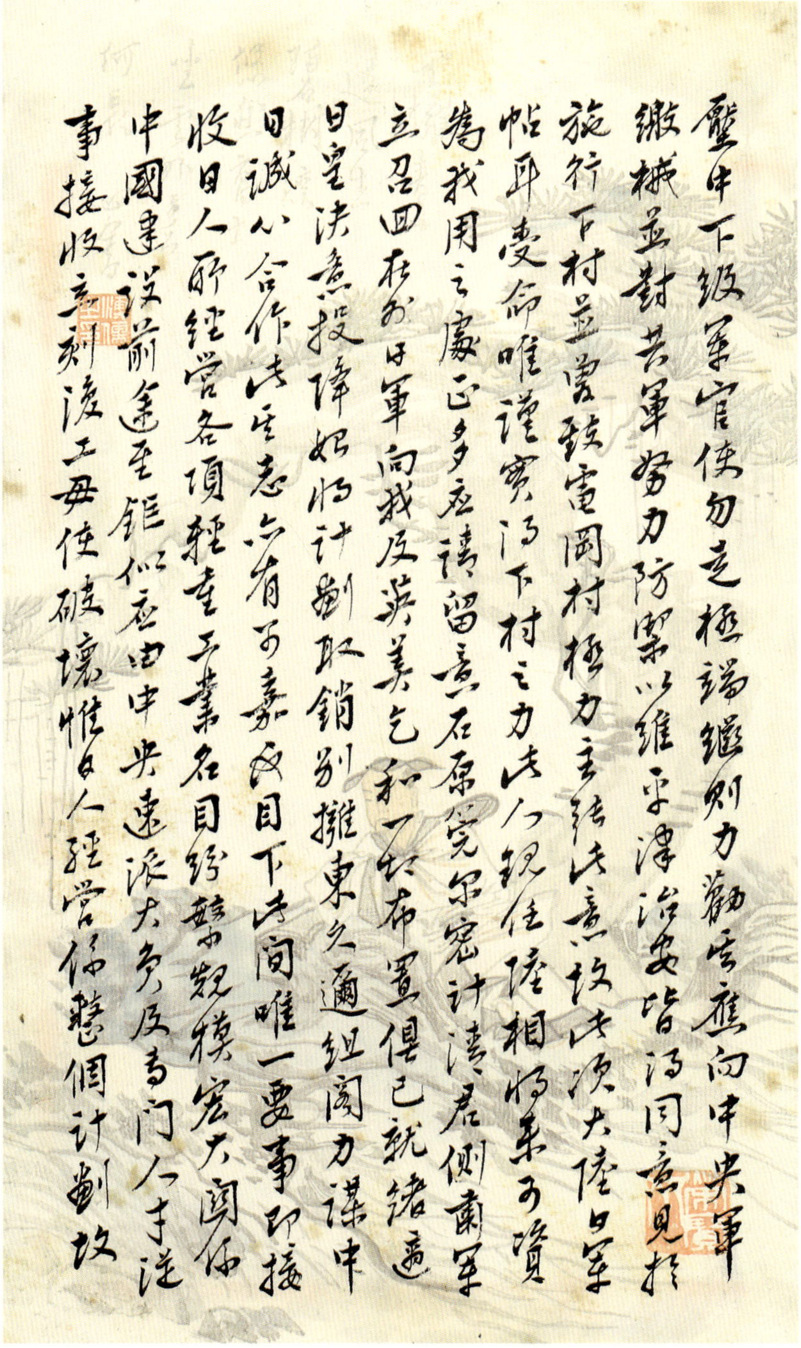

压中下级军官，使勿走极端，继则力劝其应向中央军缴械，并对共军努力防御以维平津治安，皆得同意，见于施行。下村并曾致电冈村，极力主张此意，故此次大陆日军帖耳受命唯谨，实得下村之力。此人现任陆相，将来可资为我用之处正多，应请留意。石原莞尔密计清君侧肃军，立召回在外日军，向我及英美乞和，一切布置俱已就绪。适日皇决意投降，始将计划取消，别拥东久迩组阁，力谋中日诚心合作，此其意亦有可嘉也。目下此间唯一要事即接收日人所经营各项轻重工业，名目纷繁，规模宏大，关系中国建设前途至巨，似应由中央速派大员及专门人才从事接收，立刻复工，毋使破坏。惟日人经营系整个计划，故

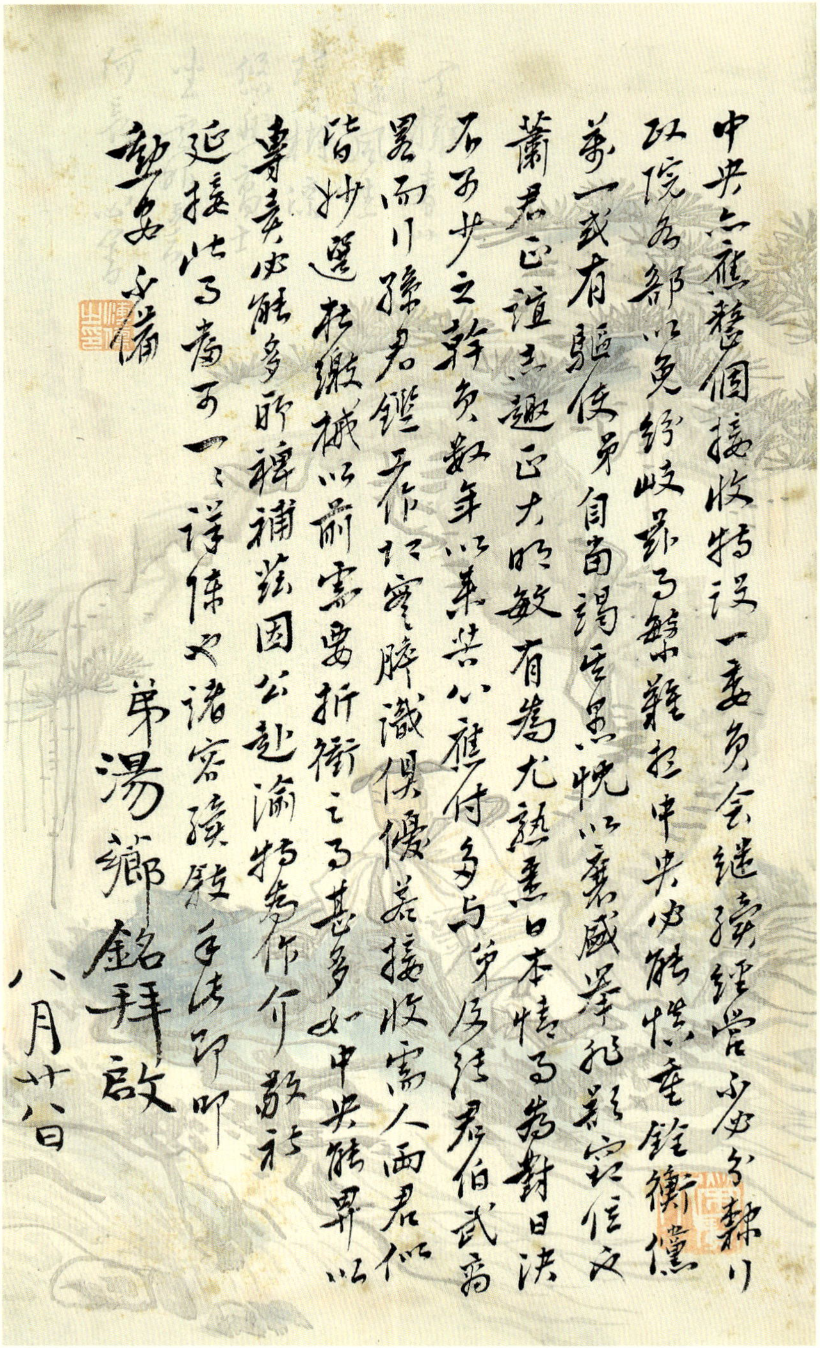

中央亦应整个接收，特设一委员会继续经营，不必分隶行政院各部，以免纷岐。兹事繁难，想中央必能慎重铨衡，傥万一或有驱使，弟自当竭其愚忱以襄盛举，非欲窃位也。萧君正谊，志趣正大，明敏有为，尤熟悉日本情事，为对日决不可少之干员。数年以来苦心应付，多与弟及张君伯武商略而行。孙君鉴工作切实胆识俱优，若接收需人，两君似皆妙选。在缴械以前需要折冲之事甚多，如中央能畀以专责，必能多所稗补，兹因公赴渝，特为作介。敬礼！延接此事当可一一详陈也，诸容续叙，手此即叩勋安不备。

弟汤芗铭拜启

八月廿八日

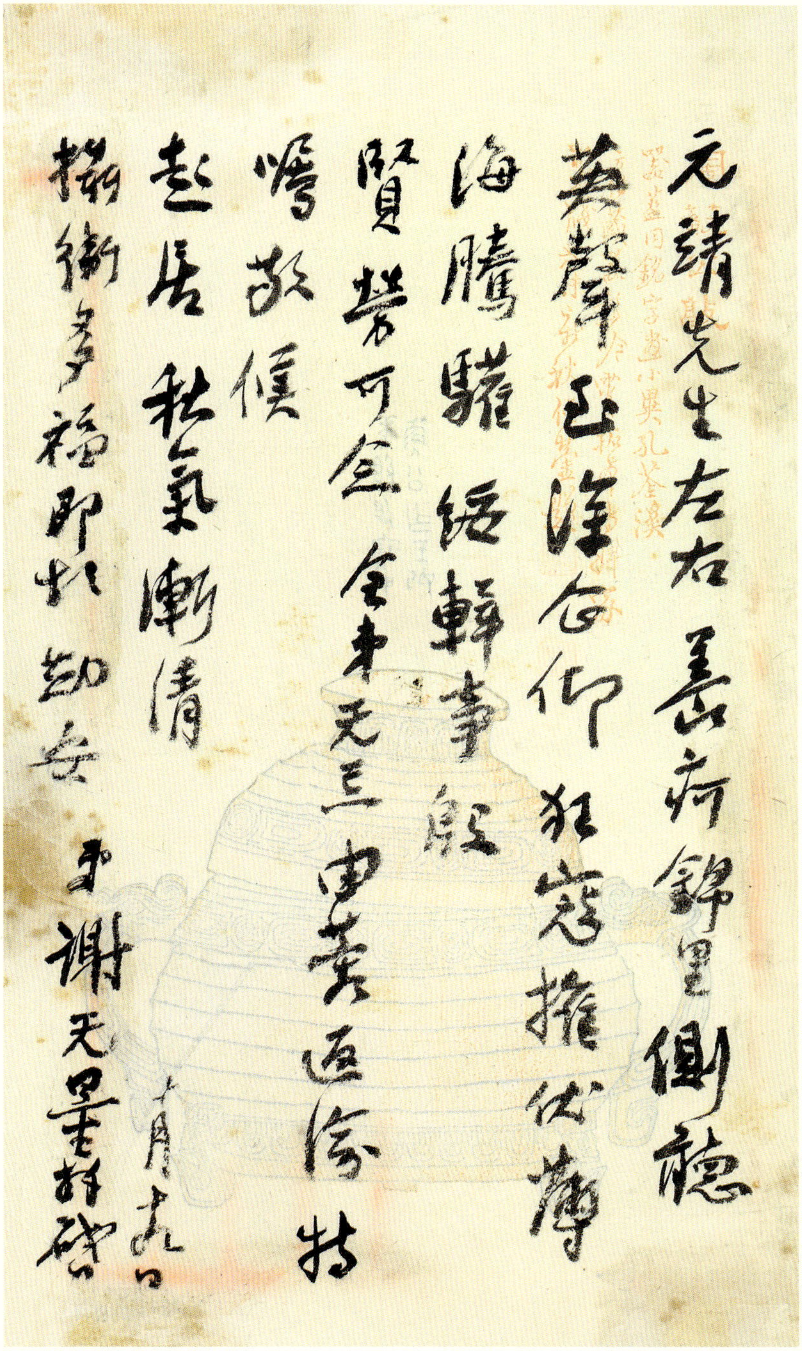

谢无量致贺国光信札（一）

元靖先生左右：养疴锦里，侧听英声，至深企仰。狂寇摧伏，薄海腾欢。绥辑事殷，贤劳可念。舍弟无忌由蓉返渝，特嘱敬候起居。秋气渐清，摄卫多福，即颂勋安。

弟谢无量拜启

十月十九日

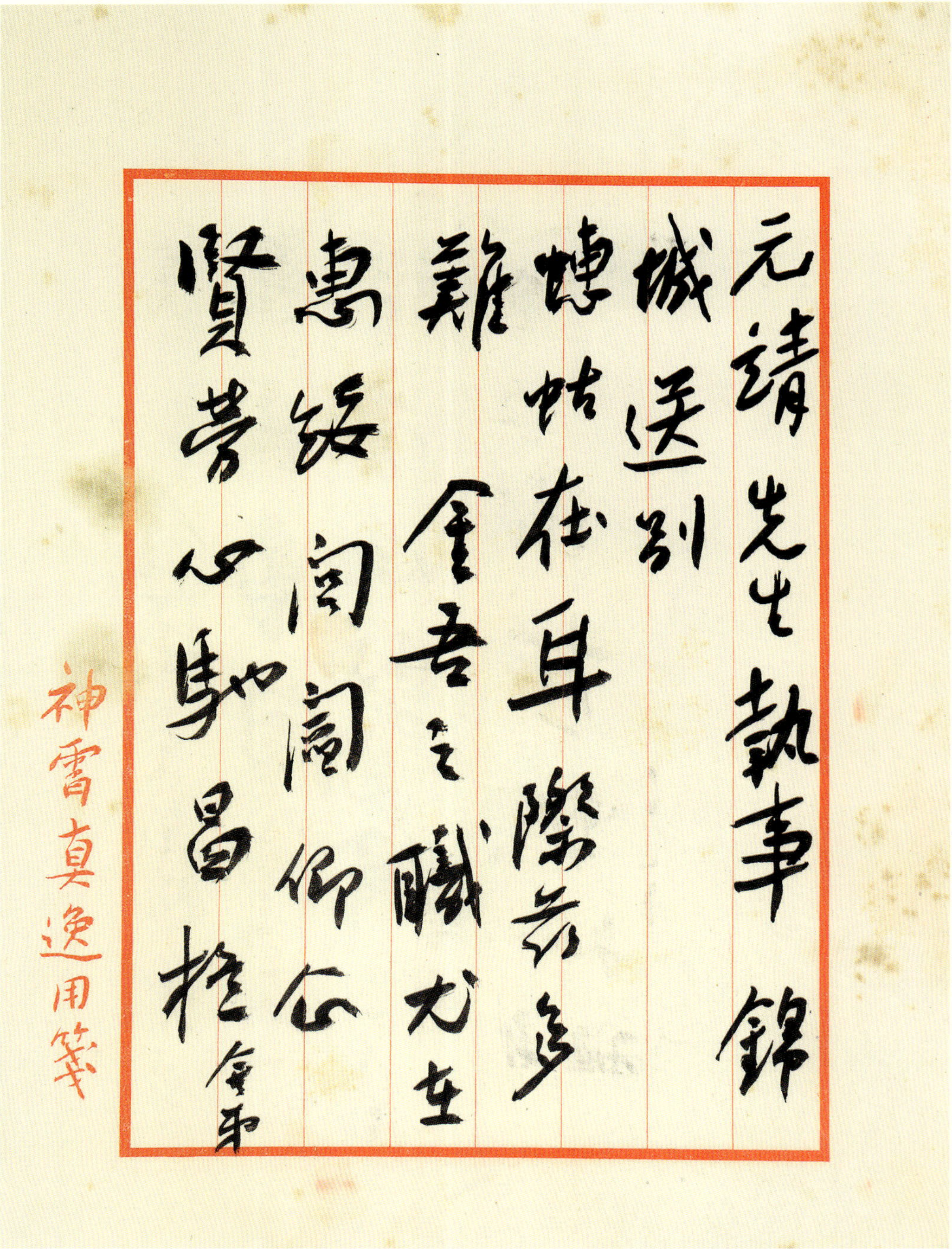

谢无量致贺国光信札（二）

元靖先生执事：锦城送别，蟪蛄在耳。际兹多难，金吾之职，尤在惠绥间闫。仰企贤劳，心驰曷极。舍弟

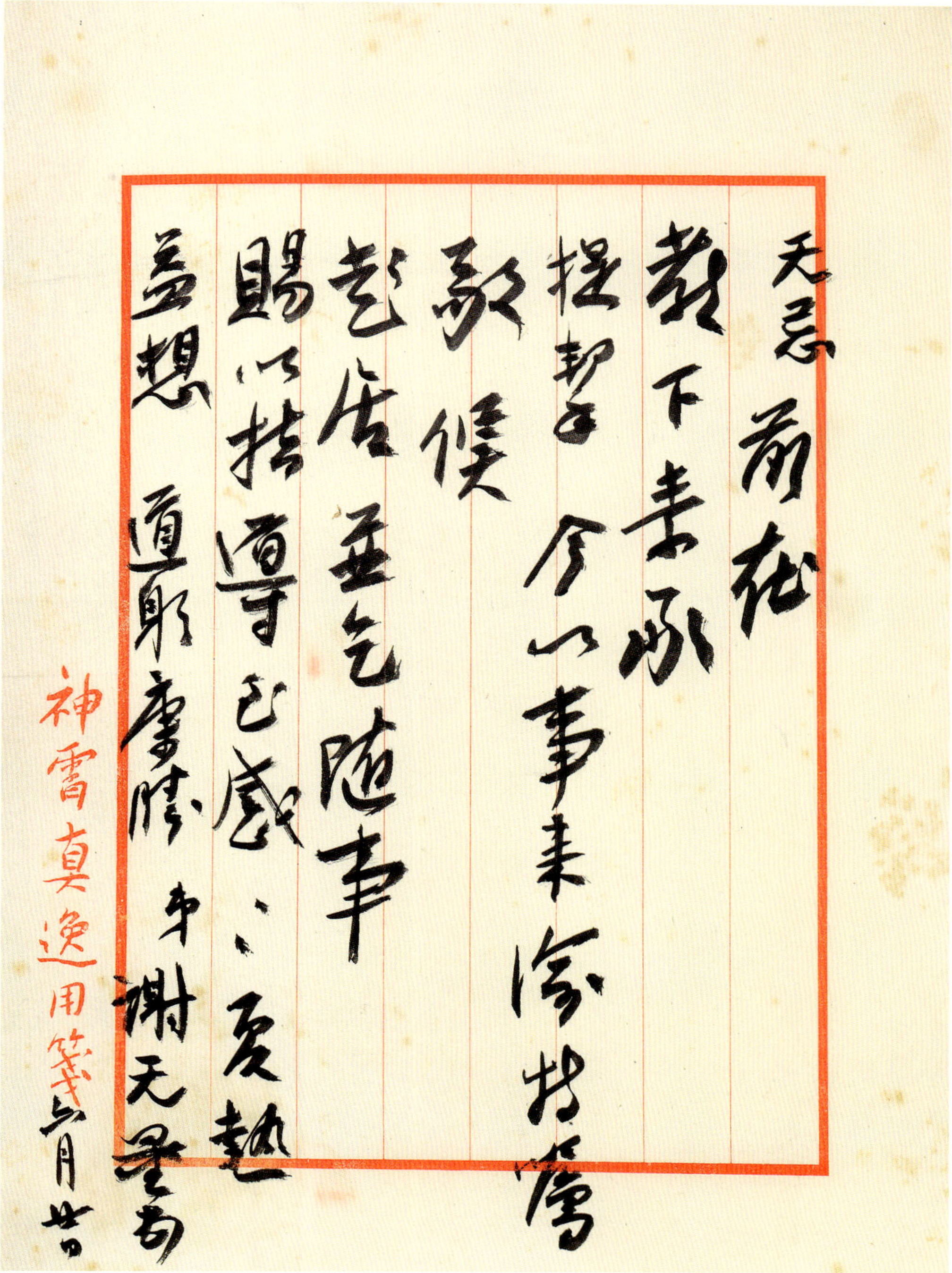
无忌前在
教下素承
提挈今以事来渝特嘱
敬候
起居并乞随事
赐以指导至感至感夏热
益想道躬康胜 弟谢无量顿首
神霄真逸用笺
六月廿日

无忌前在教下，素承提挈。今以事来渝，特嘱敬候起居，并乞随事赐以指导，至感至感，夏热，益想道躬康胜！

弟谢无量顿首

六月廿日

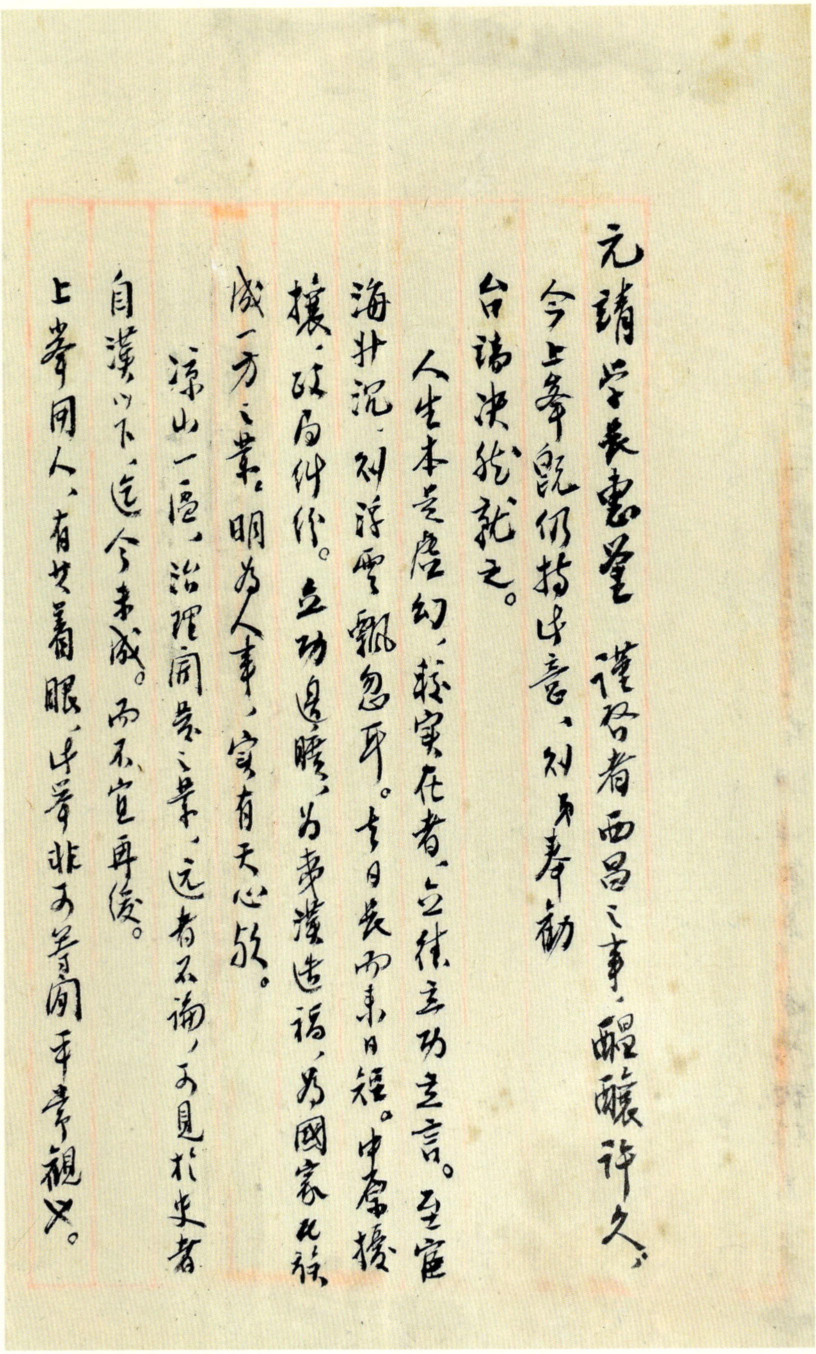
元靖學長惠鑒 謹啓者西昌之事醖釀許久
今上峯既仍持此意則弟奉劝
台端決然就之。
人生本是虛幻較實在者立德立功立言。至宦
海升沉則浮雲飄忽耳。去日長而來日短。中原擾
攘政局糾紛。立功邊曠為夷漢造福為國家民族
成一方之業。明為人事實有天心歟。
涼山一區治理開發之業遠者不論可見於史者
自漢以下迄今未成。而不宜再後。
上峯同人有其着眼此舉非可等閒平常視也。

周□□致贺国光信札

元靖学长惠鉴：谨启者，西昌之事，酝酿许久，今上峰既仍持此意，则弟奉劝台端决然就之。人生本是虚幻，较实在者，立德立功立言。至宦海升沉，则浮云飘忽耳。去日长而来日短。中原扰攘，政局纠纷。立功边旷，为夷汉造福，为国家民族成一方之业。明为人事，实有天心欤。凉山一区，治理开发之业，远者不论，可见于史者，自汉以下，迄今未成。而不宜再后。上峰同人，有其着眼，此举非可等闲平常观也。

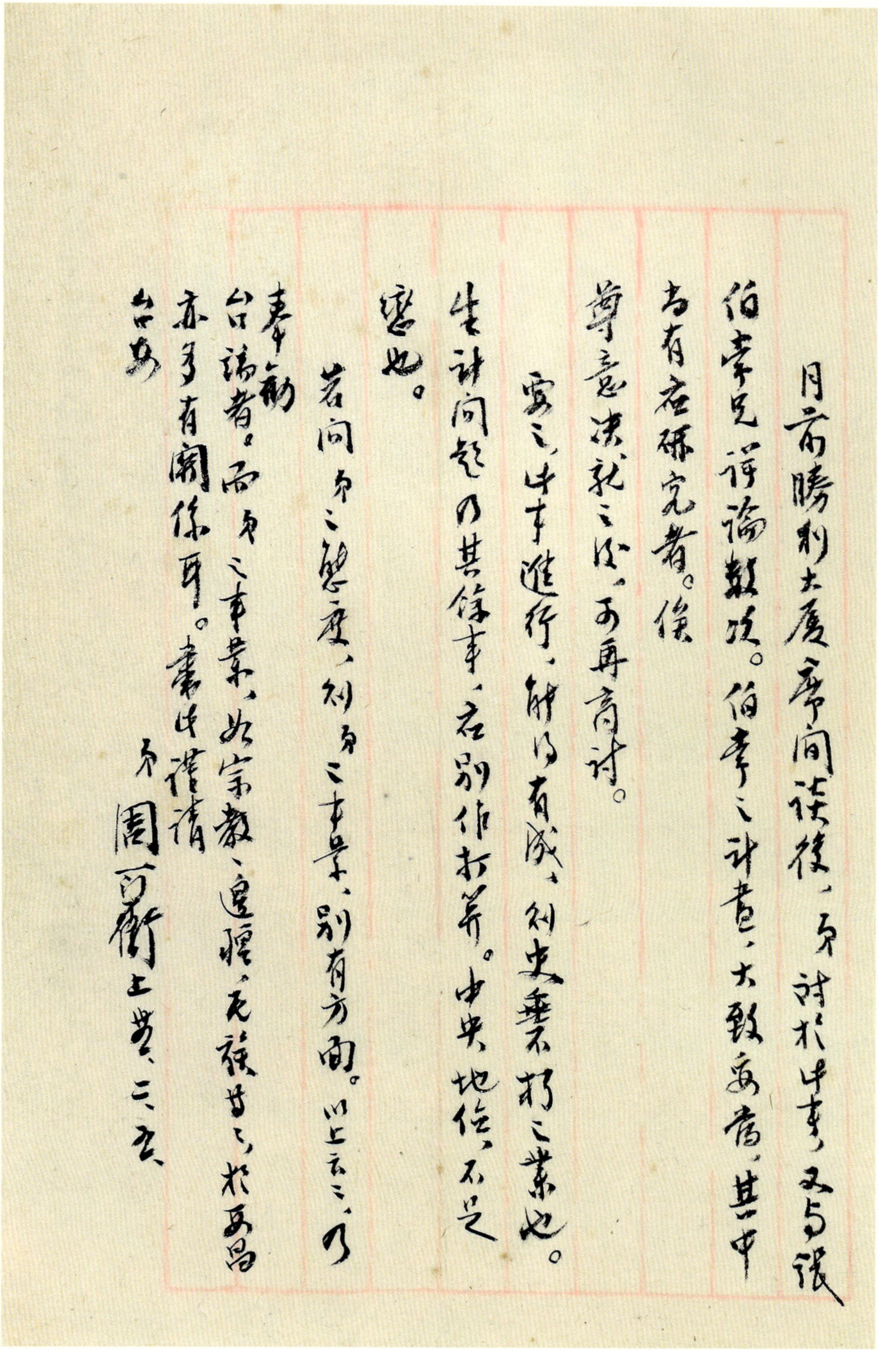

月前胜利大厦席间谈后，弟对于此事，又与张伯常兄详论数次。伯常之计画，大致妥当，其中尚有应研究者。俟尊意决就之后，可再商讨。要之，此事进行，能得有成，则史乘不朽之业也。生计问题乃其馀事，应别作打算。中央地位，不足恋也。若问弟之态度，则弟之事业，别有方向。以上云云，乃奉劝台端者。而弟之事业，如宗教、边疆、民族等等，于西昌亦多有关系耳。肃此谨请台安。

弟周□□上

三四、二、五

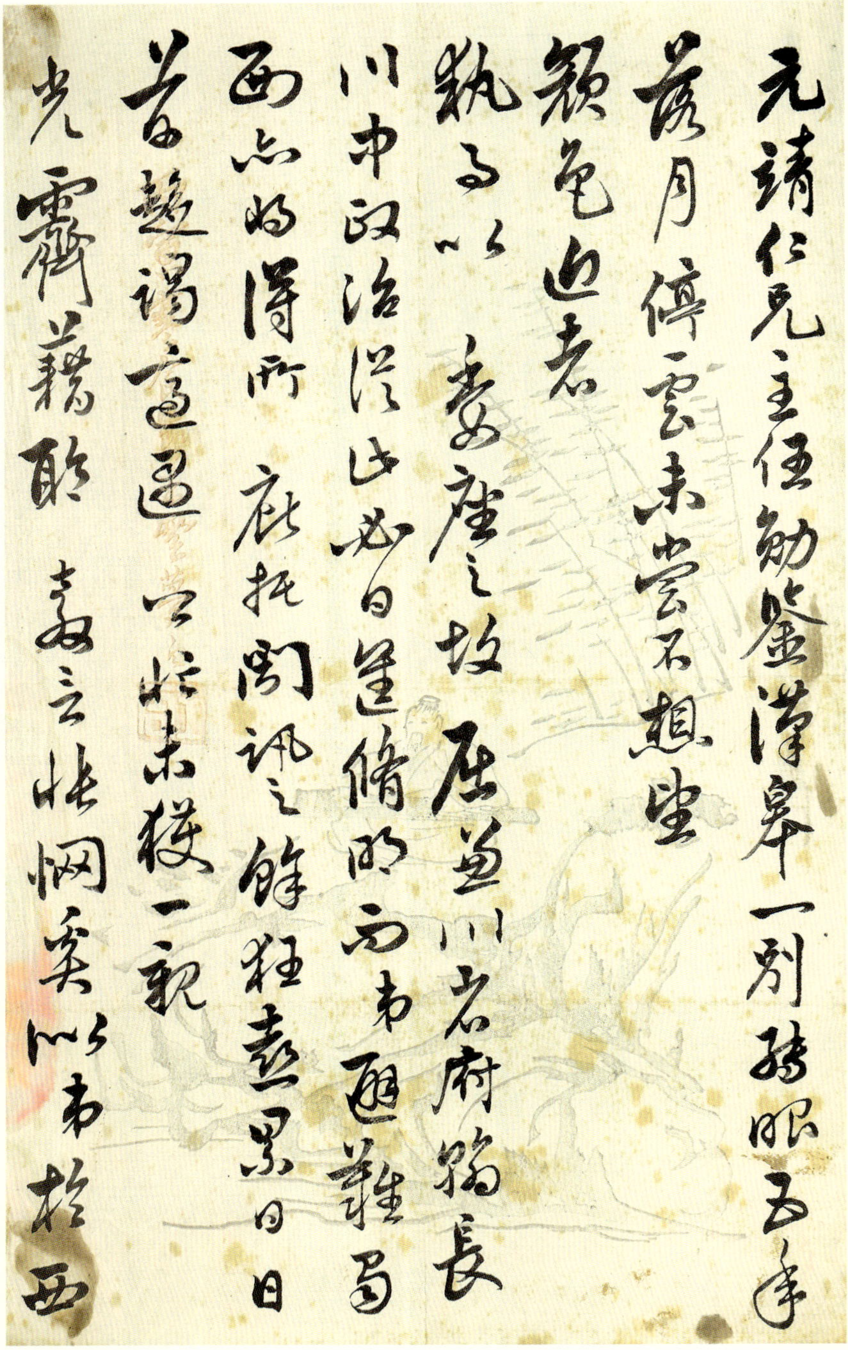
元靖仁兄主任勋鉴汉皋一别转眼五年
落月停云未尝不想望
颜色近者
执事以委座之故
屈兼川省府翰长
川中政治从此必日进修明而弟避难蜀
西亦将得所庇托闻讯之余狂喜累日
日前趋谒适遇公忙未获一亲
光霁藉聆教言怅惘奚似弟于西

吴家象致贺国光信札

元靖仁兄主任勋鉴：汉皋一别，转眼五年。落月停云，未尝不想望颜色。近者，执事以委座之故，屈兼川省府翰长，川中政治从此必日进修明，而弟避难蜀西，亦将得所庇托。闻讯之余，狂喜累日。日前趋谒，适遇公忙，未获一亲光霁，藉聆教言，怅惘奚似。弟于西

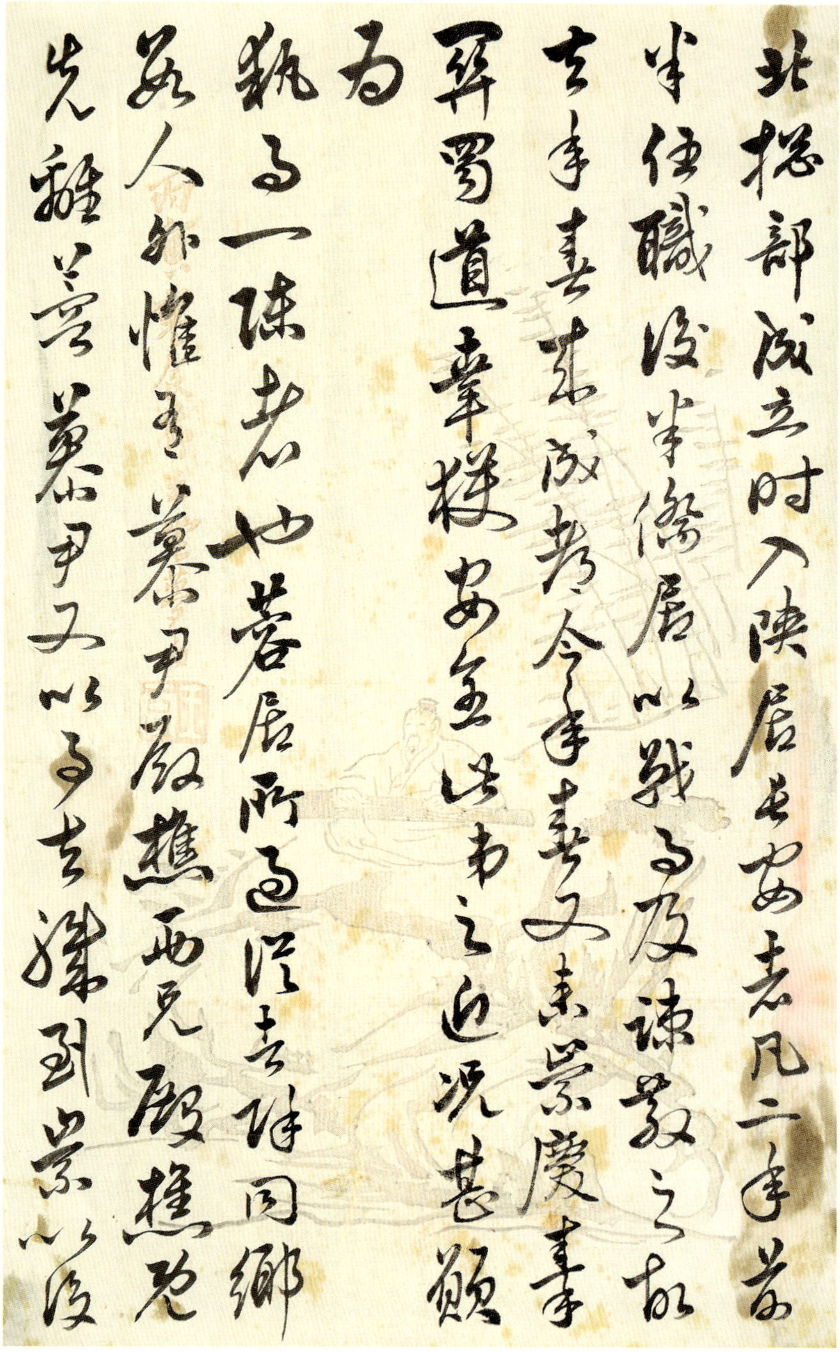

北总部成立时入陕，居长安者凡二年，前半任职，后半侨居。以战事及疏散之故，去年春来成都，今年春又来崇庆，秦关蜀道，幸获安全，此弟之近况，甚愿为执事一陈者也。蓉居所过从者，除同乡数人外，惟有慕尹、殿樵两兄。殿樵既先离蓉，慕尹又以事去职。到崇以后，

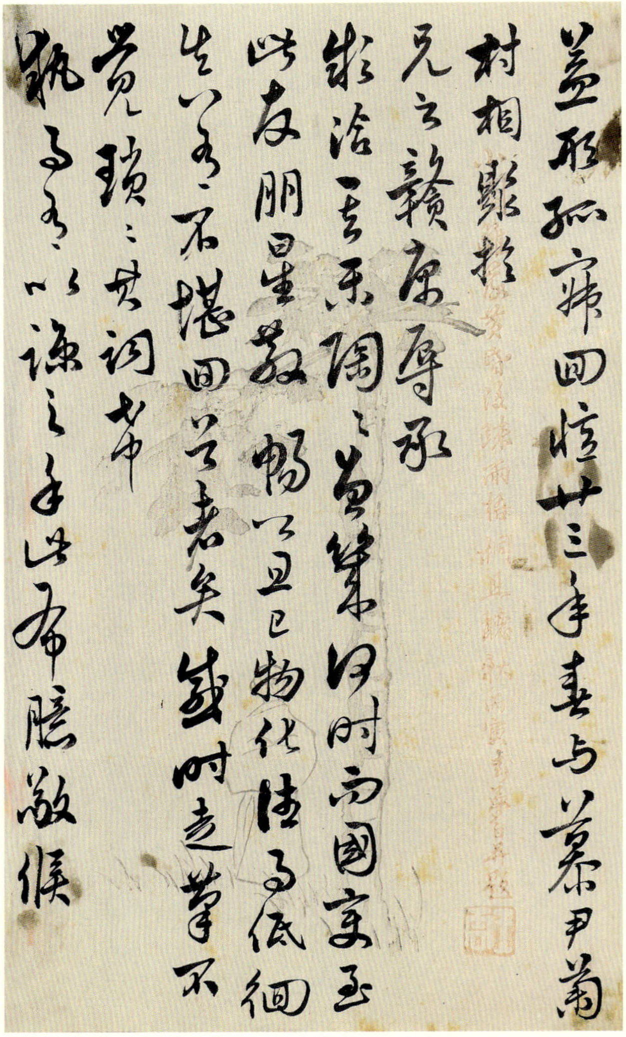

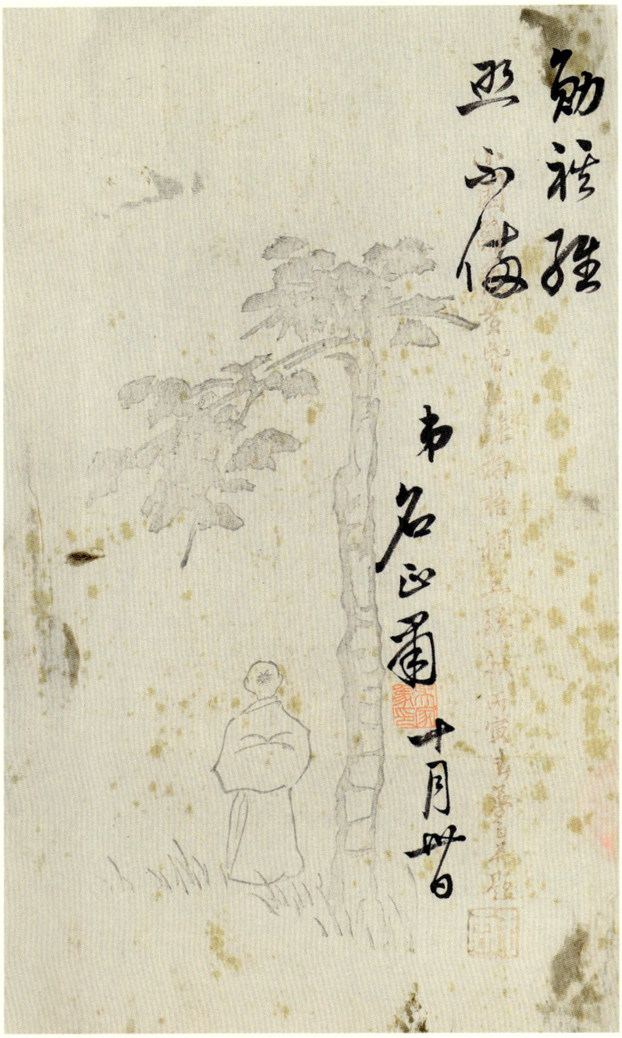

益形孤寂。回忆廿三年春，与慕尹、菊村相聚于兄之赣寓，辱承款洽，其乐陶陶。曾几何时，而国变至此，友朋星散，畅公且已物化，往事低徊，真有不堪回首者矣。感时走笔，不觉琐琐其词，希执事有以谅之，手此布臆，敬候勋祺，维照不备。

弟名正肃

十月卅日

（钤印：吴家象印）

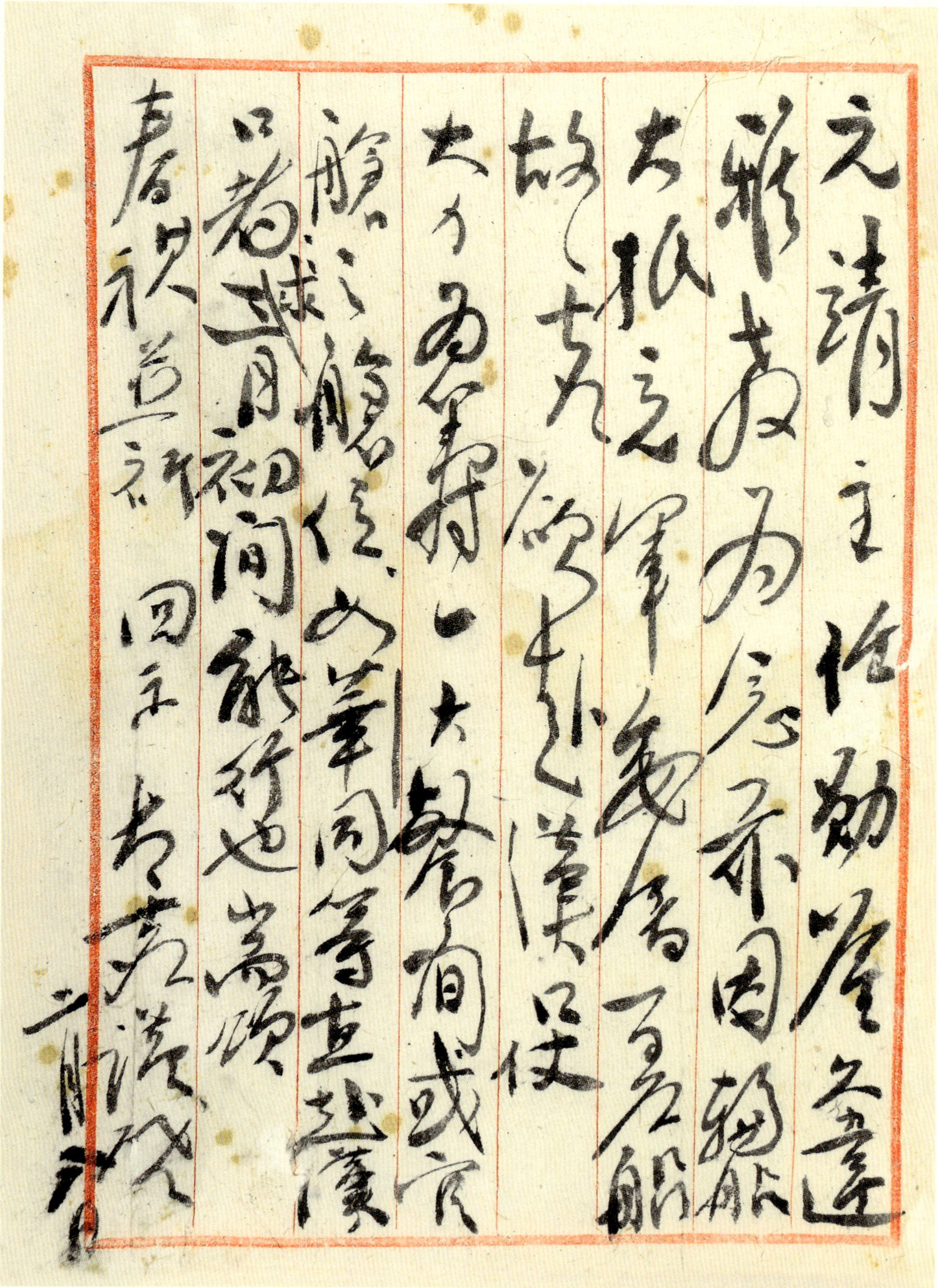

太虚致贺国光信札

元靖主任勋鉴：久违雅教，为念。兹因轮船大抵充军委会差船，故虚欲赴汉口，仗大力为筹一大餐间，或官舱之舱位，如华同等直赴汉口者，求三月初间能行也。耑送春祺，并祈回示。

太虚谨启

二月八日

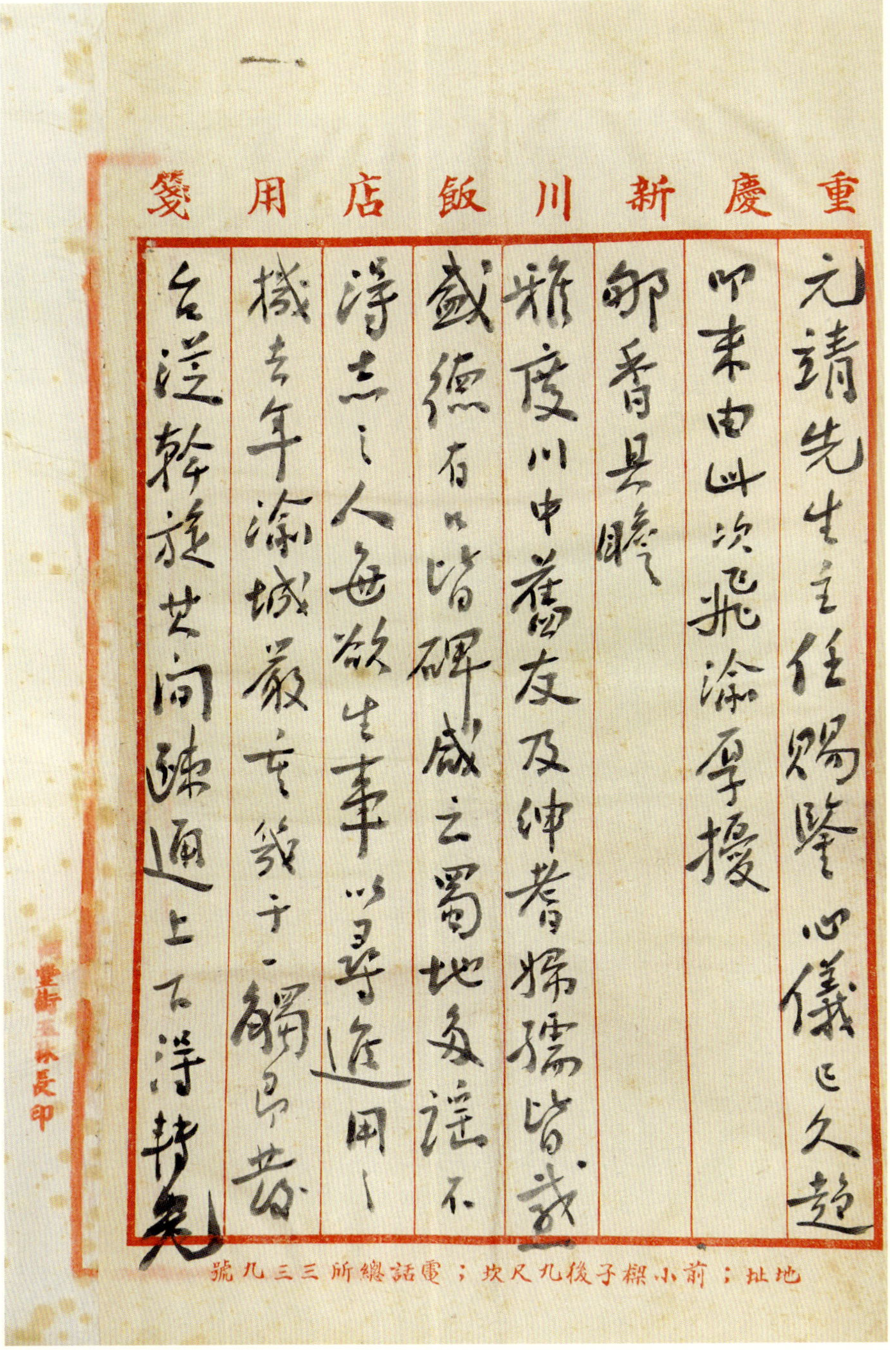

重慶新川飯店用箋

元靖先生主任賜鑒：心儀已久，趨叩末由。此次飛渝，厚擾郇香，具瞻雅度，川中舊友及紳耆婦孺皆感盛德，有口皆碑。咸云蜀地多謠，不得志之人每欲生事以尋進用之機。去年渝城嚴重，幾于一觸即發，台從斡旋其間，疏通上下，得轉危

地址；前小樑子後九尺坎；電話總所三三九號

胡道文致贺国光信札

元靖先生主任赐鉴：心仪已久，趋叩末由。此次飞渝，厚扰郇香，具瞻雅度，川中旧友及绅耆妇孺皆感盛德，有口皆碑。咸云蜀地多谣，不得志之人每欲生事以寻进用之机。去年渝城严重，几于一触即发，台从斡旋其间，疏通上下，得转危

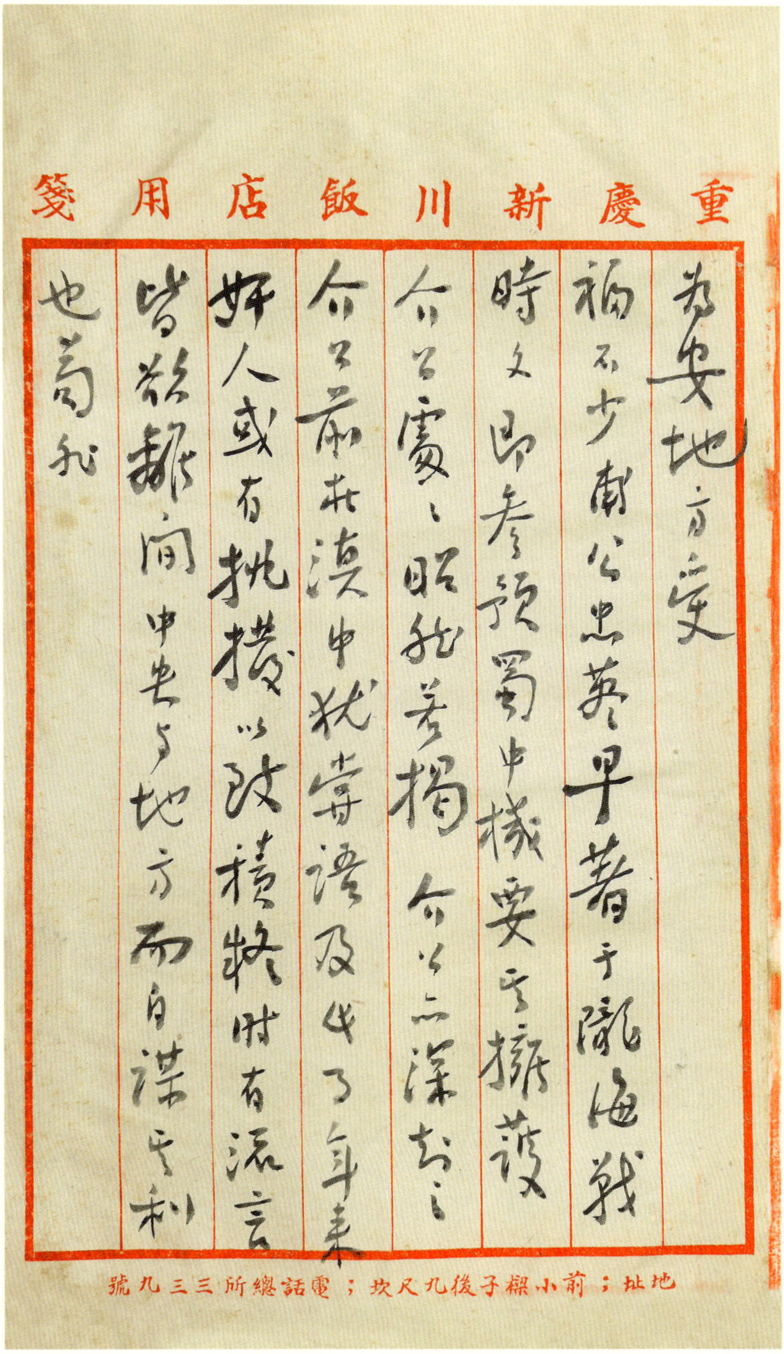
重慶新川飯店用箋

爲安地方受
福不少甫公忠藎早著于隴海戰
時文即參預蜀中機要其擁護
介公處處昭然若揭介公亦深知之
介公前在滇中猶嘗語及此事年來
奸人或有挑撥以致積疑時有流言
皆欲離間中央與地方而自謀其利
也苟非

地址：前小樑子後九尺坎；電話總所三三九號

为安，地方受福不少。甫公忠荩，早著于陇海。战时文即参预蜀中机要，其拥护介公，处处昭然若揭，介公亦深知之。介公前在滇中，犹尝语及此事。年来奸人或有挑拨以致积疑，时有流言，皆欲离间中央与地方而自谋其利也。苟非

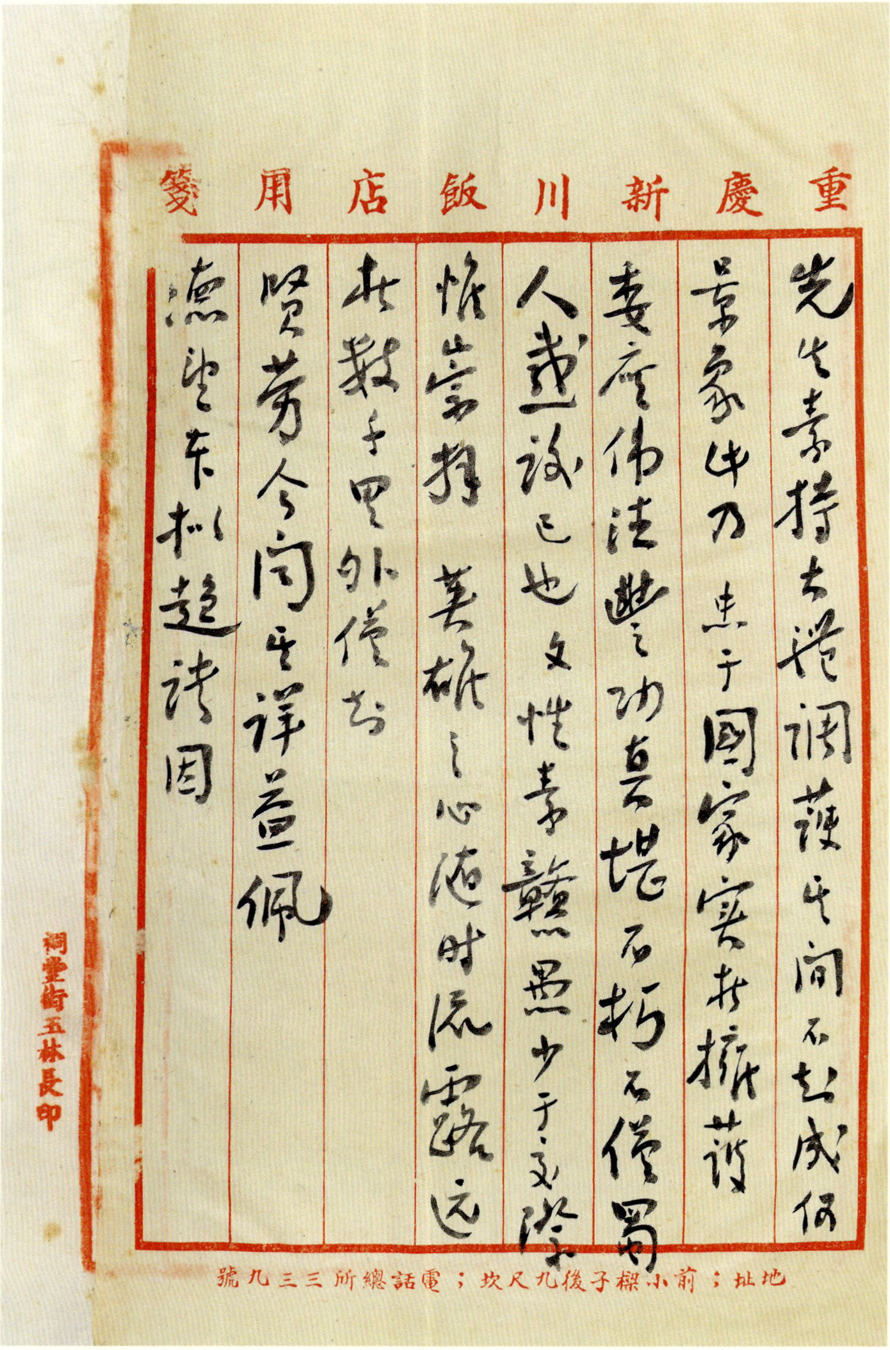
重慶新川飯店用箋

先生素持大體調護其間不知成何
景象此乃忠于國家實在擁護
委座偉德豐功真堪不朽不僅蜀
人感謝已也文性素戇愚少于交際
惟崇拜英雄之心隨時流露遠
在數千里外僅知
賢勞今聞其詳益佩
德望本擬趨請因

地址：前小樑子後九尺坎；電話總所三三九號

祠堂街五林長印

先生素持大体，调护其间，不知成何景象。此乃忠于国家，实在拥护委座。伟德丰功，真堪不朽。不仅蜀人感谢已也。文性素戆愚，少于交际，惟崇拜英雄之心随时流露，远在数千里外，仅知贤劳，今闻其详，益佩德望。本拟趋请，因

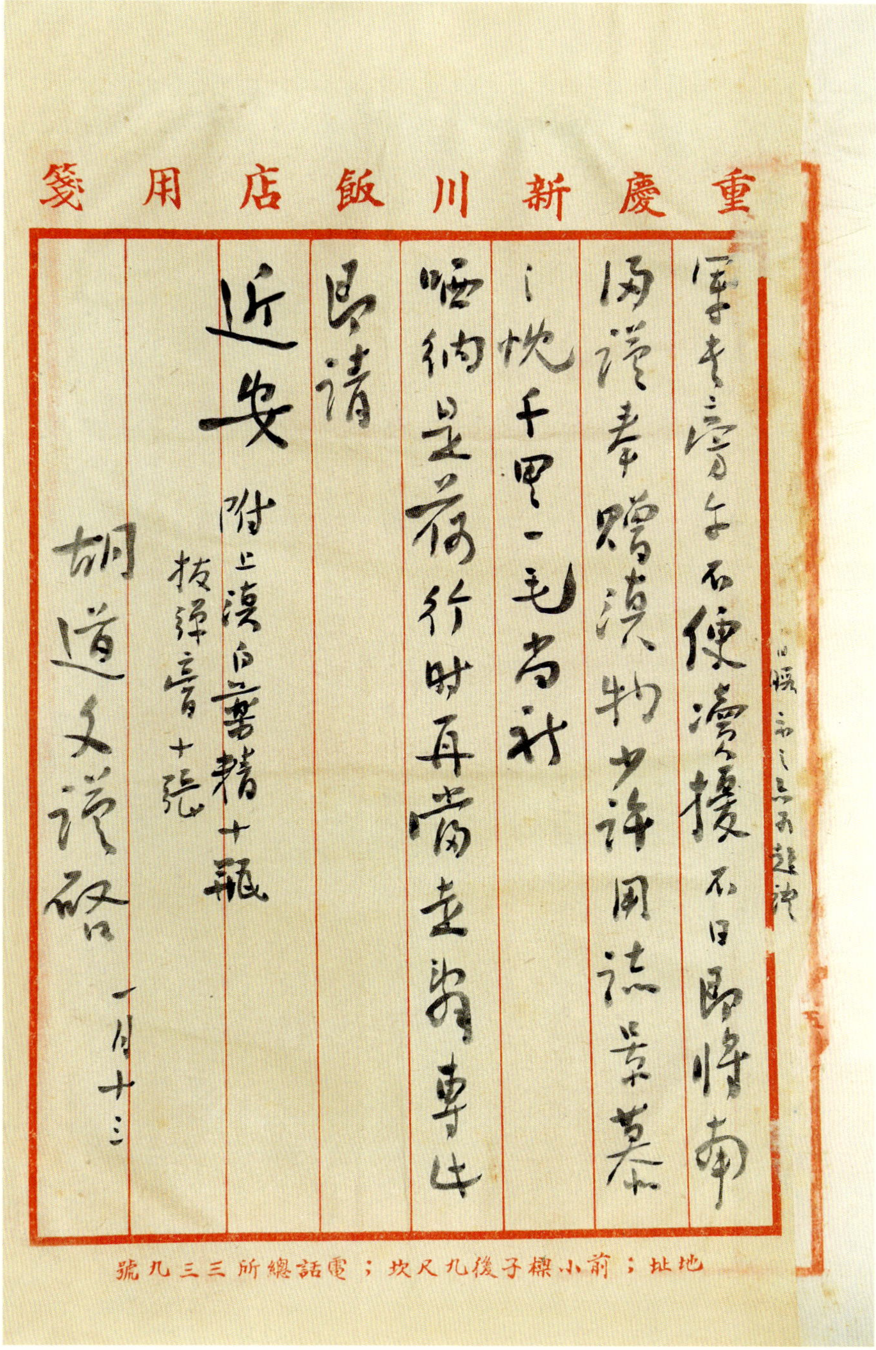

军书旁午，不便渎扰，不日即将南归，谨奉赠滇物少许，用誌景慕之忱，千里一毛，尚祈哂纳是荷，行时再当走拜，专此即请近安。

附上滇白药精十瓶，拔弹膏十张。

胡道文谨启

一月十三

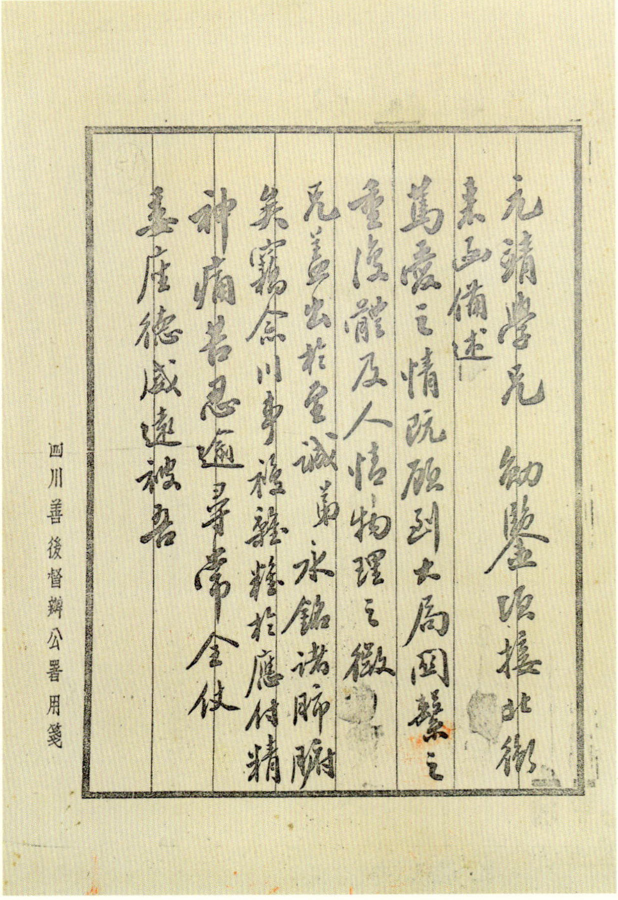
元靖學兄勛鑒：頃接北衡
來函備述
篤愛之情既顧到大局關係之
重復體及人情物理之微
兄蓋出於至誠弟永銘諸肺腑
矣竊念川事複雜難於應付精
神痛苦忍逾尋常全仗
委座德威遠被吾

四川善後督辦公署用箋

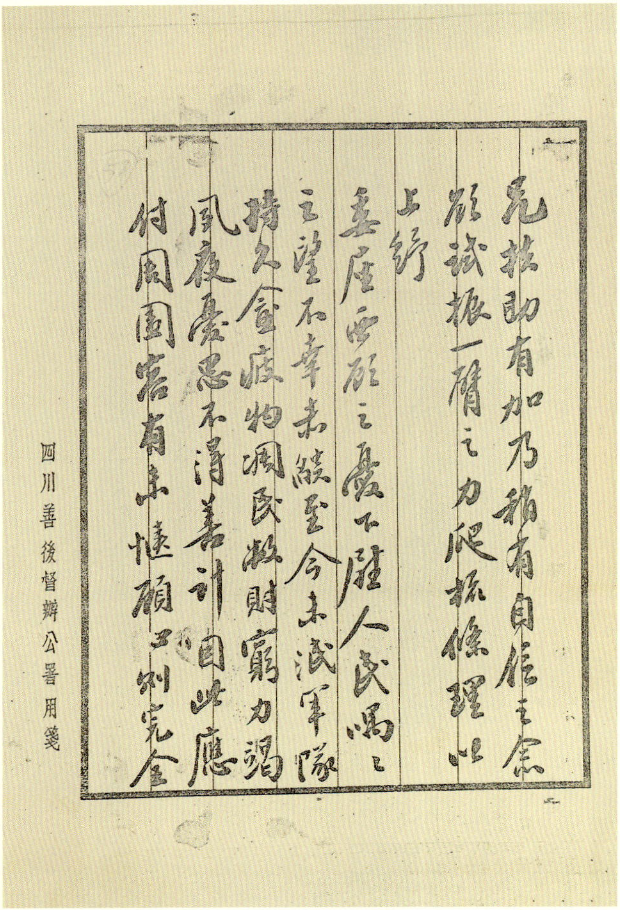
兄扶助有加乃稍有自信念
欲試振一臂之力爬梳條理以
上紓
委座西顧之憂下慰人民喁喁
之望不幸赤焰至今未泯軍隊
持久愈疲物凋民敝財窮力竭
夙夜憂思不得善計因此應
付周圍容有未愜顧已則完全

四川善後督辦公署用箋

附：刘湘致贺国光信札

元靖学兄勋鉴：顷接北衡来函，备述笃爱之情，既顾到大局关系之重，复体及人情物理之微，兄盖出于至诚，弟永铭诸肺腑矣。窃念川事复杂，难于应付，精神痛苦，忍逾寻常。全仗委座德威远被，吾兄扶助有加，乃稍有自信念。欲试振一臂之力，爬梳条理，以上纾委座西顾之忧，下慰人民喁喁之望。不幸赤焰至今未泯，军队持久愈疲，物凋民敝，财穷力竭，夙夜忧思，不得善计。因此应付周围，容有未惬顾，已则完全

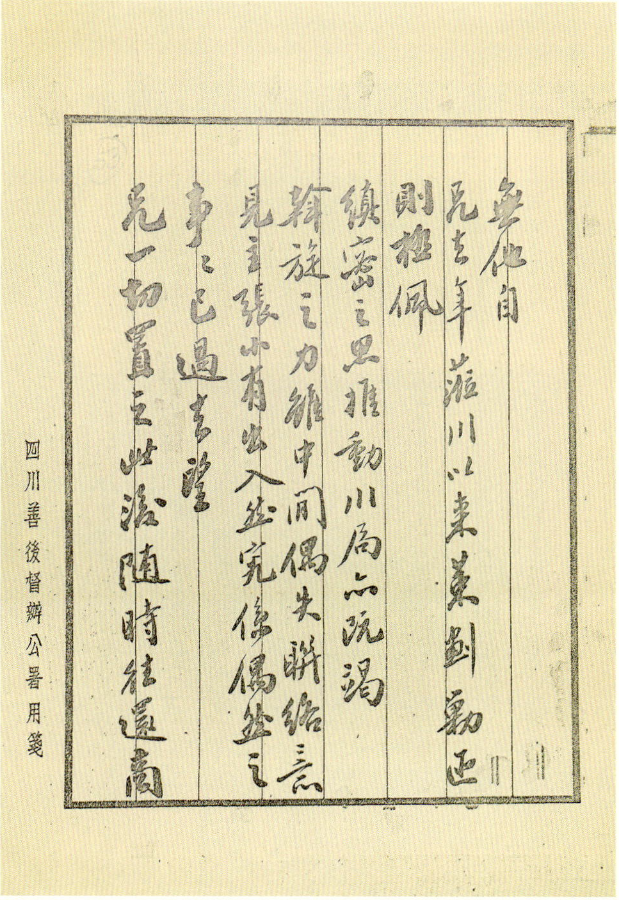

無他自
兄去年蒞川以來策劃剿匪
則極佩
鎮密之思推動川局亦既竭
斡旋之力雖中間偶失聯絡意
見主張小有出入然究係偶然之
事事已過去望
兄一切置之此後隨時往還商

四川善後督辦公署用箋

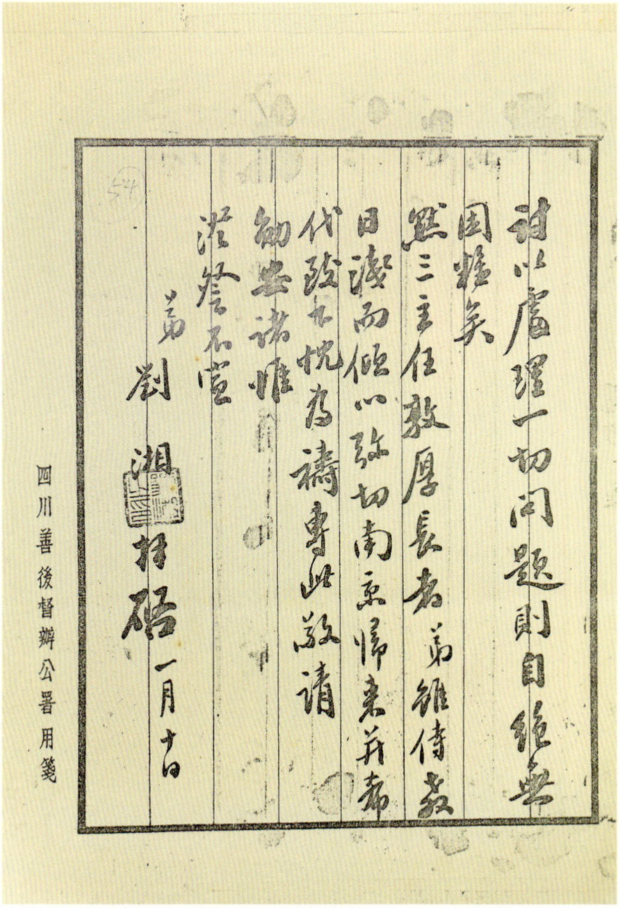

討以處理一切問題則自絕無
困難矣
默三主任敦厚長者弟雖侍教
日淺而傾心彌切南京歸來並希
代致下忱為禱專此敬請
勛安諸惟
澄詧不宣
弟劉湘拜啟 一月十日

四川善後督辦公署用箋

无他。自兄去年莅川以来，策划剿匪，则极佩缜密之思，推动川局，亦既竭斡旋之力。虽中间偶失联络，意见主张小有出入，然究系偶然之事。事已过去，望兄一切置之。此后随时往还商讨，以处理一切问题，则自绝无困难矣。默三主任敦厚长者，弟虽侍教日浅，而倾心弥切，南京归来，并希代致下忱为祷，专此敬请勋安，诸惟澄詧不宣。

弟刘湘拜启

一月十日

（钤印：刘湘之印）

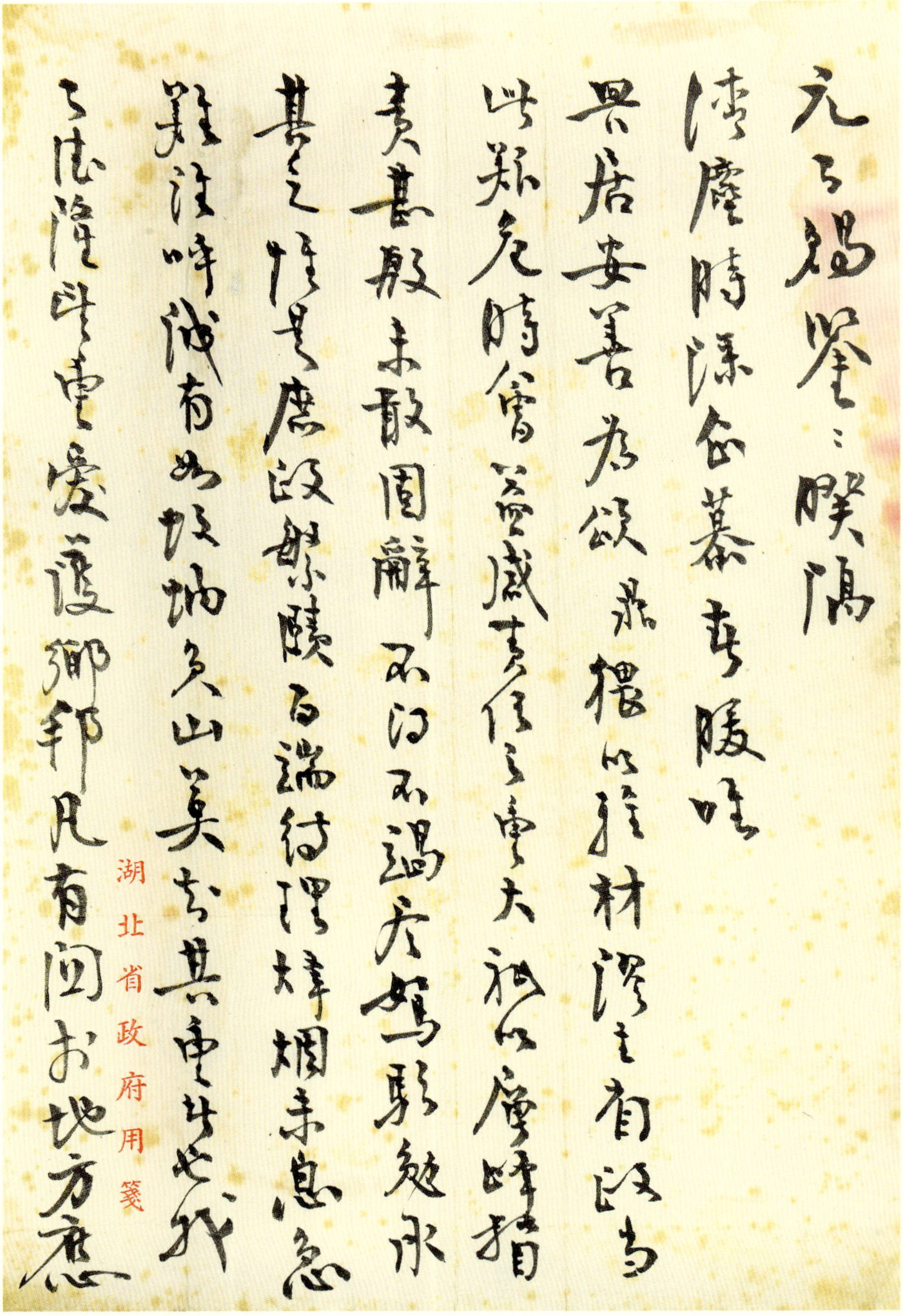

朱鼎卿致贺国光信札（一）

元公赐鉴：睽隔清尘，时深企慕，春暖唯兴居安善为颂。鼎猥以轻材谬主省政，当此艰危时会，益感责任之重大。只以层峰督责甚殷，未敢固辞，不得不竭尽驽骀，勉承其乏。惟是庶政繁赜，百端待理，烽烟未息，急难谁呼，诚有如蚊蚋负山，莫知其重者也。我公德隆望重，爱护乡邦，凡有关于地方应

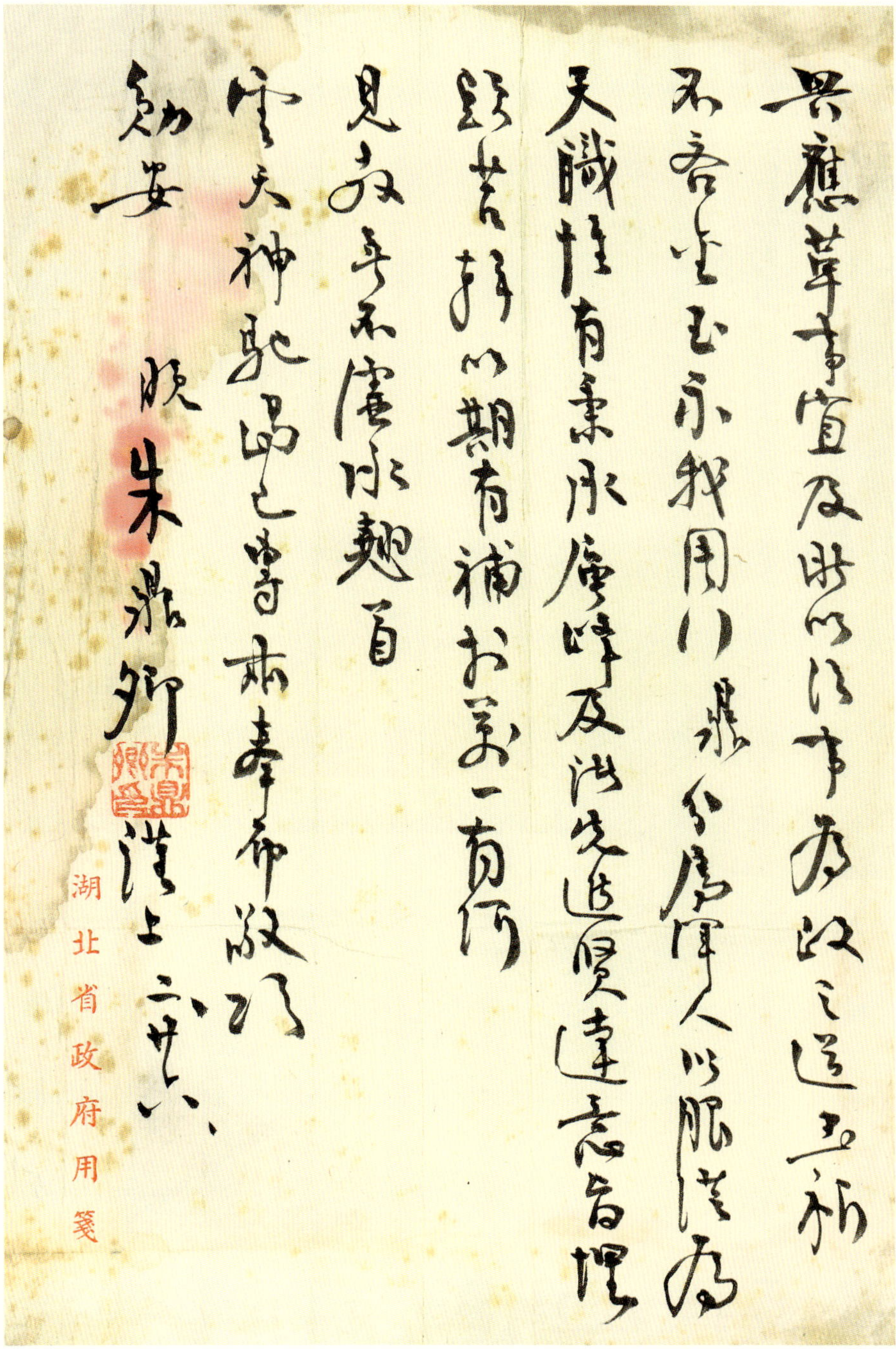

兴应革事宜及所以治事为政之道者，祈不吝金玉，示我周行。鼎分属军人，以服从为天职，惟有秉承层峰及诸先进贤达意旨，埋头苦干，以期有补于万一，有何见教，无不虚承。翘首云天，神驰曷已，专肃奉布，敬颂勋安。

晚朱鼎卿谨上

二，廿六

（钤印：朱鼎卿印）

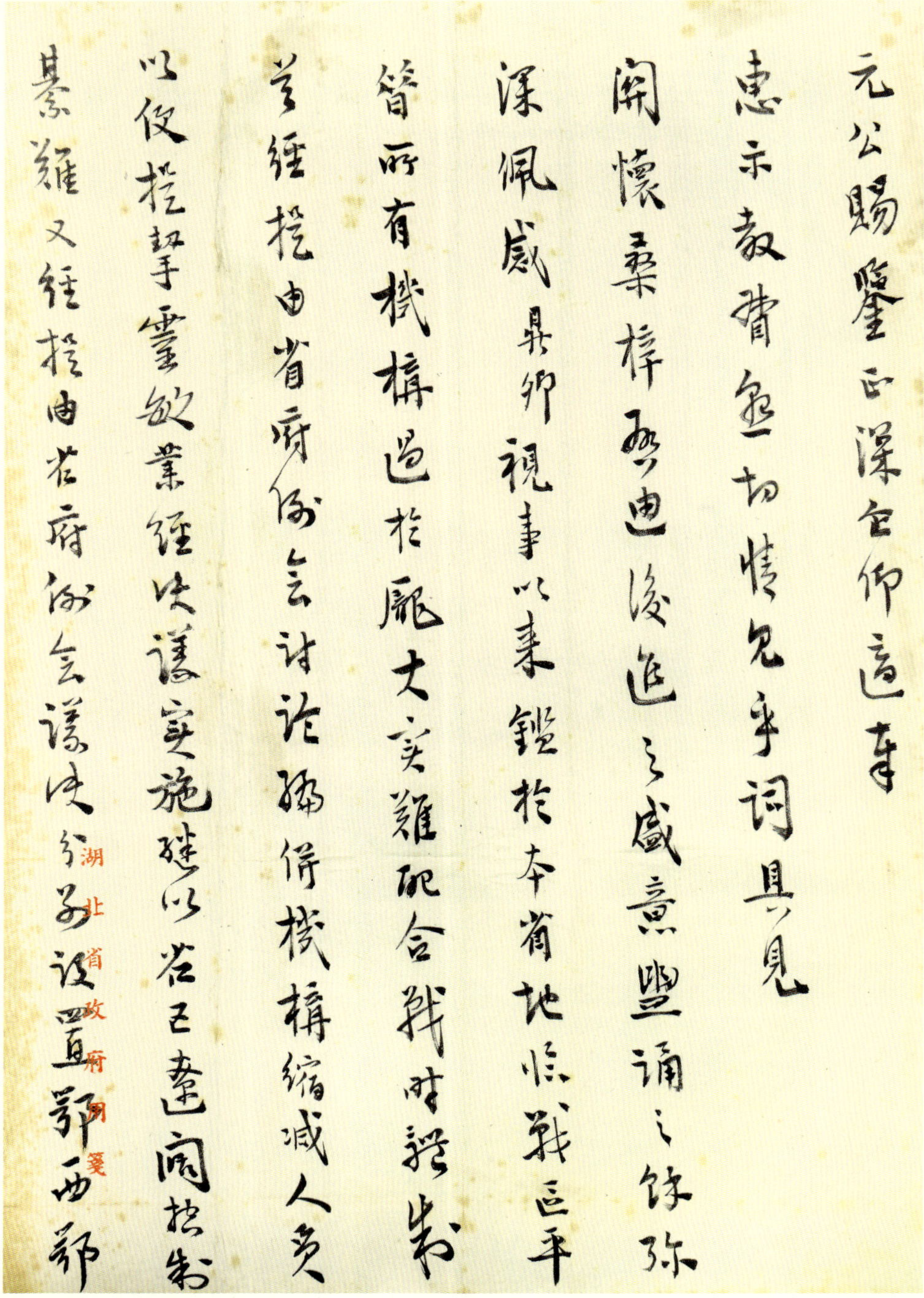

朱鼎卿致贺国光信札（二）

元公赐鉴：正深企仰，适奉惠示，教督恳切，情见乎词，具见关怀桑梓，启迪后进之盛意，盥诵之余，弥深佩感。鼎卿视事以来，鉴于本省地临战区，平昔所有机构过于庞大，实难配合战时体制，首经提由省府例会讨论，编并机构，缩减人员，以便提挈灵敏，业经决议实施，继以省区辽阔，控制綦难，又经提由省府例会议决，分别设置鄂西、鄂

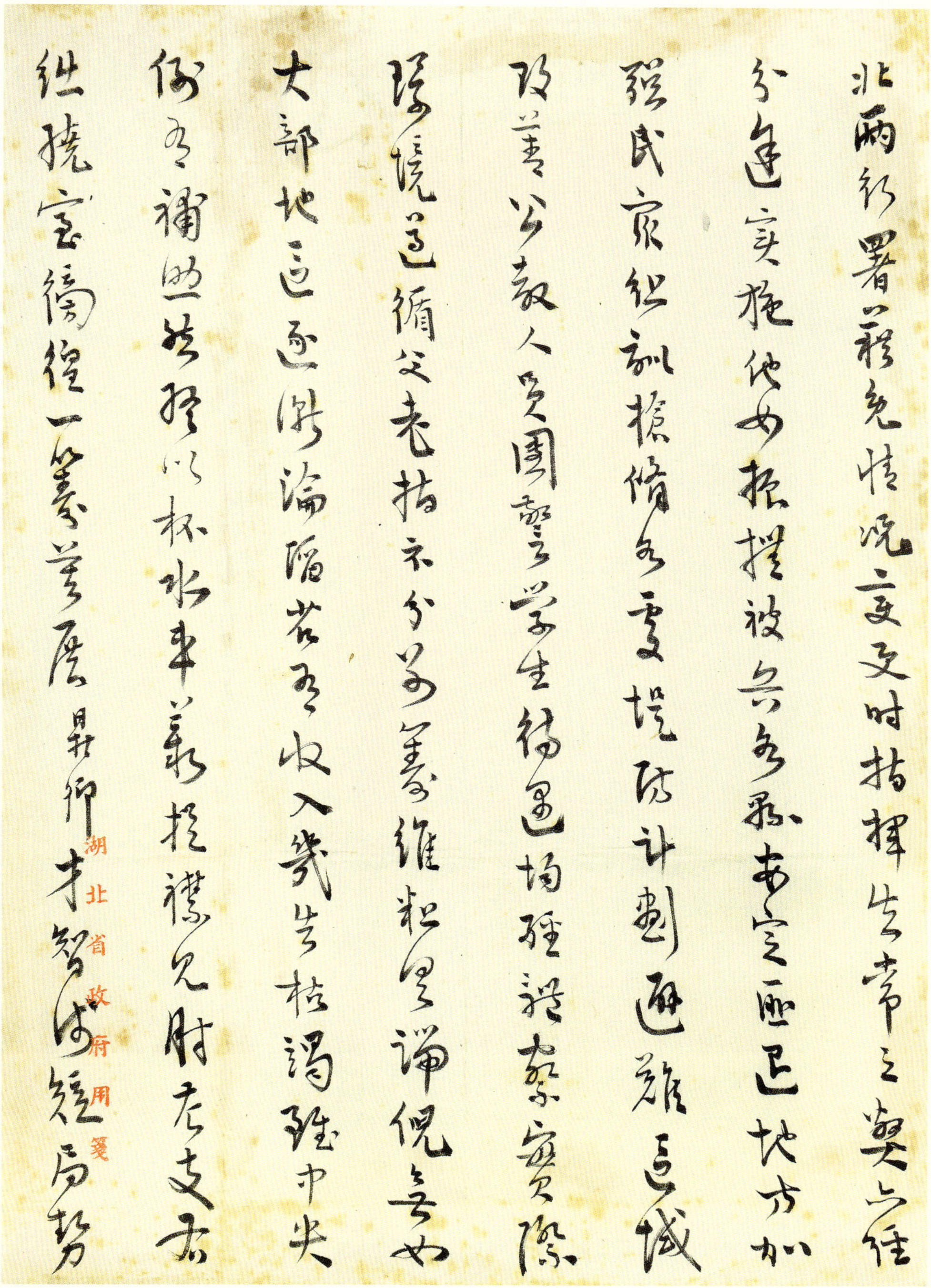

北两行署，藉免情况变更时指挥失常之弊，亦经分途实施。他如振抚被兵各县，安定匪退地方，加强民众组训，抢修各处堤防，计划避难区域，改善公教人员团警学生待遇，均经体察实际环境，遵循父老指示，分别筹维，粗具端倪。无如大部地区逐渐沦陷，省有收入几告枯竭，虽中央例有补助，然终以杯水车薪，捉襟见肘，左支右绌，绕室彷徨，一筹莫展。

鼎卿才智浅短，局势

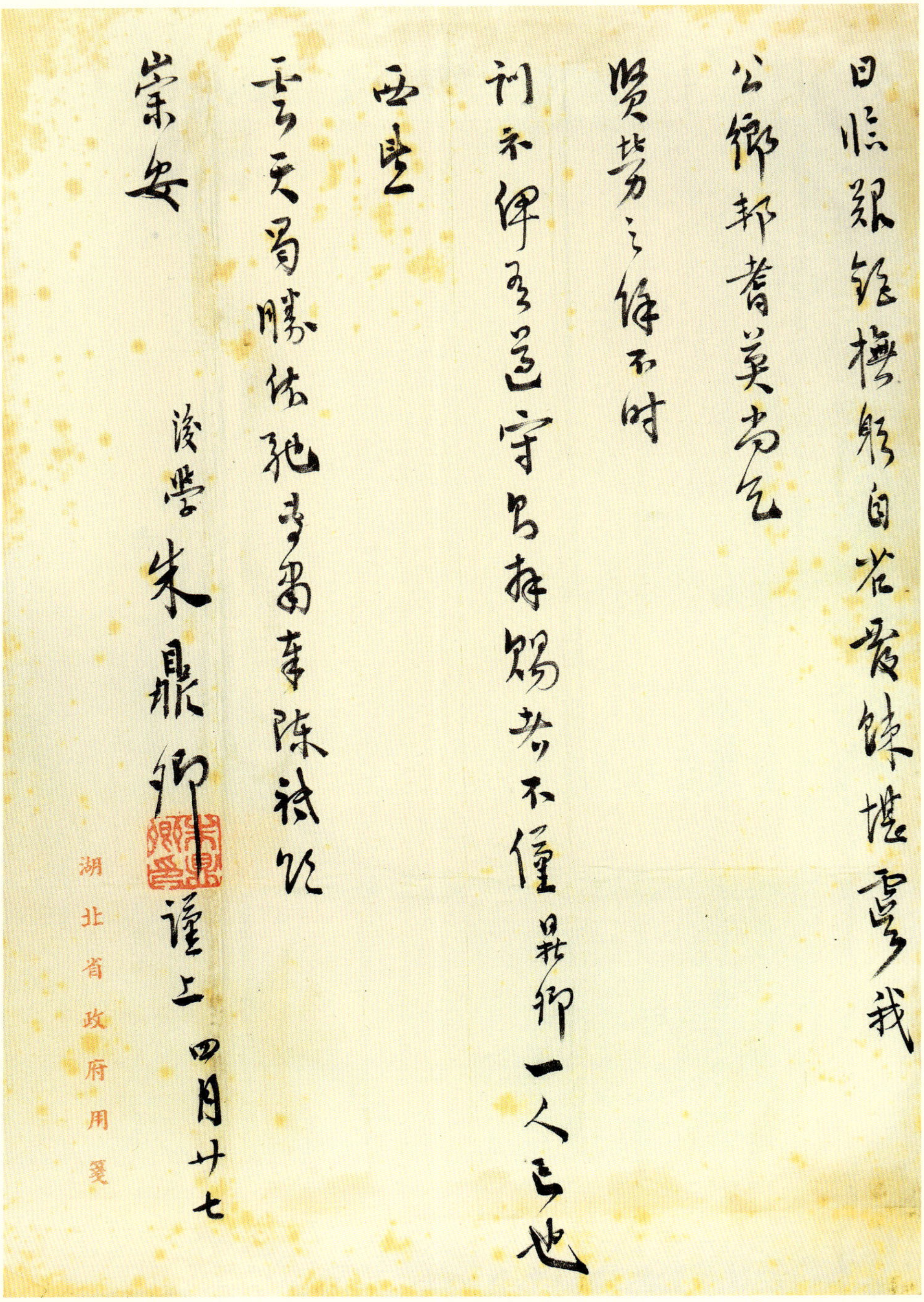

日临艰巨，抚躬自省，覆悚堪虞。我公乡邦耆英，尚乞贤劳之余，不时训示俾吾遵守，则拜赐者不仅鼎卿一人已也。西望云天，曷胜依驰，专肃奉陈，袛颂崇安。

后学朱鼎卿谨上

四月廿七

（钤印：朱鼎卿印）

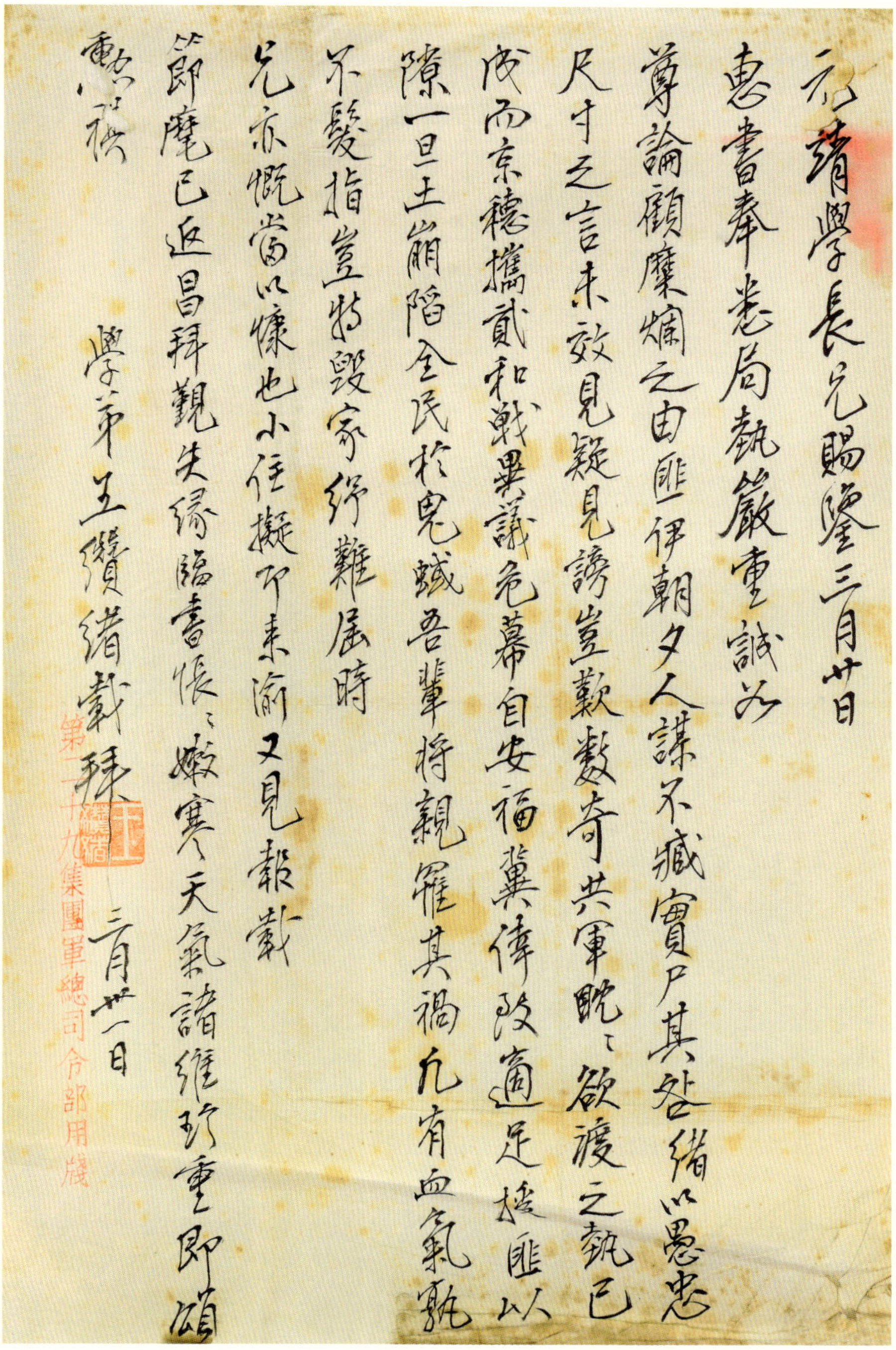
元靖學長兄賜鑒：三月廿日
惠書奉悉。局勢嚴重，誠如
尊論，顧糜爛之由，匪伊朝夕，人謀不臧，實尸其咎。緒以愚忠，
尺寸之言未效，見疑見謗，豈歎數奇。共軍眈眈欲渡之勢已
成，而京穗攜貳，和戰異議，危幕自安，福冀倖致，適足授匪以
隙。一旦土崩，陷全民於鬼蜮，吾輩將親罹其禍。凡有血氣，孰
不發指，豈特毀家紓難，屆時
兄亦慨當以慷也。小住擬即來渝，又見報載
節麾已返昌，拜覲失緣，臨書悵悵。嫩寒天氣，諸維珍重。即頌
勛祺
學弟王纘緒載拜
三月卅一日
第二十九集團軍總司令部用箋

王缵绪致贺国光信札

元靖学长兄赐鉴：三月廿日惠书奉悉。局势严重，诚如尊论，顾糜烂之由，非伊朝夕，人谋不臧，实尸其咎。绪以愚忠，尺寸之言未效，见疑见谤，岂叹数奇。共军眈眈欲渡之势已成，而京穗携贰，和战异议，危幕自安，福冀倖致，适足授匪以隙。一旦土崩，陷全民于鬼蜮，吾辈将亲罹其祸。凡有血气，孰不发指，岂特毁家纾难，届时兄亦慨当以慷也。小住拟即来渝，又见报载节麾已返昌，拜觐失缘，临书怅怅。嫩寒天气，诸维珍重。即颂勋祺。

学弟王缵绪载拜

三月卅一日

（钤印：王缵绪）

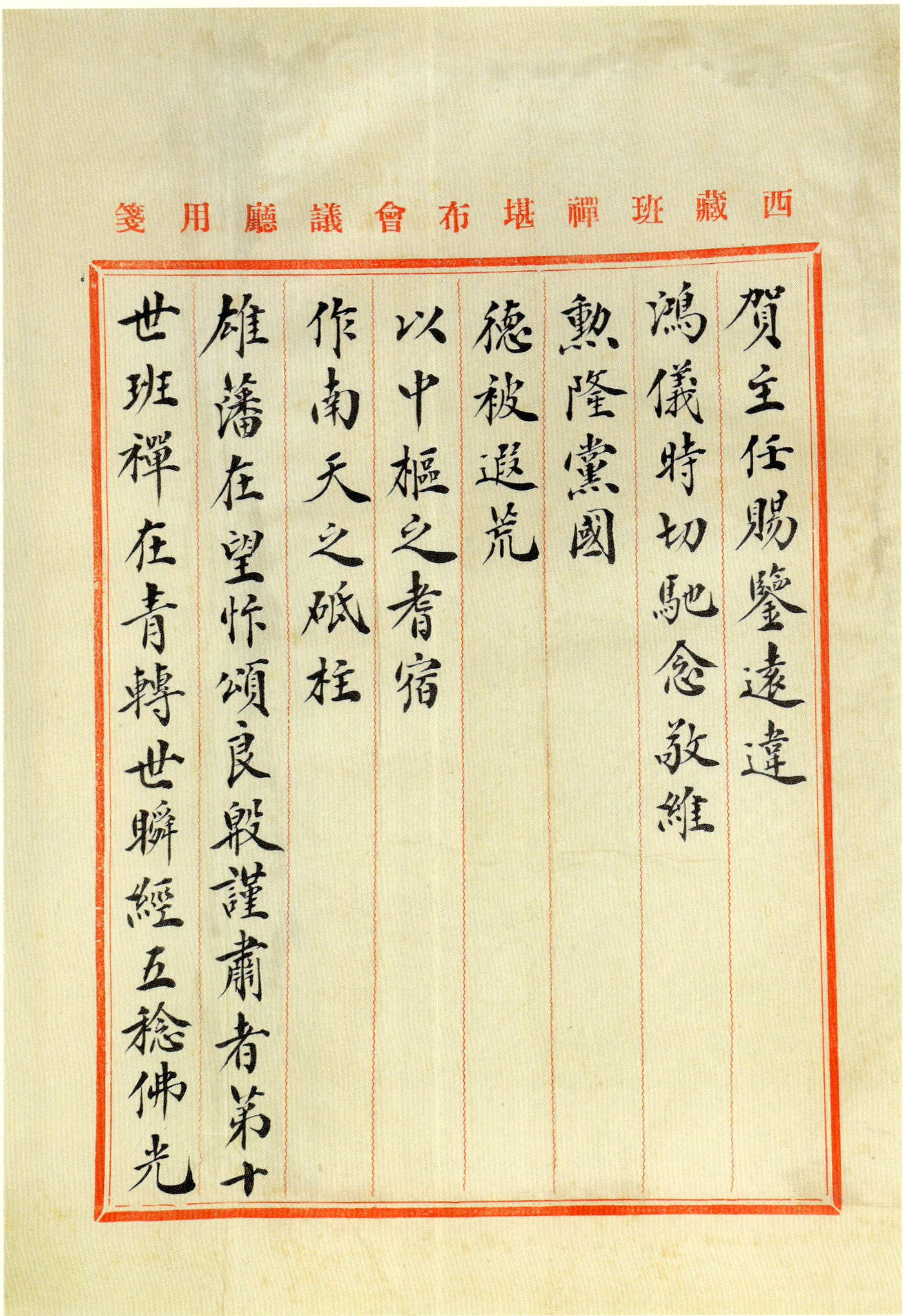
西藏班禪堪布會議廳用箋

賀主任賜鑒遠違
鴻儀時切馳念敬維
勳隆黨國
德被遐荒
以中樞之耆宿
作南天之砥柱
雄藩在望忭頌良殷謹肅者第十
世班禪在青轉世瞬經五稔佛光

西藏班禅堪布会议厅致贺国光信札

贺主任赐鉴：远违鸿仪，时切驰念，敬维勋隆党国，德被遐荒，以中枢之耆宿，作南天之砥柱。雄藩在望，忭颂良殷。谨肃者，第十世班禅，在青转世，瞬经五稔，佛光

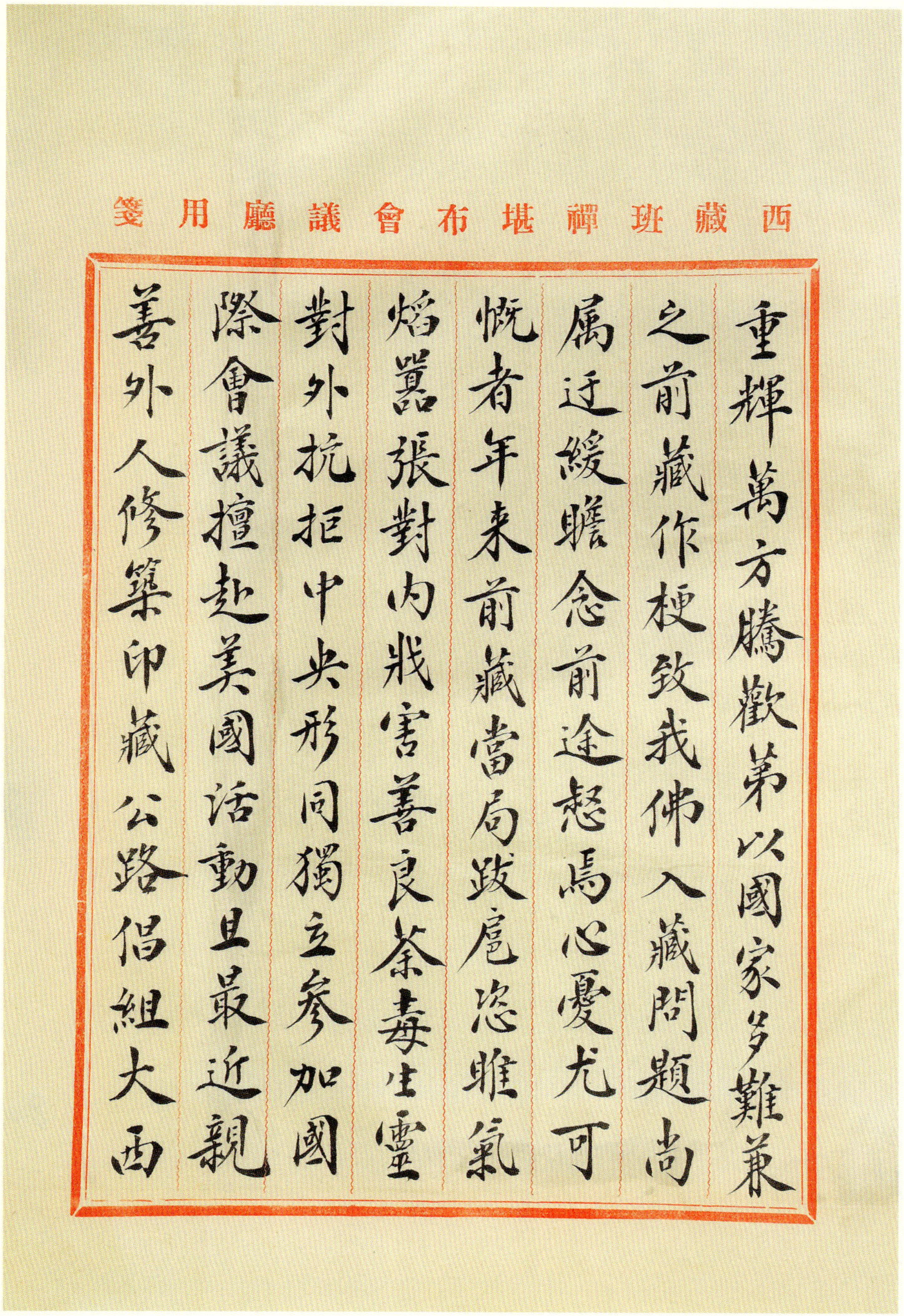
西藏班禪堪布會議廳用箋

重輝萬方騰歡第以國家多難兼
之前藏作梗致我佛入藏問題尚
屬迂緩瞻念前途惄焉心憂尤可
慨者年來前藏當局跋扈恣睢氣
焰囂張對內戕害善良荼毒生靈
對外抗拒中央形同獨立參加國
際會議擅赴美國活動且最近親
善外人修築印藏公路倡組大西

重辉，万方腾欢。第以国家多难，兼之前藏作梗，致我佛入藏问题尚属迂缓。瞻念前途，惄焉心忧。尤可慨者，年来前藏当局跋扈恣睢，气焰嚣张，对内戕害善良，荼毒生灵，对外抗拒中央，形同独立，参加国际会议，擅赴美国活动，且最近亲善外人，修筑印藏公路，倡组大西

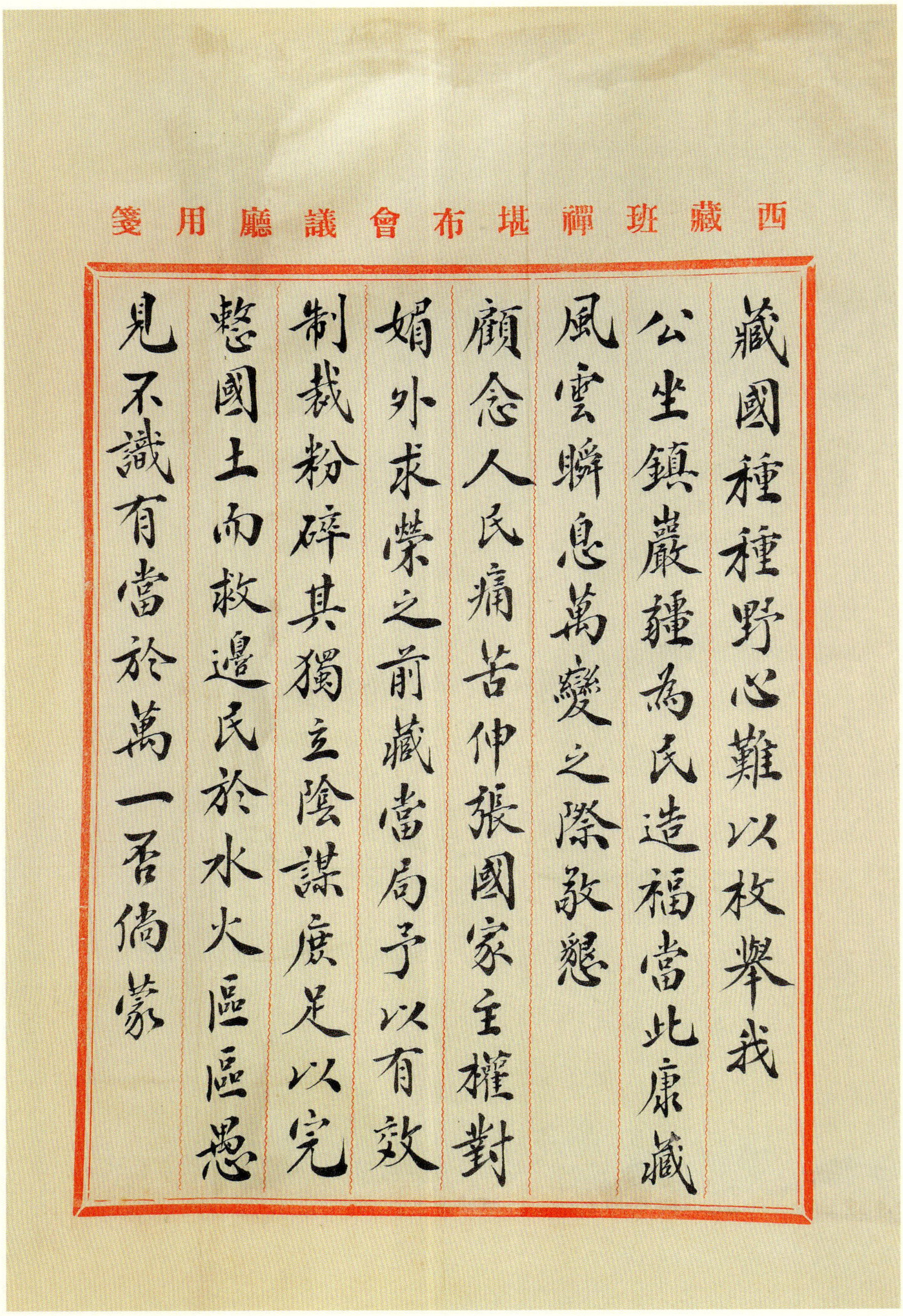
西藏班禪堪布會議廳用箋

藏國種種野心難以枚舉我
公坐鎮巖疆為民造福當此康藏
風雲瞬息萬變之際敬懇
顧念人民痛苦伸張國家主權對
媚外求榮之前藏當局予以有效
制裁粉碎其獨立陰謀庶足以完
整國土而救邊民於水火區區愚
見不識有當於萬一否倘蒙

藏国。种种野心，难以枚举。我公坐镇岩疆，为民造福。当此康藏风云瞬息万变之际，敬恳顾念人民痛苦，伸张国家主权，对媚外求荣之前藏当局予以有效制裁，粉碎其独立阴谋。庶足以完整国土而救边民于水火，区区愚见，不识有当于万一否？倘蒙

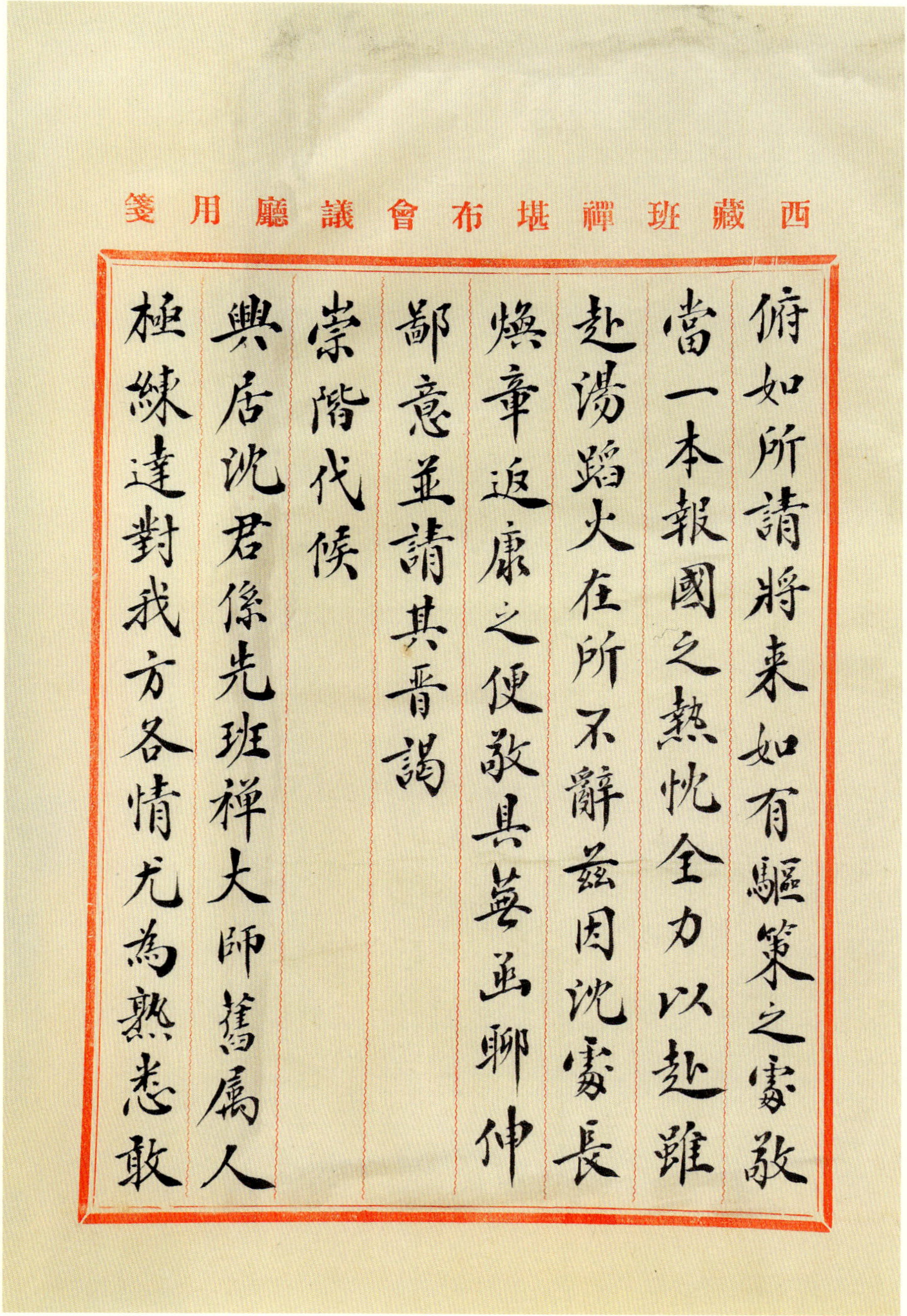
西藏班禪堪布會議廳用箋

俯如所請將來如有驅策之處敬
當一本報國之熱忱全力以赴雖
赴湯蹈火在所不辭茲因沈處長
煥章返康之便敬具蕪函聊伸
鄙意並請其晉謁
崇階代候
興居沈君係先班禪大師舊屬人
極練達對我方各情尤為熟悉敢

俯如所请，将来如有驱策之处，敬当一本报国之热忱，全力以赴，虽赴汤蹈火在所不辞。兹因沈处长焕章返康之便，敬具芜函，聊伸鄙意，并请其晋谒崇阶，代候兴居。沈君系先班禅大师旧属，人极练达，对我方各情尤为熟悉，敢

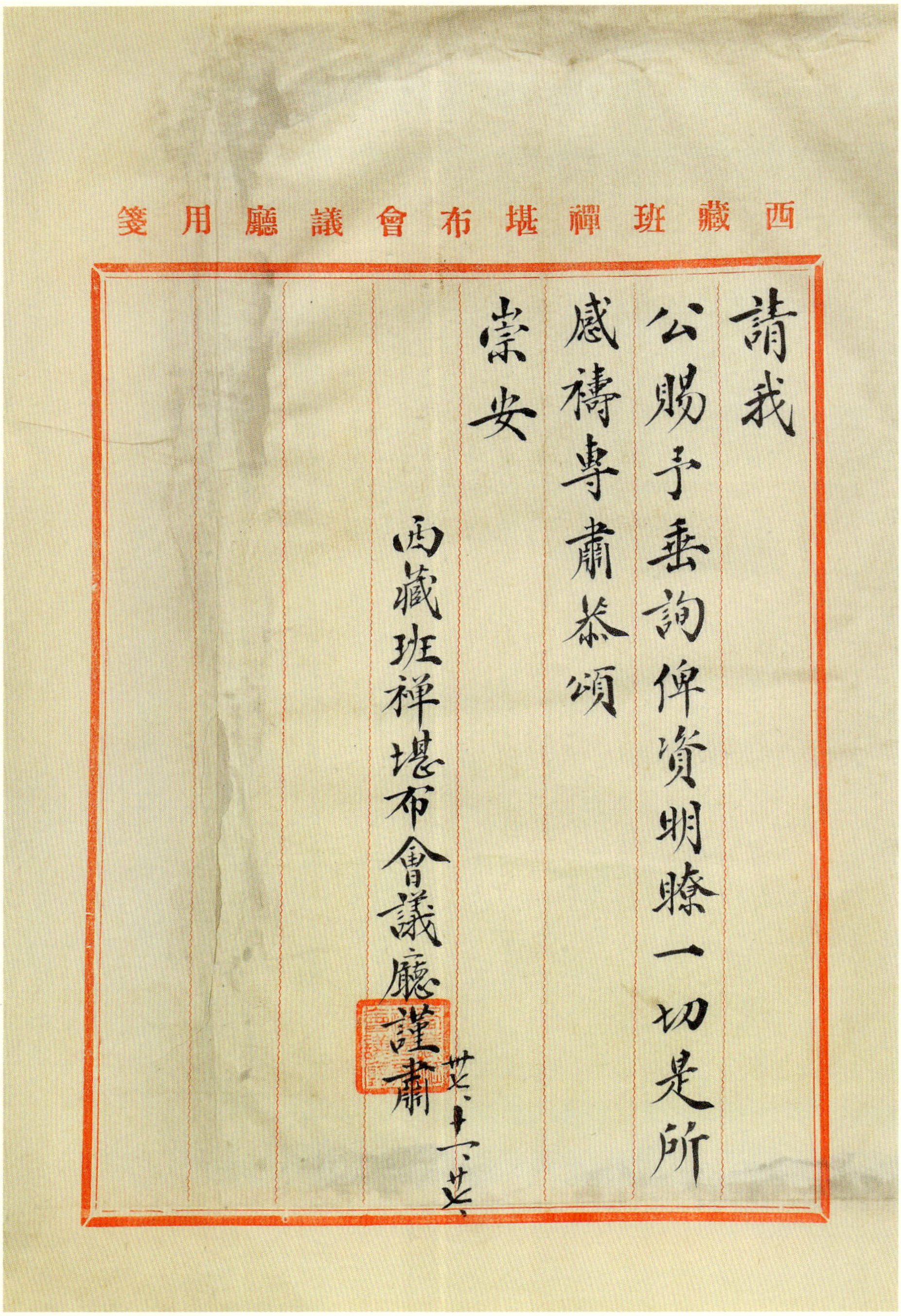
西藏班禪堪布會議廳用箋

請我
公賜予垂詢俾資明瞭一切是所
感禱專肅恭頌
崇安
西藏班禪堪布會議廳謹肅
卅七、十一、廿七

请我公赐予垂询，俾资明瞭一切，是所感祷，专肃恭颂崇安。

西藏班禅堪布会议厅谨肃

卅七、十一、廿七

（钤印：西藏班禅堪布会议厅）